U0142930

研究方法原理
論文寫作的邏輯思維 第4版

Principles of Research Methods : The Logic of Dissertation Writing

五南圖書出版公司 印行

韓 乾

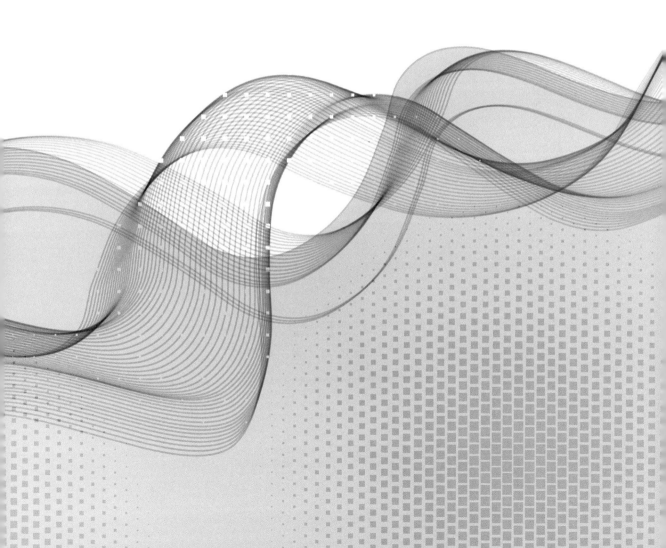

If you would not be forgotten as soon as you are dead, either write things worth reading or do things worth writing.

Benjamin Franklin

● 高 序 ●

　　近代西方科學之發展，不但在自然科學獲得驚人之突破，在人文商管等領域亦冠領群倫，形成三百年來歐美在知識體系占據強勢主導的位置。過去如此，未來亦不例外。究其原因，其中「科學研究方法」之建立，實為其不可或缺的基礎。

　　在歷史上，中國、印度、阿拉伯等古老文明皆有傲人的貢獻與成就。然而，近兩百年，唯獨西方文明獨樹一格特別強調「方法」，這傳承淵遠流長。希臘哲學強調邏輯思辨，羅馬法注重形式程序，這都為後來 17 世紀近代科學，不論是演繹邏輯，或是歸納邏輯奠定了可大可久的基石。近代科學如果沒有科學的研究方法，知識不可能成為系統，其解釋力與驗證性也必然受到質疑。正是因為研究方法的確立，知識不僅只侷限於少數菁英分子的主觀意見，而是根據資料、數據、檢證，推論的客觀驗證。它不但具有一定的客觀性，更有可以進一步省思修正的開放性，為學術社群的多數所接受，也可以不斷進行新的理性辯論，進步與突破也就自然可期。

　　從這個角度來看，方法不只是方法，它蘊含著一套哲學，一種對待人、事、物的方式，一種謙虛求真的心態。韓教授是逢甲大學土地管理方面的專家，數十年來始終如一，投入教育。這本書看似研究方法的工具書，實是韓教授多年在理論、實務經驗與智慧的結合。年輕學子在學習過程中，多此一盞明燈，實是可賀之事。

逢甲大學副董事長

高承恕

● 劉 序 ●

　　「研究方法」是一般大學高年級或研究生的重要課程，也是學術界最基礎的入門必備知識。對於從事研究或撰寫學術論文者而言，若能掌握研究方法的精髓並善加運用，則不論是驗證理論模型或解析實際問題，都可以得到符合科學規範與科學方法的研究成果。然而，愈是基礎的學問，卻愈不容易對初學者闡明觀念使其能即學即用。於是，學生有囫圇吞棗者，有僅觀表象者，有隨意套用既有模式者，有知其然不知其所以然者。究其原因，為師者是否有豐富經驗與研究閱歷是最重要的影響因素。歐美大學經常是由各學門的大師級學者來講授基礎學科，或撰寫入門教材，傳授融會貫通後的基礎知識，應是體察到其間的必要性。

　　由本校土地管理學系韓乾教授所撰寫的《研究方法原理》一書，正是這樣一本能夠深入淺出、精準解說科學研究之抽象觀念的入門教材。韓教授留學美國多年，專研土地經濟與土地管理，1983 年起即在本校任教，迄今已近二十四年。其間著作等身，作育英才無數，除歷任本校系所主管與院長之外，亦經常受聘官方有關區域計畫審議委員及考試院典試委員與民間諮詢顧問，是大家非常尊敬的土地學術學者。近年來亦常赴中國大陸各名校講授「研究方法」。在累積了數十年的研究經驗後，韓教授將歷年對研究生講授的「研究方法」內容編輯成書，以嘉惠學子。

　　本書的闡述方式清新脫俗，沒有生硬的名詞定義，也摒棄了繁複的公式，更沒有教條式的文句。整本書的內容從源起開始，繼而問題陳述與文獻引用，像是慈祥的父執輩娓娓道來科學研究的哲學故事，淺顯易懂，即便談起理論模式、量度問題與統計的應用，韓教授也能以絕妙的白話文解說原本枯燥無趣的原理原則，十分引人入勝，不忍罷讀。

　　韓教授能以現代的簡樸風格，展現其文采智慧與淵博才學，實無人出其右。本人有幸先行拜讀，深感如沐春風並與有榮焉，謹為之序。

逢甲大學前校長

劉志之

● 張　序 ●

　　韓乾教授，美國密西根州立大學博士，主要專長在土地經濟學、環境影響評估、永續發展、土地利用規劃。1983 年在逢甲大學創辦土地管理系，並擔任創系主任，於 1988 年擔任管理學院院長。在過去二十多年中，韓教授不論在行政、教學或研究上，均有出色的表現。他在臺灣土地管理領域享有盛名，曾獲頒中華民國第三屆地政貢獻獎，並曾任不動產估價學會理事長。

　　韓教授在逢甲大學講授「研究方法」課程多年，曾指導碩、博士研究生數十位，對於論文寫作方法與技巧，有豐富的經驗與心得，深知一般學生在論文寫作時常犯的毛病，以及研究上所需協助的地方。以商管研究所為例，國內商管領域的碩士論文，有相當高的比例是採用調查研究法，其研究大多依研究問題、形成假設、提出研究架構、調查蒐集資料、分析與解釋等步驟進行，由於學生初次接觸研究工作，常將重點放在較易學習與使用的統計方法和資料分析，而忽略了如何將感知到的疑惑轉化成一個有意義的研究問題，以及探究問題時所需之理論與觀點的重要性。尤其研究者常因過分遷就統計分析結果，以致對於觀察的現象，做出自以為是的解釋。這些可能發生的錯誤，韓教授在書中均有詳細的說明與提醒，值得讀者一再閱讀。

　　本書另一特色在於量度科學價值的闡述，作者強調定量與定性方法是量度工作一體的兩面，應互相為用，此一觀念，有助於讀者瞭解科學研究的演進與發展脈絡。

　　本書內容充實，文字簡明、流暢，非常易於閱讀，尤其韓教授在編寫此書時，處處為初次撰寫論文的學生設想，其用心令人至感敬佩。

逢甲大學校長

張保隆

● 李 序 ●

一門必須選讀的學分

韓乾教授自美返國來逢甲大學任教達二十餘年，孜孜不倦從事教學及學術研究等工作，期間曾任系所主管及學院院長等職，學養豐富，著作等身，包括學術性著作、期刊論文及研究專案計畫等，論文多篇先後於著名刊物發表，其學術成就深獲學界所肯定。

韓乾教授多年來於研究所開授「研究方法」課程，以他多年之教學體驗，身邊所蒐集的教學資料及參考國內外專家的著作，運用他的專業素養與做研究的嚴謹態度，憑著他的毅力，歷經五、六年的努力，始完成《研究方法原理：論文寫作的邏輯思維》乙書。其主要內涵是科學研究方法的原理及其在應用上的邏輯思維路徑。

韓乾教授出版這本書，共計十二章，內容深入淺出，章章精彩；問題解析清晰，邏輯思維嚴謹，章章連貫循序漸進；取材廣博，內容周延，包含各項理論基礎及重要觀念，使讀者能在最短時間內提升研究方法之專業知識。

學術界對於研究方法非常重視，它是強化我們對真理熱愛的唯一途徑。我們知道，科學研究是追求知識、真理及解決問題的一種活動。為了使結果更精確，必須採取科學的研究方法進行研究，以期得到有系統又正確的知識，並提升研究的信度與效度。

書中亦對研究生論文品質做了針砭，道破了現行教學的缺失，身為教育工作的一員，自是感受良多。研究者如能把本書仔細研讀，不僅可以瞭解如何撰寫論文、為什麼要這樣寫，更可進一步知道如何寫一篇好的論文，真正帶領我們進入研究學問之門。

韓乾教授在此書字裡行間中，處處展現豐富的內涵，論理之周延，讓人由衷讚佩，我不敢講這本書會開啟您順利進入研究之門，但可在您遇到疑難雜症時，從這本書中的精彩內容擷取所需的知識，啟發靈感，重燃繼續寫作的動力。茲綴數語，以表達我對韓乾教授的欽佩和對本書的鄭重推薦之意。

逢甲大學前副校長

李宏棟

● 自 序 ●

攻讀碩士、博士學位的研究生所需要做的最重要的一件事，便是撰寫一篇研究論文以取得學位。而要寫一篇好的、合乎科學方法的論文，並不是一件容易的事。最重要的是要懂得研究方法。本書的目的就是要說明寫論文的方法，寫論文基本上是要研究生把他所做的研究，依照邏輯的程序用文字陳述出來。本書不但著重說明如何（how）寫論文的方法，更要探討為什麼（why）要這樣寫的理由。如何寫，是講求寫論文的技術與技巧，例如：章節如何編排、資料如何蒐集與分析、如何能使文章博得審查委員的青睞而通過學位攻防口試、如何申請研究計畫，並且可以寫成文章，投稿在學術期刊上出版、發表等。而為什麼要這樣寫，就涉及論文寫作的基本邏輯思維。這是本書所重視的，也是做研究、寫論文的基本訓練。學生一旦瞭解了為什麼要這樣寫，如何寫就變得容易得多了。

一篇論文的要旨是在用科學方法從實驗或經驗中求證，建立一個理論或假說（hypothesis）；或者是根據理論或假說去詮釋現實的問題與經驗。在求證或建立理論及詮釋現實問題與經驗的過程中，每一句話的陳述、每一項資料的引用、每一步推理的傳承、每一項結果的呈現，都需要合乎科學的精神，都要合乎邏輯思維的程序。否則所做研究得到的結論便不能取信於人，自己也會感覺心虛。有人說：學問之道在求其放心而已。

近年來，坊間有關研究方法的書籍愈來愈多，可見學術界對於科學研究方法的重視。然而依筆者所見，討論論文寫作技術、技巧層面者居多，討論邏輯思維者少見。因此本人便大膽以多年教授研究方法的一得之愚編撰成書，希望能補上這一缺口，對學子做研究、寫論文時有所幫助，也能提供給學術界的朋友參考。

本書之出版，要感謝歷年來在授課時，與學生之間的討論，與同事之間的切磋，使內容日趨完整，疏漏及錯誤之處日漸減少。尤其值得感謝的是，每年我的研究生（太多了無法提名）都花額外的時間，幫我整理資料，漸漸由片段的講義集結成書。另外也特別感謝逢甲大學副董事長高承恕教授、前校長劉安之教授、現任校長張保隆教授與前副校長李元棟教授賜序，最後也感謝內人郭鍾秀女士不斷的督促與鼓勵。更希望出版問世之後，學術界的朋友給予指正。

韓 乾 謹識於逢甲大學

● 二版序 ●

本書第二版，仍然秉持作者的一貫思想，希望把論文寫作或做研究工作的邏輯思維程序與方法說明清楚，希望能對碩、博士研究生撰寫論文有所幫助。作者認爲論文寫作的邏輯思維程序，是論文寫作的基礎。也就是說明爲什麼（why）要這樣寫，要比如何（how）寫更重要。因爲一旦懂得了爲什麼要這樣寫，就更容易瞭解如何寫了，也就是「知難行易」的道理。

本書第二版，除了形式上比第一版增加三章之外，各章節的內容也有所增益與充實。此外，各章節的編排次序也做了一些調整，希望能更符合論文寫作的思維與程序，以下僅就變動的幾個重點作簡單的說明。

第一章導論，除了說明科學研究方法的起源與傳承基因之外，更增加說明科學研究的思考方法。第三章雖然是講社會科學的研究，但是特別強調社會科學與自然科學，在研究方法上的統一性。也就是說，研究方法的邏輯思維程序是一樣的。第四章是把第一版第二章中有關「研究計畫」寫作的說明擴充爲一個專章，這樣應該會給研究生在寫「研究計畫」時，有更清楚完整的指引。

第五、六、七章的變動不大，但是要特別強調的是，「文獻回顧」本身即是一篇完整的、有血有肉的文章，也是研究生鍛鍊寫作能力的篇章。絕對不是文獻的說明與資料的彙整。第八章特別強調「假說」在研究工作上，以及在論文裡的重要性。因爲無論是臺灣或中國大陸研究生的論文裡，都鮮有「假說」。問題是，沒有「假說」，研究生又怎麼知道他（她）要研究什麼？要驗證什麼呢？接著是「假說」，在第九章講「統計與假說的檢定」，使假說與使用統計方法做假說的檢定有邏輯上的連貫性。

第十一章討論科學研究的定量與定性。除了說明量度的方法外，主要是要強調科學研究的質化與量化是量度的一體兩面，定性與定量兩者合一，才能顯示出量度的意義。一般所謂「質性的研究」或「量化的研究」，只是各學科所用研究技術與工具的不同，而不是基本研究思維的不同。例如：生物學有生物學的研究技術與工具，經濟學有經濟學的研究技術與工具，你不能用顯微鏡觀察財貨的供給、需求對價格的影響；你也不能用投入─產出理論觀察細胞的分裂與成長。

其餘篇幅，從第十二章到第十六章的內容，除了一些增刪、改正之外，並沒有太大的變動。總而言之，全書的寫作，希望能把論文寫作的研究方法闡述清楚，以

對從事研究工作，撰寫論文的研究生有點幫助。

最後，本書難免有疏漏、不當之處，懇請讀者把本書的缺點告訴作者。如果您認爲本書尚有可取之處，也請介紹給您的朋友與同儕。

韓　乾

於伊利諾大學圖書館

2012年8月

● 三版序 ●

　　本書第三版，除了將第二版內容上的疏漏之處，做了訂正與文字的修改之外，特別加上第十五章，定性與定量混合的研究設計。學術界把研究方法分為質性的研究，和量化的研究。坊間有關研究方法的著作，也分別有量化的研究方法，以及質性的研究方法兩種。但是，本書認為量化的研究與質性的研究，只是在研究設計時所使用的技術與工具有所不同而已。

　　我們認為研究方法（method）只有一個，就是第五章所講的科學研究方法的邏輯思維及程序。所不同的只是在研究不同學科的問題時，所使用的技術（skill）和工具（tools）不同而已。我們在第三章裡，已經說明社會科學與自然科學研究方法的統一性，並且說明社會科學與自然科學研究只是技術與工具的不同。又在第十一章裡說明研究方法的定量與定性問題，質性研究與量化研究只在於所用的量度尺度不同，而不在於方法的不同。我們也在同一章裡，講科學研究的定量與定性時，說明在科學研究的工作中，定量與定性兩種方法必須相伴進行，才能夠真實地表達出量度的意義。所以，我們在本書第三版，加上第十五章定性與定量混合的研究設計，使研究方法的討論更加完備。

　　定性與定量混合的研究設計，讓從事研究工作的人，可以用來蒐集定量（封閉式問卷）與定性（開放式問卷）兩種資料。把它們整合在一起，分析它們，然後詮釋所得到的結果，以瞭解所研究的問題。這種方法的基本假設是說，當研究人員把定量資料（統計數據）和定性資料（個人的經驗與故事）整合在一起的時候，就能更有力地呈現研究的結果。定性與定量的研究方法本來就是一體的，也就是用定量研究獲得準確性，並且能做到一般化；用定性研究則可以取得個人經驗與展望的資料，所以不需要再分定性的研究與定量的研究了。定性與定量混合研究設計的發展，大約已經有25年的歷史，目前的成長益趨成熟。本書在第三版加上這些討論，希望更能符合學術研究的時代需要。

　　其實，「研究方法」除了教導研究生寫論文之外，還可以應用在很多方面。例如：計畫的研擬與評估，無論是哪方面的計畫與評估，基本上都是一個使用研究方法，從事研究的過程。例如：政府的施政政策、企業發展的決策分析、計畫的擬定與評估、環境影響評估等，都是研究方法的應用。特別是在目前新冠肺炎疫情流行，各種防疫政策的實施與影響、對人際關係、生態環境、生活空間、衛生保健

等，當前問題的規劃與影響各方面的問題，都是可以應用研究方法，從事研究的。事實上，有關研究方法的討論，範圍既廣且深，本書所涉及的，可能只得其萬一。還希望學術界的朋友，在研究方法上有什麼新的啟發時，能給我更多的指正，以使本書的內容更爲充實。

韓　乾

2020年8月31日

◉ 四版序 ◉

　　本書第四版，除了對書中的疏漏之處訂正之外，也在用字遣詞上作了一些潤飾。希望讀者在閱讀時，感覺比較流暢。此外，我也在各篇章中，就所新發現的資料，在需要的地方做了一些補充，使本書的內容更加充實。

　　本書第四版比較希望讀者注意的修訂，是把原來第十章中「模式的建構與假說的驗證」那一段連同圖10-1挪到第五章，接續「科學研究的邏輯思維程序與步驟」那一段，補充為「從假說、理論、模式到假說的驗證」。這樣可以使第五章講科學研究的邏輯思維程序，更有連貫性與整體性。原本的第十章，則專講理論、法則（律）與模式，內容也有增補。第十五章，講「定性與定量混合的研究設計」，也補充了不少的資料。

　　關於定性與定量混合的研究設計，就我所看到的書籍，多半都是分別先講定性與定量的研究設計，然後再將兩者整合。雖然我在第十五章中，也提供這些文獻資料給讀者，其實我仍然認為「質」、「量」兩種研究設計，本來就是一體的，從一開始就是要同時進行的。在本書第十一章中所舉物理學研究的例子，應該能給讀者清楚的說明。舉個更淺顯的例子：比方說，如果有人問你覺得今天的天氣是「冷」還是「熱」。你可能會就你的感覺，回答覺得「冷」或「熱」，這是定性的資料。要確定到底是多「冷」或多「熱」，一定要看溫度計所顯示的度數，這就是定量的資料，兩者合一才能得到可信的結果。所以說定性與定量的研究本來就是一體的，也應該是一體並行的。

　　另外，我非常感謝有讀者來函對本書提出一些看法，簡單摘錄如下：

　　目前市場上同類的書大概有兩類：一類偏重學術理論，主要對科學研究的各個環節進行分析和闡述；另一類則是對論文寫作的步驟進行指導的「指南」類書籍。而像本書這樣將兩者結合起來，強調做研究、寫論文的內在統一邏輯思維的書，是不多見的。這也正是國內學生、學者普遍缺乏的「內核」。如果他們能精確理解和系統應用這種思維，相信研究和寫作能力會有極大提升。並且，與社科類書籍給人「艱深晦澀」的刻板印象相反，本書用語通俗易懂、行文深入淺出、涵蓋內容全面，對於寫作初學者來說極易入門；對於有經驗的學生、學者來說，也可以提供

不同的思維視角。您多年的研究與寫作經驗對讀者來說，都具有很高的學習參考價值，因此我認為這本書是非常值得學生與學者研讀的。

希望有更多的讀者給我指教。

韓　乾

2022年8月22日

● 目　錄 ●

Chapter 1

導論：科學研究方法的遺傳基因

　　本書的主要目的是要告訴攻讀碩士、博士班的研究生，或從事研究工作的學者，什麼是研究工作的內涵，以及如何寫作學位或學術論文。本書所希望做到的，不僅是告訴研究生或學者**如何**（How）寫論文（包括學位論文與學術期刊論文）與報告，更重要的是希望告訴研究生，論文**為什麼**（Why）**要這樣寫**。因為一旦懂得**為什麼**（Why）這樣寫，便比較容易瞭解**如何**（How）寫了。所謂知難行易，也就是這個道理。所以本書寫作的主要目的，就是希望學生在閱讀之後，知道如何在論文寫作的程序上，合乎**邏輯思維**。也就是**研究方法**要合乎**邏輯思維**。所謂合乎**邏輯思維**，就是敘事層次條理分明、說理嚴謹、先後有序。**研究方法**（research method），基本上是做科學研究的方法，也稱之為**科學方法**。

　　所謂科學，在傳統的概念上是指物理學、生物學、化學等自然科學，但是現代的概念是指：**凡是使用科學方法做研究的學術與知識都是科學**。因此，只要社會科學是用科學方法做研究，也是科學。所以，自然科學與社會科學兩者的研究工作與論文寫作，其基本的**研究方法**是同樣的，其基本的差異只是所用的技術和工具不同而已。我們會在第二章與第三章裡，對什麼是「**方法**」、「**技術**」與「**工具**」的區別，以及科學方法的**統一性**，做進一步的說明。

　　學術界都知道**研究方法**非常重要，但是都沒有對**研究方法**的內涵，作全盤深入的認識。多數指導老師所教導學生的方法，只是寫論文的形式與格式上的安排。但我們在本書所要強調的，卻是做研究工作與論文寫作內涵的**邏輯思維**

程序，也就是對**研究問題的思考跟寫作，所要遵循的合乎邏輯推理的思路**。根據我教授**研究方法**的經驗，要使研究生瞭解研究方法，用科學方法的**邏輯思維**做研究、寫論文，並不是一件容易的事情。因為，起碼在臺灣，幾十年下來，所累積的不甚講究邏輯思維的傳統論文寫作方法，已經根深柢固地形成了一種既定的模式，似乎已經積重難返了。

問題的關鍵似乎是在於，目前我們學術界的論文寫作方法，有如沒有傳承到從**古希臘時代**遺傳下來，**求真求是**，追求知識的方法與精神。也可以說是沒有傳承到**古希臘時代**追求知識的**遺傳基因**（genes）。[1] 也就是有沒有傳承到從古希臘時代遺傳下來追求知識的**思維方法**。到了現代，又有沒有學習到國際學術界通用的，做科學研究的論文寫作模式與方法。如果研究生能夠透澈理解和應用邏輯思維程序，相信研究和寫作能力會有極大的提升。

其實，我們不但沒有傳承到從**古希臘**遺傳下來的**求真求是**的**遺傳基因**，也沒有傳承到中國古代的科學遺產。**陳立夫**在**李約瑟** (Joseph Needham) 所著《中國之科學與文明》一書的**前言**中指出：中國在古代許多重要科學技術之發現與發明，曾經領先所謂**希臘奇蹟**那些人物，並且能與擁有上古西方一切寶貴知識遺產之阿拉伯人並駕齊驅。但是從第十六世紀起，歐洲科學興盛，中國因為許多內在的、外在的直接、間接因素，阻礙了科學的發展，使其未能繼續保有領先地位。[2]

古希臘的學術思想，不只是去獲得知識，而是進一步去思考知識的本質，包括知識的本源、對象、方法與限制，更給人豐富的想法與理論上的討論。他們最基本的科學訓練，打開了**康德**（Kant）所謂的「**科學的真實路徑**」（the real path of science）。他們喜愛追求真理，而且用熱情，並且興高采烈地追求真理，正如**亞里斯多德**所說的，人類的本性就是渴望知識的，而且只是單純地追求知識的本身，並不是為了任何知識所帶來的利益或樂趣。

到底**古希臘**的這些哲學家與科學家，從事有系統的實證研究，做到什麼程度？特別是他們嘗試做控制的實驗，做到什麼程度？他們在什麼情形與什麼

1　基因（genes）是控制各種物種遺傳的譜系記錄，它們包括染色體裡某一段的 DNA 分子。

2　Jacques Brunschwig and Geoffrey E. R. Lloyd, *The Greek Pursuit of Knowledge*, The Belknap Press of Harvard University Press, 2000, p. 18.

原因之下，從事仔細的觀察？這些工作在研究方法上的價值與重要性又如何？要回答這些問題，我們要在概念上做一個區分。第一、雖然觀察與研究是相伴而行的，我們也必須加以分辨。我們所關心的是觀察的做法，如果觀察是有目的，而且是有系統的，那就是研究。不過我們應該注意兩項假設的謬誤：第一、觀察總是主要以興趣為重；第二、知識一旦獲得，就永遠不會修改。其實科學研究除了興趣，還有它的實用價值與意義，而且知識也會誤導而且需要修正。**古希臘**的科學研究，目的是要解決一些明顯的實際問題（problems）。我們在第六章，就會對什麼是可研究的問題，如何對問題做研究，做進一步的討論。

我們可以看到，**古希臘**的科學研究，直接或間接地，影響及孕育了整個西方世界的傳統思想。在**亞里斯多德**（Aristotle）以前，實證的觀察與研究只侷限於某些特定的領域與理論。**亞里斯多德**提出了第一個能求取一般法則的**方法論**（methodology），在蒐集資料與評估實際現象上，扮演了一個重要的角色。緊接著的重要結果是，研究的實證資料，不是只針對特定的個案，而是要建立一個放諸四海而皆準的**一般法則（律）**，研究要從所觀察到的現象開始。更重要的是去發現需要解決的**問題**（problem）。**亞里斯多德**通常都喜歡在他討論任何問題時，先去瀏覽一下前人的看法（文獻回顧）。這樣做不僅是去瞭解歷史上各種觀念的演變，更是要先去瞭解解決這些問題時，會遇到什麼樣的困難。他的**方法論**不只是應用在自然物理科學上，也應用在政治學的研究上。

亞里斯多德的研究工作，建立了一個典範，就是理論與觀察的事實是互相依存和印證的。關於理論與事實的印證，我們會在第五章進一步的說明。觀察並不是為了觀察而觀察，而是為了蒐集證據，去解決理論上的爭議。**亞里斯多德**常會批評做研究的人沒有耐心，往往在還沒有觀察到足夠支持理論的證據時，就一廂情願地，妄下他所希望得到的結論。他認為，當在理論上先入為主的概念，與觀察所得到的實際證據不符時，理論就需要被修正。總而言之，他強調在所有的證據還沒有蒐集完備之前，就應該暫時不下定論，直到進一步的研究證實了所發現的結果為止。**亞里斯多德**是對科學做**歸納**（inductive）研究的第一人，他做研究的目的，旨在解釋研究結果的原因。[3]

3　Ibid., p. 80.

也許我們可以總結地說，做觀察與研究，似乎是任何認眞做科學研究所不可或缺的工作。但是**古希臘**的歷史告訴我們，觀察與研究行爲的發展，是需要時間的。在概念上，以及實踐上，都會遭遇許多困難與爭議。困難之一，就是有一些具有權威的哲學家，對觀察的可靠性產生懷疑。通常，我們發現觀察只用來認可或駁斥一項特定的論點，一旦目的達到了，就不會再做進一步的研究了。但是由理論引導的研究，當觀察帶來，並且產生新的問題時，就是上一輪研究的重要回饋。於是我們就需要進行新一輪的研究。關於這個問題，我們會在第五章，講研究方法的邏輯思維時，做進一步的說明。

近代科學研究方法的起源與發展

近代眞正對**科學研究方法**作具體分析的，可能要數美國哲學家**杜威**（John Deway, 1859-1950）了。他 1939 年的 *Logic - The Theory of Inquiry* 一書，可以說是對**科學方法**有了比較完整的說明。不過當時這些方法，還沒有被科學界廣泛地實際運用在他們的研究工作上罷了。

杜威從歷史的觀點上，把科學研究的進展以中世紀（Middle Ages）分爲兩個時期。第一個時期的主要人物爲希臘的思想家，如**蘇格拉底**（Socrates）、**柏拉圖**（Plato）、**亞里斯多德**（Aristotle）以及他們當時的其他人物（約爲 400-300 B.C.）。他們的貢獻是提倡**懷疑主義**（skepticism），也就是對知識的**好奇心**，願意提出疑問（questions）。他們所用的方法是在**概念上的推理**（conceptual reasoning）。他們所做的**觀察**（observation）是非正式的，操作的技術更是很粗糙的，也許是因爲當時還沒有適當的工具和技術。他們的主要觀點是建立在對概念的組織是否設計得完整上。

現代的**科學**是在中世紀之後形成的。在那個時代，希臘的思考方式仍然保留，但是**教條式的信仰**（dogmatic faith）卻取代了**懷疑主義**。大約在 1600 年左右，**批判**式的研究精神再次復活，也就是我們所認知的現代科學思想的開始。懷疑爲批判精神之主要部分，而**批判精神**爲科學思想所需要。值得注意的是，這種**懷疑**要素亦爲中國思想傳統中所具有，實在有其價值。**成熟假說**（mature hypothesis）之形成，爲第三種要素，此種假說是根據實驗，並且以精確之名詞表示出來，在純粹中國的環境中，展開近代科學。最偉大的代表人

物為王充。[4]

在這一運動裡最重要人物之一便是**培根**（Francis Bacon, 1561-1626）。他提出了一個劃時代的呼籲：「**要知識進步，就要不斷的發現新的事實。**」這種說法無疑是對黑暗時期（*the Dark Ages*）奄奄一息的哲學思想嚴厲的挑戰。毫無疑問的，**培根**的觀點對希臘式的研究方法，形成鮮明的對比。但是**牛頓**（Isaac Newton, 1642-1727）的**科學觀**卻保有**亞里斯多德**尋找發現宇宙秩序真理的精神。**科學**是建立在自然界的秩序是可以被發現的假設（assumption）上的。而**科學**則是在嘗試去發現這些秩序，然後用這些知識去預測自然界又會發生什麼事情。關於這一點，我們會在第二章裡進一步說明。

伽利略（Galileo, 1564-1642）引介了一種新的研究方法，他的做法是**以科學的意義從事思考，用來滿足以學術為目的去驗證一些想法**。這種看法歷經了三百年不斷的使用與演進，最後終於建立了新的**科學研究方法**，最後也揚棄了在自然科學裡極端重視技術的**亞里斯多德主義**（Aristotelianism）。但是它也並未超出一般的文化與社會科學領域。

對事實資料的蒐集被認為是現代科學的重要里程碑，其代表人物為**皮爾森**（Karl Pearson, 1857-1936）。在**皮爾森**的近代著作裡也可以清晰地看到這種痕跡。**皮爾森**認為：「整個科學的**統一性**，只是在於研究它們的**方法是否是一致的**，而不在於它們的主題、領域與材料的不同。形成科學的，不是事件本身，而是用來處理事件的**方法**。科學的材料是與整個物理宇宙同樣廣闊的，不僅是現在存在的宇宙，而且是它的過去歷史以及在其中的所有生命的過去歷史。」[5] 所以本書所討論的**研究方法**，是可以用在自然科學與社會科學的研究上的。

從這些歷史背景來看，現代的科學概念，可以說是建立在以下四種基礎上的：(1) 希臘的懷疑主義，(2) 培根對事實蒐集的重視，(3) 亞里斯多德與牛頓對宇宙秩序的追尋的思想，以及 (4) 皮爾森對機率公式技術的重視。

杜威在他分析**科學方法**的歷史發展工作中，發現大家忽略了很重要的一

4　李約瑟，《中國之科學與文明》，第三冊，p. 1.

5　Karl Pearson, *The Grammar of Science*, 中譯，李醒民，《科學的規範》，華夏出版社，1998，p. 15.

環。就是忽略了**實驗**（experimentation）在現代科學研究中的重要性。古代科學與現代科學的不同就在於是否有**實驗**的操作。當這種方法被應用時，概念的形成就有了新的地位，也偏離了追尋宇宙通則作為科學研究目標的想法。

事實上，沒有人能夠否認**實驗**（experimentation）在現代科學中的重要性。以現代科學的詮釋方法來說，往往所重視的是在實驗操作中如何掌握**定量**的資料而非實驗操作的過程；但是往往要對後者加以重視，才能剖清許多複雜而且紊亂的**問題**（problem）。因為**實驗操作**的過程就是**研究方法**的過程。研究的**方法**正確，才能得到正確的資料與研究的結果。

實驗最重要的特性就是：它本身就具有結合**理論與經驗、思考與行動**，以及**認知與實踐**的功能。做**實驗**的人首先選擇他所感興趣的問題，然後對這些問題與資料做深入的探討，觀察再觀察，整理再整理。至於他要做什麼以及如何做，則取決於他的想法與概念；反過來看，他的看法與做法又會影響他的想法與概念。在這種過程中，他一而再、再而三地整理他的想法、概念與做法，以及所做的事情。這樣，他會得到更多的線索來修正他的**實驗**。最後，他才有可能得到他所希望得到的結果。

換言之，在做**實驗**的過程中，我們並不排斥任何其他的想法或概念上的**推理**（reasoning），因為這些想法與**推理**可能直接或間接地，幫助我們修正過去或目前科學家所持的看法與想法。**想法或假說**（hypothesis）的檢驗是這些步驟的最後階段，而這些步驟又是遵循**想法與假說**的引導。我這樣說，你可能並不瞭解這句話的意涵。當你耐心看到第五章「科學研究的邏輯思維程序」、第六章「把要研究的問題分析清楚講明白」，以及第十章「理論、法則（律）與模式」時，就會瞭解了。

科學家的**假說**與實驗室裡的研究工作之間有密不可分的關係。在另一方面，科學方法與**經驗**也有密不可分的關係。科學的研究經常都是從我們每天生活的環境與經驗開始的。在經驗裡，我們常對某些事情產生疑問、懷疑與衝突，例如：天天喝咖啡會引起高血壓、骨質疏鬆症嗎？常喝低脂牛乳會得巴金森氏症（Parkinson's disease）嗎？這些**疑問、懷疑與衝突**正是引發科學研究的起點。科學的功能正是能讓我們決定如何做，才能得到我們所期望的結果。科學是一連串繼續不斷的**發現問題、瞭解問題、解決問題**（problem-solving）的步驟。這樣做的目的，為的是使我們對問題有更確實的掌握，更確實地驗證理論。

　　既然所要研究的**問題**（problem）產生於生活或求知的經驗中對事務的**疑問**（question）。**疑問**（question）的型態是：什麼樣的做法，會產生什麼樣的結果？此一**疑問**（question）正是從**經驗**裡的**懷疑與衝突**狀況中產生的。因為在實際的經驗中，各種因素會在一定的環境與時空裡互相產生作用與反作用，因而產生一些使人困惑的問題。所以，在從事研究工作、寫論文時，如果你苦思再三，還找不到題目的話，不妨先嘗試問一個**問題**（question）。譬如說，抽菸真的會使人罹患肺癌嗎？或者，二氧化碳的累積真的會產生溫室效應嗎？多喝咖啡會導致神經衰弱，或骨質疏鬆嗎？等。

　　科學家則是正式或非正式地從過去解決問題的**經驗**裡，獲得提示（hint）、想法與概念，然後根據這些提示、想法與概念進行他們的研究工作。因為他會注意到某些形成**疑問**（question）的關鍵因素，而把這些**疑問形塑**（formulate）成**可研究的問題**（researchable problem），並且建立**假說**（hypothesis）：這種情形可以說是研究工作的起頭與關鍵。然後把這些問題裡的變數，放在**實驗**的狀況之下，讓它們產生互動，再來觀察他們所產生的結果。這些因素也可能重新排列組合，讓他們再次互動，然後再次觀察它們所產生的結果。這些變數也可能重新排列組合，讓他們再次互動，然後再次觀察它們所產生的結果。這一連串工作的基礎，就是要把**問題**（problem）與其中的變數界定得非常清楚，以致於可以進一步在實際**經驗**中蒐集證據與資料，用來驗證研究的**假說**並且找出可能的解決方法。在從事驗證的工作程序中，必須把名詞、前提及符號定義清楚，以便在操作研究工作時發揮它們應有的功能。

　　假說（hypothesis）是根據想法與建議而形成的，也可以說，在這個時候**問題**已經初步形成。**假說**的開始，是把它塑造成一個**命題**（proposition）的型態；這個**命題**隱含著一個**假使如何的句型**，再加上一個**然後會如何句型**。**假使如何句型**是用來說明可能做什麼，**然後會如何句型**是用來說明做了什麼之後，所可能產生的結果是什麼。例如：**假使**我們要探討**水**是如何生成的，我們的**假說**型態便是：假使在現實的自然情況下，把**兩個氫原子與一個氧原子結合**，便**會生成水**（H_2O）。要注意的是**假說**是肯定的句型，**假使的條件**是假設的、是隱含結果的。**假說**引導研究工作的方向，它是蒐集初步事實與證據的基礎。**問題**與**假說**的形成都是**嘗試性的**（tentative），它可以被一再地擴充、改變、修正，一直到它能夠正確地使我們獲得所期望的結果為止。

這時，也可以看出**歸納**（induction）與**演繹**（deduction）不僅是研究工作中交替運用的步驟或方法，也是啟發概念，引導概念以及整理事實的**技術**（techniques）。這兩種方法的功能在實驗工作中是缺一不可的。就**研究程序**而言，**歸納**與**演繹**是**交替運用的**。我們會在第五章裡說明歸納與演繹的意義與功能。

掌握與驗證事實的程序決定於**問題**（problem）的性質，正好像實驗室裡的儀器與工具要因**實驗對象**的性質而決定取捨一樣。這些事情可能由之前研究問題的經驗獲得一些啟示，但是每一次的**驗證**都是一個嶄新的經驗。如何形成概念，掌握與操作實際的證據以及如何控制你的**實驗**，都是一項嶄新的挑戰。這些新一輪的操作，又可以拿來改善之前所用方法的缺失，而成為一種全新的解決問題的方法。在所有的研究工作中，對資料的熟悉，睿智地分辨問題，準確地探求線索，一貫地追尋下去，然後便能發現新的結果與建議。這些都是一個從事科學研究的人所應該具備的能力與美德。

從思想的連貫性來看，科學的目的就是在尋找世界上各種事情、現象的**一般法則**（generalization）。那麼問題的關鍵在於什麼是**一般法則**？換言之，在尋求結果的途徑中，**一般法則**與**解決問題**（problem-solving）之間到底有什麼關係？在科學研究中，**一般法則**可能來自於歸納**概念**或**實質**的素材，兩者都會用在研究工作中。然而它們並不是結果，而是對解決問題的方法的一些提示或建議。

在實際經驗中，一件事情的發生，以其時間與地點的性質來說，都是獨立的。問題產生於斯，問題最後的驗證與解決也在於斯。也就是說，研究的**問題、目的、假說**與**假說驗證的過程和驗證的結果**，都是同一件事。在研究伊始，**假說**是嘗試性的（tentative）、不甚確定的，到最後得到驗證的結果時，**結果便與假說一致**了。換言之，結果就是得到驗證的假說。請看第八章：假說！？為什麼要有假說？、第九章：統計與假說的檢定，就會瞭解了。

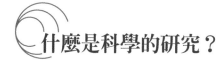

什麼是科學的研究？

簡單地說，**科學的研究**是建立在自然界的秩序（律），是可以被**發現**與**研**

究的假設（assumption）上的。**科學的研究**是在嘗試去發現這些秩序（律），然後用這些知識去預測自然界又會發生什麼事情，這就是歸納與演繹的過程。**愛因斯坦**（Albert Einstein）說過：**科學的研究**只不過是把每天思考的事情，加以更仔細的整理而已。

> **科學的研究**重視的是邏輯，再加上創新力、想像力與直覺。
> **科學的研究**能建立絕對的真理，或者是驗證自然界的各種現象。
> **科學的研究**含蘊著一種如何向自然學習的方法或體系。[6]

科學的主要目的與功能，並不是關乎事實的本身，而是關乎一個可以**解釋**、**預測**在自然界或社會上，可能發生的新鮮事務的**想法**（idea）、**原理**（principle）或**模式**（model）之間的關係。研究者可以從這些關係中發現可能產生的**解釋**或**假說**（hypothesis）。一個**科學的假說**是根據過去的知識、經驗，對所**觀察**與量度的變數之間的因果關係，或相關關係嘗試性或推測性的命題。一個可以被接受的**假說**，不但能解釋科學資料與現象，也可以做預測，用來檢驗**假說**的可信度。**假說**一經建立，便要開始做**實驗**（experiment）去驗證此一**假說**。**實驗**可以推翻各種**假說**，但是它不能證明任何一個**假說**是最好的或是最有用的，甚至是唯一的。至於如何利用以上的研究程序與方法寫論文，也就是寫論文的**研究計畫**（proposal），我們會在第四章加以說明。

我們常聽人提到**科學研究方法**，那麼**什麼是科學研究方法**呢？實際上，**科學研究方法**就是科學家從**發現問題**、**提出假說**、**蒐集資料**、**形塑假說**與**建立模式**、**驗證假說**、**確立理論**與**法則**或**定律**等的程序或步驟。每一個步驟都是為了嘗試回答一些問題，然後得到一個**理論**，這些程序與步驟包括：

1. 什麼是我們希望回答的有關自然界或社會的問題？
2. 我們已經知道關於此一問題的事實與資料有哪些？
3. 蒐集回答這些問題的證據或資料，並且使用觀察、實驗與量度的方法蒐集這些證據或資料。

6　G. Tyler Miller, Jr., *Living in the Environment-Principles, Connections, and Solutions*, Tenth Edition, Wadsworth Publishing Company, 1998, p. 51.

4. 接著，我們要問這些證據或資料能不能用來做分析，並且得到一個**科學法則**？

5. 然後提出一個能夠解釋與預測此一**科學法則**的**假說**。

6. 之後再建立一個**模式**（model）來**模擬**這個所要研究的系統。

7. 最後利用實驗來驗證這個**假說**，決定是否**拒絕**或**不拒絕**這個假說。

8. 這個研究程序可以，也應該由其他科學家**重複驗證**，決定是否能被接受成為一個**科學理論**或**法則**。

　　從以上研究程序的說明，可以發現，科學研究必須做的第一件事，是要問一個**問題**（question）或者是發現一個需要研究解決的**難題**（problem）。然後去蒐集資料或證據，並且加以**觀察**（observation）、**實驗**，以及**量度**（measurement）它們的**質**與**量**。在一般的情形下，我們的觀察是使用我們的五官：視覺、聽覺、嗅覺、味覺與觸覺等。但是我們常常會使用一些工具，如顯微鏡、化學分析儀器、放射性探測器等，來輔助我們的觀察與量度。科學研究所使用的方法與步驟，我們稱之為**實驗**（experiment）。有些**實驗**是在實驗室裡做的，也有些**實驗**是在田野或社區裡做的。**實驗**所得到的資料或證據必須經過多次的**重複觀察**與量度，來驗證它們的可靠性。這種重複的**觀察**與**量度**，最理想的辦法是由另外幾個不同的研究者來做，這樣便可以客觀地檢驗與批判先前的**實驗**。**重複地做實驗**在科學研究中是非常重要的，它可以幫助我們偵測到**量度**的錯誤、研究者不經心的**偏誤**，以及偶爾的**欺騙**。我們會在第六章，把要**研究的問題說清楚講明白**，討論**問題的分析**與**問題陳述**的理論與寫法。

　　在討論**問題的分析與陳述**之後，本書會在第七章討論**如何寫文獻回顧，文獻回顧**在論文裡是非常重要的部分。談到**文獻回顧**的寫法，以我所看過的碩、博士論文而論，通常大多數學生寫的**文獻回顧**，只是找到一些與自己的研究有關的著作，以及教授的研究報告與已經完成的碩、博士論文，以摘要的方式，逐條在這一章裡做簡單的介紹。其實，這種寫法並不能算是**文獻回顧**。因為可以從他們所寫的**文獻回顧**，就可以看得出來，研究生對這些文獻有沒有真正研讀、消化過，而且具有心得，都是問題。因為他們並沒有把文獻裡，關乎研究主題的內容，有意義、合邏輯地串聯、組織起來；用它們把自己的思想、見解表達出來。而且他們對所看過的文獻鮮有批判，更無法成一家之言，因此也難以奠定論文的理論基礎。我們會在第七章，說明**文獻回顧**的寫法。實際上，**文**

獻回顧有如寫一篇論說文，研究生應該多加鍛練寫作的功夫。

接著在第八章，**假說！？爲什麼要有假說？**討論寫論文爲什麼要有假說。然後會接著在第九章**統計與假說的檢定**，討論如何用推論統計方法做**假說的檢定**。建立**假說**與**假說的檢定**是兩個連貫的程序。因爲假說必須經過檢定，才能確定理論是否成立，結論是否能被接受。**假說**是論文預期的結果，會指引你論文研究的方向與可能得到的結論，非常、非常重要。在第九章，討論「**統計與假說的檢定**」時，本書只講**推論統計**在假說檢定上的步驟與應用，而不會涉及統計學的理論與抽樣設計以及分析方法等內容。統計學是非常重要的分析資料的工具與技術，但是我們不願意像坊間一般講**研究方法**的書籍一樣，幾乎用了三分之一，甚至二分之一的篇幅去講統計學。其實，統計學是做研究必備的工具與技術，它包括多樣的內容，非本書所能涵蓋，學生必須另外修習。

我們在第十章，會討論**理論、法則（律）與模式**。要驗證一個**假說**，研究者要先建立一個**模式**或**模型**（model），**模式**是對一個研究對象**類比**或**模擬**（simulation）的代表型態。**模式**的種類很多，有**心智**（mental）**模式**、**概念**（conceptual）**模式**、**圖形**（graphic）**模式**、**實物**（physical）**模式**，以及**數學**（mathematical）**模式**。假使很多研究者所做的實驗都支持某一個特定的**假說**，它就變成一個**科學理論**（scientific theory）。也就是說，許多以前沒有關聯的**想法、法則（律）**或**模式**，由於得到許多證據的支持，而且可以解釋許多事實與現象，就形成**理論**。當一般人談到**理論**時，往往帶著輕蔑的口吻。例如：「噢，那只不過是個理論罷了！」表示理論沒啥實際用途。然而對科學研究而言，理論需要大量的事實或經驗證據的支持，它才成立。**理論**是具有高度確定性的想法或原則，也是學術上的偉大成就。

另外一個科學研究的成就，就是形成**科學法則**或**科學定律**（scientific law），**科學定律**就是我們會發現自然界的某些現象，會沒有例外地不斷重複發生。例如：經過幾十年，數以千萬次的**觀察與量度**，科學家發現了**熱力學第二定律**（*the second law of energy or thermodynamics*）。簡單地說，此一定律是說：當你觸摸一個熱的東西時，你會感覺溫度會自然地從**高降到低**。**科學定律**是在描述和解釋廣爲接受的自然界的現象。在 1783 年，法國化學家**拉瓦錫**（Antoine Lavoisier）有系統地說明了**物質不滅定律**（*law of the conservation of matter*）。此一定律是經過千萬次應用在化學與物理變化的實驗中發現的。根

據這個定律，我們可以把物質從某一種化學或物理的型態轉變成另一種型態，但是它的質與量不會增加，也不會減少。例如：我們開車時，是燃燒汽油，汽油的能量便轉化產生動能與熱。動能推動汽車，熱則發散在空氣中，但是汽油原來的**質量**並沒有消失。直到 1800 年代初期，**戴爾敦**（John Dalton）發現了**物質的原子理論**（*atomic theory of matter*），才進一步瞭解**物質不滅定律**是因為構成物質的原子是不能被創造，也不能被毀滅的。

因此，我們可以曉得，科學研究的過程，不但需要**邏輯**的推理，也需要**想像力、創新力**與**直覺**。依照**愛因斯坦**的說法，沒有完全**邏輯**的方法，讓我們可以得到一個新的科學**想法**（idea）。**直覺、想像力**與**創新力**對科學而言，有如對詩篇、藝術、音樂以及其他人類精神上偉大的嘗試一樣重要，它使我們警覺到生命、地球與宇宙的美、奧祕、奇妙與令人驚嘆。

在第十一章，**科學研究的定量與定性**，說明**量度在科學研究**上的意義與方法。除了討論量度在研究工作上的重要之外，也將針對時下把研究方法區分為**定性**或**質化**的研究方法，以及**定量**或**量化**研究方法的謬誤加以辯證。實際上，所謂**定性**或**質化**的研究方法，或**定量**或**量化**的研究方法，只是所用量度尺度的不同。更重要的是**定性**與**定量**方法，一定要同時使用才能發揮量度的功能。因為定性與定量的量度是一體的兩面，是相輔相成的。並且，事實上幾乎沒有任何研究，是可以單獨使用定性或定量的研究方法可以完成的。所以近二十年來，學術界發展出定性與定量混合的研究設計。本書在第三版開始增加了第十五章定性與定量混合的研究設計。

證據與資料的蒐集將分別在第十二章、第十三章與第十四章中討論；第十二章先討論如何用**觀察與實驗**的方法蒐集**證據與資料**的基本理論。第十三章則討論幾種常用的實驗設計，第十四章說明如何使用**調查**的方法蒐集**證據與資料**，調查是比較偏重社會科學常用的蒐集**證據與資料**的技術與工具。因此，學者把觀察與實驗歸類為**定量**的研究方法；而把調查或訪談歸類為**定性**的研究方法。

講到**實驗**，科學家所希望瞭解的大多數自然界的秩序，都受許多**變數**（variables）或**因素**（factors）的影響。科學家要驗證某一個變數效果的**假說**，其方法之一就是去做一個**可以控制的實驗**（controlled experiment）。這項實驗可以先把要驗證的對象分成兩組，一組為**實驗組**（experimental group），另外

一組為**控制組**（control group）。實驗組裡的變數，會依照既定的方式變化；**控制組**的變數則保持不變。**實驗**的設計是要求每一組所有變數的性質要盡可能的一樣，所經過的條件也一樣。假使**實驗**設計得恰當，兩組之間的差異便可以從**實驗組**中變數的變化中看得出來。以上所說的**實驗設計**，是典型的**實驗設計**，其他的**實驗設計**也會在第十三章中加以討論。

　　實驗的基本困難是因為自然界與社會上的各種組成元素，包含大量的變數，而且一直在變化。而我們對這些變數的變化，又所知有限。在這種情形之下，做一個完美的、可以控制的實驗是非常困難，甚至是不可能的。不過我們仍然必須克服各種困難，做多種的實驗設計。

　　如果問到科學家能不能證明任何事情時，我們的答案是：科學家只能否定（disprove）某些事情，但是他們永遠無法證明任何事情。我們常常會相信一些事情，會說事情已經被科學證明了。說這種話的人，不是因為他們不瞭解科學的性質，就是因為他們認為科學所產生的事情是絕對正確無誤的，而且以此希望說服你。科學家所能預測的事情只是**相對的正確**，或是某種**機率程度**（degree of probability）的正確性，或不確定性。而且這種**機率**是根據研究的資料、假說、理論與法則而立論的。所以，所得到的結果，只是高、中或低度的確定而已。嚴謹的科學研究，其目的不外乎是盡可能地減少不確定性而已。而且，所研究的問題愈複雜，其不確定性與難以預測的程度會愈高。

　　如果我們再進一步追問，科學家是否總是客觀的。一般的印象都會認為，科學家基本上是完全客觀的，不會受他們個人的價值觀、偏見或社會文化的影響。然而，科學家也是人，它們照樣有有意識或下意識的價值觀、偏見與信仰。這些都會影響他們如何設計與詮釋資料及研究結果，以及影響他們所引用的各種假說與理論的可靠性。在研究的過程中，我們一定要思考與評估研究的結果，並且嘗試把這些影響的因素找出來。

　　上面所說，科學家不可能一直都是完全客觀的，以及沒有價值判斷的，並不是告訴我們，粗製濫造的研究也可以被接受。科學證據的標準是非常高的，研究的結果一旦出現，一定會有別的科學家重複這個實驗，來驗證其是否成立。對誇大或偏頗的見解挑戰，甚至於發現偶然的欺騙與抄襲。雖然科學研究有其極限，然而科學研究仍然是從自然界獲得可靠知識的最好方法。科學研究揭開了許多自然界的奧祕，以及組成元素之間的相互關係，也啟發了我們的知

識，使我們讚嘆與敬畏。科學研究也向老舊的想法挑戰，顯示出世界上許多誇大不實的觀點。它也讓我們知道，我們所生存的世界，是一個各個組成元素互相關聯、依存、互動的系統。各部分不能單獨生存，整體的功能是由各部分的功能決定的。

第十六章說明科學研究的**倫理規範**，最後的第十七章則說明論文的**寫作與發表**。並且討論時下，碩士及博士學位研究生，甚至教授寫論文或研究報告時的一些不合國際學術界慣用規範的寫法。

科學研究需要如何思考？

● 科學研究需要批判性思考

給**批判性的思考**（critical thinking）下一個定義並不容易，不同的人對**批判性的思考**有不同的解釋。不過大多數的人應該會同意以下幾點看法。**海茵茲**（Jane Heinze-Fry）認為**批判性思考**能夠使人：

1. 做**理解式**的學習，而非**記憶─忘卻式**的學習；
2. 做高層次的學習，如：分析、整合、應用與評估，而非只是獲得知識與瞭解；
3. 把觀念與原則應用在現實的經驗與狀況中；
4. 對知識與價值做正確的判斷；
5. 增強分析與**解決問題**（problem-solving）的能力。

因此，要學習**批判性思考**，以下幾件事是必須做到的：

1. 首先要釐清對新觀念的瞭解，並且把新舊知識與經驗互相結合；
2. 對其他學者的主張或學說做判斷，並且訓練具有**創意性思考**的能力；
3. 把所學習到的知識與實際生活經驗結合，並且培養評估周遭環境的世界觀；

4.　對具有爭議的問題採取一定的立場，並且嘗試去**解決問題**（problem-solving）。

　　不論在什麼時候獲得新的資訊，我們都需要用**批判性的思考**加以評估。要問，我們自己是否相信這些資訊？為什麼相信或不相信？它們合理嗎？誇大其詞嗎？**海茵茲**建議了幾種對資訊或證據做評估的方法：

1.　蒐集你所能蒐集到的所有證據與資料。
2.　確定所有的關鍵用語與概念都有適當的定義，而且要充分暸解這些定義。
3.　質問這些證據與資料是如何從實驗與調查中得到的？還要檢查：
　　* 研究設計是否恰當，有實驗組與控制組嗎？兩組是否都同樣對待？
　　* 研究者是否曾經多次**重複**此項實驗，而且都能得到同樣的結果？
　　* 得到的結果是否經過其他研究者的證實？
4.　質問經由這些資訊（資料）所得到的結果是否支持所得到的結論與預測？
　　* 是否有其他可能更合理的詮釋？
　　* 結論是否包含兩個或兩個以上變數之間的**相關關係**（correlation），或明顯的**因果關係**（cause and effect）？
　　* 研究結果是否得自研究者的**原創**（original）研究？
5.　檢視研究者的假設（assumptions）是否恰當？
　　* 研究者的基本假設或**社會觀**為何？研究者用不同的假設或**社會觀**，以及相同的證據與資料，會不會得到不同的結論？
6.　要認清科學研究是一個動態的過程，它只能提供某一個程度的可能性或確定性。愈複雜的研究，其不確定性愈大，所以要預期並且容忍不確定性。
7.　開闊你的視野。
　　* 如何將你的研究結果或結論用在宏觀系統中（如：地球、生態系、經濟、政治等範疇）？如果要與整個系統結合，還需要什麼更多的資料與實驗？
8.　根據這些步驟，來決定**拒絕**或是有條件地**不拒絕**研究的結果？
　　* 假使證據不足以支持結論，拒絕它，然後下你認可的結論。假使證據可以支持結論，就有條件地接受研究的結果。假使發現新的證據不支持你

的結論，這時你就必須改變你的立場了。[7]

除了以上幾項辦法可以強化你的合理判斷之外，還有其他可以改善你**批判性思考**的技術。有些策略是聚焦於改善思考，也有的是改變態度與價值觀，還有的是改變行為。**思考的策略**是要你運用你的邏輯與分析能力、想像力與創新力，它們包括建構模式、剖析觀念、腦力激盪、定義問題、尋找另外的解決辦法、洞見未來的可能性，以及訓練你的腦力創新路徑。

學習如何從事**批判性思考**可以幫助你評估你在報章雜誌、書本所讀到的東西；你所聽到的演講；以及你看到和聽到的新聞和廣告對你有多大用處。粗糙的學習經常包括**記憶—忘記**的方式，有意義的學習（包括**批判性思考**）遠勝於記憶，而且要求我們思考、評估我們所學習的。你能大略估計一下，你的學習裡有多少百分比是**記憶式**的，又有多少百分比是**批判性思考**的。

● 科學研究需要創意性思考

為什麼在做研究、寫論文的時候，需要**創意性思考**？對這個問題，起碼有兩個重要的原因。**第一是改變**，當外在環境改變，產生新的資訊時，你就不可能再用舊的方法來解決新的問題。**第二個原因是要思考新的點子**（idea），發現新**點子**是一件很有趣的事情。創意性思考就是這個意思，當你想到一個新的解決問題的方法時，你不會覺得很高興、很興奮嗎？

接著我們就要問，什麼是**創意性思考**？一個具有創意的人，他所知道的事情愈多愈好。因為不曉得在什麼時候，他靈機一動，就會把他所知道的某些想法串聯起來，形成一個、甚至好幾個新的**點子**。這種情形也許並不會馬上發生，也許是下個禮拜、一個月以後，甚至一、二年之後。不過要有信心，如果你繼續不斷地思考，這種事情早晚一定會發生。蘋果電腦創辦人**賈伯斯**（Steve Jobs）在里德學院學習英文書法的時候，從未預期這些東西能在他的人生中發揮任何實質作用。然而十年後，當蘋果公司設計第一台**麥金塔電腦**時，這一切突然浮現在**賈伯斯**的腦海中。他把這些想法都納入**麥金塔**系統的程式設計中，

7　G. Tyler Miller, pp. 64-65.

創造第一部具有優美字體的電腦。如果**賈伯斯**當年沒有因為輟學而去旁聽書法課，今天的電腦就不會有各種優美的字體了。在你求學與研究的過程中，如果能把一路走來的點點滴滴串聯起來，應該也能看到一些新鮮的**點子**浮現出來。

賈伯斯在史丹佛大學的畢業典禮上，告訴年輕人要有創意，就要對你碰到的問題做**另類思考**（think different）。但是為什麼我們不能對碰到的問題做**另類思考**呢？**歐齊**（Roger von Oech）指出有兩個主要原因。第一個原因是因為我們所做的大多數事情都不需要**創意**。第二個原因是因為我們已經習慣於依照慣例思考與做事。**歐齊**把這種態度叫做**心智的枷鎖**（mental locks）。[8] 我們且試試，讓學生在做研究和寫論文的時候，如何設法打開這些**心智的枷鎖**：

1. **所有的問題都有標準答案嗎？** 我們的教育制度一直都在教導學生，去對問題尋找**唯一的標準答案**。這種思考方式已經深植於我們的思維模式裡，桎梏了學生的創意思考能力。以數學問題來講，或者可以說只有**唯一的標準答案**。但是我們的生活是變化多端的、模稜兩可的，所以可能的**答案**當然不止一個。因此，如果要有創意的想法，最好去思考第二個、第三個……甚至第十個**可能的答案**。假使你認為只有一個**標準答案**，你就不會去思考更好的**點子**了，在需要解決問題時只有一個**點子**是非常危險的。例如：當我們生病時，要如何治療，最好去問問第二個醫師，甚至第三個醫師的意見。

2. **不要鑽到邏輯的牛角尖裡** 傳統**邏輯**的最高原則是思考要有一貫性，不能有衝突。但是人類的生活卻是充滿了衝突與不協調的，過分強調**邏輯**，會使你的思慮短路。我們的教育制度，一向都是在訓練學生**硬性思考**（hard thinking）的技巧。但是人類的智力是很複雜的，IQ 測驗只是根據**邏輯**與分析。**邏輯**是一個重要的**創新思考**工具，特別適用於評估將要萌芽的想法與行動時。然而，當你剛開始思索**新點子**的時候，過於講究**邏輯**，就會使你的思慮短路。因為當一個**點子**剛剛萌芽的時候，它是隱喻性的、幻想的、模糊的、尚未成形的。所以最好先不要太顧慮是否合乎**邏輯**。等**點子**到了實踐階段，再做**邏輯**思考也還不遲。特別是**隱喻性**的事情，最能幫助你做**另類思考**。例如：在《阿甘正傳》裡，阿甘說：「生活

8　Roger von Oech, *A Whack on the Side of the Head*, Warner Books, 1983, p. 8.

就像巧克力，有很多口味，正如人生有甘也有苦。」**柴契爾**夫人說：「治大國有如烹小鮮，做菜時，通常你會依照食譜，如果有的時候你能別出心裁，加些其他食材，也許會做出新的、更好吃的菜餚；治國也有如做菜，可以嘗試新的政策。」本書的第十章討論「**理論、法則（律）與模式**」，就是基於**隱喻性**的思考。

3. **一定要照既定的規矩做事嗎？** **創意性思考**不但是建設性的，也是破壞性的。通常我們說做事要能大破大立，就是說，如果要有新的想法、做法，就要揚棄甚至打破舊的想法與做法。想想看，是不是無論在藝術、科學、企業、醫藥、農業與設計上的每一次進步，不都是因為對既有的規律挑戰，並且嘗試新的做法嗎？在現代管理學上有一句名言：「**一個不變的真理就是變。**」你是否注意到，北京奧運的建築物，以及 2022 年冬奧的場館，脫離了中國古典宮殿式的建築，給古老的北京城注入了新的生命。

　　一個妨礙我們對現況做任何改變的主要原因，就是我們的文化傳統與教育，都教導我們凡事要照規矩來。但是如果你想在研究工作與撰寫論文上有點創意，最好三不五時地回顧一些你慣常的想法，看看它們對你的論文的想法是否還有意義？如果答案是否定的，就放棄它們吧！這樣你就可以海闊天空地想些別的**點子**了。但是很多學生都不能打破已經學到的知識與觀念的框框。這樣，他就很難對他論文的論述做另類的思考了。

4. **想一些平常沒有想過或不敢想的事情** 做事腳踏實地是應該的。但是很多事情還在你構想的階段時，它是不存在的。因此你不妨試著想想，使用：「**假使如何？……又會如何？**」這個模式。例如：「假使在一夜之間，高速公路上的路標都不見了……你將會怎麼開車？」；「假使政府提高土地稅率和貸款利率……還會不會有炒作房地產的情形？」；「假使汽油價格上漲到二百美元一桶……會對經濟與民生有什麼影響？」等。這樣你就會跳脫現實的框框，使你的思想自由，進入**想像**的狀態。這樣便會刺激你，使你對問題做另類的思考。

　　接著，你就可以拿「**假使如何？……又會如何？**」這個**模式**作墊腳石，去思考一些比較實際可行，也比較有創意的**點子**，用來進行你的研究工作。**歐齊**指出，我們每一個人的內在都有**藝術感性**的一面，也有**理性判斷**的一面。試試看先打開你腦海裡藝術感性的神經，發掘你的**想像力**，讓它滋生一些新的**點子**。等到你去實踐這些**點子**的時候，才去使用你理性判

斷的能力。[9]

5. 　科學研究不一定都是絕對精確的　　通常我們說話、做事模稜兩可，就會造成溝通不良，引起誤會。所以在傳統習慣上或教育上都教導我們要追求精確，要找標準答案。然而，在研究某些問題上，特別是社會科學，**不精確**可以刺激你的想像力，會給你的想像力多一些彈性，幫助你去尋找問題的第二個、甚至第三個答案。相反地，如果凡事要求一絲不苟，就會使你的想像力僵硬，你就不會去想別的**點子**了。

　　我們在第十一章講**科學研究的定量與定性**時，我們就會發現量度是無法做到精確無誤的。**不精確科學**（inexact science）、**模糊理論**（fuzzy logic）就是要提供另一個角度，去思考真實世界中的**不精確**現象。**模糊理論**更適合應用在人文及社會科學的研究上，因為人文、社會科學更具有模糊不清，多面向思考的特性。所以研究人文社會科學的學者，在研究工作上更不應該追求絕對的**精確**。

6. 　犯錯有什麼不好？　　通常大多數的人，都會認為**對跟錯**是相對立的。我們在前面也說過，我們的學校教育和家庭教育，從小就教導我們在面對任何問題時，都要找**標準答案**，**犯錯是不應該的**，其實對跟錯兩者對解決問題都有建設性的意義。害怕犯錯會讓我們不敢嘗試新的想法、新的事務。平心而論，**犯錯**當然不是什麼好事情，然而過分地顧慮出錯，就會桎梏我們的思考能力。我們不是都知道**失敗為成功之母**嗎？**失敗**能讓我們警覺，在什麼時候該改變方向，不要認為任何事情都是理所當然的。失敗會告訴你：**此路不通**了；失敗也會告訴你：去**試試別的辦法**吧。

7. 　要從輕鬆趣味中做研究、寫論文　　一般的觀念認為**遊戲**是會荒廢正經事的行為，所謂**游於藝、荒於嬉**就是這個意思。但是我們從小就是從遊戲中學習的，為小孩設計的玩具都是有教育意義的，有的是訓練視力的、有的是訓練辨認數字的、有的是訓練觸覺的、有的是訓練思考與反應能力的等。總而言之，都是要讓小孩子從把玩這些玩具中，學到某些知識與技能的。成年人也是一樣的，例如：學習使用電腦要不斷的操作，從不斷的嘗試與錯誤中，去學習使用各種程式的操作方法。遊戲能產生**趣味**，如果你能發現對你所要研究的問題感到有**趣味**，你就會不眠不休、廢寢忘食地研究下去。一個充滿**趣味**的問題，也會是一個最能引人入勝、發現新**點子**的

9　Roger von Oech, p. 55, 61.

問題。

8. **你的專長是什麼？** **專長**對一個攻讀碩士或博士學位的研究生而言，都是非常需要而且重要的。不論你是從事哪一行的研究，一定都希望成為那一行的專家。所以你必須聚焦在某一個特定的主題上，去深入地鑽研。但是這樣又會造成另外一個問題，就是你會對你的本行知道得愈來愈多，但是卻會對其他的知識知道得愈來愈少。

實際上，每一個行業都會牽涉到其他的專業。例如：如果你研究**生物多樣性**，除了生物學、生態學之外，也必須懂得化學、工程，甚至經濟學、法學與政治學，以及建築與城市規劃等。當然你不可能行行專精，但是總要對相關的或不相關的知識知道得愈多愈好。因為現代的知識，每一項專業都與其他的專業脫離不了關係，你不會預先知道什麼時候會用到你以前學到的知識。我經常告訴在找論文題目的學生，最好的辦法是去重讀大學時所讀過的教科書。生態學的一個原則就是：**每一件事都與另外的每一件事有關係**（everything is related to everything else），系統概念就是如此。**賈伯斯**在里德學院學書法的時候，並沒有想到後來他把學來的書法，使用在他設計的**麥金塔**電腦上，會出現那麼優美的字體，甚至**微軟**（Microsoft）也學他。我曾經就診過一位牙醫，發現她之前是學藝術雕塑的，因為雕塑能幫她把齒模做得更好。我也曾聽過一位學者的演講，他說：「求學有如金字塔，要能廣大、要能高。」其實是說，要有廣大的知識基礎，才能鑽研更高深的學問。

9. **你會同流合汙？受同儕壓力？還是入境隨俗嗎？** 通常我們都會跟隨大家習慣的做法去做事，特別是當我們不知何去何從時，就會跟著別人走。然而，如果你的想法跟大家一樣，就不會去動腦筋想別的**點子**了。我教學生寫論文時，有一種情形，就是當我指正他們的錯誤時，學生常會跟我說，他們看了很多學長、學姐的論文，他們都是那樣寫的。看起來，好像錯誤竟然在我了。這或許就驗證了我在這一章開頭所說的，因為幾十年來所累積的，傳統**不科學的論文寫作方式**，已經根深蒂固、**積非成是**地形成了一種既定的模式，已經積重難返了。這是**同流合汙？受同儕壓力？還是入境隨俗呢？**

10. **你怎麼可能沒有創意呢？** 有人說，有創意的人是他自己認為他有創意，所以他就有創意了。沒有創意的人，也是他自己認為他沒有創意，所以也就沒有創意了。這麼說來，一個人看他自己有沒有創意，實際上是對

自己有沒有信心的問題。的確，我們不能否認有些人是具有特殊天賦，並且是有創意的，例如：愛因斯坦、貝多芬、莎士比亞等。天賦會使人有創意，但是創意不一定都出於天賦。你只要在碰到問題時，不要抱著死腦筋去找**標準答案**；而是要打破傳統教育的框框，去找第二個、第三個可能的答案，再從其中選擇一個最恰當的答案。

其次，也不要太拘泥於邏輯的思考，特別是在你的思緒還沒有成熟的時候，要多一些**另類的思考**。有時不妨做做白日夢，想一些平常沒有想過或不敢想的事情。常常問自己「**假使如何？……又會如何？**」用這個**模式**做墊腳石，去思考一些比較實際可行，也比較有創意的**點子**，用它來進行你的研究工作。在你做研究、寫論文時，也不要怕犯錯，犯錯是好事，因為犯錯會讓你有機會去找對的答案。同時你也要接受一些模糊不清的狀況，因為很多事情的答案都是模稜兩可的，特別是社會科學的研究。在從事研究工作時，你當然需要發揮你的專長。除了你的專長之外，你最好能對世界上的知識，無論大小，知道得愈多愈好。汲取知識的方法，最好是多觀察、多閱讀、多學習、多思考，多注意社會上、世界上每天所發生的大大小小的事情。像**賈伯斯**所說的：「stay hungry, stay foolish.」如果你能抱持這樣的態度，**怎麼可能沒有創意呢？**

科學研究需要系統性思考

在過去的幾十年裡，學者發展出幾種研究複雜問題的方法，就是**系統理論**（system theory）與**亂序理論**（chaos theory）。**系統理論**認為在做研究、寫論文時，整個研究的步驟與過程，就是一個**系統**的概念。所謂**系統**就是一個有機體包含各種元素組合在一起，各元素有各自的功能。在互動之間發揮各自的功能，也同時發揮整體的功能。例如：人類及所有動植物所生存的世界是一個生態系統，人的身體又有循環系統、消化系統、呼吸系統、神經系統等。這些**子系統**一方面發揮它們各自的功能；又能組合起來，彼此互動發揮整體的功能。在研究環境問題時，我們把環境系統分為自然環境與人造環境，都市系統又是人造系統裡的子系統。環境系統之下，又有空間系統、水域系統、交通運輸系統等。在做研究、寫論文的時候，你要顧及到整個研究過程裡的每一個步驟，

也要注意每一個步驟與步驟之間的連接是否合乎邏輯；你更要注意每一個步驟與整體論文的關係。

我們經常用**投入→處理→產出**模式來解釋系統概念，如圖 1-1。

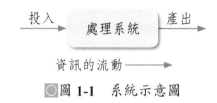

◉圖 **1-1** 系統示意圖

這種關係又可以衍生出好幾個**子系統**，如圖 1-2。

◉圖 **1-2** 系統與子系統的關係

因此，要辨識一個系統，我們需要有**投入**、**產出**、**系統處理**，以及一個連接投入、產出與系統處理之間的模式。這種系統關係，也正是我們研究工作的邏輯思考模式。我們在第五章裡討論**科學研究的邏輯思維**，就是以系統模式做基礎的。有如**包羅定**（Kenneth Boulding）所說，**系統**的作用是在形成一樁科學研究工作的**骨架**（skeleton of science），然後把血肉（文獻、資料、知識）填上去，再讓上帝把靈氣吹進去，就成為一個有血、有肉、有靈魂的活人了。如果不用這樣的架構指引，我們對科學的研究工作，就更為遙遠，我們將更為無知了。[10]

● 亂序理論

系統模式不但使我們更容易瞭解複雜的系統，更讓我們對**複雜系統**（複雜

10　George Chadwick, *A System View of Planning*, Pergamon Press, 1971, pp. 40-41.

性是指在一個系統裡組成分的多少）行為的預測更為準確。但是很不幸的是，**系統理論**並不能讓我們完全瞭解**複雜系統**的行為。例如：雖然經過千百次電腦模式的研究，卻沒有一個人能夠告訴我們在未來的某一天，股票市場或天氣會如何變化。所以最近研究**複雜系統**的努力，多集中在數學的描述上。其理論之一就是**亂序理論**（chaos theory），**亂序理論**對極微小的變動都很敏感。典型的例子就是天氣，**羅倫茲**（E. Lorenz）在 1960 年代首先發展出一套公式，可以很準確地描述天氣的狀況。甚至很微小的一項氣候變化，都能在一兩天內導致巨大的天氣變化。通常我們把這種現象叫做**蝴蝶效應**，就是說一隻在南美洲的蝴蝶拍動翅膀，最後可能影響北美洲的天氣。[11]

當然這種可能性是非常小的，然而**亂序理論**的重點是說，即使微小如原子系統，也會有**亂序**的性質，正如**蝴蝶效應**之於氣候的變化。因此，如果能應用**亂序理論**去思考，一些規律性的型態，也許就能顯示出來了。因此，當我們做研究工作時，一些變數微小的變動也要注意，偵測與量度它對整體系統的影響，這樣才能寫出一篇細膩精緻的論文。

在這一章裡，我們首先介紹了科學研究的起源與發展。接著簡單介紹了本書各章的內容，引導讀者對本書有一個全盤的瞭解。最後討論了做科學研究需要**批判性思考**、**創意性思考**，以及**系統性思考**與**亂序理論**等幾個主題。其實還有**邏輯性思考**更是非常重要的，本書特別在第五章深入討論**科學研究的邏輯思維**。而且全書即是以**邏輯性思維**作為主軸，貫串整個研究方法的。如果讀者耐心讀下去，應該會體會到做研究、寫論文的整體概念的。

11　Michael L. McKinney and Robert M. Schoch, *Environmental Science*, West Publishing Company, 1996, p. 107.

Chapter 2

什麼是科學與科學研究方法？

　　本書作者有幸，曾經聽過**胡適之**先生在世時的一次演講，講題就是**科學方法**。至今回憶，仍然覺得是一種享受。一則聆聽了精闢的演講，一則如沐春風，目睹了大師的學者風采。他對**科學方法**的定義便是：「**大膽的假設（假說），小心的求證。**」雖然只是簡單的兩句話，但是言簡意賅，把科學方法的精義完全表達出來。以下再就科學與科學方法的瞭解逐步做一簡單闡釋。

什麼是科學？

　　要給**科學**（science）一詞下一個大家都能接受的定義並不容易。它可能因為探討的對象或內容不同而不同。也可以說，**科學**一詞的定義並不是固定的，而是動態的。簡單的說，**科學就是真實的知識**，而獲得**真實知識**的方法便是**科學方法**（scientific methods）。這樣的解釋似乎又過於簡單。其實，對**科學**加以定義的困難，在於沒有能夠區別**科學的內容**與**科學方法**之間有什麼不同。雖然**科學**並沒有特定的內容，但是我們也不能把每一種現象或事物的研究都視為**科學**。例如：現在，社會上非常流行的**星象學**（astrology）、**紫微斗數**等，並不被學術界視為**科學**。**星象學**是在研究星球的位置與人類命運的關係，但是星象學家所使用的**研究方法**並不是科學的，因為這種星象與人類命運的關係是**無法驗證**的。所以一種知識的獲得，其方法是**不科學的**，它便不是**科學**。再者，

大多數**科學**的內容也是經常在改變的。某些知識在目前也許是科學的，但是在將來也許就變成不是科學的了。因此，我們認為凡是經由**科學方法**獲得的知識才是**科學**。如此說來，我們所面臨的問題就是：什麼是**科學方法**？就我們討論**研究方法**（research methods）的目的而言，可能需要對以下幾個特性有一個共識。

首先，我們要瞭解**科學**開始於人們對他周遭的世界事務發生興趣，希望去瞭解它們。例如：你也許想知道一年四季為何如此變化？人體如何成長？血液循環的功能是什麼？稻米如何成長？星球運行的規律何以如此？汽油如何燃燒以推動汽車等問題？然後你也許會進一步以一種合乎**邏輯**（logic）的方法加以研究，希望找到這些問題的答案。你也可能會去尋找造成這些問題的原因，也就是什麼因素的變化會影響另外一項因素的變化。這樣，你也許會經由推理發展出一個**理論**（theory），或者是從一組互相關聯而且**合乎邏輯的命題**（proposition）來解釋你所要研究與瞭解的現象或問題。

第二，我們要瞭解**科學研究**是一個**探索問題真相的過程**；也就是 (a) 尋找與發現疑問（question），(b) 把**疑問**塑造成可研究的**問題**（problem），(c) 尋求解決問題（problem）的方法與步驟，以及 (d) 探討更有效地回答疑問與解決問題的方法與步驟。[1]

第三，**科學**本身也是知識。例如：物理學、化學、生物學、經濟學、社會學等都是科學知識。但是我們對**研究方法**的討論，所著重的是產生知識的邏輯思維程序，而不是知識本身。

第四，並非所有的研究都是**科學的**，非科學的研究也很多，一般**常識性**的探討就是**非科學**的研究。**科學性**與**常識性**研究的區別非常重要。它們的區別是在於**主題**的不同或**方法**的不同，甚至兩者都不相同。我們漸漸注意到**科學**——特別是**應用科學**，都是為了解決眼前亟待解決的**問題**。另一方面，比較思想、哲理方面的探討，其疑問的解決，就不是那麼急迫了。

第五，也有人認為常識性的探討是**定性的**（qualitative），而**科學**的探討是**定量的**（quantitative），這種說法也不盡然。例如：在十九世紀的偉大科學

1　Russell L. Ackoff, et al., *Scientific Method*, John Wiley and Sons, Inc., 1962, p. 1.

成就是達爾文的**演化論**（Evolution），但是**演化論**的形成，並不牽涉到任何**量度**（measurement）或**定量**的問題。另外一個很普通的例子是，一個開車的人，按圖索驥找到兩點之間最短的路徑，則是**定量**的常識性探討。

從上面的說法，我們可以看到**科學與非科學**的研究之間，有相當程度的重疊。同時也很顯而易見的是，目前還有很多的**疑問**與難題，例如：**倫理問題、宗教信仰問題、政治上的意識型態問題**等，並不是科學研究所能探討與解決的。因此，我們也可以說，科學是有其極限的。不過，我們仍然可以確定，如果使用**科學方法**，我們便可以獲得比較正確而且比較**可信**的答案。英國生物學家**林胥黎**（Huxley, Thomas, 1825-1895）認為**科學無非是有系統、有組織的常識**。[2]

什麼是科學方法？

大多數的人對每天如常發生的事情都會習以為常，不會去追問這些事情的真實性如何。例如：我們相信太陽是圍繞著地球轉動的，因為它每天從東方升起，從西方落下；或者我們看到蘋果熟了，從樹上掉到地面是理所當然的；或者我們會相信某種品牌的牙膏可以防止敏感，因為在使用它不久之後，牙齒敏感的問題便會消失；或者我們在街頭施捨金錢給乞丐，因為我們從他們襤褸的衣著與憔悴骯髒樣子，看出他們的窮困。但是有時或經常我們也會發現有些事情並不是**眼見為真**的。因此，因為好奇，我們會時常發出**疑問**（question）。因為我們習以為常的事情，也會常常由於環境的改變、經驗的增加、知識的進步；對於不同的看法與意見，會因為我們喜歡追根究柢的天性，而嘗試用各種方法去驗證它。

第一、在我們研究一個問題的時候，最初所用的方法，可能是對一個**命題**堅持己見。因為習慣或惰性使我們很容易地，**常使我們繼續相信我們慣常相信的命題**，而封閉我們的頭腦，不肯接受所有與我們的想法衝突的證據。我們相信一個**命題**，只是因為我們一直都是如此相信的，我們甚至會拒絕與我們意見

2　Ibid., p. 3.

相左的任何看法。抱持這種態度的人，會認爲任何對他的道德，他的親人、國家、種族、語言或宗教有所批評，便是不友好、不忠誠，無知或者是不屑一顧的。因此，我們便自我孤立起來。要使這種人改變他的看法，是一件很困難的事。這種堅持己見的看法是無法使我們在互相衝突的意見之間做選擇的。因爲缺乏共同一致性的看法本身，就是懷疑一個問題並且進行研究的有力源泉，因此我們便需要用其他的方法來尋求可靠的答案。

第二種方法則是訴諸於**權威**，或者用更高、更受尊崇的資料來源支持自己的看法。這些權威大多數屬於宗教、神聖的經典、領導人的指示、傳統或法律的判決等，都被認爲是最後的答案。政治、經濟與社會方面的問題，也經常會用類似的方法來處理。此外，很多一般不容易解決的疑難問題，多會仰賴**專家**，因爲他們的**專業知識**是被肯定的。不過專家的意見有時也是相對的而不是絕對的，這種解決問題的方法，當權威不同時便無法得到一致的結果。例如：佛教徒便不會接受基督教的權威。對一些世俗的瑣事，專家也會有不同的意見，而權威的信條有時也不見得實際可信。這時就要靠另外其他人的意見，和自己的判斷去修正了。

第三種方法是倚靠**直覺**。這種方法是經過屢次的嘗試之後，接受一些自明或顯而易見的命題，而得到一個穩定的信念。在科學發展的歷史上，無論是科學家或哲學家，很少有人能一貫地抗拒直覺所顯示的**眞相**的誘惑。即使是偉大的天文學家**哥白尼**（Nicolaus Copernicus, 1473-1543），也直覺地認爲行星的軌道顯而易見一定是圓的。其他這種自明之理還包括：全部一定大於其中的部分、私人的財產權是神聖不可侵犯的、重婚是一種罪（sin）、事出必有因等。但是很不幸地，多數人所認爲眞實的命題，卻不一定對。地球表面是平的，便是一項錯誤的認知，太陽繞著地球轉也是如此。因此，許多自以爲是的**自明之理**或**命題**，除非經過驗證，是不能保證其絕對爲**眞**的。我們的直覺必須禁得起**檢驗**（test）。

第四種方法便是**科學方法**。上面所說的三種解決問題的方法，沒有一樣不是出於人們的奇想或**一廂情願**的想法。因此，從這些方法所得到的命題不確定也不正確。假使我們希望得到清楚、正確、一貫而且中肯使人信服的**命題**，我們必須尋求一種不受我們的希望與意願影響的方法。這種方法在我們這個世界裡，應該是合乎常理的；不是出於少數人的特質，必須要有多數人公認的**客觀**

性，而且是可以被所有的人重複檢驗而顛撲不破的。

　　以上我們討論過的前三種方法都是沒有彈性的，也就是說沒有任何一種方法能讓我們做可信的選擇。因此，也就沒有任何方法留有自我改正的空間。我們在這裡所說的**科學方法**與它們完全不同。**科學方法**鼓勵，並且能讓我們發展出最有可能的**懷疑**；這些**懷疑**也必須有充分的**證據**來支持。以致於能讓我們在排除了這些**懷疑**之後，所剩下的便是支持所得到的結果的最佳證據。當新證據或懷疑產生時，科學方法便將它們融入知識體系，成為我們的新知識——這就是**科學方法**的精義所在。這種方法也因此使科學與知識進步，因為它永遠不能使其結果百分之百的確定而沒有改變的空間。

證據與科學方法

　　科學方法是以系統化的方法研究我們所懷疑的事情。它並不是對所有的事情都懷疑，顯然那是不可能的。但是它的確會對缺乏適當證據去支持的事情產生疑問（question）。

1.　科學不能因為心理上的確信而滿足，僅僅是相信某些事情並不能保證其為真。科學的命題需要適當的邏輯基礎來支持它。
2.　沒有任何的命題不能因為找到其他的證據而增減其真實性。因為沒有任何一項命題是毫無疑問的。支持它本身領域的知識便要比任何其他領域的知識有力得多。
3.　當有足夠的證據不支持它的時候，**科學**隨時可以放棄一項理論，或修正一項理論，但是支持它的證據必須是有力的。一個理論為了繼續存在而加以修正也不稀奇，即使事實與早期形成的理論相左，也是常見的事。因此科學方法是願意改變與抗拒改變的混合體。
4.　理論與實證只能得到近似或接近的結果。理論的實證只是在實驗誤差的邊際之內，使實驗與證實的理論相一致。[3]

3　Cohen and Nagel, p. 394.

科學方法的基本假設

簡單地說，科學就是獲得知識的途徑，這個途徑就是科學方法。**科學**的探討是建立在**認識論**（epistemology）的基礎上，**認識論**是**科學研究**的基礎。**認識論**的基本**假設**（assumptions）有如下幾點，是**科學研究**不可少的：

1. 由我們五官（視覺、聽覺、嗅覺、味覺、觸覺）所認知的事務，是客觀實際存在的；也就是說，我們的認知並不是幻象或夢境。

2. 大自然是有秩序與規律的。這種客觀和事實，從最小的原子到最大的宇宙，都依照時間與空間的一定規律運行。這種運行是一貫的，因為自然界是有秩序與規律的，而且是可以體認的，任何事情的發生都絕對不是偶然的。即使自然環境有所改變，它也是依照一定可以觀察的**模式**改變的。所謂**自然**，是指我們可以從**實際經驗**中觀察得到的客觀事務、狀況，以及現象。例如：一年四季的變化、人體生理機能的運轉，以及動植物在**生態系統**裡相互影響的食物鏈關係等。而科學研究的目的即在於發現這些秩序與規律的原委，這些秩序與規律又是其他可以被觀察的**現象**的基礎。

3. 從第二項假設可以發現，每一件事情的發生都有一個**原因**；而一件事情的發生又會引發另一件事情的發生。這也就是說，如果宇宙的運行是依照某種規則或**自然律**，那麼每件事情的發生一定是承繼了上一件事情的結果，而這個結果又可以依照此一規律，造成下一件事情的發生；而其發生的情形又是可以**預測**的。換言之，事情的發生不會沒有**原因**，也不會沒有**結果**，更不會無法解釋。**科學研究方法**的功能，就在於**解釋**與**預測**事情發生的原因與結果。

4. 所有的**自然現象**，必然有其生成的原因或條件。這個**假設**也表示一切自然現象都是可以被**驗證**的，也是可以尋找出**因果關係**的。因為自然界的事物、狀況與現象有秩序、有規律地依照一定的**模式**出現，使我們能以人類的智慧加以研究與瞭解，並且加以預測。

5. 追求知識是人的天性與本能。我們可以因為知識本身而追求知識，也可以為了改善人類的生存條件而追求知識。此一**假設**的意義不在於我們是否能夠知道所有自然界的事物，而是認為**科學知識**是試驗性的，也是會改變

的。我們今天會瞭解以前不知道的事情，而現今的知識在將來也會被修正。**科學真理**（scientific truth）的存在，要看所使用的**證據**、**方法**與**理論**而定。

6. 沒有任何事情是**自明**的，它必須經過**客觀的驗證**來顯示。所以科學的思維是具有**懷疑性**與**批判性**的。知識既然是由**經驗**而獲得的，假使科學是為了瞭解真實世界上的事物，它一定是可以被**實際驗證的**（empirical testing）。也就是說，知識是靠**觀察**、**實驗**與**理解**而獲得的。這些都是靠我們的**感官**認知的，但是**感官**並不限於我們平常所瞭解的狹義的五官，所謂的**第六感**、**想像力**、**創意**與**靈感**，對科學研究也是很有用的。

7. 科學知識是時間與經驗的累積，也可能會因為**目的**、**方法**、**理論**與**證據**的改變而改變。過去不明白的事情，我們現在可以瞭解；而目前的知識，將來也可能被修正。追求知識可能只是為了對知識的瞭解，也可能是為了解決人類的問題，改善人類的現狀。[4]

科學研究要從觀察開始

前面的基本假設告訴我們，由我們五官所認知的事物，是客觀實際存在的。所以基本上，幾乎所有的科學發現，都是由我們的五官觀察所認知的。有些科學，例如：自然歷史（各種植物、動物的生長、交配、生產等），以及天文學、考古學、生物演化等，都是完全依靠觀察而得的。因為這些科學無法做實驗，或者做實驗並不恰當。例如：**達爾文的演化論**，就是由觀察生物的生長演化而建立的。其實，即使是實驗，它們的進行和得到的結果，也是要加以觀察的。

這樣看來，可以說科學和科學方法的真正意義，是進行**觀察**並且很邏輯地把觀察所得整合在一起，讓人知道這個世界是如何運行的。另外一個很好的

4　Chava Frankfort-Nachmias and David Nachmias, *Research Methods in the Social Science*, St. Martin's Press, Inc., 1992, pp. 6-8.
　Bernard J. Nebel and Richard J. Wright, *Environmental Science*, 6th ed., Prentice-Hall, 1998, p. 646.

例子，就是觀察動物和植物需要什麼？牠們又生產什麼？然後把這些觀察所得整合起來，看看牠們如何發揮功能，造成一個永續性的生態系統。的確，很多科學領域的事情，是非常複雜難懂的。但是，經由基本的觀察，並且把觀察所得到的東西，很邏輯地整合起來，顯示出他們彼此因果關係的程序，則是一樣的。[5]

科學研究需要做實驗

基本上，實驗是要對觀察所得到的資料做更有系統的觀察，以找出它們之間的因果關係。例如：我們對許多化學的自然反應，所能觀察到的十分有限。然而，在實驗室裡就能使元素單純化，然後把它們照理想的成分混合起來，就能量度出它們如何反應，也因此可以看到它們之間的因果關係。

從前面**科學方法**的基本假設，我們可以知道，宇宙在時間與空間上，都是一貫地依照一種**自然律**（natural law）在運行。雖然我們沒有辦法證明，但是從每一樣觀察都可以顯示出來。我們所有的觀察，無論是直接的或是經由**實驗**的，都顯示出**物質**與**能量**的存在不是偶然的或不一貫的，而是精確而可以預測的。這種例子很多，如**萬有引力定律**（Law of Gravity）、**物質不滅定律**（Law of Conservation of Matter），以及各種**熱力學定律**（Law of Thermodynamics）等。

科學研究與價值判斷

就科學的本質而言，他只能針對我們五官所能實際觀察，並且可以量化的物質與現象做研究。這種限制顯然無法包括公平、愛、價值、目的與精神等生活經驗的判斷。雖然科學還不能完全瞭解這些問題，我們卻不能否認這些事物的存在。我們人類所能做的，是思考如何使兩者合一。

5　Bernard J. Nebel and Richard J. Wright, pp. 646-647.

　　科學研究能讓我們瞭解，什麼樣的原因會造成什麼樣的結果。但是針對所產生的結果，我們應該採取什麼樣的行動？則要根據不同的價值做判斷。例如：我們的科學研究，讓我們知道生態系的功能。我們的科學研究，也讓我們知道永續發展是具有某些原則的。然而，在這種情況之下，我們如何使用地球上的自然資源，過怎樣的生活，要看我們如何衡量短期和長期的利益，以及如何在個人的慾望與社會大眾的利益之間取得平衡。

科學與常識

　　在我們日常生活當中，常用**科學**或「**科學的**」來指稱某些知識，如**物理學**、**生物學**或**科學的生產方法**、**科學的管理方法**等；而認為一般的**常識**不是**科學**，或是**不科學的**。實際上，**科學與常識**之間的界線，並不是十分明顯的。然而在一些比較嚴謹的場合中，我們又必須釐清兩者之間的異同與關係。因此，以下幾點是必須說明的。

1.　如果我們說，目前許多存在的**科學**是從日常生活中的事務演變而來的，大概沒有人會懷疑或爭論。例如：**幾何學**是從**測量**（survey）與量度（measurement）而來，**經濟學**則是從家計與政府及企業管理而來的。因此，無論是哪一種科學，都可以說**科學**不過是有**組織**（organized）、有**系統**或**分類**（classified）的**常識**。例如：在生物學中，我們把生物依照**界**、**門**、**綱**、**目**、**科**、**屬**、**種**的層次加以分類；在土地學術中，把土地分類為：商業用地、工業用地、住宅用地與農業用地。在住宅用地裡又可以分：住一、住二、住三。住一是什麼標準？住二是什麼標準？住三又是什麼標準？這樣分類出來之後，再定出各類土地使用的建蔽率、容積率標準，便是科學了。但是，很顯然的，這種說法並沒有很恰當地把**科學**及**常識**在性質上的不同表達出來。其主要的困難在於這種說法並沒有說明哪一種**組織**與**分類**，才是具有科學性質的**組織**與**分類**。

　　對於這個問題，我們發現經由**經驗**所獲得的知識，並沒有伴隨著「**為什麼是這樣？**」的說明。例如：大家都知道使用輪子來運輸，但是，懂得**摩擦力原理**的卻不多，更缺乏嚴謹的**驗證**。這也就是國父孫中山先生所說

知難行易的意思了。而實際上，**科學**所尋求的是希望能將發生的事件，加以有系統的解釋，而且要求其間所牽涉到的**變數**之間有一定的關係，並且能夠**複製**（duplicate），得到同樣的結果。這就牽涉到我們在後面所要講到的**量度**問題，也就是你要給它一個什麼樣的量，或什麼樣的**質**？例如：**水分子**（H_2O）是兩個氫原子加一個氧原子所合成的。無論任何人去做，只要把兩個氫原子和一個氧原子結合在一起就能產生**水**。這就成為一個**法則（律）**，這個**法則（律）**是經過驗證之後大家公認接受的，這就是**科學**。

2. 另一點不同，則是**科學知識是有系統的**，而**常識不是**。再者，常識性的知識，在其所處的一些環境中，某些因素要維持不變才說得通，但是事實上這些知識都是不完整的，都是在變的。而**科學知識**則在除去這些**不完整**，而且將一些**常識性的命題**有系統地連接起來。所以把常識有系統地整理出來，加以合理的解釋就是**科學**。

3. **科學**的產生，是由於不同的意見與判斷之間產生**爭議**或**衝突**。**科學**即是針對**爭議**或**衝突**的肇因加以有系統的解釋。確定事件的結果，並且經由觀察與實驗彰顯這些**命題**之間的**邏輯關係**。而在常識性的知識中，這些關係卻有非常嚴重的不一致性，也無法解釋與驗證。

4. 相較於現代科學，**常識性知識**的發展歷史是非常久遠的。然而**常識性**的用語，其意義卻不嚴謹。例如：我們說天氣很冷時，水就會結冰。如果從科學的角度來看，**水**是指什麼？雨水？河水？或海水？再者，**很冷**是多冷？也沒有清楚地界定。由上面的例子，我們可以發現**常識性**的用語，有兩個問題。第一，它不能清晰正確地表達所指的事物為何。第二，它無法表現某些特性的精確程度。因此，對於**常識**，在**實驗**上比較難以控制，也無法加以**驗證**。

5. 常識多半是關於某些**事件**，對人的**價值觀**產生影響；而科學則是用有系統的方法，解釋事件與事件之間的相互關係，而並不影響人的**價值判斷**。例如：前面講星象學是在研究不同的星座位置，對人們命運的影響；而**天文學**，則是研究星球的位置與其在宇宙中運行的規律，卻無關人的命運。也可以說，**科學**是有意忽略事件的**立即價值**，也極少牽涉到人的日常生活，同時，也是比較**抽象**的。

6. 雖然我們說**科學**是經過嚴格而**重複驗證**之後的認知；但是這並不表示常識沒有實際驗證的基礎。乃是指常識並不是依照**已經建立的法則（律）**，有系統地蒐集資料才去確定其準確性的。也可以說，**科學**是經過嚴謹的評估

的，而**常識**則不是。**科學是科學方法的產物**，而常識只是從日常生活經驗中累積而來的。雖然，科學是科學方法的產物，但這也並不意味著**科學知識**是永遠爲真的，它只是反映出常識之未被接受爲科學，是因爲沒有經過嚴謹的評估而已。[6]

科學是會自我修正的

科學並不希望它的命題以任何方式或任何代價被否定。命題必須有邏輯上可以被接受的證據，這些證據是用大家公認的準則，小心翼翼地衡量與檢驗以及可能性的推理所認定的。科學的**方法**要比研究科學的人或**主題**更重要，也比用**科學方法**所獲得的**結果**重要。

1. 由於所使用的**方法**，科學研究是會**自我修正**的。它不需要訴諸特殊的啟示或權威，它也不致於完全沒有錯誤，它只是依賴所用的**方法**，形成與檢驗**假說**而得到結果。研究的準則本身，是在反覆深思熟慮的過程中形成的，它們本身在研究的過程中不斷地**自我修正**。**方法**本身也會注意到錯誤，而且在不斷的應用中加以修正。

2. 一般命題（通則）的建立，只能靠重複抽樣的方法。結果，所要研究的科學問題不是被所有可能的實驗所肯定，就是被證據所修正。因爲**科學研究**有這種**自我修正性**，才會使我們敢於對任何命題挑戰，它也使我們確信，用**科學方法**所驗證的理論，要比用任何其他方法所得到的理論更爲可靠。因爲**科學方法**不說證據不足的話；**科學方法**也不會去肯定沒有邏輯證據的事情。

3. 在蒐集與權衡**證據**是否可信的過程中，**科學方法**都在一直不斷地從事實與經驗中去驗證理論或原則，也從原則或理論去尋找事實。因爲沒有任何事情在本質上是確實無疑的，也沒有絕對的最高原則。就原則的性質來說，一定不是**自明之理**就一定是眾所周知的**前提**。

4. 如此說來，**科學方法**是一個循環不斷的研究過程（請見第五章）。我們訴

---

6   Ernest Nagel, *The Structure of Science*, Harcourt, Brace and World, Inc., 1961, pp. 3-14.

諸實際的證據資料來證實原則或理論，又根據原則或理論，篩選、分析與詮釋所得到的事實。就在我們在**事實**與**原則**或**理論**之間分辨取捨的過程中，每一件值得信賴的事情，都會隨時受到仔細的檢驗，該修正的就會加以修正。

方法論與研究方法

依照 Kaplan 的定義，**方法論**（methodology）是討論**研究方法**的學術而不是**研究方法**本身。所謂**研究**包括：描述、分析、解釋、預測與證明等步驟。**方法論**有時也與**認識論**（epistemology）或**科學的哲學**（philosophy of science）分不開。**科學的哲學**與如何做**研究**的方法無關。**科學的哲學**所關心的是**哲學**方面的問題，而不是**科學研究**方面的問題。

研究方法是一般所有科學研究工作的**方法**，它是科學研究的**邏輯思維原則**。所以**研究方法**包括：**發現所要研究的問題，形成概念與假說，從事觀察與量度，建立理論與模式，從事資料蒐集，實地分析驗證，提供解釋以及做預測等步驟。方法論**的目的在於描述與分析這些方法，發現可用的資源與限制，**釐清命題**（proposition）與結果，而同時發現知識的潛能與模糊地帶；它也希望能使研究的結果**一般化、普遍化**（generalization）、提出新的應用方法，並且發現實際問題的**邏輯原則**。總而言之，**方法論**的目的是要幫助我們瞭解科學研究的方法以及程序的**理論**，也就是**為什麼**（why）要這樣做，而不僅是**如何**（how）做而已；它也會使科學家的研究工作進行得更加容易。[7]

科學方法，廣義的說，任何能夠建立科學，發展科學的任何**研究方法**都可以稱之為**科學方法**。**科學方法**又可以區分為**技術方法**（technical methods）與**邏輯方法**（logical methods）。**技術方法**是運用**技術**來操作**量度**我們所要研究的現象。**邏輯方法**是根據我們所獲得的資料依照其性質，進行**邏輯推理**（logical reasoning）而得到結論的方法。

---

7 Abraham Kaplan, *The Conduct of Inquiry: Methodology for Behavior Science,* Chandler Publishing Company, 1964, pp. 18-24.

除此之外，我們也必須瞭解**工具**（tools）、**技術**（techniques）與**方法**（methods）之間的不同。**工具**是一件實質或概念上用於科學研究的工具（instrument）。**技術**是從事科學研究，完成科學研究的操作方法；也可以說**技術**是使用研究工具的方法，或者說**技術**是使用在科學研究工作上的**特定步驟**。例如：電腦是一個工具，甚至電腦語言，程式也是工具；而使用電腦及其程式從事研究工作的方法則是**技術**。再例如：**統計**是**工具**，利用**統計**做分析則是**技術**。科學研究的訓練在相當程度上，也就是對**工具**與**技術**的掌握。

在談到**技術**的時候，真正的危險是把某些**技術**當作**方法**看待。有的時候，在行為科學中，不但明顯地把**技術**當作**方法**，而且應用得非常呆板。例如：教你如何做調查、如何設計問卷、如何發放問卷，以及如何去做訪談，再做**定性**與定量分析等；其實這些都是屬於技術方面的問題。如果把這些**技術**當作**方法**，便會埋葬了**科學研究的基本精神**。

而**方法**（methods）則是如何選擇與使用**科學技術**與工具，從事研究工作的方法。例如：在我們做**問卷調查**的時候，**問卷**本身是蒐集資料的工具；如何設計一份好的**問卷**（questionnaire）以及如何進行**調查**（survey）是**技術**。**如何把蒐集來的資料加以整理分析（analysis），而得到研究工作所預期的結果（假說的驗證）的邏輯程序才是方法。**

研究方法的目的

簡單地說，**研究方法**的最終目的是在**創新與累積可靠的知識**，這些知識的累積使我們可以**解釋**（explanation）、**預測**（prediction）以及**理解**（understand）我們所希望**理解**的實際現象。以下再分別加以說明。

● 解釋

所謂**解釋**，通常是希望說明**是什麼、為什麼**。也就是說，從事研究的人，在尋求有系統的分析某件事情或行為發生的原因。也是運用**一般法則**，把某些現象與另外的現象串聯起來，用以說明這些所希望得到的答案是什麼。解

釋又可以分**演繹的解釋**（deductive explanation）與**或然的解釋**（probabilistic explanation）。**演繹的解釋**是說一個現象的解釋，是根據一個已經由**歸納**建立，並且放諸四海而皆準的法則（律）**推論**而來的。例如：拋向高空的東西，會落回地面是根據**引力定律**推論而來的。**引力定律**是經過無數次的實驗歸納得到的。在推論上，**前提**必然會引到**結論**；所以**前提**如果爲眞，**結論**一定也會爲眞；**前提**如果不眞，其**結果**也一定不眞。也就是說，如果**引力定律**爲眞，則拋向高空的任何東西都會落回地面。

　　或然的解釋則不是從一個既定的法則（律）推演而來的。特別是社會科學，很少有一個放諸四海而皆準的法則（律），所以多半是**或然的**或者是**歸納**（inductive）而來的。它所能得到的是**一個通則的某一個百分比**。例如：陳述兩個變數 X 與 Y 之間的關係時，其形式多半是：**X 是 Y 的 N 個百分比或 X 的發生會使 Y 發生的機率爲 N**。**或然的解釋**有一個缺點，也就是它無法對個別的案例推導出結論。例如：即使在過去二十年中，某一族群 70% 的選民都投票給 D 政黨的候選人，我們仍然無法確定此一族群中的選民在下一次的選舉中，投票給 D 政黨候選人的或然率爲 70%。本書在第五章裡，將對**歸納**與**演繹**做進一步的說明。

● 預測

　　能做**預測**是科學研究的一個重要特質，知識不足或者不眞就無法做預測。做預測的基本理論是：假使我們知道因爲 X 所以 Y。如果 X 爲已知，則可以預測 Y 會發生。當然，其先決條件是**一般法則（律）**與**或然法則（律）**等先決條件均爲已知而且眞實，否則**預測**即可能失敗或不準確。例如：在**預測**人口的成長時，如果我們知道過去五年、十年甚至更長一段時間的人口變化趨勢，則我們便可以依此趨勢，預測未來某一年的人口數。當然未來的年期愈久遠，就愈不準確。

● 理解

　　理解包含兩個截然不同的意義，一個意義是**體驗的理解**（empathic understanding）；另一個意義是**預測的理解**。其所以如此，是因為社會科學是兼具**人性**與**科學**的；社會科學家是觀察者也是參與者，主張以體驗去**理解**。有的人認為社會科學與自然科學是兩個完全不同的領域，所以研究它們的方法也不同，這種理解並不完全正確。社會科學家需要瞭解人類行為的歷史演變，以及人們經驗的主觀性，研究者必須親身投入去**體驗**，經由**體驗**去理解。而主張**預測的理解**的人，認為社會科學在研究自然與人類的社會現象時，如果發現有一個規律可循，循著這個規律也同樣可以得到客觀的認知，所用的**研究方法**也應該是一樣的。我們將在第三章裡討論社會科學與自然科學，在研究方法上的統一性。科學家認為**體驗的理解**有助於新知識的發現，但是發現之後卻需要去**驗證**，否則即不成其為科學的知識。

研究方法的功能

　　科學知識的研究不在於他們的主題是否相同，而在於所使用的**研究方法，是否合乎邏輯思維的程序**。科學的**研究方法**是一套依照**邏輯系統**規劃的**研究程序與步驟**，用來做研究工作並且評估所獲得的知識。而且這些規則與步驟也是經常在演變，而且要符合其基本的科學研究**前提**。這些**前提**也一定是由合乎**邏輯**的證據所支持，並且透過科學規範的推論與驗證。這一套規範與步驟的系統就是**科學研究的方法**，也可以說是科學研究的**遊戲規則**。這套**遊戲規則**的功能即是使我們能在研究工作上彼此溝通，並且做建設性的批判，以及使科學知識進步的工具。

研究方法是學術溝通的橋梁

　　研究方法的主要功能之一，就是使希望分享共同研究經驗的科學家便於溝通。更明白的說便是**研究方法**能使研究工作更明顯、更公開，也更能使人接受。也就能進一步建立**重複或複製**（replication）與具有建設性批判的架構。**複製**就是由同一位研究者或另一位研究者，甚至更多的研究者**重複**做同樣的研究，應該會得到同樣或類似的結果。如果不能得到同樣或類似的結果，就可以

從兩相比較或與更多的重複研究結果比較，來發現一些不經意的錯誤或有意的矇騙。**建設性的批判**是指對一項研究提出合理的質疑與檢討。例如：會問這項**解釋**（或**預測**）是否合乎假設條件的**邏輯**？你的觀察是否正確？驗證是否有效等問題？

● 研究方法是推理的規則

雖然**實際的觀察**是基本的**研究方法**，但是它們必須與有系統而且合**邏輯**的架構，有秩序地連接起來，因為**實際觀察**到的事實無法**自明**。科學方法便是能夠幫助我們**解釋推理**的**邏輯**基礎；**研究方法**的重要基礎便是**邏輯**（logic），所謂**邏輯**就是對觀察得來的事實，做可靠而合理的推理與判斷，而得到可信賴結果的思維程序。

研究方法需要嚴謹的**邏輯推理**與分析。例如：**下定義、做分類、歸納或演繹（或然）的推理、機率理論、抽樣步驟、微積分演算**與**量度**（measurement）的規則等，都是社會科學與自然科學研究的**工具**，也是我們在本書往後各章中所要討論的主題。透過**邏輯**的運用，科學便會有系統的進步。**科學方法**也就能使我們增進知識內部的一貫性。

● 研究方法是在主觀之間尋求客觀的規則

邏輯關乎**推理**的可靠性，而非問題驗證的結果。換言之，它所注重的是推理的過程而非結果。當客觀的證據呈現時，就可以支持事件的**確定性**或**機率性**。當一項知識是由假設的前提合乎**邏輯**地**推導**（reasoned）出來的話，它便是可信的。所以如果一個研究者的推理**邏輯**是錯誤的，他便會從希望驗證的事件中推導出錯誤的結論。而且，如果他不是採用已經驗證的事實，但卻是使用正確的推理，他也同樣會做出錯誤的推論。

科學研究方法的功能在於說明驗證的**客觀性**（objectivity），以及可接受的**標準**（criteria）與驗證的方法與技術。這些標準與驗證的方法是密切關聯的；而且驗證的**客觀性**要看實地的檢驗；除非驗證的結果能夠被經驗證實，從事研究的人便無法主張它們的**客觀性**。在談到**客觀性**時，Nachmias 認為用**交**

織的主觀性（inter-subjectivity）而不用客觀性（objectivity）一詞比較恰當。因為交織的主觀性表示知識是可以傳遞的，是可以互相印證的。一個研究者所做的研究，可以由另一個研究者去重複地做，然後比較兩者的結果。假使所使用的研究方法是正確的，條件也沒有改變，則他們的研究結果應該是一樣的或者起碼是類似的。但是，事實上，周遭的環境與研究的條件都是隨時在變的。因此，交織的主觀性是讓一個研究者能夠理解，並且評估另外一個研究者用同樣的研究方法，所驗證得到的結果是否相同。同時也要看所用的研究方法，在其先前研究者的做法是否能夠用在其後的研究工作上。即使前一個研究者並未參與後者的研究工作，也應該是這樣的。[8]

　　簡單地說，其實所謂的客觀性，實際上是不存在的。每一個人的意見或研究的結果都是他的主觀；從眾多的主觀之間得到共同的共識，才是客觀。同樣地，如果多數的研究者重複地做同樣的研究或實驗，都能得到同樣或類似的結果，這項研究的結果便是客觀真實而可信的了。所以我們應該用交織的主觀來解釋或替代客觀的概念。

● 研究方法是做科學概念驗證的方法

　　如果科學能讓我們經由驗證，瞭解這個世界的各種事務，則對這些事務的實際驗證就是不可或缺的。科學與幻想的差別，就在於科學含有實際驗證的部分。任何事件的陳述要有意義，它就必須能被驗證。只有經過驗證的知識，才能被完整地接受，也才能在知識上有所進展。

　　再者，人與人之間的關係是主動的，而且是互相合作的；社會的行為也是一個人們互相分享的世界；每一個人都需要盡他作為社會一分子的本分，扮演好他的角色。科學是社會整體累積知識的事業；在學術的領域裡，資料是分享的、想法是互相交換而來的，實驗的結果也是可以被重複檢驗的，而且也是應該被檢驗的。科學知識正是實際經驗的累積，一項新知識也是個人的思考與他人的研究心得，互相交流的結果。如此才能形成科學知識的多樣性，也才能使

8　Chava Frankfort-Nachmias and David Nachmias, *Research Methods in the Social Science*, St. Martin's Press, Inc., 1992, pp. 15-17.

知識的內容更豐富、更多樣化。

有一則寓言說：如果我身上有一塊錢，你身上也有一塊錢；你把你的一塊錢給我，我也把我的一塊錢給你，結果你我身上還是各自只有一塊錢。但是如果我有一個**想法**，你也有一個**想法**；你把你的**想法**告訴我，我也把我的**想法**告訴你。結果你就會有兩個想法，我也同樣會有兩個想法。愈多的人把自己的想法與別人交流分享，每一個人就都會得到更多的**想法**。這樣豈不是知識的交流會使知識更豐富、更進步嗎？中國的科學落後，也許跟祖傳祕方、只此一家、別無分號有關吧？

一個**命題**（proposition）必須與**經驗**結合才有意義。所以**命題**必須加以驗證，才能被接受。要驗證一個**命題**，要有幾種可能（possibilities）。它們是**技術的可能**、**實質的可能**，與**邏輯的可能**。假使在某一種已知的狀況與技術水準之下，我們可以做到，即是技術的可能。假使我們在證實某件事情時，並不違反任何自然法則（律），即是實質的可能。假使不違反任何的**邏輯**法則（律），即是**邏輯**的可能。每一項這種可能，都能決定**命題**相關部分的意義。而科學的實證，三者都是必須的。在我們檢驗一個**命題**之前，或者在我們研究一項法則（律）是否成立之前，我們必須能夠建立一個**命題**或**假說**（hypothesis），陳述我們在觀念上甚至**邏輯**上所認為的**可能**。

科學概念的可操作性

在驗證一個**概念**時，科學家都要求對某些概念能夠有一個**可操作的定義**（operational definition）。所謂**可操作的定義**就是這個定義是可以實際應用的。這樣做也可以給人們**行為的概念**，一個比較堅實的基礎。這種要求可操作性定義的想法也非常簡單。量的概念如**長度**、**重量**、**體積**等要靠正確的**量度尺度**與量度的方法；甚至於**質**的概念，也要靠實驗室裡對工具的操作，例如：生物學家使用顯微鏡，才能觀察微生物的演化。對每一個**概念**而言，它都會有一個相對的科學用途；要瞭解這些用途的操作，也必須完全瞭解其基本概念。如果不瞭解這些概念，也不會瞭解這些概念在科學上的意義。所以，概念的**可操作性**會使我們瞭解某些特殊概念的科學意義。

　　操作的原則是，不同的操作會定義不同的概念。沒有同樣的假設條件，就不可能讓不同的科學家對任何科學概念有一致的想法，也不可能有相互之間的批判與對概念的堅持。即使是一個科學家做他自己的同一項實驗，也會發生這種困難；他每一次操作的績效也會與他之前或之後操作的績效不同。除非我們對實驗中沒有意義的變數之間的差異加以忽略，否則他也不可能**複製**（replicate）他自己的同一項實驗。所以，一個嚴謹的科學家絕對不會從單一的實驗中推論出一項通則。不過也沒有一個**先驗的規則**告訴我們，什麼變數是有意義的，什麼變數是沒有意義的。

　　另外一個困難是，大多數的科學概念，尤其是理論性的，與經驗的關係是間接的。也就是說，它們的驗證意義要靠其他可以應用在經驗操作上的概念的理論。我們絕對不能像量度物質對象——如礦石的硬度、水的溫度等，一樣去量度工人或軍隊的士氣，以及人們快樂或憂鬱的程度。經濟學家在衡量一個風景區吸引遊客的程度時，也只能用**願付價格**（willingness to pay, WTP）作為**影子價格**（shadow price）來間接顯示其價值的。所以，要找出一個科學概念的意義以及如何應用它，就要看你如何應用與這個**概念**有關的其他**概念**了。

概念的實用性

　　實用主義者看待驗證的功能，要問：如果一個概念是正確的，它將會造成什麼樣不同的結果？也就是說，這個概念對我們有什麼意義。古典的**認識論**是回溯式的，它會去追尋一個**概念**初始的源頭，然後從事件發生的經驗裡去分析其意義。而實用性的做法是前瞻性的，它所重視的不是起源而是效果或成果；不是它與過去的先驗經驗的關係，而是與將來所要形成的事務有什麼關係。

　　概念的實用性對研究方法的貢獻是：假使意義由分析行為而來，它早晚脫不開與一般狀況及行為的關係。每一種科學語言，無論如何的技術性，都是從日常生活的語言中學習與使用得來的，我們無可避免地，要從日常生活語言中弄清它的科學意義。所以任何科學概念，要有其日常的實用性才有意義與價值。**實用主義**的方法可以用在當代的**博弈理論**（game theory）、**決策理論**（decision-making theory）等方面。如果一項陳述可以用在決策上，便可以說

它是有意義的。它蘊含的意義所造成的不同也是可以分析的。

概念的功能

　　一個**科學概念**之所以有意義，是只有在科學家用它來表達某些事情的時候。而且是只有在科學家所希望的事情成為真實時，其意義才得以彰顯。也就是在所研究的問題得到解決，並且願望得到滿足的時候。從**康德**（Immanuel Kant, 1724-1804）時期直到現在，我們都承認**概念**是做判斷與行為的準則；也就是組織實際經驗，使我們能夠做自己的工作的**方針**。舉例而言，一個人不只是一個理性的動物，他也是具有多種面向與意義的。他可能是軍人、政客、或科學家；甚至在科學家中又可以分為人類學家、經濟學家、物理學家、生物學家等。一個人是什麼，也就是依照此一概念去判斷、去決定的。此一概念的意義一旦被賦予某種功能，做某種使用時，便可以說是形成**概念**（conception）了。但是概念是專屬於某一個人的，而且會因為時間的不同而有所改變。例如：我們一般人對**原子**（atom）的概念一定會與物理學家的概念不同；例如：原子筆即與**原子**（atom）毫無關係，一般人的概念多半是由於無知，或者是因為一般人在從前還不懂核子物理，現在漸漸懂了，所以認知也就不同了。

　　在這種形成概念的過程中，我們所研究的對象被分類與分析了。所謂分類與分析，就是把某些東西或事情的性質，依照它們的屬性歸類在不同的組合中。也就是把屬性相同或相似的事物歸在某一類別中。這樣分類就會使概念具有意義。每一種分類都有它的目的，科學的分類是為了達成研究者所要達成的目的，去顯示他所希望發現的變數之間的關係。

　　坦白地說，從這個角度看，概念的意義是在程度上有所差異。例如：如果把書籍按照大小或重量來分類，絕對沒有按照內容來分類有意義。但是印刷廠與運輸業者的看法卻不相同。一個概念之是否有意義要看我們怎樣來使用它。因此，概念使我們在邏輯的空間網絡關係裡標示出路徑、節點、終點等，使我們能夠自由地行動，也知道下一步該走到哪裡。就好像我們說：「條條道路通羅馬」，那麼正確的概念就會讓我們在到了羅馬之後，在羅馬城裡找到我們想要去的地方。因此，概念的功能，就是能幫助我們在研究工作的各種分類中找

到最有利的類別。

◉ 概念與理論

　　康德認為概念的形成與理論的形成是同步進行的。形成一個好的理論需要正確的概念，但是我們也需要一個好的理論去形成一個正確的概念。當某一個領域的知識在進步的時候，我們對那個領域的概念也會隨之改變；當我們的概念能更適合理論時，我們也就能學習得更多。這也就是研究工作要經過一輪又一輪的演進，科學家才能最後臻於成功。

科學方法的價值與有限性

　　最後，本章所要講的是，為追求知識而追求知識的慾望，可能要比一般反知識分子，所認知的慾望更為廣泛。它根植於人類天生的好奇心，這種好奇心又顯示在人們對宇宙現象的疑問，以及對它所產生的各種八卦。這也不是人們隱而未顯的功利主義性格，使人想要知道他們鄰居的私生活情形或狼籍的名聲；還是出於某種使人希望尋求某些事務真相的風尚。雖然求知的慾望是廣泛存在於人心的，但是並非強烈到超過一些更強而有力的其他生物慾望，如食慾、性慾。也就是說，求知的慾望，並不致於強到可以支持批判性的研究工作。

　　人們通常只對科學研究的結果，或者它演變的歷史或浪漫的過程有興趣，而不是如何獲得結果的方法與技術，以及持續不斷地檢驗與驗證的過程。我們的第一項意念，就是接受那些可能是合理的事情為真，而拒絕那些不合理的行為。我們沒有時間、精力及意願去研究每一件事情。的確，我們常會覺得做研究工作是一件非常令人厭煩，而且會抹殺樂趣的事。當人們把我們樂於相信的事情只當作**假說**看待，我們會感覺到是被羞辱了。這種情形在歷史上造成了各種與理性的科學研究程序敵對的運動（movements）。事實上，這些人又不承認他們的想法是與科學敵對的。

神祕主義者（mystics）、直覺論者（intuitionists）、權威論者（authoritarians）、自由主義者（voluntarists）與虛構主義者（fictionalists），都嘗試著設法埋葬對理性科學方法的尊重。這種攻擊也引起很廣泛的共鳴而會繼續下去，因為他們也觸動到了人性另一面的反應。但是很不幸地，他們並不能提供另外可以獲得證實知識的方法。

在現實的世界裡，在沒有全知者（omniscience）的情形下，我們必然會相信我們心靈的臆測，再加上偉大人物的臆測或直覺，又往往能深植人心。混淆臆測與已經具有證據的命題，則會造成知識的浩劫。於是我們要問，是否所有心中的推理都合適又合理？是否所有的神明啟示都是真理？人類經驗的悲慘歷史嚴肅地否定了任何這類說法。神祕主義的直覺會給人絕對主觀的肯定，但是卻不能給錯誤的直覺任何證明。很明顯地，假使我們要做一個理性的選擇，我們必須在互相衝突的權威之間，用合邏輯的推理權衡它們的輕重。

但是科學方法的精髓卻限制了它的穿透力，因為科學方法承認我們無法知道每一件事，也沒有能力解決我們所有的實際難題。反過來看，如果說科學否認所有未經證實的命題，那也是一項錯誤。有些事情今天未能證實，或許明天就被證實了，科學方法就是要去實證問題。我們也不得不承認，從事科學研究的人的智慧，並不比賢哲、先知或詩人為高。我們也承認科學方法並不能使缺乏創意與聰明才智的人，有創意與聰明才智。科學家與所有的其他人一樣，也只會依循常規做事，在使用他們的方法與技術時，也不會理會環境的改變。他們也經常會努力半天而一無所獲。他們可能手頭有許多利器，但是未必有運用的智慧；統計出來的資料可能都會合乎標準，但是不一定具有意義與結果。然而，科學方法仍然是增進實證真理，並且減少武斷意見的唯一方法。科學家只能經由剖清自己的想法，尋求運用文字的精確意義，而且把他們認為合宜的想法正確地用在塑造命題上。

如果問到社會對科學方法的需要的問題時，我們也必須承認，科學家未必能及時因應去解決一些懸而未解的困難，乃是由於方法上遭遇困難，甚至於是一項不可能的任務。為了確認需要做完整的研究，所有可能的看法、意見都必須仔細地加以討論。這時，我們必須忍耐，這也是科學家最感困擾的事。

一般而言，社會對科學方法的主要看法，是希望用它來追求真理。而且這股力量要強到足以對抗食古不化的老舊觀念，並且使之有所改變。那些從

事科學研究工作的人，不僅需要有空閒的時間深思熟慮，以及做實驗所需要的材料，而且需要社會給他追求真理的自由，以及在現實制度下表達他的學術思想的空間。害怕對既有教條挑戰，是對現代科學成就的一項阻礙，無論是天文學、地質學，以及其他的物理科學都是一樣的。而且不敢對**愛國情操**與**尊重傳統**挑戰，也可能是對學術歷史與社會科學最大的障礙。在另一方面，當一個社會毫不分辨地接受每一項新的主張與思想，也會使對真理的熱愛成為追求新穎時尚的附庸。

整體而言，我們可以說科學的維護，要靠人真正地重視**方法**的公平合理，而不是其所獲得的結果以及對結果的使用。正因為如此，很不幸的是，在社會領域裡的社會科學研究，大部分掌握在那些並不贊同反對已經建立的大眾意見的人手裡。

我們也可以從另外一個觀點看，認為物理科學更為自由進步，因為我們相信愚蠢的意見必定會被事實所消滅。然而，在社會領域裡沒有人能去告訴我們愚蠢的想法在它顯現之前，會造成什麼樣的傷害。沒有任何對科學方法的預警，能夠防止人生從事這樣的冒險，而且也沒有任何科學研究，能知道他是否能達到他研究的目的。但是**科學方法**畢竟能使多數的研究工作走一條比較安全的路。經由分析任何可能的步驟或計畫，使我們能夠預料到未來，而預先調整我們的步調。於是**科學方法**可以使生活的不確定性，與新奇事物所造成的震撼極小化。它能幫助我們擬議行動的政策與道德判斷，使我們對前途的展望比眼前的物質刺激更為寬廣。

科學方法是強化我們對真理熱愛的唯一途徑。它開啟了追求知識的勇氣使我們能夠面對困難，並且克服使我們陷入毀滅的幻想。它不倚靠任何外力，只訴諸於一般公認的理性來化解歧見。科學之路，即便是攀爬陡峰，也是對每一個人寬敞開放的。因此當偏執的學派與黨派信仰，分隔人與人的關係與研究步驟時，**科學方法**會使它們合一。因為**科學方法**要求公平無私，它是自由文明的試金石。[9]

9　Cohen and Nagel, pp. 399-403.

Chapter 3

什麼是現代的社會科學研究？

美國哲學家**杜威**（John Deway, 1859-1952）把現代科學方法分為以下幾個步驟：(1) 從經驗中提出**疑問**（questions）；(2) 把疑問形塑成可研究的**問題**（problem）；(3) 把希望驗證的結果形成**假說**（hypothesis）；(4) 建構理論**模式**（model building），(5) 蒐集證據資料；(6) **實驗**操作以驗證假說；(7) 在**實際經驗**中做最終假說的驗證（empirical test），(6) 最後得到驗證的結果或及一**般化法則**。[1] 如此說來，科學方法的主要概念，是集中在建立實際經驗的**一般法則**的**邏輯思維程序**上的。

應該注意的是，**杜威**對**現代科學**的分析是在說明**知識**是什麼。而現代**科學方法**的產生是開始於**物理學**與**生物學**的研究，而不是對社會科學的研究。對**杜威**而言，**哲學**是研究人類信仰的社會科學，包括它們與社會的關係。同時，**杜威**對於使用**科學方法**去瞭解社會事務的問題也極感興趣。但是因為自然科學比較先進，**杜威**便使用它們來作為求知的現代方法。

杜威在《**邏輯**》（*Logic-The Theory of Inquiry*）一書中指出，在比較研究自然科學與社會科學的**問題**（problems）時，我們發現雖然社會科學的研究，有些**變數**的變化不容易被控制；以致於對社會科學的研究比較困難，但是這些困難並不妨礙社會科學的發展。社會科學研究的問題一定是產生於社會上的紛

---

1   Russell Ackoff L. et al., *Scientific Methods: Optimizing Applied Research Decisions,* Robert E. Krierger Publishing Company, Inc., 1984, p. 26.

擾與衝突，或者不合理的現象，而且也一定與實際社會問題的**理論**或**假說**（hypothesis）有關。

現代實驗性的科學，往往被狹義地認為是一種處理資料的**技術**。而**實驗**通常都被認為，只是把**經驗**中的一些因素移轉到可控制的實驗室而已。這種說法就會使人想到社會現象是無法放在實驗室裡，在控制的環境下操作的；因此便認為**實驗的方法**對社會科學的研究是完全不適用的。這種認知剛好形成實際使用**實驗方法**的一種障礙。其實社會科學的實驗室，就是實質社會行為與現象的本身，也可以說就是我們所實際生活的現實世界。

在另一方面，有一些關於**實驗方法**的論調，也會讓希望在社會科學研究中使用**實驗方法**的人氣餒。因此，**杜威**認為如果我們真的把對社會現象的研究稱之為**社會科學**，就只有進行**社會規劃與管制**了。雖然**杜威**的意思並不是不贊同**社會規劃與管制**，但是仍然給人一種印象，好像是說運用**科學方法**，與**控制人類行為**兩者是難以兩全的事情。

然而，實際上人類所有的行為，都是為了達到某一個既定的目標而形成的。假使我們把**規劃與管制**看作是希望達到某一個目標的有遠見的行為，**規劃與管制**也就是理所當然的了。也可以說，**規劃與管制**一直都是運用我們的遠見，來指導我們的行為以達到成功結果的方法。只要人們有目的、有方法去做事，社會科學就一直存在著。有的時候我們的目的與方法可能變得更為複雜，而我們也更會運用我們的智慧，去協調我們的行為，這也是尋求知識進步的做法。有了這層認識，**實驗**在現代**社會科學**裡的意義，仍然是值得注意與討論的。

社會科學的功能，在於解決人類的**行為**，與它所產生的**結果**，不能一致所產生的**問題**。當我們改變狀況，使行為與結果一致時，便是把**問題**解決了。這種針對**問題做研究**的概念，是由現代**實驗科學**來表現的。去調查一個社區居民的所得與生活狀況、住宅狀況、兒童教育狀況或土地財產權狀況、土地使用狀況與城市規劃等方面的情形，並不能算是解決**問題**，而只是去瞭解問題的狀況而已。一個**問題**的能不能被解決，要看我們能不能，最低限度嘗試性地把它**形塑**（formulated）成一個**可研究的課題**或**問題**（problem），並且加以詳盡深入地分析。

　　一個**課題**或**問題**（problem）的形成，一定是根植於一個**現實事件的狀況**，而且在這個事件裡，它的行為結果使人感到困擾。舉例而言，假使我們的**疑問**是：一直以來，臺灣各城市都在實施**市地重劃**，把城市周邊的農田、綠地改變成為建築用地加以開發。如果國家的土地政策是要**保護農地**，維護生態的平衡、節能減碳與永續發展。在政府不斷實施**市地重劃**，擴張城市範圍的情形之下我們將**如何使農地獲得保護？**當我們研究這個**問題**時，我們必須先觀察農地被市地重劃改變使用，開發做他種使用的現況，以及其所已經造成的問題有哪些？對環境生態的影響如何？對節能減碳的影響如何？以及對糧食生產的影響又如何？還有，農地與非農地之間的供給與需求關係如何？以及與其他各種土地使用之間的關係如何？農地改變成建地之後對房地產市場的影響又如何等問題，加以思索與分析。之後才能再進一步研究哪些種類的農地應該被保護，以及如何保護這些農地？而哪些農地可以釋放出來開發做他種使用？以及做何種使用最為適當？其間的成本效益如何？對環境產生的影響又如何？**市地重劃**是否該適可而止等問題，而我們將如何規範每一種土地的使用等問題？

　　所以對一個**問題**的研究，一定要先知道此一**問題**是來自於我們的哪些**經驗**之中，其最後的結果也是可以從**經驗**中找得到，而且是可以得到驗證的。瞭解了問題之後，我們便可以針對問題的性質提出對策與方案，以及實施其中某一項或某幾項方案與措施，來保護農地，規劃城市發展。例如：我們可以修改法規，加強土地使用的規劃與管制、改革稅制、或實施土地徵收，以及建立購買發展權，或移轉發展權等方法以使農地獲得保護。所以如果我們不能先把原始的**疑問**形塑成一個可研究的**問題**（problem），就無法著手去探討如何才能解決此一問題。就好像醫師一定要先診斷病人的病情，才能對症下藥一樣。否則這種研究是沒有目的，也不會有結果的。而且診斷病人的病情所花的時間與所經過的程序要比處方冗長複雜得多。所以分析問題的工作也會是非常複雜而且困難的。一旦把問題分析清楚之後，提出解決方案便容易得多了。

　　再例如：最近大家所關心的問題是**全球暖化**（global warming）**問題**。如果我們的**疑問**是：如何解決**全球暖化**問題？面對此一問題，我們必須先瞭解**全球暖化**所造成的問題有哪些？從經驗中（觀察到或感覺到），或是從科學家的研究中（文獻及資料），我們可以發現氣候變化的異常、造成動植物生長的異常、兩極冰山的融化、海平面的上升等，以及它們所可能引發的後果。之後才能再進一步研究**全球暖化**是如何形成的，以及如何去解決此一問題。簡單的

說，根據科學家的研究（仍然是在研究**問題**的階段），這種現象是由於地球上的人類為了經濟發展，開發土地，破壞了過多的自然資源；人們的工業生產以及使用小汽車消耗了過多的石化燃料，排放出過多的**二氧化碳**（CO_2）。而另一方面，由於大量地開發土地，破壞了地表的綠色植物，降低了綠色植物吸收二氧化碳的功能，二氧化碳累積在大氣層中，阻礙熱量的發散而形成**溫室效應**（greenhouse effect），使地球表面的溫度升高，以致於造成自然界各種與過去**經驗**不同的反常現象，甚至災變。因此我們可以知道減少二氧化碳的排放，才是解決**溫室效應**問題的根本辦法。減少二氧化碳排放的方法，自然是要從節約能源的使用、提高能源的使用效率、保育地表的自然資源與森林綠地等方面著手。如此思考，則每一項問題與改善措施，都可能成為一篇論文的研究題目，並且寫出一篇有內容的論文。

目前從事研究工作的碩士、博士研究生，或者是教授也好，在開始寫論文時，幾乎都從**研究動機**的說明開始；中國大陸的研究生則多以**研究課題的意義**開題。無論是以**研究動機**開題或者是用**研究課題的意義**開題，都沒有能將他們所要研究的問題具體地提出來，並且形塑成**可研究的問題**（researchable problem）。這種情形可能就是研究生做不好研究工作，寫不好論文；教授寫不好研究報告的最基本原因。換言之，從事研究工作的人只知道他有研究某種問題的**動機、興趣**或**意義**，卻不知道所要研究的**問題**（problem）是什麼，如何把**問題**的性質、狀況，以及發生的原因是什麼，分析清楚；當然更不知道嘗試性地去探討預期可能的（tentative）**研究結果**（**假說**）是什麼。這樣當然是無法做好研究，也寫不好論文的。說得嚴重一點，也可以說這可能是我們學術之所以落後於西方先進國家的癥結所在。因為我們的研究工作，並不是植基於**問題**的**探討與分析**。正如本書第一章所說，我們並沒有傳承到古希臘，與我國原始求知的科學精神，而歐美國家的學術研究卻都是從**發掘**或**探討問題**（problem identification）開始著手的。本書的目的，也就是希望說明及討論這種**科學思維**方式，以幫助學者或研究生，改進他們的研究工作與論文寫作方法。

要嘗試性地把**實際經驗**裡所發現的**問題**塑造成**可研究的問題**，最實際而有效的辦法就是建立一個**假說**（hypothesis）；**假說**就是從事研究工作的人，從過去到現在累積的知識與經驗中，應該知道他的研究工作所可能得到的結果是什麼。因此，**假說**可以引導你研究工作的進行。一個針對**問題**所提出的**假說**，就是：**假如你做了什麼，便會有什麼樣的結果**。或者是：**什麼事情的發生，就**

會產生什麼樣的結果。在英文文獻裡，可以很清楚地看見，在任何情形之下，其造成問題的**因素**（factors）或得到的**結果**（results）都不是**單數**的，而是**多數**的。也就是說，造成問題的因素不止一端，其所可能造成的結果也不是單一的。更重要的是，我們要找出有意義的**因素**與**結果**，而排除沒有意義的**因素**或**結果**。**假說**（hypothesis）**就是形塑一個嘗試性的**（tentative）**因素，與可能因為此一因素產生的結果的陳述**。**假說**之有用，是因為它提供了用**嘗試性的**方法去尋求可能產生的結果。它是**嘗試性的**，因為在研究的過程中，一定會對各階段的工作不斷地加以修正。沒有**假說**，研究工作便沒有目標，沒有方向；沒有一個有彈性而且嘗試性的**假說**，研究工作是無法進行，也不會成功的。可惜我們的研究生不懂得**假說**的重要，甚至論文裡根本沒有**假說**。這些問題將會在第八章裡，做進一步說明。

第二，現代社會科學研究的**實驗**，其性質是有關於證據的組織與其具體發現的呈現。其意義是指**社會科學**的**實驗**，雖然不像**自然科學**一樣，可以完全在實驗室裡**重複**或**複製**（duplicate），至少它掌握證據的功能應該是類似的。不過**自然科學**的求證，是可以在**控制的狀況**之下進行的。實驗室裡的光線、溫度、溼度與氣壓等因素都是可以被控制的；而且可以使這些因素維持它們的**恆常性**，也可以排除某些不重要的因素，或具有干擾性的因素，而保留那些有用的因素。

而**社會科學**卻幾乎不可能，在科學研究者所能控制的環境下，進行他的研究。相反的，社會科學家只能在事件發生的當時、當地對事件加以觀察。換言之，事件發生的當場就是他的實驗室。這種情形使**社會科學**的研究更形困難，特別是在研究的過程中，會很容易地忽略某些重要的因素。這些困難在社會科學的研究中只能設法面對，而不能逃避。在現代**科學方法**的運用中，這種情形並不表示**自然科學**與**社會科學**之間，何者比較優越或者在**方法**上有何不同；只不過是在研究工作中，對環境的**控制**不同而已。其實在研究工作中，**自然科學**也同樣會遭遇到很多困難，其所能控制的實驗環境，也不可能是百分之百周全的。

第三，其實社會科學的實驗，也不是完全不能控制的。在經濟學中，我們

經常用**其他狀況不變**（*ceteris paribus*）[2]來塑造一個情境。也就是假設所有其他變數在某一個時間裡是常數，來分析某一個變數變動時，對其他變數所產生的影響與變化。社會科學的特性之一，就是研究的主題不是靜態的、不是固定的，也不是不變的。在物理或化學的研究中，毫無疑問的，今天在試管裡所發生的事，明天也一定會照樣在試管裡發生。但是，這種情形是不會在社會科學的研究中發生的。當然，事實上我們永遠不可能使所有的其他狀況完全相同。我們所能做的只是盡可能地使其他狀況維持不變，或者盡量相似，好讓實驗能夠進行下去罷了。[3]

第四，科學家的研究工作，是在尋找**變項**或**變數**（variables）之間的關係。也就是他在處理實驗的各個階段中，所觀察到的各種事實之間的關係。然後從實驗的各個階段所觀察到的**資料**（data）中，整理出一個**一般性法則**或**通則**，而這些關係之間的**一般性法則**一經驗證出來，就成為研究的結果。而科學家也必須注意到研究過程的整體性。實驗室裡的工作，可以說是一連串的**問題與影響因素**互動的連鎖反應，再從這些連鎖反應得到結果；然後再從結果去**檢驗**先前所陳述的**假說**。而這些檢驗的結果，又與它們所存在的周邊環境因素，產生一連串的**連鎖反應**。

社會科學與自然科學研究方法的統一性

就**研究方法**而論，自然科學與社會科學研究的**方法**（method），並沒有什麼不同。如果我們以**科學方法**一詞來涵蓋兩者，也不會有什麼不妥。也就是說，研究的主題與研究的領域雖然不同，但是在**方法**上都是一樣的，所不同的只是所使用的**技術**與**工具**不同而已。因為研究的步驟是決定於研究的**邏輯思維程序**，而不是決定於它的主題與內容。強調它們在所使用的技術與工具上有所不同，也並不表示否定它們所用的**技術**與**工具**有無限的差異。然而，的確某些

2　*ceteris paribus* 是希臘文其他狀況不變的意思。馬修爾（A. Marshall）使用此一工具來塑造經濟理論。他說：我們並不認為事情真有惰性，我們只是在那個時候暫時忽略它們的活動。（Marshall, 1961, p. xiv）

3　Julian L. Simon, *Basic Research Methods in Social Science: The Art of Empirical Investigation*, Random House, 1969, pp. 47-49.

技術與工具，只適合用於某種科學的研究，而有些技術與工具又絕對不適合，甚至於不可能用在某些科學研究上。例如：顯微鏡對天文學家來說，至少在目前，並沒有什麼用處；生物學家也無法使用望遠鏡去研究外星生物。但是這並不表示這兩種科學的研究方法（research methods）在邏輯思維方式上有什麼不同。

在科學的演進過程中，老的科學，如自然科學與政治經濟學開始分道揚鑣；而新興的科學，如物理、化學或社會心理學開始出現。物理、生物行為科學之間的界線也開始模糊。例如：新近成長的學科，如生物物理學、人類腦神經系統與電腦的控制與資訊傳輸的研究，以及太空醫學等也都方興未艾。科際整合變得愈來愈為普遍。也許正因為如此，更使人感覺到不同的學科需要如此整合。科學方法的統一性，將會有無限的潛力，也會產生豐碩的果實。從這個觀點來看，不管科學的領域多麼分歧，但是在研究方法的邏輯思維上，它們只有一種，它們的思維方式是一樣的。我們將在第五章詳細申論。

社會科學與自然科學研究只是技術與工具的不同

社會科學的研究與自然科學研究的區別，在於研究這些主題所使用的技術，卻是從其他科學，特別是物理學，衍生出來的。例如：在量度兩個臨近城市的市場範圍時所用的賴利（W. J. Reilly）零售引力模型，就是套用物理學家牛頓（Isaac Newton）的萬有引力定律（Newton's Law of Gravitation）而來的。牛頓的萬有引力定律發表於 1687 年。它的基本意義，在於說明宇宙中所有的質量都具有互相吸引的引力。此一引力會在沿著兩個質量重心的直線上。這兩個質量引力的大小，是與兩個質量的乘積成正比，而與兩個質量之間距離的平方成反比。

以數學公式表示即為：

$$F = G \times \left[(m_1 \times m_2)/r^2 \right]$$

F 是兩個質量之間的引力
m_1 與 m_2 分別為兩個質量

r 是兩個質量之間的距離

G 是引力常數

賴利在 1929 年觀察了美國 1920 年代的購物習慣之後，以引力模式為基礎推衍或模擬出他的**零售引力定律**（Law of Retail Gravitation）。他所得到的結論是：「兩個城市對在它們之間零售購物消費者的吸引力，與兩個城市的人口數成正比，而與兩個城市之間，兩個中心點距離的平方成反比。」質量 m_1 與 m_2 以人口數 p_1 與 p_2 來代替，則上式可以寫成：

$$F = G \times [(p_1 \times p_2)/r^2]$$

所以我們說，不管**科學**的領域多麼分歧，但是在**研究方法的邏輯思維**上，它們的**思維方式**是一樣的。這就是**科學研究方法的統一性**。

行為科學的資料不是全然的**動作**（movement），而是來自於**行為**（action），而且這些**行為**要有意義與目的。行為科學家必須先知道**行為**的狀態，也就是要先瞭解一項**特殊行為**所代表的意義，然後再去尋求詮釋此一**行為**的意義，以及此一**行為**與其他**行為**或狀況之間的關係與意義。例如：在觀察**選舉投票行為**時，一定會先去觀察投票的狀況，然後才能去研究及詮釋**投票行為**及其結果的意義。

雖然詮釋行為的意義需要特殊的技術與方法，但是這些技術與方法，仍然脫離不了**方法論**或**研究方法**的原則與標準。這裡所要強調的是：**行為科學嘗試去瞭解人的行為，跟物理學家**嘗試去瞭解核子反應的過程是一樣的。所不同的是人的行為千變萬化，沒有規律可循。例如：不同的人用同樣的詞彙，說同樣的話語，但是他們話語中所表達的意涵可能並不一樣。行為科學家從事研究工作的困擾也就在於此。

此外，大家所常討論關於研究技術與工具的問題，還有調查與觀察的優劣、圖書館的使用、面訪或訪談、郵寄問卷，以及其他蒐集資料與證據的方法等。應用這些技術與工具，能不能蒐集到有用的證據或資料，不僅要看操作這些資料的**技巧**（skill），更要看**資訊**（information）的性質，以及它們對所要研究的問題與假說的意義。

在研究工作開始的階段，重要的是要看**問題的分析夠不夠詳盡**，以及**假說**

的命題是否恰當？能不能從問題的分析中看出，是否能夠嘗試性地看見正面或負面的結果；接著才去據以蒐集資料。蒐集可以用於**驗證**的資料並不容易，研究人員愈能親自參與**觀察**與**實驗**，他愈能發現他的實驗裡一些關鍵性因素與資料之間的關係。特別是在**社會科學**的研究工作中，親自參與**觀察**與**實驗**極為重要。

現代實驗性的科學，往往被狹義地認為是一種處理資料的**技術**（techniques）；而**實驗**通常都被認為，只是把**經驗**中的一些因素移轉到可控制的實驗室而已。這種說法就會使人想到社會現象是無法放在實驗室裡，在控制的環境下操作的；因此便認為**實驗的方法**對社會科學的研究是完全不適用的。這種認知剛好形成實際使用**實驗方法**的一種障礙。其實社會科學的實驗室，就是實質社會行為與現象的本身，也可以說，就是我們所實際生活的現實世界。

社會科學的功能與現代**科學實驗**方法最相似的一點，就是著重在驗證結果之前，一定要有足夠的證據，顯示**問題**的各個因素之間的**連鎖反應關係**，這種**連鎖反應關係**是只有在人的行為中才存在的。以下將對幾種常用的研究工作的技術性方法略做說明。

幾種常用的研究技術

● 歷史性研究

當現代科學要研究社會上的問題時，**歷史性研究**是不可少的。沒有任何知識性的事情是與過去的知識沒有關係的。人類的經驗是有時間性的，是動態的過程。雖然現在發生的事情，不會與過去發生的類似事件完全一樣，但是如果我們能把不同的狀況分別開來，也能把有意義的和沒有意義的因素加以區分；過去的事情也非常可能提供給我們一些可靠的**證據**。再者，過去的事情並非在過去發生之後，就停留在過去；而是過去的經驗可以延續到現在，而且可以適當地用來解決當前的問題。

假使我們能選擇**歷史事件**中，與現在**問題**中相類似的策略性因素，而且在加以分析後，出現人們在經驗上的相互關聯性，則**歷史性的分析**便有驗證的價值。但是假使歷史性素材上，只有一些事件呈現年譜式的記載，或者只顯現特殊事件的關係，則它們便只有**工具**上的價值了。

我們重視**歷史性研究**的高度科學功能，是因爲歷史學家對過去的事件建立了相當高標準的**可信度**，而事件的結果又顯現出個人與群體之間緊密編織的關係。所以**歷史性研究**經常在社會科學研究中提供強而有力的驗證能力。如果我們要對**歷史性研究**有所批評的話，只能說它無法提出**假說**（hypothesis），然後加以驗證。因爲事件的發生是歷史性的，不能預知，也無法**重複**，所以也無法提供證據，也與解決**問題**（problem solving）不發生關係。**歷史事件**所唯一要求的標準是**完整性**（completeness）。歷史事件本身或許會使人有興趣去研究；但是它終究不能作爲社會科學研究的**案例**。因爲歷史事件是**唯一的**，不可能從它推導出任何**通則**。

歷史案例、調查或訪談等**技術**是否能獲得**檢驗**所需用的資料，則要看所獲得的資料，是否是針對著清楚形成的**問題**（problem）。在記錄歷史資料的時候，有沒有想到**假說**（hypothesis）。再者，也要問所記錄的歷史資料是不是連貫的、互動的系列資料。

● 個案研究

個案研究在社會科學研究**方法論**中，曾經引起很大的爭論。因爲常常使人困惑的是，什麼時候一個個案是**個案**，什麼時候它又是個案裡的**例子**或者是例子裡的**觀察單元**？還有，統計方法能不能用於分析個案裡的元素？或者是好幾個個案裡才包含一項統計方法？是不是對一件事的歷史研究就不是一個**個案**？這些問題的解答都需要我們對**歷史研究**的功能有所瞭解。

如果一項**個案研究**，像我們通常所瞭解的樣子，只是對某一事件的深入研究；它既沒有**問題的形塑**也沒有**假說**，那麼這種研究工作，是不是就不能算是一項科學的研究。假使一個個案的素材只是某一地區或某一樣本的**觀察結果**；那麼它的分析也只能呈現某些關係之間的證據，這些證據就只有工具或建議性

的用途。

假使一個**個案**是一個行為的單元，而且假使其互動與秩序經驗，是被停留在此一單元裡的話，那麼它便具有很強的驗證力。只要在**個案**裡的行為單元之間的互動與秩序沒有間隙，而且這些事實與所欲研究的問題有明顯的關係，則個案研究便具有驗證關係的品質，也會在它所處的地位上具有意義。

不過，一個**個案**的分析，終究不能替代一個完整的研究。所以**個案研究**愈多愈好，把它們結合起來，才能算是一個完整的研究，才能達到研究的目的。這並不是要求要有一大堆的個案混在一起，而是要有個別出色的驗證，去展現研究過程中可能的方法與目的。有很多個案的好處，是可以用來檢驗各個決定因素是否適當，是否切中需要，或者是否對研究的主題具有意義？

● 定性的研究

定性的研究（qualitative research）與歷史的研究或個案研究一樣，都是重要的**研究技術**。社會科學比物理科學多用**定性**的方法，也並不表示它比較不科學。只不過物理科學可以在實驗室裡**重複**（repeat）它們的實驗，使人有機會看到整個解決**問題**的過程，而不必像社會科學一樣需要長篇大論的文字描述。其實，當物理學家使用文字記述他在實驗室裡的整個實驗過程時，其作用是和社會科學家一樣的，也是**定性**的。同樣重要的是社會科學家在記述他的經驗時，也需要像物理科學家同樣使用嚴謹而精確的文字與數字；使人看了便能心領神會，而並不需要身臨其境，去觀察或體驗事件的經過，這也是**定量**的。**實驗**的功能在自然科學與社會科學都是同樣重要的，**驗證**的力道（power）也是等量齊觀的。

社會科學所用的素材也許不如自然科學的素材那麼容易**定量處理**，但是社會科學的素材仍然可以用其他的符號加以記錄。所不同的是，社會科學實際**觀察與實驗**的過程，需要以較多的文字記錄與描述，來呈現其**實驗**的過程罷了。還有，**定量**與**定性**研究最重要的不同，是在於所使用的**量度方法**與**量度尺度**的不同，而不是基本**研究方法**的不同。這一點非常重要，因為在一般的觀念上，都認為**研究方法**有**定量的研究方法**與**定性的研究方法**兩種。而且坊間討論研究

方法的書籍也有**定量研究方法**與**定性研究方法**的不同。其實它們只是操作**技術**的不同與所用的**工具**不同而已，這一點將在第十一章討論**科學研究的定量與定性**時，再做說明。此外，本書也增加了第十五章，討論定性與定量混合的研究設計。

● 模擬或類比的研究

我們或者可以武斷地說，世界上可能沒有任何研究技術比**模擬**（simulation）或**類比**（analogy），用得更為普遍的**研究技術**。其所以被廣為使用，是因為所有的經驗與科學都是**模擬的**。或者說模擬就是使用或套用已經公認的理論或經驗的**模式**。因為任何有目的的行為，都是從過去類似環境中的經驗學習來的。如果從功能的角度看，它並沒有什麼特別之處，它只不過是眾多**研究技術**中的一種而已。不過，小心而仔細的**模擬**或**類比**卻是從研究得來的。

假使把這裡所說的**研究**概念應用在**模擬**上，很清楚地可以看見**模擬**方法有可能提供檢驗的證據。一項**模擬**可能對形塑問題或**假說**非常有用。不過僅僅是對某些特點做比較的例子，則對提出進一步的**檢驗**的用途有限。但是如果是比較個案之間關係的**模擬**，則有比較高的**驗證力**。**驗證力**的強弱則要看內在關係的統一性，也在於個案之間經驗的連續性。以後者的形式來看，模擬當然是用在最先進的科學中，而且是實際經驗中最後一步**驗證之前的驗證**。其實建構模式（modeling）就是**模擬**或**類比**方法的應用。這一點將在第十章討論**理論、法則（律）與模式**時，再做進一步的說明。

● 專家意見[4]

專家意見（expert opinion）是指在某一個特殊學術領域裡，具有豐富研究經驗與資料的人，對某一個問題的判斷與評估意見。**專家意見**在客觀資料不容易用其他方法取得時，可能是一個有用的辦法。例如：有關憂鬱症病患的治癒率問題，最好詢問精神科醫師。不過，無論任何領域的問題，如果已經有相當

4　Julian L. Simon, pp. 274-276.

完整的統計資料，也與**專家意見**有同等的參考價值。

　　當遇到與人的價值判斷有關的問題時，**專家意見**是不可或缺的。例如：某一圖書館想要把最有價值的書留在總館，其他的書放在分館。這時就需要各學術領域的專門學者來做判斷，選擇什麼有價值的書是真具價值的書。再例如：在學術期刊評選所要刊登的論文時，要倚賴**專家意見**，但是在編輯 SCI 或 SSCI 時，就要靠統計方法來判斷哪一位學者、哪一個學系，或哪一個大學的學術論文被引用得比較多。

　　通常要清楚地區分什麼是**專家意見**，什麼是調查的一**手資料**，並不十分容易。這裡提供你幾種方法。**第一**、在方法上，通常會盡量介紹蒐集資料的人作為判斷。在科學的資料蒐集技術上，一就是一、二就是二。但是在蒐集**專家意見**方面，就會摻雜一些人為的誤差。在**專家意見**的研究上，比較容易有別人的想法干預在研究者與研究主題之間。**第二**、一般的科學研究可以很近似地重複，因為研究者可以很清楚地告訴你資料是如何取得的。在**專家意見**的取得上，研究者能夠告訴你如何詢問專家，以及詢問些什麼。但是沒有辦法告訴你，專家們憑藉什麼資訊，給你的判斷與意見，如何獲得**專家意見**也是一種藝術。

　　我們可以說，每一個人在他一生的生活中，隨時都在尋求**專家意見**，以便決定什麼事值得做，什麼事不值得做。在尋求**專家意見**時，最好要以隨機的方式選擇相當數量的專家，而不是只詢問一位專家，更重要的是要確定這些專家是真正的專家。然而，無論如何，**專家意見**在學術研究上與日常生活上，都是非常重要的。

● 內容分析 [5]

　　內容分析（content analysis）在一個問卷調查裡，**內容分析**是介於**個案研究**與**開放式問題**之間的研究技術。從某一個角度看，**內容分析**可以被視為一種**質性研究**。因為做研究的人並不做兩個，或多個案例的**定量**比較。例如：如

5　Julian L. Simon, pp. 278-281.

果一個心理分析師告訴你，某一個病人比另一個病人的心理狀況更不正常。但是他不能給你任何數據來證明他的說法。他會告訴你，你在要他量度一個不能量度的東西（請參考第十一章**科學研究的定性與定量**）。但是，**內容分析**的功能，在某一個程度上，正是量度不能量度的東西的方法。

另一方面，如果在一個開放式的問卷裡，詢問接受詢問的人為什麼辭去上一個工作。做研究的人所預期得到的答案可能是：薪水太低、工作環境不好、不喜歡老闆等。研究者把每一個人的答案一一記錄下來，然後歸類到每一個類別。這樣做記錄，實際上就是在量度所不能量度的東西，也就是把**定性的**量度轉變成**定量的**量度。

內容分析先建立一套分類系統，把它應用在記錄演講或文章內容的**要點**或**關鍵字（詞）**上。然後根據這些**要點**或**關鍵字（詞）**出現的次數，來判斷所可能獲得的結果。早期的**內容分析**是應用在軍事情報上的，敵對雙方監測對方的通訊、報紙消息等。根據報導或通訊的**要點**或**關鍵字（詞）**出現的次數、時間與地點，來判斷敵軍的動向。**內容分析**也廣泛地應用在大眾傳播、社會與文化動態上，以分析政治氣候、文藝風尚、經濟發展、景氣循環的變化等。本書在第十一章，講**科學研究的定量與定性**，引用達爾文的**演化論**研究，就是在量度那些不能量度的東西。

● 德爾菲法（The Delphi Technique）[6]

Delphi 這個字是指古希臘最神聖的接受神諭的地點（site）。傳說土地女巫 Gaia 居住在這裡受**巨蟒**（Pythos）的保護，後來被 Zeus 與 Leto 的兒子**阿波羅**（Apollo）所殺，它成為**德爾菲**地方之主。**阿波羅**不但俊美出眾，而且具有預知未來的能力。**德爾菲**位於雅典西北 170 公里處 Parnassus 山麓，面臨哥林多灣（Gulf of Corinth）。此一名勝地點不但是神諭中心，也是類似一個博物館的地方，以繪畫與雕刻記錄了希臘歷史上每一件重要的事蹟。預言由**阿波羅**傳下，由祭司解釋轉達給信眾。因此使**德爾菲**成為希臘最有影響力的地方。

6　V. T. Covello et al., Edited, *Environmental Impact Assessment, Technology Assessment, and Risk Analysis*, Springer-Vering Berlin Heidelberg, 1985, pp. 621-627.

在 1950 年代，**蘭德公司**（the RAND Corporation）用**德爾菲**命名一個研究程序，此一研究程序是用一連串密集的問卷，配合控制的意見回饋，來取得最可靠的專家共識。**德爾菲法**最初特別引人注意的應用，是利用從蘇聯戰略規劃觀點的專家意見，應用在選擇最適當的美國工業系統上，來估計需要多少核子彈頭（A-bomb），才能減少美蘇雙方的武器生產達到所規定的數量。

德爾菲法第一次廣為周知，是出現在**蘭德公司** 1964 年所發表的一篇長期預測研究論文上。論文的目的是預測長期發展趨勢與方向，特別著重在科學與技術方面，對我們社會及世界的影響。所謂**長期**，是指 10 到 50 年之間。研究的主題包括：科學的突破、人口成長的控制、自動化、太空發展、戰爭的防止與武器系統。這個研究，第一次詢問了 150 人，回應人數為 82。每一個主題選擇了一個**討論小組**（panel），每一個小組發給四個回合的問卷，每一個回合的時間間隔為兩個月。平均每一個討論小組、每一個回合的回覆問卷為 14.5。在一年期的估計記錄中，每一個主題發展的發生機率大約為 50%。中數年與四分之一年期（25% 到 75% 年期），都加以計算，並且記錄其結果。

德爾菲法除了早期運用在先進的技術預測上外，在 1960 年代迅速應用在企業的規劃、政府的施政與學術研究上。**德爾菲法**也從美國傳到西歐、東歐與東亞國家。最大規模的一次研究是在日本，參與的有數千人之多。**德爾菲法**可以說是一種有結構的群體溝通程序，它能有效地讓一群人，以群體的智慧面對一個複雜的問題。**德爾菲法**的關鍵在於：(1) 建構資訊流通系統，(2) 回饋給參與者，以及 (3) 參與者的匿名。很顯然的，這種方法要比面對面的專家訪談更為有利。

德爾菲法包括以下十個步驟：

1. 組成一個團隊開始對某一個主題實施**德爾菲法**，並且加以監控。
2. 選擇一個或一個以上的討論小組，參與此項研究（小組成員通常應該是該項主題的專家）。
3. 擬議第一回合的問卷。
4. 測試問卷的文字與結構是否恰當。
5. 傳送第一回合問卷給小組成員。
6. 分析第一回合問卷回覆的內容。

7. 擬議第二回合的問卷。

8. 傳送第二回合的問卷給小組成員。

9. 分析第二個回合問卷回覆的內容（重複此一輪一輪的問卷，直到獲得穩定的結果）。

10. 研究團隊撰寫研究報告，並且發表研究結果。

　　當然，在**德爾菲法**廣為流傳時，一定會出現各種變化。例如：使用電腦做即時的遠距會議，也會用不同的**討論小組**做系列的問卷，就是把**德爾菲法**分為兩個階段來進行。第一個階段先由研究專家做幾個回合的問卷，然後再把第一個階段的研究結果交給執行專家，做第二個階段研究的開端。**德爾菲法**在以下兩種情形下最為有用：

1. 不能用精確的分析技術做分析，但是可以用集思廣益的判斷解決的問題。

2. 參與研究的人，因為成本或時間無法面對面交換意見；或者在傳統會議中，意見可能被強勢人物主導，形成西瓜靠大邊的情形時。

　　根據學者的經驗，使用德爾菲法獲得以下幾項心得：

1. 使用德爾非法做估計或預測，時程愈長，離散愈大，愈不確定。換言之，估計或預測的準確度是有一個時程的。根據研究者的經驗，中度長短的陳述，能夠得到最佳的共識。

2. 有學者發現，最恰當的最小專家小組人數是七個。再減少會使準確度快速降低。如果增加，會使準確度提高，但是很慢。

3. 我們以意見的穩定性，來量度共識度。學者認為邊際變化不超過上一輪的15%，會提供最佳的穩定性。如果少於上一輪的15%，作業即應停止。現在學者多傾向量度共識度兩極化的程度，而非共識度的集中程度。

4. 高度教條化的個人，並不致於影響上一輪到下一輪意見的變化。

5. 學者們支持使用德爾菲法，因為它能提供一個有力的群組溝通工具。但是它並不是一個萬靈丹。如果沒有其他更好的方法，它還不失為一個可用的估計或預測的方法。

● 統計的應用

統計方法是為最多數人所使用的社會科學**研究技術**。毫無疑問的，社會科學家在從事研究的工作中，也使統計分析技術磨練得更為精緻與犀利。社會科學家相信**統計方法**，是他們從自然科學中所傳承獲得的主要資產。

有關於使用**統計方法**的疑慮，並不在於是否必須使用**定量**的資料，而在於如何掌握與運用這些資料。在我們看統計方法時，比較模糊的是對統計方法的定義。以本書的立場來看，如果我們著重統計方法在整個研究過程中的功能，而不要去計較資料的是否**量化**，可能更為有利。因此本書只在第九章討論如何使用**統計方法做假說的檢定**，而不會像坊間許多討論研究方法的書，用了相當的篇幅，去講述統計學的理論與內容細節。但是，因為統計學是做研究必備的工具與技術，是學者或研究生應該從統計學的專書或課程中學習的。

當我們討論**統計方法**時，一個要問的重要問題是：我們從事研究工作的目的是什麼？假使我們的目的是在於塑造所觀察對象的一般敘述性法則的話，那麼**統計方法**應該顯然是最重要的描述與整合結果的方法。假使研究的目的是在於解決我們在實際經驗中的**問題**（problems）的話，統計方法雖然重要，但是其角色卻只是整個研究過程中的**工具**。

關於這一點，一個很清楚的**檢驗**方法，就是當我們把**統計方法**用在研究事件之間的**因果關係**問題時，卻會發現它們之間，是否有較高的相關關係。每一個統計專家都會同意，高**相關**並不能解釋為具有**因果關係**。但是假使要使研究的結果有任何實用的價值，我們必須瞭解它們的**因果關係**。因此，我們不是承認統計的**相關係數**不能用於解釋研究的結果；就是要找到，如何把**統計方法**的操作，連接到研究工作的其他步驟上去。這種矛盾，**皮爾森**在 1928 年的著作中即已發現。這倒不是因為把研究視為解決問題的方法，而是因為使用統計方法做預測的理想性早就被發現了。在**皮爾森**的著作中也發現經由統計方法所發現的關係可能是**因果關係**，也可能是**相關的關係**。

統計方法在 1940 年代發展出一個新的領域，也就是把它用在工業上，使產品的製造能夠根據歷次的經驗，一次比一次更好。也就是利用**統計方法**來控制製造的程序，這種方法也開始被用在控制物理科學的實驗程序上，是為**控制統計學**（control statistics）。但是其在**社會科學**上的使用在那個時候還不多見。

　　正統統計學與**控制統計學**的基本差異非常之大，而必須把它們分別看待。**正統統計學**是用來量度隨機樣本的，是靜態的，而且是孤立的。**控制統計學**則是用來分析連續性關係的，這種關係並不是盲目地分析從靜態資料中抽取的樣本之間的關係，而是從一項行動中持續觀察所得到的資料之間的關係。換言之，一項行為的特點是一連串過程關係的互動，或者說是**控制統計**的結果。

　　就這種新的**控制統計**技術的使用而言，它把在行動中觀察到的資料之間的差距縮小了，它也具有**檢驗**的能力。這種新式的統計方法，可以解決一直困擾研究工作者，有關資料中**相關關係**與**因果關係**區隔的困難。

Chapter 4

如何寫論文的研究計畫？

什麼是研究計畫？

現代人無論做什麼事情，都會在事前擬定一個做事的計畫。研究生做學術研究、寫論文，當然也不例外。研究計畫其實就是依照研究程序，按照計畫寫出你將要寫的論文。有了**研究計畫**，你應該會把論文寫得更好、更有效率。**研究計畫**有兩種功能，它一方面可以幫助你進行研究工作，同時可以幫助你寫論文。其實，論文的研究計畫就是你未來論文的**預演版**，或者可以說是論文的骨架。你只要依照研究計畫，一步一步地做研究，然後把所需要的證據、資料、驗證與討論，依照本書所討論的論文寫作的**邏輯思維程序**，在適當的地方填進去，就完成一篇有血、有肉、有靈魂的論文了。

做研究、寫論文的過程，會牽涉到許多方面的問題，是一件辛苦的工作。但是一旦當你把論文完成時，那種成就感是不言可喻的。因此，在開始的時候，就要縝密地思考你所要研究的主要問題是什麼？主要問題裡頭又包含些什麼次要問題？它們之間又有什麼關係？能把這些問題大略寫出來，就會比較容易讓你的指導教授，以及你的論文指導委員，知道你要研究什麼，以及你將如何進行論文的寫作？寫文章，不只是寫的人，要知道自己要做什麼；更重要的是要讓指導教授、同儕、或讀者，知道你想要做什麼。這樣，當你需要幫助的時候，他們也比較容易知道從哪裡著手。還有，一篇好的研究計畫，可以幫助你跟你的指導教授，建立良好的互動關係。這一點在你之後進行的研究過程

中，是非常重要的。他們應該因此很願意幫助你，你的研究計畫如果寫得好，他們就會從你的研究計畫中，知道如何幫助你。良好而且適當地表達你的想法的技巧，是可以學習的。本書的目的，就是希望能在這方面幫助你做研究與寫作。首先，我們可以從如何寫研究計畫，以及所需要考慮的一些事情開始。

基本上，一篇**論文的研究計畫**（dissertation proposal），就是你所感興趣，而且將要進行研究的問題的**工作計畫**（work plan）。這個**工作計畫**要有合乎**邏輯思維的結構與程序**。它一開始，就要有吸引人注意的**主題**，以及對此一**問題詳盡的說明**。**研究計畫**要顯示出這個研究案的意義，要告訴讀者，如何從過去的研究工作中所建立的理論、內容與方法，來奠定這個研究案的基礎；而且，要列出將要研究的項目與程序。整個的**研究計畫**要從**問題的分析**與說明開始，接著建立假說、寫**文獻回顧**、**研究方法**，一直到研究的**結果**與討論。每一項特定的步驟，都要想到如何寫法，以及所需要的資源。你最好能畫出一個流程圖，來顯示整個論文的研究程序與步驟。

總而言之，論文的**研究計畫**，是要顯示出研究生有興趣從事研究的領域，以及告訴你的指導教授與同儕，你將要如何進行你的研究工作。你的研究計畫也將會告訴大家，你預期可能會得到的研究成果，以及這些成果在學術與實踐上的意義又是什麼。**研究計畫**的寫作要非常用心，也要很技巧地提出。因為它將會表現出你如何整合所獲得的資料，以及如何分析這些資料，使它們融入在一貫的邏輯推理程序中。[1]

這個定義告訴我們：**第一**、你必須對這個研究主題有熱忱、有興趣。如果你自己沒有熱忱、也沒有興趣，只是為了要得到學位而寫，當然不能鼓舞你自己，也不可能引起別人的興趣，而且會使你自己感覺困擾。**第二**、**研究計畫**要顯示推理的整體性，從**問題陳述**到後來的**工作計畫**，要有堅強的**邏輯思維程序**。這一點將在第五章講**科學研究的邏輯思維程序**時，加以討論。**第三**、除了考慮想法與工作計畫之外，也要考慮你是否有成功完成研究工作的能力。完成研究之後，又會得到什麼樣的結果，以及在學術與實踐上的意義。

雖然每個大學的校、院、系、所，對論文內容的要求各有不同，但是大

1　David R. Krathwohl and Nick L. Smith, *How to Prepare a Dissertation Proposal*, Syracuse University Press, 2005, p. 5.

部分學校的寫作格式，基本上大概都包含以下六個部分。在寫作的格式細節方面，大多遵循《美國心理學會出版手冊》（*Publication Manual of the American Psychological Association*）的規範。本書在第十七章，講述**論文的寫作與發表**，說明論文寫作格式時，主要是參考該書所說明的格式。

第一章：**問題的說明與分析**：包含所要研究的主題是什麼，為什麼這個問題值得研究。

第二章：**文獻回顧**：包含這個領域所發生過的各種問題，以前的相關研究做到什麼程度，這些研究在理論、內容與方法上有什麼建樹，可以作為你的研究的基礎。

第三章：**研究方法與研究設計**：包括研究的程序與步驟，資料如何蒐集、抽樣設計與樣本的選取，以及所將使用的資料分析方法。

第四章：**資料的分析與發現**：包括實際分析工作將如何進行，可能發現的結果是什麼。

第五章：**假說的檢定與討論**：包括驗證研究的**假說**，推論拒絕或不拒絕假說。

第六章：**詮釋研究的發現，以及對發現與結論的討論，以及將結果付諸實踐的意義，以及可能對學術和社會產生的實用價值。**

在寫研究計畫之前，你在多年的研究所課程中，應該在學業上已經有所充實。首先，你必須發現你的研究興趣是什麼。其次，問問你自己是否具備研究這個問題的充足知識。這些知識，包括你的本行以及與你的本行有關的知識。你的知識範圍愈廣愈好，因為你不知道在什麼時候，你在學習與經驗中所累積的點點滴滴，在研究工作中就會用到。再者，你是否具備必要的研究能力；例如：發現問題的能力、分析問題的能力、寫作文章的能力等。最後，你是否能夠取得或掌握足夠的資源。你最好隨時去跟你的指導教授與同儕，談談這些問題，看看能獲得什麼樣的建議與幫助。

重要的是，你的研究計畫，從問題陳述、文獻回顧、研究方法、資料蒐集到結果的討論與詮釋，都要根據一連串的**邏輯推理**程序。寫研究計畫的最重要任務，是要把一個個人有興趣的**問題**（question），轉變為一個可**研究的問題**

（researchable problem）。寫研究論文的主要目的，是在於訓練你自己的思維與寫作能力，使你在學術研究上更為成熟。這個訓練的過程，是循著：閱讀、思維、寫作、與討論；再多閱讀、再多思維、再多寫作，再多討論；更進一步的思維、與討論；更進一步的閱讀、再進一步的寫作等程序。在這個過程中，最重要的工作是不斷的思考。學而不思則罔，思而不學則殆。

閱讀很重要，但是要讀的書籍與資料太多了。這個時候，你便要做選擇性的閱讀，並且做批判性的閱讀，更要能汲取資料與文獻中的精義。寫作也很重要，當你嘗試把你的想法寫在紙上時，你便更能腳踏實地地整理、剖析，並且確認你的思想與思路。這樣你就能很有把握地，提出你的想法與別人溝通。回顧與討論當然也很重要，當你與別人討論時，別人的想法可以幫助你發現你的弱點與缺失，反過來更能強化你的論述。

總結以上的討論，我們要再問幾個關鍵性的問題，也許可以幫助研究生，再一次思考他（她）寫研究計畫，以及之後做研究工作、寫論文的能力。

1. 我有足夠的知識去做研究工作嗎？包括：有興趣的研究領域和題目，並且知道它們的意義與重要性。
2. 我有足夠的能力與技術去做研究工作嗎？包括：使用圖書館尋找文獻，使用電腦、網際網路搜尋資料，以及建立電子資料庫、分析資料的能力。
3. 我有與指導教授、指導委員，有效的口頭與文字溝通能力嗎？
4. 我有充分的時間、財力、實驗室、圖書館資源，以及共同研究的夥伴嗎？

為什麼要寫研究計畫？

研究計畫的主要功能，當然是希望能讓研究生，對所要研究的問題，有計畫地在實際的研究工作上，循序漸進地依照研究計畫所擬定的步驟做研究，並且寫出一篇好的論文，取得學位。如果進一步分析，研究計畫的功能，大概可以分別從以下幾個方面來說明：

1. **研究計畫**可以讓我們知道，為什麼要做這個研究。從事研究工作的人，要應用理論、方法、證據，並且運用**邏輯推理**，來發現、驗證，並且解決他認為重要，而且有意義的問題。也要說明如何進行研究工作，並且要能遵循**邏輯思維推理**的程序，去發現與驗證研究的結果。因此，**研究計畫**的中心功能，就是首先要讓我們知道，為什麼要做這個研究。因此，下面幾個問題，在你寫**研究計畫**時是必須先弄清楚的：

    (1)為什麼你所要研究的這個**問題**，是值得研究的？

    (2)你已經有的資料有哪些？它們與你將要研究的問題有什麼關係？又如何與你的研究結合，去預測研究的結果。而且這個研究又會對知識與學術有什麼貢獻與影響？

    (3)研究工作將如何進行？會使用什麼研究技術與工具？如何蒐集資料？研究工作的環境如何？可能參與的人員有哪些？

    (4)研究的資料與結果將如何預測可能發生的情況，以及對環境或人群可能產生的影響會如何？又會對所研究的問題，產生什麼關係與意義？

2. **研究計畫**就是做研究的**工作計畫**。**工作計畫**就是要告訴你的指導教授和同儕，你的研究工作需要做哪些事情、為什麼，如何進行，以及預期會發現什麼結果？**工作計畫**也會包括工作內容的範圍，最好能把論文的大概章節列出來；如果可能，也把研究的**時程**與**預算**列出來。這樣，你的指導教授就能根據你的工作計畫，判斷你的**研究**的重要性、可行性、有效性，以及完成論文的可能性。

3. **研究計畫**是你**研究能力**的證明。**研究能力**包括：你對研究主題的知識、對相關文獻的瞭解、對研究方法與步驟的掌握、研究設計與分析的技術，以及組織與寫作的能力。研究生如果能在這些方面有良好的表現，就表示他（她）有能力做此項研究。指導教授也可以根據研究計畫的清楚與否、組織是否嚴謹、思慮是否周延，以及原創性與成熟度等，來判斷研究生是否已經可以開始進行研究工作，或者是還需要更多的準備工作。

4. **研究計畫**可以讓教授決定是否接受你，同儕是否願意與你做研究夥伴。通常，他們可能會建議你做局部的修改，這樣也會讓他們有參與感。一份完稿的**研究計畫書**，也可以用來申請研究機構的合作與經費的支持。

5. **研究計畫**也是評估論文方向與品質的標準。研究計畫寫得愈仔細、愈詳盡，愈容易查驗研究的進度，也能用來評估最後論文的品質。研究生如果知道人家將如何評估他（她）論文的研究計畫，他（她）也會利用這個機

會，預留一些空間與彈性做修改。

6. 在某些情形之下，一個寫得詳盡的**研究計畫**，特別是頭三章（問題陳述、文獻回顧與研究方法）；如果不需要做大幅度的修改，而且指導教授也同意的話，便可以作爲論文完稿的一部分。其實，在你寫**研究計畫**的時候，你的研究工作和論文寫作就已經開始了。太多的研究生並不瞭解，寫**研究計畫**就是開始在寫論文了。只不過，在這個階段，還沒有把所需要的資料、分析與討論等成分放進去罷了。

　　根據我教授研究方法、指導研究生的經驗，這一點很不容易讓研究生瞭解和接受。研究生的想法是，往往把**研究計畫**與**研究工作寫論文**看作是兩件不同的事情，分別處理。研究生常把**研究計畫**寫得很簡單，甚至只寫大綱。當我跟他（她）們談到此一問題時，所得到的答案往往是：這只是**研究計畫**呀！等到我寫論文的時候，就會寫得多一點、詳細一點。這是何等大的誤解！

　　其實對指導教授來說，前三章如果寫得好，他（她）會認爲你應該已經給論文打下堅實的基礎了。對學生來說，前三章如果寫得好，再加上良好的**研究計畫**與後續的**研究工作計畫**，可以預期最後的論文，應該是可以被接受的。其實，研究計畫就是整個研究論文的草圖或骨架。之後，當然還要把整個的研究工作做好，才能把所蒐集、分析的資料填補進去，成爲一篇完整的論文。研究計畫就好比你或許在醫院或博物館所看到的人體骨架。如果把所蒐集來的理論、資料，有如血肉一般填進去，再加上有如上帝造人時吹上一口**靈氣**，你的論文就完成了。而且讓人讀起來，覺得是言之有物的文章。

　　雖然每一個研究生所研究的領域、主題與內容都不相同，不過前三章的寫法，在基本**方法**與形式上，都是大致相同的（我們在第三章，已經討論過研究方法的統一性）。它們的主要目的都是要說明，爲什麼研究生所提出的問題是值得研究的、是可行的，而且能夠提供有意義、有深度，並且有使用價值的資訊，能夠進一步幫助研究生完成論文的。接下來，讓我們從問題陳述開始，看看**研究計畫**怎麼寫。

從問題陳述開始

　　在寫問題陳述的時候，一個最迫切的問題，是問題從哪裡來？本書的第六章，我們會討論如何把問題說清楚講明白。在這裡，我們先做一些簡單的提示，好讓你的指導教授和其他參與的諮詢教授，知道你的研究方向。在評估你的研究計畫時，你的指導教授和其他參與的諮詢教授，一定會注意到的問題，以及你在寫研究計畫時也要注意的問題有哪些？

1. 最重要的是，你所要研究的問題是否是你最感興趣的領域？
2. 要注意問題的重要性，在較廣的學術理論概念上有什麼意義？以及在解決現實問題上有什麼實用性？
3. 你所要研究的問題，有沒有創意或原創性？這裡所要強調的是，碩士論文所注重的，是訓練研究的方法與能力；博士論文更要注意有沒有原創性。
4. 在研究方法上將會有什麼貢獻？
5. 你在研究方法上，以及所需要的資料與資源上能否充分地掌握？
6. 你所選擇的題目能否提升你的學術水準，以及你畢業之後的求職與事業發展？

　　問題陳述的主要目的是要讓讀者瞭解，這個研究案所要研究的問題是什麼，以及在它的學術領域裡的意義與重要性。因此，它就牽涉到與此問題有關的其他研究。也就是說，所要研究的問題是建立在這個領域裡，許多其他學者所完成的研究上的。因此你需要廣泛地、大量地閱讀這些有關的文獻，以建立你論文的研究基礎。

　　在寫這一節的時候，你應該做到以下幾件事情：

＊　尋找已經完成的相關研究，作為你研究案的基礎；
＊　深入討論這些相關研究，瞭解它們對你的研究的意義；
＊　探討這些相關研究，如何能幫助你的研究工作更上層樓。

　　很顯然地，你必須注意這些研究案的內容與方法，有什麼值得學習的地

方。在討論這些文獻時，也要指出它們在技術與方法上的缺點，以免你重蹈覆轍。碰到可借鏡的理論，也要在此討論，因為學術是有系統地累積起來的。

奎斯沃與**史密斯**（Krathwohl and Smith）建議了八項原則，或者可以幫助你把**問題陳述**寫好。

1. 是否能顯示出問題的重要性，特別是要讓你的指導教授與同儕認同。
2. 是否能顯示出此一問題，在宏觀範圍內的展望，例如：某種研究在國家或社會總體學術、經濟與社會中的影響與地位。
3. 是否能顯示出此一問題，在理論上、知識上建立一個一般法則。
4. 是否能聚焦在一個特定問題上，不致於牽涉到太廣的議題。
5. 不要逗留在顯而易見的事情上打轉。
6. 是否能顯示出你的研究能力，但是也不要衝過頭。敘事、說理長短、輕重要適中。是否能讓讀者對你整個的研究計畫有所期待。是否能讓審查的人看到你陳述和討論的重點。
7. 是否能建立可以讓讀者參考的框架，要避免冷僻的用語或定義。
8. 說明你的研究，有什麼可能超越其他研究的地方。[2]

接下來寫文獻回顧！

在寫**問題陳述**的時候，除了專注於你所要研究的問題之外，也要注意你所要研究的問題與其他相關的研究。因為你所要研究的問題，是建立在過去以及當前相關的研究上的。這時，如果你能對相關的研究也有所瞭解的話，更能顯示出你對整個問題的深度與廣度，有充分的瞭解與掌握。在第七章**文獻回顧怎麼寫？**的討論中，我們會闡述**文獻回顧**的主要作用，乃是引用已經被學術界認可的研究，綜合起來奠定論文的理論基礎，這樣也才能顯示出你的研究成熟度和研究能量。

另外，研究生應該把寫**文獻回顧**與**文獻的引用**兩者分別看待。學生常會

---

2   David R. Krathwohl and Nick L. Smith, pp. 47-50.

有一種誤解，認為只有在寫**文獻回顧**那一章的時候，才去查考文獻，去搜尋過去與目前相關的研究。而在其他章節裡鮮少引用**文獻**，這種做法絕對是一種錯誤。事實上，文獻的引用是從開始寫問題陳述，一直到結論都是需要的。你或者會發現，在我們上面討論問題陳述的時候，一直強調要蒐集與引用他人的相關研究，以建立你研究的基礎，就是在回顧文獻了。

再寫假說與模式

在第八章裡，我們將會進一步說明什麼是**假說**？為什麼寫論文要有**假說**？**假說**是根據所要研究的問題來的，是建立在理論上的，也是研究論文要驗證的問題。所以，如果你瞭解了這一連串的關係，你就可以根據你所要研究的問題，設定一個你認為可以經過驗證成真的**命題**，這個命題就是**假說**。**假說**就是當你對研究的可能結果，有一定的認知與想法時，你就可以根據你的認知和直覺判斷，希望檢驗看它是否能夠成真。例如：如果我們想要驗證的問題，是要知道水是如何生成的。根據理論和過去的經驗，知道水是兩個**氫原子**與一個**氧原子**合成的。所以我們便可以設定假說：兩個**氫原子**與一個**氧原子**結合，就會生成水（H_2O），而這個假說應該是可以經由實驗證明的。

假說是根據問題來的，也是你研究的**目的**，是你要驗證求解的先設**命題**。因為你研究的目的，就是為了**驗證假說、解決問題**。**假說**必須是能夠被驗證的（testable）。也就是說，它可以在實際的研究操作上，被證據證明是**真**或是**不真**。如果你要研究兩個**變數**之間的差異，**假說**必須很明確地說出：你做實驗的**實驗組**與**控制組**有什麼程度上的差異。例如：你要測驗兩個同年級，A班與 B 班學生的英語能力是否有所差異。你的**假說**就要明確地設定：A 班比B 班學生的英語能力高；或者設定：B 班學生的英語能力比 A 班高。驗證的結果便會顯示兩班學生英語能力的高低。關於**理論與模式**，本書會在第十章做加以討論。而在第九章討論，用統計方法驗證**假說**。

在寫研究計畫時，當你注意到兩個或兩個以上變數之間的關係，以及它們之間發生什麼作用時，就需要建構**模式**，把這種關係表現出來。通常，**模式**是根據過去的研究，或是已經經過驗證的研究或**理論**建立的。也就是用文字

描述、圖形、實體模型、電腦模擬或數學公式等，來表示變數與變數之間的關係、確定誰影響誰、影響的方向、估計影響的程度等。過去的研究或理論要從閱讀文獻來建立，以過去的研究作為新研究的墊腳石。肯定過去的研究，去發展新的知識。所以文獻回顧，以及建構模式，在假說的驗證上是非常重要的。

如何寫研究方法？

　　研究方法這一章是要說明在你寫論文，研究你所要驗證的**問題**時，在實際操作上，所將要使用的方法與步驟，以及所要使用的工具和技術。你所要使用的方法應該是**可操作性的**，也就是牽涉到如何設計你的**實驗**，以及做實驗和分析資料所要使用的工具與技術。例如：如何選取樣本？如何蒐集資料、證據？如何取得二手資料與一手資料？資料取得之後，又將如何分析這些資料，去獲得所期望的結果等的步驟。

　　如果我們認識到研究工作是一連串的邏輯推理程序，**研究方法**就是承續**問題陳述→研究目的→建立假說→建構模式→研究方法**，一直到**結果的檢驗、討論與詮釋**等一連串工作的結構與邏輯推理步驟。關於邏輯推理的步驟，本書將在第五章裡討論。你可以看到研究的程序與步驟，是一個周而復始的循環程序。也就是說，你需要一次、再一次地檢討每一個步驟，以及與它前前後後的每一個步驟之間的邏輯推理關係。需要做改變的地方，就要立刻做改變，使每一個步驟都能前後呼應。甚至於到了**結論**的階段，還需要回頭去檢討問題的陳述是否與結果一致，這樣才算完成一個整體的研究計畫。雖然在表面上看起來，研究的實際操作步驟與程序，有先後之別。然而，在思考與心理認知上，問題陳述與結論是同時完成的，因為它們本來就是同一件事。因為結果就是驗證出來的假說。這一點是值得研究生，在研究與寫作工作中去體會的。

　　關於證據與資料蒐集的方法，大致有觀察、實驗、調查、與訪談等方法，本書將在第十二、十三與十四章裡討論。很多關於研究方法的書籍與教材，會把觀察與實驗歸類為定量或量化的研究方法；而把調查與訪談歸類為定性或質化的研究方法。其實，定量或定性的研究，只是所用的量度尺度的不同。它們是研究方法一體的兩面，而不是基本研究**方法**的不同。這一點，本書

在第十一章，講**科學研究的定量與定性**時會有所討論。而所謂觀察、實驗、調查與訪談，都只是蒐集資料、蒐集證據、資料的技術與工具而已。**方法**乃是從發掘問題，一直到假說的檢驗，得到結果的討論與詮釋等一連串的邏輯思維程序與步驟，我們會在第五章裡做詳細的說明。為了**讓讀者瞭解定性與定量的研究**，實在是一體的兩面，必須兩者合作使用，才能使研究工作得到合理的結果，本書在第十五章，會討論定性與定量混合的研究**實驗設計**。

再者，也有很多關於研究方法的書籍與教材，會把大量的篇幅用來講解**統計方法**，或者把**統計方法**當作研究方法。統計方法在研究方法中，的確是非常重要的工具與技術。但是**統計學**的各種方法與它們的應用，並不能在講**研究方法**的書籍與教材中，花幾個篇章所能完整盡述的。與其倚賴研究方法書籍與教材中的幾個篇章，倒不如去選修幾門統計學的課程，學習整套統計學的理論與應用，來得實際而有意義了。所以本書只在第九章講統計方法在**假說檢定**上的應用，也就是推論統計，而不會涉及太多的統計學理論與操作實務。

不論你的論文是研究什麼主題，研究方法的**研究設計**部分，需要特別注意。因為**研究設計**會隨研究主題與方法的不同而使用不同的設計，我們將在第十三章討論各種實驗設計。特別是社會科學所常用的**實驗設計**，研究生必須慎重選擇適當的設計。也許我們可以說，**實驗設計**是一種技術，也是一種藝術。對於同樣的研究主題，不同的**實驗設計**在某一方面有得，就可能在另一方面有失。很不幸的是，我們無法在事前得知，哪一方面有得，或哪一方面有失。如果你能長時間地沉潛在某一個領域裡，或許你就能感覺到你如何做設計最好。如果你是一個新手，最好去請教你的指導教授，或比較懂得**實驗設計**的教授與同儕。

總而言之，寫**研究計畫**不只是寫一份文件，更重要的是藉此機會訓練你自己的寫作與做研究工作的能力。在你開始寫論文之前，一定修習過很多課程，也使你的知識與技能更為充實。在這個時候，你所面臨的問題是：你已經準備好了嗎？準備到了什麼程度？

要完成一篇論文需要大量的時間、資源與一個謙虛的態度。你要知道你個人最感興趣的領域是什麼？你累積了那個領域裡足夠的知識了嗎？別人在這個領域的研究如何？你自己的動機為何？做研究的技術如何？你工作的風格與偏好又如何？都是需要仔細考慮的問題。

在你開始寫**研究計畫**之前，準備工作究竟要做到什麼程度，也沒有一定的答案。你可以跟指導教授、同儕或者已經進入到正式研究階段的同學談談，探求一下他們的意見。但是你也不能因為準備工作的完成與否還沒有一定的標準而拖延下去。其實你可以做個自我評估，看看自己在所要研究的領域裡的知識是否充分，衡量一下所要研究的主題的重要性，所需要的文獻與資料是否容易取得？你是否具有足夠的研究技術，如文獻的搜尋、實驗的設計、電腦操作、統計技術與資料分析的能力，以及口頭與文字溝通的能力、寫作的技巧等。關於資源，你有沒有，或者能否取得所需要的研究資源，包括時間、財務與指導教授的支援？

你的研究計畫從**問題的陳述**開始到**研究目的**、**研究假說**、**文獻回顧**，再到**研究方法**與**研究設計**、**資料**、**證據的蒐集與分析**，以及**研究發現的討論**，最後得到**假說的驗證與結論**等，應該是一連串邏輯思維與推理的環節。這一連串工作中最重要的工作是要把你所要研究的**問題**（question）轉變成一個**可研究的問題**（researchable problem）。它的發展程序是閱讀、觀察、寫作、思考與討論；再觀察、再重寫、再思考、再討論；更多的閱讀，更多的寫作、更深入的思考、更具體的討論與寫作。這些反覆的步驟最後會把你所思考、研究的東西，落實在紙上，成為你的研究計畫，然後依照研究計畫逐步的推展進行下去，最後便完成了你的論文。

研究計畫需要一個工作計畫

一個研究計畫，除了以上所說明的：問題陳述、文獻回顧、假說與模式，以及研究方法之外，還需要什麼其他元素，才能構成一個完整的研究計畫？針對這個問題，我們就要問：你有沒有一個預期完成論文的時間表，以及在論文的研究與寫作過程中的工作計畫？擬出一個工作計畫，能夠幫助你做到以下幾點：

1. 幫助你想到有哪些事情是需要做的，以及預計要多少時間，必須完成什麼事情。
2. 可以在你工作落後，或是情緒低落的時候，適時提醒你、激勵你繼續努

力。

3. 把整個研究工作分成幾個階段，當你完成某一個階段的工作時，你會覺得很有成就感。在這個時候，你不妨去輕鬆一下。吃個小館、看場電影、聽個音樂會，或者出外旅遊，渡一、兩天小假。給自己一個酬勞，再回來工作，或許會更有幹勁。

4. 讓看你的工作計畫的人，覺得你是一個思慮周密，做事認真、腳踏實地的人。

　　你的工作計畫，可以用**甘特圖**（Gantt Chart），或**流程圖**來表示。另外一種常用的流程圖是「**計畫評估技術**」（Program Evaluation Review Technique），簡稱 PERT。PERT 流程圖可以顯示出從開始到完成之間，每一個工作步驟之間的前後關係，有如一個路徑地圖，引導你一步、一步地走向目標。PERT 有幾項優點：

1. 在每一個步驟中的操作，都做詳細的分析。如果遇到任何困難，可以被及時發現。

2. 它會使你發現每一個步驟之間的依存關係。如果上一個步驟尚未完成，就無法進行下一個步驟的操作。

3. 它會要求你估計每一個步驟所需要的時間，這樣就可以估計整個論文所需要的時間。

4. 它可以讓你據以配置各種資源與人力。

5. 它可以讓你據以做研究工作的行政管理。

6. 在研究工作需要做任何改變時，它可以幫助你做正確的決策。

7. 它可以讓你排定時程，預期假日、假期或會遇到的特別問題。

8. PERT 流程圖可以用電腦製作。

為什麼一定要把研究計畫寫出來？

　　最後的叮嚀，你一定要把研究計畫寫出來。為什麼要寫出來，落實在紙上呢？寫出來不但是要跟別人分享你的工作，也是要改進你的寫作能力。再進一

步說，寫出來有以下幾種好處：

1. 寫出來可以幫助你的記憶：特別是當你閱讀時，或者當你得到什麼想法時，如果沒有記筆記的話，你可能不久之後就忘光了。有一個研究指出，當一個人聽過一場演講，步出演講廳之後，最多只能記得演講內容的一半。過了一天之後，就只能記得一半的一半。再過一個禮拜，就幾乎忘光光了。

2. 寫出來可以幫助你理解，能擴大你的視野：當你一而再，再而三地寫下你的文稿時，你會發現新的意涵、新的關係、新的想法以及新的困擾。寫下來可以讓你更清楚地重新整理你的思緒，看清文稿寫得是否有條理。

3. 寫出來可以幫助你檢驗你的思想：常常，我們的想法是隱晦的，直到你能將它們形諸文字前，你將無法判斷你的寫作是否組織得合乎邏輯。如果寫出來，就可以更客觀地評估它們的適宜性、可行性，也更能讓別人看得懂你的想法。

4. 最後，寫出來也是為了讀者著想：當別人（特別是你的指導教授與其他教授）看了你寫的東西時，他們就能更完整地瞭解你的想法。幫助你擴大你的思考領域，幫助你解開你的困擾。[3]

在我指導過的學生當中，每年總有一、二位，在他（她）們來跟我討論他（她）們的研究方向與計畫時，往往講得口沫橫飛、天花亂墜，似乎頭頭是道。在這個時候，我就告訴他（她）們把剛才所講的寫下來，拿給我看。但是過了幾天之後，甚至幾週之後，仍然毫無音訊。這種情形告訴我們有兩種可能，一種可能是他（她）們根本忘了他（她）們所講的，當然我也不會記得。另一種可能是，要把所想的事情寫下來，並不是一件容易的事。因為思慮會很快地閃過腦際，但是把它們形諸文字，就要慎重思考，字斟句酌，不容易輕易下筆了。也有人建議錄音，隨時把想到的事情錄下來，之後再把它寫出來。這可能也是一個不錯的辦法。

---

3 Wayne C. Booth, Gregory G. Colomb and Joseph M. Williams, *The Craft of Research*, Third Edition, The University of Chicago Press, 2008, pp. 11-15.

Chapter 5

科學研究的邏輯思維程序

在這一章裡，在我們討論研究方法的邏輯思維程序之前，要先說明什麼是**邏輯**（logic），接著再說明研究方法的邏輯思維程序。然後以**邏輯思維的路徑**做基礎，說明**研究工作的程序與步驟**。**研究工作的程序與步驟**是本書的重點，非常重要；它也是從事研究工作及論文寫作，所應該遵循的**程序與步驟**。本書各章節的編排，就是大致依照研究工作的**程序與步驟**，依次加以說明及討論的。

什麼是邏輯？

在尋求知識的時候，我們從歷史上知道，知識的許多顯著進步，是因為我們探求過去認為是理所當然的**自明之理**的**命題**，到底是不是真實的？在探究**命題**是不是真實的過程中，我們經常會碰到非常分歧的看法。有的看法是支持那個**命題**，或者有的看法是反對那個**命題**。有的時候我們會發現那些看法根本毫無意義，也沒有證據去驗證；另外有些看法卻使那個**命題**得到證實。假使有比較多的證據支持那個**命題**，或許我們會接受這個命題。**邏輯**便是判斷各種不同證據，在驗證這個命題的過程中，是否恰當而且合理的工具。[1]

邏輯是關乎**推理**（reasoning）過程的可靠性，而並不是驗證推理的結果為真或不為真。換句話說，它所注重的是推理的過程而不是結果。當客觀的證據

---

1 Cohen and Nagel, p. 5.

呈現時，就可以支持事件的**確定性**或**機率性**。當一項命題是由確定的假設前提，合乎**邏輯程序**地推導出來的話，它便是可信的。所以，如果一個科學家的推理**邏輯**是錯誤的，他便會從需要驗證的事件中，推導出錯誤的結論。並且，如果他不採用已經驗證的事實，但是卻使用正確的邏輯推理，他也同樣會得出錯誤的結論。

邏輯是所有合理推論出來的知識的內涵，這也就是**科學**（science）一詞的原始意義。這種說法使我們能夠認識到，所有的科學不過是**邏輯**推理的應用，希臘人便把所有的各種科學用**邏輯**一詞來表達。例如：把**人**或**地球**用**邏輯**來表示，便是**人類學**（anthropology）或**地質學**（geology）。[2]

對**邏輯**的看法之一，是認為它是針對**方法─結果**關係問題的推理程序。其中所謂的**方法**（method）是指研究的**程序**或**步驟**，**結果**是指可以確定會發生的事情。也可以說，所有**科學方法**的各個**步驟**，都是由**邏輯推理**串聯起來的。如果我們說一件事情的發生是合乎**邏輯**的，它的意義就是指它**結果**的產生，是由合乎目前從事研究的**邏輯**操作程序與標準而來的，也是合乎人們的理性思維路徑的。

從狹義的觀點看，**邏輯**所涵蓋的是在概念上推理的方法與標準。在這種狀況之下，**邏輯方法**是串聯整個研究程序的要素，正好像用絲線串起來的一串珍珠項鍊一樣。**邏輯方法**指示而且引導概念的發展，這種關係在研究工作中是連續不斷的。但是它的功能卻是幫助研究者完成**驗證的工具**，而不是**驗證**的本身。

跟任何其他科學一樣，邏輯的目的是在它的領域裡追求**真理**。至於這些真理的價值如何，或者用在什麼地方，則不是邏輯所關心的。追求獲得真理的程序或步驟，就是**科學方法**（scientific method）。[3]

邏輯本身能夠，而且應該與科學的發展有關。也就是與研究工作是否能得到結論，以及驗證所得到的結論是否為真的步驟有關。這種看法是從**亞里斯多德**（Aristotle），一直到現在都是如此的。**亞里斯多德**在邏輯學上最重要的貢

---

2 德文 *Wissenschaft* 至今仍然用來表示「知識」（knowledge）與「科學」（science）的雙重意義。

3 Cohen and Nagel, p. 21.

獻，就是**三段論**（syllogism）的推理方法。**三段論法**就是一個包括**大前提**、**小前提**和**結論**三個部分的論證程序。簡單地說，最為人所熟知的例子就是：

> 凡是人都會死（大前提）；
> 亞里斯多德是人（小前提）；
> 所以亞里斯多德會死（結論）。

邏輯也被認為是**研究工作，求證假說推理的程序**，是研究**拒絕或不拒絕假說的推理程序**。因此，**邏輯**雖然不是科學知識的全部，它卻是推導所有科學知識的要素。這樣便使我們知道，所有的科學推理，都是**邏輯**的應用，這種思想從古希臘時代就開始了。

由於現代知識進步所發展出來的自然科學，成功地破解了自古以來的神話與威權，才使我們把**科學**一詞，用在那些高度發展，而非一般性的知識上。因此我們把**科學**一詞定義為：**普遍而且有系統的知識**，也就是從多項證據**歸納**出來的一般法則（律），**演繹**或**推論**出來的特定**命題**（propositions）。所以，無論它們是如何的精確，我們都不會把電話簿，或火車時刻表視為**科學**。因為它們並不是經過邏輯推理所得到的產物。

如果我們環顧所有的各種**學科**，它們不但性質不同，而且也會隨著時間改變。我們也會發現，科學的共同特性，是研究他們的**方法**（method）是普遍而且**恆久不變**的。它們追求真理的精神也是一貫的。當我們遇到任何**疑問**時，總會不斷地追問：這是真的嗎？如果是真的，又會正確到什麼程度？又例如：這件事為什麼會這樣？是什麼原因造成它會這樣？從這些疑問中，我們可以看出這些**疑問**，反映著對**證據**的追尋。由**證據**一步、一步推論出確定結果的程序就**稱之為邏輯**。科學方法就是一貫地應用**邏輯**去推導合理**知識**的方法。

英國經濟學家、哲學家**彌爾**（John Stuart Mill, 1806-73）說：「**邏輯**曾經被稱之為**推理的藝術**（the Art of Reasoning）。」另外一位在這個領域有相當造詣的**惠特黎主教**（Archbishop Whately）把上面的定義修正為：「**邏輯**是推理的科學，也是推理的藝術。」[4] 說它是科學，因為無論我們在什麼時候推

4　John S. Mill, *A System of Logic: Ratiocinative and Inductive,* University Press of the Pacific, 2002, Reprinted from the 1891 edition, pp. 2-3.

理，我們一定會在心裡做分析的工作；說它是藝術，是說我們必須依照一定的規則做正確的分析。定義中所謂**推理**（reasoning），也是一個具有多重意義的用語。一個為多數人所接受的定義是用三**段論法推論**（syllogizing）；或者說，是從一般法則（律）推論到個別案例。如果我們說**邏輯是思考的藝術**（art of thinking），它的意義就不只限於書籍與科學研究。即使在日常的談話中，**邏輯**一詞的意義至少包括精準的語言，與正確的分類。例如：我們常聽人說，做**合邏輯**的安排、用**合邏輯**的定義來表示；或者在討論問題或辯論時，常會指責對方的說法**不合邏輯**等。所以我們可以定義**邏輯**是人類設法追求、瞭解真理或真相的科學。**邏輯**的唯一目的就是指引一個人的思維；**邏輯**在我們追求知識的過程中，讓我們認識到我們的智力會發揮作用，而使知識為我們自己所用。

我們在研究工作中，追求事實或真相的途徑有兩種。一種是由做研究的人直接得知；另一種是經由其他事實或真相作為媒介而得知。前者是屬於**直覺**（intuition）**知識**或**意識**（consciousness）的領域；而後者則是屬於**推理**（inference）的領域。從直覺得知的事實，是最原始的**大前提**（premises），其他的事實或真相都是從它推論得到的。當然我們對所得到的事實或真相的贊同與否，是以**大前提**為基礎的。除非我們知道的某些事情作為**大前提**，我們永遠不可能用推理的方式得到任何知識。從意識得知事實的例子很多，就是我們自己身體的感覺，與心智或精神的知覺。例如：我昨天很生氣、我現在很餓等。從推論所得到的真相，是我們不在現場時發生的，或者是在歷史上發生的事件，或者是數學的定理。[5]

無論什麼事情，凡是經由我們的直覺或意識認知的，它們本身就是實實在在的事實，它們不需要科學的驗證，也不需要**邏輯**來使它們合理化。自身感官直接的認知就是再實在不過的了。**邏輯**的領域，則只限於根據先前所認知的事實，所推論出來的知識。無論先前的事實是一般的命題，或者是特別的觀察所得都沒有關係。**邏輯**不是信仰的科學，而是驗證的或是需要**證據**的科學。當然信仰是建立在驗證之上的，**邏輯**的功能就是要提供合理的驗證，來確定我們所信仰的事情的基礎是否牢固。沒有正確的證據，**邏輯**便無用武之地了。

其實我們絕大部分的知識，不只是科學，即使是我們每天日常生活的各種

5　Mill, p. 3.

行為，都是從**邏輯**推理而得到的。每一個人，每一天、甚至每一分鐘都要判斷他在工作上、生活上的各種事情，而做某些決策。這些判斷都不一定是根據他親眼所見的事實，而是根據某些已經確定的事實，應用他自己或別人的思考規則或方法推理而來的。然而**邏輯**與知識不同，**邏輯**是判斷所有研究是否合理的工具。它不能幫助你找證據，但是能幫助你判斷證據是否合理、是否恰當。**邏輯**的功能不是觀察、不是發現、更不是發明，而是**判斷**。例如：**邏輯**不會告訴一個外科醫師，是否要對一個病危的病人立即進行手術。他要根據他的經驗與觀察，以及其他醫師的綜合意見與先例來做**判斷**。但是**邏輯**卻能幫助他知道所做的**判斷**，是否已經做過足夠的觀察與蒐證？他是否具有足夠的經驗去進行此項手術？[6]

如此說來，**邏輯**是幫助我們操作，並且瞭解**證據**的科學。因此它包括所使用的語言，它也包括**定義**與**分類**。語言是表達與溝通思想的工具，語言必須精準。這些操作使我們在做研究時，能清楚而正確地認知證據為何，以及證據是否充分。因此我們研究**邏輯**的目的，是希望能應用**邏輯思維**，做正確的學術研究分析，也就是**推理**（reasoning）或**推論**（inference）。亦即依照一定的規則，去檢驗證據是否充分，並且驗證任何所要驗證的命題。[7]

當代美國哲學家**杜威**（John Dewey）也持同樣的看法：「**科學方法**依賴**邏輯**的型態而定，**邏輯**是研究的先決條件。」[8]**邏輯**是思維法則的科學，而且它是有**秩序關係**的理論——這種關係是完全獨立的思維。對於這種關係的性質，最少有三種看法：(1) 它構成一個具有**純粹**（pure）**可能性**的領域，這裡所說的**純粹**，是指不受現實干擾的；(2) 這種終極不變的關係，形成自然界的秩序；(3) 它構成宇宙合理的結構。另外也有一種看法，認為**邏輯**是有關推理的程序或步驟。知識，特別是科學知識，是由**邏輯推理**獲得的。[9]**邏輯理論**，簡單地說就是**邏輯**的型態與本質，是在研究工作中產生的，而且它控制研究工作，使它能夠產生值得信賴的結果。[10]

---

6   Mill, pp. 5-6.
7   Ibid., pp. 7-8.
8   John Dewey, *Logic, The Theory of Inquiry,* Holt, Rinehart and Winston, Inc., 1938, First Irvington Publishers, Inc., 1982, p. 10.
9   Ibid., p. 2.
10   Ibid., p. 4.

邏輯與**方法論**（methodology）有著明顯的不同，後者是前者的應用。如果研究工作要獲得有力的結論，它一定要滿足**邏輯**的要求。換言之，**邏輯**的要求，要加在研究工作上。因為研究工作做得好與不好，**邏輯**都是一個批判與評估的標準。從歷史上看，研究工作有各種不同的方法；早期的方法是粗糙的、模糊的、猜測式的。而現代科學研究的方法，起源於物理學與數學，是精確的、嚴謹的，是合乎邏輯的。

再者，不同的方法不僅在研究中被嘗試過，更被檢驗過。從科學發展的軌跡看，現代的研究方法，不斷地對以前的研究方法有所批判、有所修正。早期的方法當然在某些方面有些缺失，正因為有所缺失，才逐步獲得改進。也正因為如此，研究工作才會得到更可靠的結果。我們不僅能因此發現早期的研究結果哪裡不夠正確；而且，這些不正確的地方，乃是由於所使用的**方法**不正確所造成的，知識也是方法所決定的。[11] 研究要得到可靠的結果，它本身必須滿足邏輯的要求。因為研究與方法，可能會使結果更好或更壞，邏輯是判斷與評估的標準。[12] 因此，我們可以發現研究方法的**邏輯思維**，在研究工作中是多麼的重要。

研究開始於**懷疑**。假如研究開始於**懷疑**，則把**懷疑**去除便是研究的完成。研究的完成便是**相信**（belief）**與獲得知識**。**相信**是指個人對某種主題接受或主張的狀態，是受心理學的影響，是一種心理或精神狀態。**知識**也可以說是研究的目的與研究的結果。**知識**是一個抽象的名詞，它是一個正確研究工作的產品。**知識**對研究工作也有另外一種重要的意義，**研究工作**在任何領域都是一個循環不斷的過程。因為一個研究問題的解決，並不保證此一問題的永久解決。對某一件事情結果的相信，也不表示不需要作更進一步的研究，所以，知識是不斷研究**累積共識**的結果。在科學研究工作中，一個階段的研究結果，正是下一個階段研究的資源，也會產生下一個要研究的問題。沒有任何研究的結果，是不會被進一步的研究修正的。[13]

整個的研究過程從**懷疑**到結果的**相信**，以致於增進知識的過程都是建立在**合理性**的**邏輯**基礎上的。**合理性**是一個抽象的概念，剛好就是**方法－結果關係**

11　Ibid., p. 6.

12　Ibid., p. 5.

13　Dewey, pp. 7-9.

的一般性想法。**合理性**是最早的**邏輯理論**，當它被用在現實追求眞理的工作上時，就是**推理**（reasoning）的意思，**推理**是最高的**邏輯**思維原則。它也是科學方法所依賴的**邏輯型態**，它是在研究之前就存在的。知識的一般**性質**，是決定於所用的方法的**性質**，但是方法的**性質**卻不是決定於知識的**性質**的。[14]

杜威接著說明**邏輯**的理論有以下幾點意涵：

1. 邏輯是一個不斷的學習

因爲**邏輯**是基於對最好的研究方法的分析（這裡所謂**最好**，是由對研究結果來衡量的）。當科學的研究方法進步時，**邏輯**也跟著進步。這種情形來自於數學與物理學的發展。然而，如果基於目前**邏輯**理論所形成的科學方法不存在時，**邏輯**理論也會沒有理由繼續存在。如果將來的研究方法有所改變，**邏輯**理論也會跟著改變。不要認爲**邏輯**是完美無瑕，不需要做任何修正的。

2. 邏輯的主要內容是由操作與功能來決定的

研究方法是要實際操作的，**操作**有兩種型態。一種是對實質存在物質的操作，例如：對物理、生物實驗的觀察、對土地的丈量等。第二種是在符號上的操作，例如：核對資產負債表。不過，兩者都是需要實質材料、工具與技術的。同時，以上兩種操作上的「**心智**」成分，也是需要有實質存在的狀況與結果的。換言之，即使是符號上的操作，也是要先有準備好的材料與工具的。好的操作也是受控制的操作。

3. 邏輯的型態是先驗性的

要做一個完整的研究，必須滿足某些能夠正式陳述的條件。從邏輯與方法論基本上不同的觀點看，這些條件卻是在研究之前，獨立於研究之外的，可以稱之爲**純粹的推理**（pure reasoning），研究從此出發，滿足研究所需要的條件。從**方法─結果**的關係看，假使要得到確定的結果，一定要使用這些方法。就好像過河需要先造橋，而且橋一定要能承載一定的重量，又要看岸邊是否牢固，這些都是所需要的先決條件。這些條件，有如契約的規範。從事一項研究，就像訂定一項契約，從事研究的人必須遵守並且履行契約的條款。這些條款開始於彼此的共識，雙方正式認可之後，就邏輯地形成契約。就好像法律，最初是出於人們共同的風俗習慣。當大家都接受成爲行爲的規範之後，才成爲

14　Dewey, pp. 10-11.

法律。做研究，必定要遵守一些規範，這些規範最初並不明顯。但是，當它們一旦被正式認可之後，就成為尋求研究問題一般化的邏輯。

研究問題一般化的最重要條件之一，就是：「假使任何事情具有某種性質，而這件事情又有另外的某種性質，則這件事情也就會有另外的那種性質。」這個邏輯就是一項規範，正如你訂定一項契約，你必須履行此項契約一樣。這項規範是預先訂好的，可以使交易得以順暢。從邏輯的觀點看，這種規範並不是無中生有的，所以它是每一項研究都要遵守的。

4. 邏輯是合乎自然主義者的理論

所謂「**自然主義者的**」是說，在生物學研究的操作，與物理學研究的操作之間的連續是沒有間隙的。「**連續不斷**」的另一個意義是說，理性的操作都是出於有機、有組織的行為。生物在他們生存的過程中，對於用什麼方法，去達到什麼目的，會順乎自然地做一些調整。人類則會有目的的做這些調整，才不會受到不必要的特殊限制。**邏輯**在研究工作的觀察力上，也是順應**自然主義的**。

5. 邏輯是一項社會性的學習

人是自然的生物，與其他生物在世界上共同生存與生活。因為人類有語言，所以可以享受文化上的交流。**研究**是具有社會意義的，也會產生文化的果實。狹義的概念認為**邏輯**與符號有關，是為**符號邏輯**。但是**符號**要能讓人瞭解它所代表的意義，才能發揮它的功能。所有的語言都包含符號，但是符號本身，並不能解決在研究中使用符號的意義。但是在自然主義的基礎上，它確實開啟了符號的邏輯理論。從廣義的角度看，每一件研究工作都有其文化背景。然而，物質環境只是社會文化環境的一部分。因此，可以說**邏輯**的**自然主義**概念，是**文化的自然主義**概念。任何的科學研究都脫離不了文化的網絡，**符號**也不例外。

6. 邏輯是有自主性的

邏輯的自主性是說，**邏輯**決定研究工作的正式狀態。就研究本身而言，**邏輯**是一個自我循環的程序，它並不倚靠任何外來的因素。它排除任何從已知的（*a priori*）直覺行為，推測出結果的**邏輯原則**。它也排除形而上學，以及認識論的假設與前提。後者要由研究的結果來決定，而不是研究工作的基礎。就認識論而言，他排除已知的知識，因為知識是由研究決定的，而不是知識決定

研究。**邏輯的自主性**也排除以心理因素為基礎的看法，它不需要得到情感上的看法，與精神上的思想。剛好相反的是，這些事情是決定於發現它們與研究工作之間的關係。[15]

因為在現代，由於科技的進步以及對傳統學術權威迷思的破除，使自然科學占有優勢的地位，並且使我們把**科學**一詞，大半用在自然科學的知識上，而不承認一般事物的知識為**科學**，不論它們的發展是多麼成熟。例如：可能沒有人會認為火車或飛機航班的時刻表，或者甚至於一本電話簿是**科學**，不管它們的內容是多麼的正確、可靠，編排得多麼有秩序。然而，我們認為**科學**一詞是指一切一般化、系統化的知識；也就是說任何特殊的**命題**（proposition），都是從幾個一般化的原則演繹（deduct）而來的。[16]因此，如果一本電話簿是有系統的編排，而且正確無誤的話，那也是科學。

假使我們觀察所有的各種科學，不但它們的性質彼此不同，它們也各自隨著時間而改變與成長。但是研究它們所使用的**研究方法**卻是恆常不變，而且是大家具有共同性質的。這也就是我們在第三章裡所說明的：**社會科學與自然科學研究方法的統一性**。**研究方法**是一貫地尋求**事實真相**（truth）的方法，從事研究工作的人經常在問的問題是：實際情形的確是這樣的嗎？真實到什麼程度？為什麼會是這樣的？它們如此呈現的條件與狀況是什麼？或者什麼樣的因素決定它成為這樣？這些問題反映出我們所追求的，是希望從所得到的最正確可靠的證據，以得到最可信的結果。我們把這個追求**真相**過程的推理方法，稱之為**邏輯**（logic）。**科學方法**就是不斷地應用**邏輯**來推理、追求知識的方法。從這個觀點看，**科學方法**簡單的說，就是我們研究如何用最有力的證據去**驗證**（test）一些印象、意見或臆測的正確與不正確的方法。雖然**科學方法**在比較成熟的科學領域裡看得比較清楚，不過主要的意義，如前面所說：**科學方法簡單地說，就是經由邏輯思維追求真相或真理的方法。**[17]

15　Dewey, pp. 14-19.

16　Morris R. Cohen and Ernest Nagel, *An Introduction to Logic and Scientific Method*, Routledge and Kegan Paul, LTD., 1934, Reprinted 1972, p. 191.

17　Cohen and Nagel, p. 192.

歸納與演繹

　　科學研究方法的目的，不外乎要確立各變數性質間之關係，而且還要使這種關係的抽象概念能夠有廣泛的應用性。在研究推理的過程中，最為常用而且有力的方法就是**歸納**（induction）與**演繹**（deduction）。依照傳統而且比較簡單的說法，**歸納**就是從特定的**個別命題**（particulars）推導出一般法則（律）的方法。而**演繹**則是從一般法則（律）推導到個別特定**命題**的方法，也可以說是從已經存在的**一般法則（律）**，推演得到與一般法則（大前提）一致結果的**命題**的方法。例如：我們在前面的三**段論法**說：**凡是人都會死**，就是**一般法則**或**大前提**，沒有人例外。而因為**亞里斯多德**是人，接著便可以推導出：所以**亞里斯多德會死**的結論。這個結論與**一般法則**或大前提是一致的。所以**杜威說，演繹法**與三**段論法**的推理方法是一致的。[18] 任何的**科學方法**，必須能夠使我們獲得**演繹**與**歸納**一致的結果。而所得到的結果，也必須符合已經存在的科學經驗。但是，在我們做研究的時候，變數之間的關係，是否合乎已經存在的科學經驗，則沒有經過嚴格的檢驗。要解決這個問題，必須從實際的**研究方法**著手。

● **什麼是歸納的推理**？

　　亞里斯多德認為歸納是指**思維的程序**，經由此一**思維的程序**，可以鑑別與確認一項實際案例，或事件的共同性質或關係。我們最早對事物認知的經驗是模糊的，我們的注意力都被引導到一般的性質，而不會認識事物與事物之間內容的不同。對一個嬰兒來說，這個世界可能是一個嘈雜混亂的地方，正好像一個普通人，他所看到的一片森林裡的樹只是**樹**而已。或者一個沒有受過訓練的耳朵，交響樂對他而言，只是**聲音**而已。我們的注意力，只會注意到某些抽象的或一般性的狀況。比方說，對**樹**或**聲音**的表面現象；而很少會注意到它們的**秩序**或**結構**，也不會對**定性**的整體有所反應。然而，在檢驗過幾個定性的整體案例之後，我們便會發現它們當中會有一個正式，而且一致的型態。例如：**波**

18　Dewey, p. 421.

義爾（Boyle）在研究氣體在恆溫之下對壓力高低的變化時發現：**氣體的體積與壓力成反比，是爲波義爾定律（Boyle Law）**。這種規律一定是經過許多次的量測或實驗才得到的，這就形成一般性的**法則或規律**。例如：我們在第一章裡提到過的熱力學第一定律與第二定律，也是經過無數次實驗所驗證的。

另一種**歸納法**的意義是說，要建立一個**普遍化的法則**，要窮盡地枚舉所有它所包含的案例，如果這些案例的內容都沒有例外，則此一**法則（律）**便可以成立。這種歸納稱之爲**完全的歸納（perfect induction）**。**完全的歸納**與**演繹**並不是對立的。它所得到的結論是完全建立在**三段論法**的推理上的。很明顯地可以看出，只有當**普遍化法則**所包含的全部案例，都合於**普遍化法則**時，就會做到完全的歸納。

其實，我們很少能夠在建立一般普遍性通則時做到**完全的歸納**。因爲它所涵蓋的案例或樣本可能太多，或者在時間與空間上無法同時取得。這時，我們就會利用統計學抽樣的方法，用足夠的樣本來推論母體的狀況。不過，科學的真正目的，就是在於在眾多不同的案例之中，找到共同的**一般化法則或律**。

例如：假使我們要推測抽菸與罹患肺癌之間的關係。我們發現 A、B、C、D 四個人都抽菸，也都罹患肺癌。於是我們得到結論說，所有抽菸的人都會罹患肺癌。推論至此，似乎是經由**歸納法**調查了某些案例，而得到一項**普遍的一般化法則**。但是，如此得到的結論，是否恰當是值得懷疑的。因爲除非我們能夠找到 A、B、C、D 在任何方面的特徵都是一樣的，我們絕對不能說，所有抽菸的人都會罹患肺癌。然而，我們可以再從**演繹**方面來推論。這種推論實際上就是**三段論法**：

1. 所有 A、B、C、D 的情形與所有抽菸的人的情形都是一樣的。
2. A、B、C、D 都罹患肺癌。
3. 所以罹患肺癌的人都是抽菸的。

從以上的推論，我們可以得到**歸納法**的命題，我們也可以發現**歸納**與**演繹**之間並不是對立的，而且是**互相必要、交互使用**的推論方法。

大多數的人所感興趣的是**歸納法**，就是一個能獲得**一般化法則**的方法。也就是經由所觀察到某一類別事件的一些案例，推論到所有案例是否具有一

致性。但是我們必須強調，有關**邏輯**的問題，是決定獲得一**般化法則**的證據權重的問題。我們所關心的問題，不只是人類追求**普遍法則**的需要，而是什麼證據有利於獲得一**般化法則**的結果。也就是，要如何證明所獲得的一**般化法則**為真。這樣看來，顯然很多我們所獲得的一**般化法則**並不一定為真。也就是說，並非所有抽菸的人都會罹患肺癌。

　　三段論法的型態讓我們注意到，區別**普遍法則**成立或不成立的真實條件，也藉此檢驗這些案例的同質性。在人類知識的實際狀況中，除非有或高或低的**機率**（probability），這個同質性是無法建立的。我們追求**普遍法則**的要求是非常強烈的，但是如果我們無法超越現有的知識，我們又如何能從經驗中學習得更多？

● 樣本案例與演繹

　　統計學中抽樣的作用，是尋找能夠代表母體的**樣本**，以推論母體的性質。但是我們在研究的過程中，並不知道在一項命題中**樣本**的代表性。歸納法的主要問題就是讓我們知道多大的**樣本**，才是合適的**樣本**。因此，雖然**歸納**與**演繹**在推理的型態上並不對立，然而演繹法並不關心命題的真實與否，而歸納法所關心的卻是這些。因此，我們可以把歸納法看作是建立**命題**的方法；而**演繹法**則是根據**歸納法**所建立的一**般法則或律**，推演出個別案例命題的方法。反過來說，**演繹法**卻不能用來建立一**般法則**。

　　在第二章裡我們提到科學的研究是不怕重複，是應該用**重複**或**複製**來確立一項命題的。但是僅僅以重複的方法，還是不足以確定一項命題的真實與否的。因為**重複**只是全部可能取得的樣本或案例的一小部分，其代表性是可議的；那麼要如何才能增加普遍命題的**機率性**（probability）呢？這時，我們必須檢驗**重複**或**複製**，在建立命題程序中所扮演的角色。**彌爾**（John Stuart Mill）注意到，常常一個非常大的樣本，還不足以建立一個堅實的命題（例如：所有的牛都是黑色的，是說不通的）；另外一些情況則是只要有很小的樣本就能建立一個命題（例如：有某一種草菇是有毒的）。為什麼會這樣？不管什麼人，如果他能回答這個問題，他一定比最聰明的先賢（多指希臘、羅馬人）更

懂得邏輯哲學，那麼歸納法的問題（problem）也就不成其為問題了。[19]

　　事實上，這個問題並非無解，我們也並不比先人更為聰明。當我們每次嘗試驗證一個命題的時候，我們應該可以找到一些實際上大家都會認可的案例。例如：一個命題說：所有的木材都是可以燃燒的。所以除非我們大致熟悉木材的性質，我們便不能確定此一命題。這種推理的過程，我們稱之為**類比的研究**（reasoning analogically）。請參見第三章中有關類比或模擬的研究方法。

　　因此，只要我們完全熟悉實際樣本的性質與型態，我們便可以放心地應用在普遍性的命題上。這種情況的發生，就是當我們研究的對象的性質，與一個已經被驗證的命題非常一致的時候。這時，既然已經有一個已經被驗證的命題，我們便不需要重複大量的實驗了。當一個已經確立的案例，能夠代表所有的可能案例時，一個也就足夠了。即使有兩個，也會被當作一個看待。舉例而言，當我們發現一個新的化合物時，它的密度只需量測一次就夠了。沒有任何化學家會懷疑以後的量測，不會得到同樣的密度值。此一命題的高度機率性，並不是由於重複的量測，而是基於我們假設此一樣本，與其他樣本的物理性質是一致的；而且認為密度一樣的命題，也是必定會成立的。當然，在研究案例的性質並不一致時，重複仍然是非常重要而且有價值的。

　　然而，假使我們已經知道某些案例，在某些重要的方面，與其他已經相當發展成熟的現象之間可以**類比**的話，後者的**一般法則**便可以不須改變地應用到前者身上。舉例而言，電波的傳遞，就可以用自由流動的水波的傳遞來類比。那麼，整個的流體力學理論，都可以引申到電流的現象。就這種情形而言，整個科學的發展就完全變成**演繹**的了，而且似乎它們的**定理**（theorems）也不需要用實驗來證明了。不過，所謂不需要用實驗來證明，只是表面上的。因為在理論的發展過程中，最先仍然是要由實驗來支持這種**類比**的，而更進一步的實驗更是檢驗可能的類比所必然需要的。

　　假使我們可以發現我們所要研究的命題，與其他已經建立的命題有所關聯的話，我們選取樣本的能力便大大地增強了。因為在這種情形之下，**一般化的法則或律**互相支援，便使我們檢驗一般性命題的案例，快速地累積起來。這也

19　J. S. Mill, *A System of Logic*, 2002, University Press of the Pacific, Book Ⅲ, Reprinted from 1891 edition, p. 206.

就是爲什麼**假說演繹的詮釋**，是研究方法中如此重要的一部分的原因。科學的目的就是要去發現我們所觀察到的事情，都有完全正面的類比性，而且是不會改變的、是互相關聯的。[20]

科學研究的邏輯程序與步驟

當我們說明了邏輯思維之後，我們便可以討論如何將它們應用在科學研究上了。我們在前面說過，科學的知識是要經過**邏輯的推理與驗證**才能成立的。研究的程序與步驟，就是把**邏輯的推理**與**實際驗證**兩項工作，經由一貫的程序將它完成的程序，也就是產生知識的科學研究工作的過程。以下將就**研究工作的邏輯程序與步驟**，也就是論文寫作的**邏輯程序與步驟**加以說明。

首先，我們要瞭解科學研究是一個**探索的過程**：也就是 (1) 發出問題（question），並且立意尋找問題的答案，(2) 使用適當方法解決疑難問題（problem），以及 (3) 探討更有效地回答問題，與解決難題的步驟與方法。假使研究工作是一個**探索**的過程，這個過程就是：我們從實際的**經驗與理論**中發現問題，又從**經驗**中去驗證它。然後獲得一個能夠普遍認可的**一般法則或律**，演繹得到經驗中可能產生的**因果關係**或**相關關係**。能夠如此，則對於傳統的**研究方法**的一些困擾將會愈趨明朗。或者，最後我們能夠對現代**科學方法**，獲得一個完整的概念。而前面所謂的**技術**或**工具**在整個的研究過程中，也都會有它們一定的地位與功能。

其次，我們在前面說過，**科學**本身也是知識之一。但是我們討論**研究方法**所著重的是**產生知識的過程**，而不是知識本身。

研究工作的程序包含以下幾個主要的**步驟**，它們是：**發現問題、確認問題與分析問題、確定研究的目的、建立假設、回顧文獻、建構模式、研究設計、選擇與設定量度的方法、蒐集證據與資料、分析資料以驗證假說並且加以詮釋與討論**。整個的研究程序以**理論**爲中心來貫串，受**理論**的影響，也影響**理論**。以上這幾個步驟可以用圖 5-1 的流程圖來表示。

20　Cohen and Nagel, pp. 279-287.

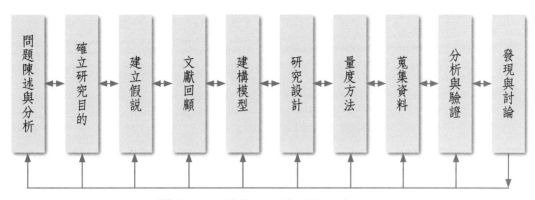

◎圖 5-1　科學研究的邏輯程序 (一)

在圖 5-1 研究的邏輯程序示意圖中，我們應該注意的事情有以下四點：第一、**研究程序**是一個一輪、又一輪的循環性程序。它從研究分析**問題**（prob-lem）開始，結束於得到一個經過驗證的**結果或結論**；這個結論的內涵是一個**理論或假說的驗證**，或者是得到一個**一般化的法則（律）**（generalization）。但是這個**一般化的法則（律）**也可能顯示此一結論仍有**問題**，有待進一步的驗證，或者客觀環境改變、出現新的問題、理論或爭議，需要做進一步的研究。於是，此一研究程序會再回到**問題的陳述與分析**，展開第二輪的**研究程序**。也就是再從**問題的診斷與確定**（problem identification）開始，一步一步地做第二輪、第三輪的研究。

第二、其實，從每一個步驟到下一個步驟之間，研究的走向也不是單向的，而是**動態的**，隨時都可以回饋到上一個步驟，甚至於再上一個步驟，去檢討有沒有任何瑕疵或不盡完善的地方。而在最後**結論**那一步的回饋，也不一定是回到第一個步驟，而是可以回饋去檢討任何一個步驟中，可能遭遇的問題。在從事研究工作時，一個研究人員的工作，雖然是按照此程序一步一步地往前進行。但是，這並不表示可以不顧前一個步驟，或下一個步驟的動靜，甚至更前或更後的任何一個步驟，是否沒有問題。所以希望從事研究的人，或碩士、博士研究生應該都可以體會到，這些步驟在表面上看，從說明的次序上，雖然有先有後，但是到最後，它們在研究工作或論文完成時，幾乎是同時完成的。

第三、**研究程序**是具有自我修正性的，也就是說如果發現在第一輪的結果中有瑕疵，或者驗證的結果不如預期的假說時，便應該在它的回饋過程中，檢視每一個步驟的作業是否有所缺失。例如：去檢視所要研究的問題，是否分

析與陳述得夠清楚、透澈，並且切中要點？驗證的結果是否與假說一致？研究設計是否合宜？量度的方法與量度的尺度的選擇是否恰當？蒐集的資料是否充分、完善？分析的方法是否正確？對於研究發現或結果的討論與詮釋是否合理等？

第四、我們在這裡所顯示的**研究程序**，是一個理想的模式。在實際的研究工作中，還會有各式各樣的變化，需要慢慢從研究工作經驗中去體會，才能建立適合研究工作與論文寫作者本人所需要的程序模式。雖然在前面，我們以直線式的流程圖來顯示研究的程序與步驟，但是實際上它是個循環的程序。因此，也可以用一個循環的圖形（圖 5-2）來表示。從圖 5-2 中，更可以看出研究工作或論文的寫作是以理論為中心、為基礎的。有關**理論與模式**的探討，我們將在第十章，講述理論、法則（律）與模式時，再做說明。

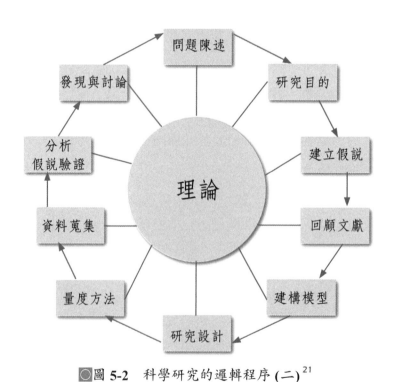

◎圖 5-2　科學研究的邏輯程序 (二)[21]

另外，也有學者認為，雖然研究程序是一個循環的過程，但是它也是一

21　Frankfort-Nachmias, pp. 21-23.

個動態前進的循環模式。也就是說它是一個以**理論**為主軸,而隨著研究工作前進的循環過程,如圖 5-3 所示。圖 5-3 中的循環過程,在左邊開始時,顯得籠統、**概括而渾沌**,愈往右邊循環前進,就愈變得**專一而特定**。這就表示研究工作是隨著每一個步驟的進行,便由渾沌不明變得收斂、清晰、明朗、具體而且特定了。

邵特(Leonard A. Salter, Jr.)將這幾個步驟加以歸納整理,用以下五項大綱,來說明每一個步驟的功能、方法與狀況。

Ⅰ、陳述問題的狀況與性質:問題是對行為與結果之間關係的懷疑。

Ⅱ、問題的形成是嘗試性的,它指出某些行為在某種狀況之下會產生某些結果。

　　1.功能:去除顯而易見的不具意義的變數。

　　2.方法:使用已有的事實與概念,先前研究的結果、猜測、想法與建議,並且在研究進行中,使用目前研究所得到的證據。

　　3.狀況:是嘗試性的,需要隨時加以修正。

Ⅲ、假說:嘗試性地陳述什麼樣的行為可以得到什麼預期的結果。

　　1.功能:指示研究的方向,以便從眾多的事實當中找到有用的證據。

　　2.方法:使用現有的事實與概念,以及之前研究的結果、臆測、想法與建

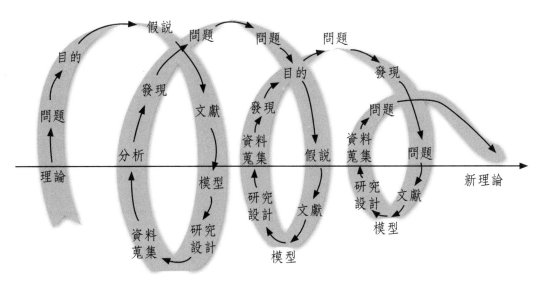

◎圖 **5-3** 科學研究的邏輯程序 (三)

議；在研究進行中，使用目前研究所得到的證據。

3. 狀況：是嘗試性的，在分析證據的過程中，繼續不斷地加以修正，使它更爲精確。

Ⅳ、整理與分析證據與資料：從經驗中建立或找出某些狀況，從這些狀況中找出行爲與結果。證據包括：

1. 有關變數之間關係的證據
   A. 功能：工具性的，提出問題裡變數之間的可能關係。
   B. 方法：使用各種已知的技術，再發展新的方法，建立觀察到的行爲與結果之間的一般化關係。
   C. 狀況：從**低**可能性關係，或沒有關係到**高**可能性關係。

2. 有關行爲與結果之間關係的證據
   A. 功能：驗證行爲與行爲之間的互動關係，以及行爲與結果之間的關係，以及結果與實際經驗之間的關係。
   B. 方法：在**自然科學中**，使用實驗操作，來展現行爲互動與程序的品質；在**社會科學中**，用各種技術（如調查研究），來展現人們連續不斷的互動經驗。
   C. 狀況：在觀察經驗的過程中，會對縮小或消除歧異，有較強的驗證力。

Ⅴ、結果的驗證：採取有目的的行爲來協調所得到的各種結果。

1. 功能：在實際上，把問題解決了。
2. 方法：把得到的知識應用在研究經驗上。
3. 狀況：科學的研究是永無止境的。因爲經驗是延續不斷的，而且經驗結果的改變，也會使對問題及結果的看法改變。[22]

杜威（John Dewey）認爲：

　　無論哪一個領域的研究，研究工作都是一個連續不斷的程序。在某一個特定狀況之下，所做的特定研究和所得到的結論，並不保證它永遠都是正確的。研究結果的獲得是漸進的，我們無法確定所

---

22 Leonard A. Salter, Jr., *A Critical Review of Research in Land Economics*, The University of Wisconsin Press, 1967, pp. 69-70.

得到的結果，不被另一個研究所取代。研究的結果是要具體化的，知識是繼續不斷的研究所累積的。在科學研究中，什麼是結果？什麼是知識？要看它能不能作為更多研究的基礎。而且現在的研究結果，也絕對不是下一步的研究所不能修正或取代的。[23]

從假說、理論、模式到假說的驗證

科學研究的邏輯程序，可以更動態、更實際地用圖 5-4 來說明它的實際操作。在圖 5-4 中，一條橫貫左右的粗橫線把此圖分為上下兩個部分。上半部分

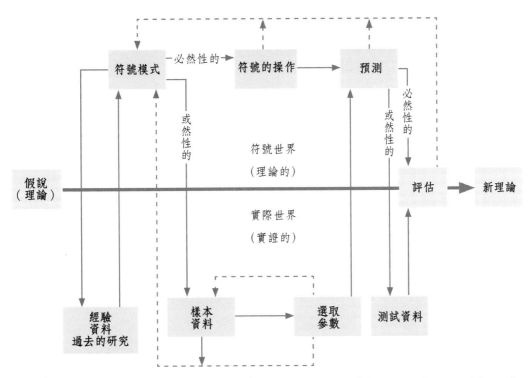

資料來源：Daniel Chappelle, *The Research Process in Natural Resources*, Lecture Notes, for RD/FOR 855, Michigan State University, 1987.

◉圖 **5-4**　假說、理論、模式的建構與假說驗證的操作

23　Dewey, pp. 8-9.

是**符號世界**，也就是理論與模式的部分；下半部分是**實際世界**，或經驗、資料的部分。當我們從事實際研究工作時，就是要從實際世界蒐集證據和資料，來驗證上半部分的理論或假說。而最重要的工作就是發現問題與建立假說或理論模式，然後設法去驗證假說或理論。

圖中，從左下角開始所顯示的，就是根據過去的經驗，過去以及現在的資料以及研究所得，發現所要研究的問題。我們在前面說過，每一項研究工作都是建立在前人的成就與基礎上的。這些資料與研究的成果，都是在實際世界裡已經存在的。我們為了研究某一個問題，首先要建立**假說**，這時的假說也就是有待驗證的理論。為了驗證假說，我們會循著實線向上進入符號世界，也就是建立模式（以符號模式為代表）。

模式建立了之後，研究工作可能有兩個途徑可以進行。一個途徑是**必然性的**（deterministic），也就是純粹進行理論的推演。這種推演僅包含符號模式的操作與運算；再根據推演所得到的結果來做預測。預測再經過評估之後，便可以獲得理論的證實，或者是得到一個新的理論（圖的右端）。理論物理學只靠理論的推演而不靠實驗來證實，其理論推演就是這種研究工作，例如：**愛因斯坦**的相對論。據說，愛因斯坦只做理論的推演，不做實驗。我國的旅美科學家**吳健雄**，就是做實驗的科學家之一。

另一個研究的途徑，則是在建立模式之後，即沿著**或然性的**（probabilistic）途徑，向下進入實際世界做實際經驗資料的蒐集與驗證。所以研究工作就是在實際世界蒐集資料，選取參數（parameters）。在得到了主要的參數之後，就再回到理論世界從事預測。這種預測，要通過實際世界的檢驗及評估，最後才能獲得假說的驗證。在最後這一階段，假說得到實際的驗證之後，也就是得到一項新的理論。

圖 5-4 中的虛線路徑是回饋的路徑。也就是說，在每一個研究工作進行的步驟中，都可能需要回頭到各階段檢查有沒有差錯。例如：在建立符號模式的那個步驟中，如果發現有什麼不妥當的問題，就需要回頭檢視問題的發現與陳述是否妥當？再例如：在蒐集資料的階段，有時也需要回頭檢視模式的建立是否妥當。在選取及決定參數的階段，也需要回頭檢視資料的樣本是否恰當？總而言之，模式的建立是否正確合適，在每一個步驟都需要加以檢視。甚至於在最後的評估階段，也還需要回頭去檢視整體模式的建構，是否有不甚妥當的地

方。

　　從以上所描述的模式建構與假說驗證的程序中，我們可以歸納出以下幾項要點：

1.　在一連串的研究工作中，建立模式這個步驟是站在一個樞紐的地位。從圖 5-4 中可以看出整個的研究工作，無論是走必然性的途徑，或是走或然性的途徑，都是從建立模式這一步驟之後開始各自發展下去的。

2.　所有的回饋途徑，也都要回到建立模式這一步驟。如果模式的建立發生問題，則要回饋到假說的建立，以及更退一步，來檢視問題的分析是否透澈、周延，及過去的研究成果、文獻回顧、資料蒐集與研究設計，以及量度尺度的應用、分析資料的方法是否完善等問題。

3.　在圖 5-4 的左端，是**假說**的建立。**假說**在這個階段，其實就是有待驗證的理論或命題。而模式的建構則是把理論形塑成具體而微的符號形式，以便於操作與求證。等到模式或假說經過實際經驗的檢驗（empirical test）之後，當初的假說即是得到驗證的一個新理論（圖 5-4 的最右端），研究工作於焉完成。因此我們可以說，假說、理論、模式與得到的新理論，其實都是同一件東西、同一個事件，只是在研究程序的不同階段，有它不同的作用，而賦予它不同的名稱，顯示它不同的意義罷了。

　　以上的步驟，如果我們再用前面，兩個氫原子與一個氧原子結合可以生成水的例子來說明，便容易瞭解了。在這個例子中，最初的**疑問**（question）是：我們要知道水是如何生成的？如果把這個疑問塑造成可研究的**問題**（problem），便是去進行研究水的生成因素與方法。根據過去科學家的研究所形成的理論，我們知道水是由兩個氫原子與一個氧原子結合所生成的。但是，除非我們能夠親自證實，我們並不能全然相信與接受此一理論。因此，我們便根據這項理論建立一個希望驗證的**假說**（hypothesis）：「**水是兩個氫原子和一個氧原子結合所生成的**」，來進行我們自己的實驗。做實驗的重要步驟之一，就是先進行建立模式與設計如何進行此一研究的實驗。實驗的操作，就是把兩個氫原子與一個氧原子結合，看看能不能生成水。如果的確能生成水，則我們便驗證了前面所設定的假說（希望驗證的理論），同時也把希望驗證的理論，確立成為一個新的理論。

　　由此看來，是不是這項研究從頭到尾各階段所研究的都是**水**？只是在各個不同的研究階段的稱呼不同而已。這就說明了上面所說的：假說、理論、模式與新的理論都是同樣的東西，同一件事了。

　　本書的內容將循著這個研究程序，在以後的章節中把每一個步驟做進一步的說明與討論。從事研究工作的學者、碩士或博士學位的研究生，即可以循著以上所討論的**研究邏輯程序**，以及操作模式，進行研究工作與論文的寫作了。

Chapter 6

把要研究的問題分析清楚講明白

　　一篇研究性的論文，不論是碩士、博士研究生的學位論文或是發表在學術期刊上的文章，通常都會包含兩大主要部分：(1) 所要研究的**問題**（problem）是什麼？(2) 做研究的**方法**是什麼？本章的內容，將對第一個問題加以說明，第二個問題牽涉的層面較廣，將在以後各章裡分別加以說明。

什麼是可研究的問題？

　　做研究工作或寫碩士、博士論文的第一步工作，就是要找到一個可研究的**題目**。找研究的題目，也就是確定所要研究的**問題**（problem）是什麼？科學研究的主要目的，就是在尋找**問題**答案或者去解決**問題**。那麼什麼是**問題**（problem）呢？**問題**，可以說是實際事實經驗與理論，或理想狀況之間的**差距**。如圖 6-1 所示，圖中的水平線代表理論上的狀況，往右下方的虛線就是事實上的狀況，兩者之間的差距，代表事實經驗與理論不符，就是問題之所在。當實際事實經驗與**理論**一致的時候，或者是**理論**由事實經驗獲得了驗證時，問題便獲得解決了。

　　舉例而言，根據行政院主計總處 2019 年 8 月公布 2018 年**臺灣地區家庭收支調查報告**顯示，在所得分配指標部分，依照國際慣用的五等分法，所得最高的五分之一家庭，平均可支配所得為最低五分之一家庭的 6.09 倍。**吉尼係**

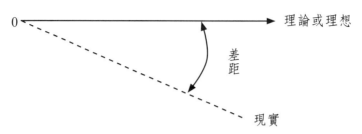

○圖 6-1　現實經驗與理論的差距即是問題

數（Gini Coefficient）為 0.338，高出**經濟合作暨發展組織**（OECD）17 國的平均數 0.270。**吉尼係數**是國際間衡量貧富差距的通用指標，數值介於 0 與 1 之間，數值愈高表示貧富差距愈嚴重。在這個例子中，OECD 的數值即是一個理論或理想的標準，而臺灣的**吉尼係數**值高於 OECD 的標準，便表示臺灣的貧富差距是一個值得注意的**問題**（problem）。

再例如：研究人口**高齡化**（ageing）的問題。根據聯合國的定義，年齡 65 歲以上的人口數超過全國或某地區總人口數 7%，即為高齡化社會。當我們進入高齡化社會之後，老年人所需要的衣、食、住、行、育樂等方面的照顧，便顯得極為迫切，而如何滿足其對這些資源的需求，則是我們所應該特別注意的問題。

如果進一步分析，更重要的問題是扶養老年人的青壯人口卻在快速地減少。因為 15 歲以下年齡的人口，已經從 1950 年的 34% 降低到 1998 年的 30%；而在同一時期，60 歲以上的人口卻從 8% 上升到 10%。預測到了 2050 年，兒童人口會從 1998 年的世界人口水平減少三分之一，降為 20%；而老年人口將會加倍達到 22%。換言之，老年人口數將超過兒童人口數。

對老年人的扶養問題，通常我們用**扶養比**（support ratio）來表示。所謂**扶養比**，是指 15 至 64 歲的人口數，占 65 歲以上人口數的比。根據預測，從 1999 年到 2050 年之間，**扶養比**在已開發地區，會從 5：1 降低到 2：1；而在開發中國家，則會從 3：1 降低到 2：1。[1]

臺灣地區自 1993 年邁入高齡化社會以來，65 歲以上老人所占比例持續攀

1　http://www.popin.org/pop1998/8.htm and http://www.popin.org/6billion/b4htm.

升，2011 年底已達 10.9%，老化指數為 72.2%，近 3 年間就大升 10.7 個百分點。2011 年老化指數雖仍比加拿大、歐洲各國、南韓及日本等國為低，但是比美國、紐西蘭及其他亞洲國家為高。

在另一方面，臺灣地區 2011 年的人口自然增加率為 1.9‰，比 2010 年增加 0.1%，但是仍然不到 10 年前的三分之一。同期的**扶老比**為 14.7%，持續呈平穩上升的趨勢；**扶幼比**為 20.4%，仍呈下降趨勢。近 10 年間，平均每年下降 0.9%，以致於使**扶養比**持續降至 35.1%，為世界各國中屬於偏低者。由以上的例子可以看得出來，人口高齡化與**少子化**都是我們所面臨，而且值得研究的問題。

如何去發現一個可研究的問題？

發現一個**可研究的問題**（researchable problem），對一個碩士甚至博士班的研究生來說，可能是一件既容易，而又困難的事。說它容易，是因為如果研究生平時就對社會上所發生，與他（她）的工作或學術領域有關係的事情加以注意，並且進一步加以觀察、思考，並且廣泛地閱讀相關文獻與資料，此一問題便會經常縈繞腦際，最終就可能成為他（她）所要研究的問題。再例如：假使他（她）認為研究這個問題具有學術價值，他（她）便希望加以研究，希望解決這個問題。這樣的研究生在他進入研究所時，便已經有一個可供研究的**問題**的初步構想了。另外，也有些人，大學畢業，工作了一、兩年之後，覺得自己在專業領域裡的知識不夠，需要加以充實而來讀研究所。對這種研究生而言，可能對題目也已早有定見了。所以說，選擇與決定論文題目，對他們而言，並不是一件很困難的事。

另外有一種研究生，可能只是為了獲得一個更高的學位，容易找到比較好的工作，提高一些收入等原因，才來讀研究所。也有些研究生是因為大學畢業之後，一時找不到理想的工作，才來讀研究所。這種研究生可能連自己的興趣，或者在知識上的需求何在，都還不太清楚。他們便可能在入學之後，才去晝思夜想題目而不可得。對這種研究生而言，找一個**可研究的問題**，當然是一件困難的事。

　　不論如何，對於什麼樣的**問題**才是一個**可研究的問題**，並沒有大家公認的一致標準。所以，只是發現你的**興趣**，以及選擇你所想要研究的**主題**（subject），還不能算是一個**可研究的問題**。選擇**主題**也不是決定你有，或是沒有一個**可研究的問題**的衡量標準。你不能單憑你希望研究某個**主題**，或是你認為某個**主題**值得研究，就認為它是一個**可研究的問題**，個人的價值判斷是沒有意義的。[2] 你必須進一步瞭解**主題**裡所包含的**疑難雜症**是什麼？並且把這些**疑難雜症**分析清楚。所謂分析清楚，就是把這些**疑難雜症**，條分縷析地分析個明白，再把它們有系統、有條理地整理出來，並且寫出一篇文章。

　　我們在前面提過，在國內的學術界，無論是碩士、博士研究生也好，甚至於教授也好；在寫論文或是研究報告時，絕大多數都是以**研究動機**，或是從**開題**開始，寫個三、五百至千個字，而不能領會**問題分析與陳述**的意義。研究工作的確是從**動機**來的，也的確需要有**動機**；但是更重要的是要知道，有了**研究動機**之後，如何把啟示動機背後的問題，轉變成你所要研究的**問題**（problem）？因此，**問題分析與陳述**，就是要瞭解問題發生的背景因素是什麼？問題的實際現象或狀況如何？以及問題的內涵是什麼？它所牽涉到的學術理論是什麼？研究這個問題又會對學術或社會，造成什麼可能的影響？**問題分析與陳述**就是要分析這些**問題**，所牽涉到的方方面面，並且要分析得清清楚楚，講得明明白白。

　　還有一點，研究生所不明白的，就是把**問題分析與陳述**與寫論文的主體，看作是分開的兩件事。其實，說得更直白一點，在開始寫**問題陳述**的時候，就是已經開始研究工作和寫論文了。因為問題分析就是研究工作，也是研究論文最重要的一部分。當你把**問題分析與陳述**的工作完成時，你會發現你的論文幾乎已經完成一半了。剩下的另一半工作只是蒐集證據與資料，分析證據與資料，對假說加以驗證罷了。我常在上課時對同學強調：「把問題分析與陳述寫好就差不多完成論文的一半了，你們為什麼不設法去撿這個便宜呢？」當你讀到這裡，請回頭看看第四章，講述撰寫**研究計畫**時說到，開始寫研究計畫，就是已經開始論文的寫作了。

2　R. Keith Van Wagenen, *Writing a Thesis: Substance and Style,* Prentice Hall, 1991, pp. 10-11.

在給研究生上**研究方法**課的時候，常常極力強調**問題分析與陳述**的重要性，但是很少有學生能夠瞭解與體會它的重要性。也許是我們的學校教育從來就沒有重視過如何發現問題、分析問題吧？例如：在學生申請到外國留學時，外國學校幾乎都會要求推薦教授填寫一張對申請學生的**評量表**。評量的項目中都會有一項，是要推薦人評估學生**分析問題的能力**（capacity of problem analysis）。可見外國學術界對**問題分析**的重視。所以要把問題的現況與背景分析得清楚，仔細的觀察現實狀況，並且把它們寫出來是非常重要的。

在寫問題分析與陳述的時候，需要能夠證明此一**問題**，的確是值得研究的**問題**。引用文獻與資料，也是不可或缺的。研究生往往認為**文獻**的引用只侷限在**文獻回顧**那一章；而資料的引用也只有在寫**實證分析**時才看得到，這實在是一大錯誤。正確的做法是一篇論文，從開始到完成，隨時隨地都需要引用文獻。至於文獻回顧的意義是什麼？寫法如何？我們將在第七章，講述**文獻回顧怎麼寫**時加以說明。更為離譜的寫法，是很多研究生把**問題**發生的時間、空間及歷史背景等描述，寫在**文獻回顧**那一章。其實，問題發生的現況與背景的描述，絕對不是文獻。這些資料就是問題分析與陳述的背景資料，當然是要寫在第一章裡的。

對一個剛剛開始做研究的人來說，選擇一個他所希望研究的**問題**（problem），再加以分析，可以說是他（她）研究工作過程中最感困難的一步。有些學生整天焦慮或者整夜無眠地，在擔心他（她）的**論文題目**從何而來？其實，關鍵並不在於缺乏可供研究的**問題**。在我們的現實社會裡，需要研究的問題，可以說是無窮無盡，俯拾即是。只是研究生對**文獻**（包括學術期刊的文章、別人的研究報告，以及基本的教科書）的**閱讀不夠**，對實地狀況的**觀察**（包括每天的新聞報導、各種學術和非學術雜誌，以及親身去觀察與體驗）**也不夠敏銳、思考又不夠深入**。再加上對事情或問題的發生，並沒有探求真相的**懷疑心**與**好奇心**，以致於不知道如何把**問題**發掘出來。換句話說，我們的學生受傳統教育方式的影響，對知識只會接受與記憶，沒有好奇心，不會懷疑、不會問**問題**（question）。在課堂上如此，在寫論文的時候，更是如此，自然也就不會找**問題**（problem）了。也就是我們在第一章裡所說的，我們沒有傳承到對知識**求真求是**的遺傳基因。

問題的來源

在說明了如何選擇與界定**問題**之後，一個很明顯的**問題**（question）就是到底到哪裡去找那些值得研究的**問題**？其實**問題**的來源很多，而最有意義的來源可能產生於**理論**。**柯林格**（Fred N. Kerlinger）（1973）說：「一個**理論**是一組互相連結的**概念**、**定義**與**命題**，它們可以有系統地表現出各個變數之間的特殊關係，其目的在於解釋與預測各種現象。」[3] 我們可能對某些**理論**心存懷疑而希望去瞭解它、證實它。另一方面，你或者也可以經由觀察實際現象，去發現**問題**，建立一個命題與假說，而尋求建立一個**理論**去解釋它。

無論是在社會科學或自然科學的各個領域，都有很多**理論**。但是事實上，**理論**畢竟是**理論**，並不是事實。這種說法的意思是說，**理論**也就是**假說**（hypothesis），它必須經過嚴格的科學檢驗，才能成為實際的**法則（律）**（law）。從理論所產生的**問題**，不但能推進科學的進展，也能幫助我們去形成**假說**。這些**假說**又會幫助我們去詮釋研究所得到的結果，最後又形成新的**理論**。請參考第八章**假說！？為什麼要有假說？**，以及第九章**統計與假說的檢定**。無論基於**理論**的研究能否證實它的全部或一部分，它都能指引我們是否還需要進一步，去做什麼研究工作。

老實說，對剛開始從事研究工作的研究生來說，去研究出於**理論的問題**，可能比較困難。其實，不是出於理論的**問題**，也相當的多。最明顯的問題來源，就是研究者個人的工作經驗。一個從事某項工作的人，在他工作的過程中，幾乎是不可能從來沒有想到一些如何改善工作效率，或提振士氣的問題。這種說法，也不是說從經驗中發展出來的**問題**，就不能發展出理論性的**問題**。只不過這種**問題**多半會成為**應用性的研究**，對剛開始從事研究工作的人來說，可能會比較容易掌握。

尋找**問題**的**第一步**，是要先問自己，你所熟悉與有興趣的**一般領域**是**什麼**？例如：是社會福利問題嗎？是租稅與所得公平問題嗎？是空氣汙染對健康

---

3 Fred N. Kerlinger, *Foundations of Behavioral Research*, Second Edition, Holt-Saunders International Editions, 1973, p. 9.

影響問題嗎？是都市蔓延與擴張問題嗎？是企業勞資關係問題嗎？是全民健保問題嗎？是幼兒教育問題嗎？是人口高齡化問題嗎？是少子化問題嗎？是農地保護問題嗎？是房地產價格問題嗎？是全球氣候變遷與暖化問題嗎？是核能發電問題嗎？是能源問題嗎？等，真是不一而足。選擇了一個一般性領域之後，你必須閱讀大量的相關**文獻**，蒐集相關的資料，並且花大量的時間來思考、**規劃**如何進行你的研究工作。你應該把這個步驟看作是擴展你的讀書領域，發現你的專長的絕佳機會，以及開始撰寫研究計畫的好時機。我們已經在第四章裡，告訴你**如何寫論文的研究計畫**了，開始試試看，你應該會找到你的題目的。

　　第二步就是要從**一般領域**，縮小範圍到一個特定的領域。再清楚選擇、界定可以進行研究的問題。例如：蘇花高速公路的興建對臺灣東部環境影響的問題、汽油漲價是否應該對計程車補貼問題等。一個太廣泛、太一般性的**問題**只會帶給你困擾與挫折。首先，你無可避免地要閱讀更多的**文獻與資料**，也會增加你在時間上、精神上的負擔，更會增加你後續提出**假說**的困難。更重要的是，一個範圍廣泛的**問題**，會包含太多的變數，不但不容易分析清楚，其結果也更不容易詮釋。反過來說，一個界定清楚而特定的**問題**，會使你的研究工作容易進行。縮小問題範圍的一個重要方法就是去閱讀學術期刊的文章，因為學術期刊的文章，多半是討論**目前重要問題**的文章，而且精簡扼要，比較容易讓你抓住**問題**的重點。還有一個重要的方法，就是你的題目必須要最少包含**兩個變數或變項**。這一點非常重要，我們會在以下**問題的分析與陳述**那一段做進一步的詳細說明。

　　我們說過，文獻也是一個不錯的**問題**的來源。往往一個研究某些特定主題的文獻，就可以指引你下一步該做什麼，又該怎麼做。而這個所謂的**下一步**，可能就是你研究的延伸，或者它會指引你進入另一個思考的領域，來建立你的研究所希望得到的**一般化法則**。

　　研究生的**論文題目**，應該是來自於平常最熟悉的事物，或者是最感興趣，也最感困惑而想要一探究竟的**問題**。你對一個**問題**知道的愈多，就愈容易去做研究。也許，我們可以說最好的題目，是出自於你正在從事的工作經驗。因為你對它已經非常熟悉，而且有足夠的經驗。一個研究生如果是在幫助或參與指導教授的研究計畫案，他便有一個絕佳的機會，去發掘出自己的論文題目

了。這並不是說你可以拿整個研究案做論文，而是因為一個研究案，必定會牽涉到許多枝節的問題，其中一個枝節的問題，就夠你做一篇論文了。

尋找研究題目的第一個步驟，有三樣事情是必須做的。**第一**，閱讀你所感興趣的期刊論文（papers）；**第二**，對你感到有興趣的現象做實地的觀察；**第三**，做長期而且用心的思考這些現象的發生與影響。以下再分別加以說明：

● 閱讀與問題有關的文獻

在閱讀你感興趣，或和你的研究有關係的**期刊文章**時，你可能也無法把所有的文章都從頭到尾讀過。最好的辦法是從論文的**摘要**著手，**摘要**所附的關鍵字（詞），可能會給你更進一步的指引。其次，你也需要閱讀一些**書評**或你所閱讀論文的評論性文章。評論性的文章，會把相關的文獻做重點介紹與評論。寫評論的學者一定會精讀他所評論的文章，以及閱讀其他相關的文獻，並以批判性的思考方式去加以詮釋、討論，並且提出理論或實際上值得質疑或注意的地方，讓你能更準確地對文章的內容作取捨。這些做評論的學者，當然都是在其領域裡一時之選的學者，否則也不會被邀請做評論了。

評論性的期刊在國外學術界非常普遍，在臺灣卻並不多見。偶爾或許會在研討會中，由評論人對發表人的論文發表評論，但是能夠做深入討論的則少之又少。在國外，幾乎在所有的研究領域裡，每年都會出版該學術領域的評論性專刊，用來評論最近一季或一年來出版的，在理論或應用方面的研究論文。

但是你也不要期望，只從閱讀中獲得你所要研究的**問題**（problem）。你應該一面閱讀，一面做實地的觀察，並且在閱讀與實地觀察之間做反覆的思考。也不要期望在你閱讀的同時就寫**文獻回顧**。在沒有完全瞭解，並且確定你所要研究的**問題**（problem）之前，先做些筆記以備後續的查考也就夠了。你的**文獻回顧**應該聚焦在你所確定要研究的問題上。有關**文獻回顧**的意義與寫法，我們會在第七章，討論**文獻回顧**怎麼寫時，做進一步的說明。在你寫**研究計畫**的時候，只要能夠清楚地引用**文獻與資料**，說明你所要研究的**問題**，為什麼的確是值得研究的**問題**（problem）也就夠了。

● 做實地的觀察

我們在第二章裡就強調，**科學研究要從觀察開始**。做實地的觀察是要你身歷其境，去觀察你所要研究的問題的實際狀況。例如：如果你有興趣研究都市地區的道路交通問題。最好的方法就是到街上去實地觀察一下，經常開車的人，一定會實地經驗到許多問題。路上的車流、道路的工程、號誌的設置、駕駛人與行人的行為等。然後就你所學，去閱讀大量有關交通管理的理論與實務方面的文獻，包括書籍與期刊的論文與交通規則；並且蒐集許多相關的資料與數據，奠定你在理論上的堅實基礎。然後你必須再一次到街道上，去做實地的觀察，最好的辦法是你親自步行或開車去體驗，看看號誌的設置、標示與標線的劃設，以及對車速的限制等規定與理論是否吻合，是否合理與恰當？此外，你也需要去觀察開車的人是否有良好的駕駛行為，以及去觀察違規的現場與情況。有了文獻的理論與他人研究的成果做基礎，你便能更進一步透過觀察與體驗，發現並且確定**問題**是在哪一個環節上。這時，才能針對那個環節的問題，進行你對都市交通問題的研究工作。

這種閱讀、觀察與思考的互動行為，是發現**研究問題**的必要工作。有一些我們認知的**問題**，是直接來自於親身體驗的。這些體驗會使我們知道什麼想法或概念是合理的、是正確的。對一個問題的研究來說，上述的都市地區道路交通問題，是工程、法規、執法、開車人的駕駛行為與教育等多方面互相關聯的問題。你一定無法在一個研究案中研究所有的問題，但是你可以按部就班地去研究一個問題，再根據這項研究的發現去研究下一個問題，以及再下一個問題。你可以從閱讀、思考與實地觀察而察覺問題的所在，從而建立你的**研究假說**，再依照第五章裡所說明的**研究程序**，循序進行你的研究工作。

在進行觀察的時候，一個基本的**問題**（questions），是如何進行觀察以及觀察什麼？關於這個問題，也許以下幾件事可以對你有所幫助。

1. 有哪些變數或事件互相發生作用或影響，才使**問題**（problem）顯示出來？
2. 當某一個事件發生時，它與其他事件之間，會有什麼樣的關係？這些關係又會有什麼樣的互相影響與變化？
3. 如何將發生的事件及其現象與內容描述出來？此一現象在什麼時候發生？在什麼情況下發生？再做一個推測，在什麼時空之下，它可能不致於

發生？

4. 有什麼概念、原則或理論，可以有助於解釋此一事件的現象與內容？

● 在閱讀與觀察的同時還要反覆思考

孔子說：「學而不思則罔，思而不學則殆。」（《論語・為政》）意思是說，只是學習（閱讀）不去認真地思考，就會迷茫地不得明白。若是單憑空想，不去實地學習，那也是**危殆**的事。由此可見**學**與**思**之間的密切關係。**罔**為茫然無所得，**殆**為惶恐而不安。**罔**固空虛，**殆**亦危險。唯有思而兼學，則一切思考，又有知識材料為基礎與根據，所得到的結果，才能真實與正確。同樣地，在你做研究、寫論文的時候，你需要有安靜的時間，對你感興趣的問題**反覆思考**。當然，思考不是空想。一定要有思考的對象以及跟它有關的變數之間的關係。你的思考可能會引出一些**問題**（question），例如：為什麼這種現象會發生？是什麼時候發生的？事情的發生會造成什麼樣的結果？關於發現問題，除了閱讀與觀察之外，還要多加思考，這是寫論文發現**問題**的第一步。

可研究的問題的性質與標準

你所要研究的**問題**，它的第一個基本性質，就是要是**可研究的**（researchable）。所謂**可研究的問題**，就是一個可以經由蒐集證據，以及資料分析，透過實際經驗**探索**（investigate）的問題。一些神學、哲學與倫理的問題，是不能用這種方法研究的。研究者可以去判斷人們對這些具有爭議性問題的感覺如何、想法如何。但是，卻無法經由科學研究方法，去實際驗證這類的問題。無論這類的問題對人們的意義多麼重要，但是它們是無法做**實證研究**的。因為至少到目前為止，這類的問題是無法以蒐集證據，與分析資料的方法去解答的。換言之，是無法實際驗證的。一個很實際的例子便是：如果我們的問題（question）是：懷孕的婦女**可不可以墮胎**？至少在我們現實的社會裡，在醫學技術上，**墮胎**是可行的。但是**墮胎**不僅是醫學技術上的問題，它也牽涉到倫理、道德甚至宗教上的問題。這類的問題是無法用科學方法去研究而獲得解答的。再例如：男女之間的愛情有多深？只能用月亮代表我的心，卻無法量度愛你有幾分。

　　第二、一個**可研究的問題**就是它要有理論或實質上的意義。當然從理論上所衍生出來的問題是最有意義的，但是它們的解答，在某些方面對解決實質問題，是沒有太大幫助的。或者，我們可以說，一個**可研究的問題**是可以從理論開始，或者是以理論為中心，去證實它的實質意義及應用的。（參考第五章，圖 5-2）

　　第三、一個**可研究的問題**，應該是一個研究者所**感興趣的問題**。事實上，除了你對某一個問題有興趣之外，還要有研究這個問題的足夠知識。但是，這還不夠，你還必須具備以下幾項條件，才能從事研究工作：(1) 要有現代的研究技能，例如：統計學、電腦軟體的應用與操作，(2) 要有足夠的資源，例如：人力、財力的支援，(3) 要考慮時間及其他限制因素，例如：資料的有無與其可及性。其實，這三個條件，我們在第四章裡已經講過，研究生當然需要注意。對一個新進的研究生而言，除了你的指導教授之外，最好再找一、二位具有相關專長的教授來幫助你，評估你的**研究計畫**的可行性。[4] 至少就我在美國進修所知，一個研究生的研究工作，是由幾位相關的教授，組織一個指導委員會（adviser committee）來指導的。

問題的分析與陳述

　　問題的分析與陳述，就是把你所要研究的**問題**（problem）分析清楚、講明白。如果我們要知道問題何在，一定要更進一步思考如何加以**分析、陳述、說明**得清楚、講得明白。一個寫文章最基本的原則，就是要讓外行人能夠看得懂。雖然每一個**問題**都不相同，陳述的方法也可能各異，但是還是可以歸納出一些原則作為參考。我們且先舉幾個例子來加以說明。

　　例如：我們要研究房地產交易**實價登錄**，對房地產價格有什麼影響？對於這個問題，首先我們會注意到，它是以詢問（？）的形式來表達的。同時要注意的是，它是在**詢問**兩個**變數**（variables）或**變項**之間的關係，也就是**實價**

4　L. R. Gay and P. L. Diehl, *Research Methods for Business and Management*, Macmillan Publishing Co., 1992, p. 54.

登錄是一個變數，**房地產價格是另外一個變數**。我們要研究的是它們之間的關係。所以我們可以說，一個**問題**（problem），是從一個**疑問句**（question）開始，再延伸爲陳述句。它所詢問的是兩個或兩個以上**變數**或**變項**之間的關係？我們所要研究的問題就是：它們之間是否有影響？又有什麼樣的關係和影響。假使我們要研究的問題是**可研究的**，它們幾乎總是會含有兩個或兩個以上的**變數**或變項的。又例如：二氧化碳的增加，是否會造成溫室效應，進而造成全球暖化（global warming）、氣候變遷，以及之後對地球上生物一連串的影響？這個例子的重點在於詢問某一個變數的變化，是否會造成另一個**變數**或**變項**的變化，以及其後一連串**變數**或**變項**發生什麼變化？這些變化又會造成什麼結果或影響？如果我們用數學的概念來表示，就是自變數與因變數的關係，也就是因變數會隨著自變數的變化而變化。

在教授研究生**研究方法**的經驗中，最不容易讓學生瞭解的問題之一，就是爲什麼要他們在定題目的時候，一定要包含最少兩個**變項**或**變數**（variables）。這樣要求的理由其實很簡單：

第一、我們要研究的問題，不論是**相關關係**或**因果關係**，都是在檢驗兩件事情之間的**關係**。如果只有一個**變數**或**變項**，就無所謂**關係**了。**關係**是要有兩個或兩個以上的**變數**或**變項**，才能有**相關的關係**或**因果的關係**。假使我們把上面的第一個例子改成**實價登錄的研究**，以及把第二個例子改成二氧化碳增加的**研究**。你是不是會發現研究的問題完全不著邊際，不知道爲什麼要研究房子**實價登錄**，當然也不瞭解爲什麼要研究二氧化碳增加的**研究**？

第二，有了兩個**變數**或**變項**，才能把問題的範圍界定得清楚。所謂清楚地界定問題，就是要把問題的範圍縮小到可以掌握的尺度。再舉一個例子如：國際石油價格上漲，是否國內的汽油價格也跟著上漲。如果我們把研究的題目定爲：**石油價格上漲的研究**，或是**石油價格上漲的影響**，請問你將如何著手？你要研究的對象是什麼？石油價格上漲，對誰有影響？又會有什麼影響？我們更要問，這個研究將如何結束？你想要得到的結論是什麼？你希望驗證什麼？如果你能確實回答這些問題，你的問題才是**可研究的問題**，否則就是**不可研究的問題**。

因爲石油價格上漲可能影響的範圍極廣，從農、工業生產成本的上漲、電力價格的上漲、交通運輸成本的上漲，進而影響到人民日常生活，食、衣、

住、行物資價格的上漲等。如此推演下去，研究工作與論文，將可能不知從哪裡開始，更不知如何結束。所以，如果我們把題目的範圍縮小為：**石油價格上漲對人民開車旅遊行為的影響**，或者是：**石油價格上漲對人民自行開小汽車與搭乘大眾運輸工具行為的影響**。則其研究的範圍便立刻縮小很多，而且所要研究的內容也更明確、特定，而且易於掌握了。

一個寫得好的**問題分析與陳述**的第一個特性就是，它能把做研究的人所感到興趣的**變數**，以及**變數**與**變數**之間的**關係**交代清楚。即使是描述性的研究，去研究**變數**之間的關係也是比較有意義的。

第三個特性，就是能把所有相關的**變數**，定義得非常清楚，而且，也要是**可操作性**的。所謂**可操作性的定義**，就是把一個概念，定義得可以在研究的過程中，描述得非常清楚而**特定**（specific），並且是可以**操作運用的**。例如：如果我們要研究的問題，是要探討抽菸與罹患肺癌之間的關係，我們必須把**抽菸**一詞的意義，定義得非常清楚而特定。例如：每天的抽菸量、菸的種類，以及抽菸人的各種生理與精神狀態等屬性，都界定清楚。再例如：如果我們要研究一個工廠的**生產效率**，我們一定要把**生產效率**這一概念定義清楚。例如：是單位工人的產出、單位時間的產出、或者是單位投入生產因素的產出等。以上述的兩個例子而言，抽菸與罹患肺癌之間的關係可能是**相關的關係**。因為並不是每一個抽菸的人都會罹患肺癌；只不過抽菸的人，罹患肺癌的**機率**較高而已。而在第二個例子中，工人的工作量、或者投入的時間或生產因素的多寡與生產力之間的關係，則可以說是**因果**（cause-effect）**關係**。這兩種關係，都是需要有兩個或兩個以上的變數，才能形成的。

問題的分析與陳述，毫無疑問的，是一項研究工作的第一件最重要的事情。因為**問題分析與陳述**，是要指出整個研究工作所要探討的**問題**所在。要把**問題**發生的背景，以及**問題**的現況說明清楚。**問題**的背景與現況是要提供足夠的資料，讓我們能夠清楚地瞭解**問題**是什麼。從以上的討論，我們可發現，一個好的**問題**與**問題陳述**至少要合乎以下幾個標準：

1. 要去瞭解一個**問題**（question）的具體情況。**問題**（problem）應該以**疑問**（question）的形式，清楚而且毫不含糊地提出來。最好直截了當地問一個**問題**（question），而不必說：**此一問題是……**；或者說：**本研究的目**

的是……。**疑問**（question）的形式最直接。如果說：**本研究的目的是什麼**，可能不見得就是本研究的**問題**（problem）所在。

2. **問題**（problem）應該是在表述兩個或多個**變數**之間的關係。例如：我們問是否 A 與 B 有關係？A 與 B 與 C 的關係如何？在 C 與 D 的狀況之下，A 與 B 的關係又如何？

3. 在**問題**（problem）的陳述當中，要能提出一個預期可能得到的結果，也就是**假說**（hypothesis）。我們將在第八章說明**假說！？爲什麼要有假說**？裡加以說明。

4. 第四個標準比較不容易做到，就是要求**問題**（problem）應該是可以被實際經驗驗證的（empirically testable）。一個問題的提出，如果無法被實際經驗驗證，它便不是一個**科學的問題**。也就是說在**問題陳述**中，變數與變數之間的關係，應該是可以被用某種尺度**量度**（measure）的。某些哲學、倫理或神學上的問題，雖然重要，也是人們所要探討的，但是卻無法被**實際驗證**，而且也無法用實際的尺度**量度**，所以也就不是科學的實驗研究所能探討的。

5. 要限制問題聚焦在單一的**問題**（question）或**議題**（issue）上。

另外，從管理決策方法的角度看，**艾寇夫**（Ackoff）認爲問題的存在必須符合幾項充分而且必要的條件：

1. 一個決策者遇到困難或難以取決的方案，或者是有待解決或做決策時。

2. 決策者希望產生某種結果或達到某種目的。

3. 最少有兩個有效程度或成本不同的**行動方案**可供抉擇；而它們都有機會達到所嚮往的目標。如果兩個行動方案同樣有效或完全無效，決策者要從其中做選擇。

4. 存在著某種產生問題的環境與情境，而且環境與情境包含許多因素，這些因素都會影響**問題**的結果，而又不是決策者所能左右的。

5. 一個**問題**要能被研究，它的實際現況與理想的目標，都要在某種尺度下可以被實際**量度**。[5]

---

5 Russell L. Ackoff, *Scientific Method*, Robert E., Krieger Publishing Co., Inc., 1984, pp. 30-31.

　　在從事研究工作時，最重要的就是首先把要研究的**問題**（problem）做透澈的分析，並且很清楚、明確、完整地表達出來。這件工作並不容易，也正顯示出研究工作的複雜性。有時需要很長時間的發掘，才能知道希望得到答案的**問題**（problem）是什麼。事實上，道理很簡單，如果一個人想要解決某一個**問題**，他必須要先知道到底問題出在哪裡。正好像醫師診治病人時，他一定要先診斷出病因何在一樣。科學家在從事科學研究時，當然也要先知道**科學問題**（scientific problem）是什麼。醫師給病人處方並不困難，但是診斷病灶何在？病因為何的過程，卻不是一件簡單的事，它需要醫師豐富的學識與臨床經驗，再加上精密儀器的運用。從事研究工作也是一樣的。

結語

1. 在研究工作中，**問題**（problem）的詳盡分析與陳述非常重要，這也是國內的研究生不能體會，也覺得不容易寫的地方。其實問題的分析與陳述，就是研究工作本身的一部分。它不是**前言**也不是**緒論**，當然更不是**研究動機**。它絕對不是可以用**研究動機**來取代的。在國外的碩士、博士論文裡，把問題陳述與分析寫上三、四十頁是司空見慣的事。我們在前面已經說過，在你寫**問題分析與陳述**的時候，你就已經開始寫論文了。唯有把**問題**分析得詳盡與透澈，你才能進行後續的各個研究步驟。其實，如果你能**把問題分析與陳述**寫好，後續的蒐集證據、資料，分析之後，加以驗證就容易得多了。

2. 在選擇與決定論文題目的時候，要記得在題目上，必須顯示出**最少要有兩個變數**。因為我們所要研究的問題，是關乎**變數與變數**之間的關係。只有一個**變數**是不可能形成關係的，也是無法驗證的，而且也無法使**問題**顯得明確，並且具體化到可以掌握的範圍與尺度。這種具有兩個變數的例子很多，除了在前面所提到的例子之外，可以說是俯拾即是。例如：

(1)美國國家科學院期刊刊登的一項研究顯示，生活壓力的感受可能加速老化，就是研究生活壓力與人類老化之間的**關係**。所謂生活壓力的感受是指：離婚、失業或長年照顧殘障子女或老人等。研究人員發現，長年照顧殘障子女的婦女，其血液細胞就基因而言，大約要比照顧一

般子女的同輩老化十年。例子中，生活壓力會使人容易老化就是**假說**或命題，如果得到證明：生活壓力的確會使人老化，即是驗證了**生活壓力會使人容易老化的假說**，也就是得到一個新的理論：**生活壓力會使人老化。**

(2) 又如另外一項研究是有關服用維他命 E 與誘發心血管疾病之間的關係。《美國醫學會期刊》（*JAMA*）刊登加拿大一項長達七年的研究報告指出：維他命 E 可能有害無益，患有心血管疾病或糖尿病的人不宜服用。國內醫學界也有關於維他命 E 對心臟效益的研究，結果發現沒有影響。在這個例子中，服用維他命 E 會誘發心血管疾病即是**假說**，如果研究結果證實了服用維他命 E 真的會誘發心血管疾病，就是建立了一個新的理論：**服用維他命 E 會誘發心血管疾病。**

(3) 《紐約時報》（2006.2.8）報導，美國聯邦政府投資 4 億 1,500 萬美元，對將近 49,000 名年齡介於 50 歲到 79 歲之間的婦女進行長達八年的研究。結果發現，那些被分派採用低脂肪飲食的人，罹患乳癌、大腸癌、心臟病及中風的機率，與另一組飲食毫無限制的人相比，並無不同。這個例子的假說是：飲食毫無節制的人，並不會比採用低脂肪飲食的人容易罹患乳癌、大腸癌、心臟病及中風的機率高。它所顯示的是一項負面的結果，但是其對知識進步的貢獻是一樣的。

(4) 英國基因專家的研究指出，人類 **FTO 基因**的變異與肥胖關係密切。一項大規模的基因檢驗計畫，對象涵蓋約 39,000 名英國、芬蘭、義大利與北歐國家的白種成年人與兒童。研究結果發現：一個 **FTO 基因**出現變異的人，體型肥胖的風險，比沒有變異的人增加 30%；如果有兩個變異基因，肥胖風險更會遽升至 70%。平均體重則比沒有變異者重了三公斤，其效應早在七歲時就會顯現。

就此一研究而言，有待進一步研究的問題還很多。例如：這個研究目前是僅針對歐洲白人所做的，下一步將擴大基因檢驗範圍，納入美國黑人與南亞人。這兩個族群都有顯著的體重過重與肥胖問題。做研究的人很有信心，認為 **FTO 基因**變異的影響不會侷限於特定種族。由此可見從一項研究可以衍生出更多的**研究問題**。而說：「研究人很有信心，認為 **FTO 基因**變異的影響不會侷限於特定種族。」便是另一項**假說**。等到研究結果證實了：**FTO 基因變異的影響並不侷限於特定種族**，則一項新的**理論**便出現了。

(5)其他有趣的研究,如喝咖啡會不會引起骨質疏鬆、高血壓、心臟病等?但也有人研究說喝咖啡可以降低糖尿病的罹患率,真的嗎?喝咖啡會減少中暑嗎?每天喝一杯紅酒會減少心血管疾病嗎?也有人研究說,攝取太多的乳製品與蛋白質是造成骨質疏鬆症的主因。但是傳統的說法是說,要多喝牛奶來預防骨質疏鬆,到底哪一種說法值得相信呢?還有,據說居住大坪數的豪宅,耗能十分可觀,所排放的 CO_2 也相當可觀,可能助長氣候暖化問題,是真的嗎?

列舉以上這些例子,其意義並不在於告訴讀者,他們研究的結果是否真實,而在於顯示科學的研究工作,是在研究**兩個變數之間的關係**,以及**假說**的寫法,以及其與理論或結論的關係。其他如:核能發電、焚化爐、掩埋場、汙水處理廠、殯葬設施等對居住環境品質的影響;學歷高低與所得的關係;綠地、溼地的保護與淨化水質、節能減碳的關係等,也都是探討**兩個變數之間關係**的研究。

Chapter 7

文獻回顧怎麼寫？

　　人類的知識都是逐漸累積而來的，因此在做研究工作的過程中，回顧或參考前人或別人對某一個問題的看法是非常重要的，這就是文獻回顧。本章的目的就是在於探討研究生在論文寫作程序中如何寫**文獻回顧**，以及如何**引用有關文獻**。使研究生能夠瞭解，**文獻回顧**在研究工作中的角色與功能，並且使研究生知道如何去回顧文獻，以及如何寫一篇好的**文獻回顧**，是非常重要的。

　　在給研究生上**研究方法課**，講到**文獻回顧**的時候，學生總是會問一個同樣的問題：「**到底要納入多少文獻才夠呢？**」我的回答多半是：「**要看你的需要，或多或少並沒有一定的標準。**」當然可以預料得到的是，這種答案並不十分令人滿意。不過在這裡需要指出的是，**文獻回顧**與文獻的**引用**是不同的兩件事。**文獻回顧**之所以用專章來討論，是因為**文獻回顧**在論文中，有它特殊的意義與功能。而**文獻的引用**則是從頭到尾，貫串整個研究工作，看你的需要與用途而定的。也就是說要讓你所說的每一句話，所引用的資料，其來源都是有根有據的。當你開始陳述你的研究問題與研究構想時，相關文獻的引用就應該開始了。也就是說，文獻的引用並不限於**文獻回顧**的那一章。不過目前的研究生並不瞭解這一點。在他們的論文裡，除了**文獻回顧**那一章之外，鮮少有人從頭到尾，隨時引用文獻來支持，或討論他所研究的問題了。

文獻回顧的目的是什麼？

　　在一個研究生決定了他要研究的主題之後，最好盡快對所要研究的主

題，或領域裡的文獻展開讀的工作。不過這種對文獻全面性的瞭解並不容易、不實際，也不是**文獻回顧**的主要目的。一個好的**文獻回顧**，應該可以達到以下幾項主要的目的：

1. 從文獻中得到研究主題的中心思想，用來建立你的研究的理論基礎；
2. 從別人的研究中學習，以激發新的想法，並且避免重複已經完成的研究而徒勞無功；
3. 審視先前的研究，或加以評論，避免在概念與程序上重蹈他人的覆轍；
4. 整合已經完整建立的知識，使你寫的文獻回顧，成為你的一家之言。

文獻回顧的第一個目的，是要研究生給自己的論文，打下一個堅實的理論基礎。科學知識是累積的，過去的研究與理論，使你能夠知道你能對現有的知識基礎添加些什麼。當它發表出來的時候，你對文獻的掌握，也能使別人看得出來，你對某一個知識領域的貢獻。正好像你不會在還沒有修習某些基本課程以前，就去修習高階課程一樣。你也不會在沒有瞭解別人類似的研究之前，就去從事你的研究工作。同時，你也必須先瞭解你想要研究的問題的正式與非正式的**理論**。同樣的，如果你想要別人瞭解你所做的研究，你也應該給你的研究工作，找到並且建立一個清楚的見解與概念。

文獻回顧的第二個目的，是讓你可以從別人的研究中學習，以激發新的想法。雖然**重複**或**複製**在科學研究中非常重要，**重複的研究**，也能使研究的結果更為可靠。但是，最好還是避免重複已經完成的研究而徒勞無功。從另外的角度看，特別是在某些研究的結果，和以前類似研究的結果，互相衝突的時候；或者它並不支持已經建立的理論時，**重複**便顯得格外重要。但是仍然要避免過多**重複**別人做過的研究而虛耗精力，卻又未必能比別人做得更好。一旦研究者發現，對已經經過多人研究的問題，無法再增加新的東西時，我們便可以認為那個研究結果已經非常可靠了。

這時就需要把研究方向轉移到別的，理論尚未建立完全的題目上。如果對同樣的**問題與現象**，以不同的方法從事研究或者做不同的應用，則不算是重複，而徒勞無功了。

文獻回顧的第三個目的，是要在概念與研究程序上，避免與其他研究者犯

同樣的錯誤。毫無疑問的，其他的研究者所做的研究，可能會給你的研究工作一些啟發；也可能使你可以避免一些他們所犯的錯誤。這些錯誤可能是概念與理論上的，也可能是操作方法與量度上的，也可能是統計分析上的。假使你能在**文獻回顧**中發現這些別人犯過的錯誤，你自己就能避免犯同樣的錯誤了。

　　文獻回顧的第四個目的，是要整合已經完整建立的知識，使它與你的論文的思想融合，成為你的一家之言。其實這個目的與上面所說的第一個目的有密切的關係。**文獻回顧**除了要使你的研究，和同樣領域的其他論述與概念聯繫一體之外，你也要嘗試著從他人的思想中，提煉出你自己的思想體系與理念。這些思想體系與理念，將是你論文的**理論基礎**。

需要回顧什麼樣的文獻？

　　我們在上一節說，研究生現在要做的研究，是奠基於過去的研究與當前相關的研究。一方面顯示這個領域的研究現況，也可以看出未來的研究走向。更重要的，是要藉這些文獻的理論與實踐，來建立你的研究的理論與實踐的基礎。所以在寫這一章的時候，應該注意以下幾點：

1. 最先要選擇性地閱讀與你的研究有關的書籍與文章，來奠定你研究工作的基礎。但是也不要閱讀了太多的文獻，而沒有抓住它們的精義。所以培養你閱讀文獻，汲取它們精義的能力，是非常重要的。

2. 進一步深入地研讀這些書籍與文章，去領會它們對你的研究，有什麼啟發性的意義，以及可能的貢獻。其實，除了與你的研究類似的研究之外，不同領域的文獻，也值得注意。你也可能從其他領域的文獻裡發現，在寫作的方法上值得學習的地方和值得警惕的地方。

3. 如果可能，設法獲得目前正在進行，和你的研究類似的研究案的資訊。這樣，便可以及早發現其他研究的長處與缺點，做你自己研究的參考，也可能獲得新的啟發。

　　很顯然地，文獻回顧當然應該回顧那些在內容和方法上，最好的和最新的文獻，過時的文獻對你的幫助可能不大。不過，很多經典的著作，雖然年代久

遠，卻非常有價值。例如：如果你的論文牽涉到經濟學理論，回顧**亞當斯密**的《國富論》，應該是非常需要的。科學是經過歷史精煉，有系統地累積起來的知識。把各家研究的發現，串聯起來形成一般法則，便成為理論的一家之言。所以，文獻回顧是你掌握與你的論文相關的理論，然後加以整理、發展與形成你自己論文理論的絕佳途徑。

不管你決定要研究什麼問題，一定有人比你早一步想到或做到。有的人也許只是偶然提到一些想法，有的人也許已經提出一套理論，甚至有的人已經蒐集了不少的資料。當你發現找不到你所感興趣的主題的文獻時，可能你會開始著急而且感覺焦慮。也可能你並沒有認真地去找，也或許你找文獻的地方不對。更可能是文獻資料過於龐雜，你還沒有能夠理出頭緒。問題的關鍵可能不是有沒有資料，而是如何找到適合你所用的資料。以下再從有關理論的文獻、有關方法的文獻、有關資料分析的文獻等幾個方面，分別加以說明。

有關理論的文獻

最顯而易見的相關文獻，就是與**理論**有關的文獻。誠如我們在第五章，**科學研究的邏輯思維程序**所說的。幾乎所有的研究，都是從或隱或顯的**理論**衍生出來的。而且也圍繞著**理論**進行，最後終結於驗證的**新理論**。關於**理論**與**模式**的討論，我們將會在第十章，講述理論、法則（律）與模式時，做進一步的探討。在這裡，我們先對回顧有關理論的文獻，做一說明。

與你的研究有關的**理論**的文獻，應該是**文獻回顧**的最佳起點。選擇哪一個，或者是哪一些與你的研究有關的**理論**去回顧，則需要對你的想法做深入的思考。這種思考也可以幫助你釐清你研究工作的主旨所在。在你回顧**理論性**的文獻時，當然也要同時涉獵到利用這些理論的實踐性文獻。也就是先前與當代學者，應用這些理論所做的研究。

有關研究方法的文獻

第二類應該，而且必須回顧的文獻，是與**研究方法**有關的文獻。研究生通

常會犯的錯誤想法是：除非你所用的研究方法，與前人所用的研究方法一致，則前人的研究便與你的研究無關，這種想法顯然是不對的。當然，你要參考前人或他人的**研究方法**，針對你所要研究的問題，設計你自己的**研究方法**。在**研究方法**大致決定之後，還要進一步，進行**研究設計**或**實驗設計**。所謂**研究設計**，就是設計資料蒐集的方法與資料分析的方法。例如：在用統計方法時，如何決定樣本的大小、如何抽樣、使用的量度方法與尺度、問卷與調查表格的設計等，不同的研究設計將會產生不同的研究結果。關於**研究設計**，我們會在第十三章**實驗設計**，和第十四章**調查研究**，加以討論。

假使你認為別人並未使用的某種方法，剛好適合用在你的研究上，也許你就應該蒐集一些有關這種方法的文獻；而且使用這些文獻，來說明你使用這種方法的合理性。另一種做法，則是先對整個的**研究方法**或**方法論**做一個回顧。當你深入探討你的研究工作時，再去發掘與你的研究有關的特定文獻。毫無疑問地，你必須去搜尋，並且閱讀更多的原始文獻及資料，來確定你所使用的方法的正確性。

● 有關資料分析的文獻

你應該知道，使用統計學分析資料的方法有很多種。這些統計方法，也是**研究方法**的一部分。也許你會發現，在坊間有很多有關**研究方法**的書籍，**統計方法**占了相當大的篇幅，讓人認為統計方法就是研究方法。本書不會去分別說明各種統計方法，但是會說明統計方法的基本原理，以及如何將它運用在資料分析，以及假說的檢定上（第九章）。作為一個研究生，無論你的研究領域是自然科學或社會科學，統計方法都是必需的，你最好先修習足夠你分析論文資料的統計學課程。一般大學裡的統計學課程，大概可以分成兩類，一類是開給統計系的學生修習的，比較著重理論的推導；另一類則是開給非統計系學生修習的，比較著重統計方法的應用。如果你只需要在做研究工作，具備資料分析的能力，修習後者也就夠了。

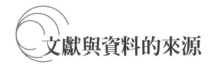

文獻與資料的來源

● 已經出版的文獻

　　大多數的文獻，可能都能在大學的圖書館裡找得到。這些文獻包括書籍、學術期刊的文章、學位論文、政府的官方文件與檔案或政策報告等。另外還有報紙、雜誌和廣播電視新聞等。雖然報刊與新聞報導並不是科學研究的文獻，但是它們可能是科學研究報告的簡介報導。這些報導雖然只是新聞報導，不見得有科學知識的價值，但是卻可能提供我們一些線索。研究生則可以根據這些線索，追蹤下去，找到原始的研究報告或論文。

● 書籍、學術期刊與學位論文

　　其實，一些最好但是最可能被忽略的文獻，就是最基本的**教科書**。研究生往往在修過相關課程之後，這些教科書便可能被置諸腦後了。但是如果你能重讀這些教科書，你一定能找到非常有價值的文獻，特別是**基本理論**方面的文獻。其次，因為在教科書的每一章之後，或者是在全書的最後，一定會提供很多的參考文獻。你也一定能從這些文獻中，找到與你所研究的問題有關的文獻。你如果能循線追蹤下去，你就會找到更多的原始文獻。

　　除了教科書之外，還有兩種書籍可以提供很有價值的文獻。第一種就是**專題書籍**，最近數十年來，學者常會蒐集在專業學術期刊發表過的學術論文，依照主題分類編輯，成為**專題書籍**。這種**專題書籍**的好處，是它們把發表過的學術論文，彙整在一本書裡，讓你不需要花大量的時間與精力，去尋找過期期刊裡的論文。第二類是年度研究報告，它們包括在一般地方不容易找到的研究報告。這類書籍屬於學術期刊與彙整文章的混合型書籍，它們每年出版，但是它們不是期刊；或者可以把它們歸類為**年刊**吧！

　　其他很好的文獻資料來源，包括各個專業的**學術期刊**（scholarly journals）。這種**學術期刊**通常會有各種理論與研究的主題，也會有很多理論與實證

的論文。假使你能瀏覽一下這些期刊，你可能會發現與你希望研究的主題有關的文章。你也可以循線追蹤下去，而發現一些更深入的論文。這些期刊都會保存在具有相當規模的圖書館裡。各大學的圖書館以及國家圖書館，都會收藏各種專業的期刊。這些期刊的內容，目前都可以從電腦網際網路中搜尋而得。而且很多期刊的文章，或者是某些學術機構的研究成果，都是可以從網路上免費下載的。其實，目前最常為人所用的蒐集資料來源就是上 Google、Microsoft，以及 Yahoo 等搜尋網站。在這些網站上，你幾乎可以找到任何你想要找的資料。如果你的外語能力夠用，也可以直接經由網際網路，取得外國政府機關或學術機構的學術論文與資料。所以具有較好的外語能力，也是非常重要的。

最後，你的教授以及同學們的藏書，也可能是最好的搜尋起點。但是當你去詢問他們有沒有某個專業的文獻時，一定要愈具體、愈特定愈好。例如：你絕對不能只說：我需要人口問題方面的資料、城市規劃方面的資料、環境保護方面的資料、氣候變遷方面的資料，或者古蹟保護方面的資料等。這樣的說法是非常籠統的，會讓想要幫助你的人，都不知道從何處著手。所以你必須把你的研究想法說清楚、講明白，而且要愈具體愈好。

政府出版品

政府出版品，應該是一個很好的資料來源。以美國而言，United States Government Printing Office（GPO）負責美國聯邦政府各機關資料的出版。提供美國人民非常豐富的各種資料（包括統計資料、研究論文及報告等，都相當具有學術性），以增加國民對國家的認識。當然這些資料，對學術研究，也是非常重要的。除了聯邦政府各機關外，各州政府、甚至地方政府，如郡（county）、鄉、鎮（township）也都出版、贈送該政府機關的資料。我曾經藉著旅遊或參加會議之便，進入他們的政府機關索取資料，他們坐鎮服務臺的小姐、先生都會不厭其煩地為你找資料，而且免費贈送。甚至在我回國之後，還繼續不斷地寄來更新的資料。至於網路上的資料，也豐富得不得了，大部分都可以免費下載。

至於我們國內的各級政府機關，出版及網路上的資料與他國相比，便顯得

貧乏得多了。而且只框列機關組織，有哪些局、處、室等。再者，你幾乎不可能毫無憑藉地走進任何政府機關去索取資料，即使他們有你所要的資料，也會要你所屬的機關或學校出具一紙公文，或者透過某種關係才能取得。這也可能是我們做研究工作，蒐集資料的一大難題。

● 未出版的文獻

　　除了已經出版的文獻之外，尚未出版的研究報告，也是可能對你的研究很有幫助的資料來源。尚未出版的資料的好處是它們比較即時。因為書籍與期刊的出版在時間上會有落差，甚至於在一篇論文或一本書已經被接受出版，而距離它們真正上市，可能最少還有幾個月甚至一、二年的時間。所以你如果能夠經由不同的管道獲得尚未出版的文獻，可能對你的研究工作會有即時的幫助。一個最容易的方法，就是多與你的同儕談論你的研究工作；他們可能提供給你非常有價值的資訊。

　　學位論文也是一種很好的文獻來源。博士學位論文多為原創的研究。在美國，有很多博士學位論文會出版成書或學術期刊文章。因為博士學位論文多為原創性的研究，要比碩士學位論文更有參考的價值。各大學都應該會有其本校的博士學位論文索引。國家圖書館有 *Dissertation Abstract International* 可以找到各國大學的博士學位論文摘要。

　　目前科技部也出版博士及碩士學位論文摘要。從這些摘要，你也許可以找到更多的文獻與資料。另外，科技部科學技術資料中心的全國科技資訊網路（STICNET），以及其所屬的各種**連接**（Links），可以搜尋到各學科領域的各種資料。

如何去找所需要的文獻？

● 從關鍵主題著手

從關鍵主題著手可能是搜尋有用的文獻的最好途徑之一。同樣的，教科書可能仍是最好的起點。瀏覽一下一本書的**目次**與**索引**（index），就會讓你發現書中可能有與你的研究主題有關係的資料。順便一提的是，很多學生不會，或不懂得使用**索引**。其實**索引**就是依照**主題**、**關鍵字**（詞）或**作者**編排的，是非常有用的尋找資料的線索。很可惜的是，國內很多的著作都沒有編索引，以致於造成追尋資料很大的困擾。你也可以從教科書、參考書或論文的**參考文獻**中找到相關的其他書籍或文章。

此外，很多研究機構也會依照他們的專業領域，編纂關鍵主題的摘要或索引。舉例而言，**科學文獻索引**（*Science Citation Index*, SCI）或**社會科學文獻索引**（*Social Science Citation Index*, SSCI），以及網際網路（internet）上的搜尋引擎，如 Google、Yahoo 等，都是非常有用的資料線索。其他的線索多得不勝枚舉，每位研究者可以就其研究的主題，在其領域裡尋找可用的線索，再循線搜尋可用的文獻。其實很多圖書館都會製作他們自己的**電腦索引**，只要詢問一下圖書館的圖書館員，即可以得到很多**寶貴**的訊息。

● 從主要作者著手

除了最新的研究領域之外，在幾乎所有學術領域裡，都會有發表很多著作的學者。在你搜尋了關鍵主題而無所斬獲時，最好轉移你的搜尋工作到主要作者上。主要作者，可以從教科書或一般期刊裡找到。主題或作者的索引，通常都會編在每一卷的最後一期，或者是一年的最後一期裡。同樣的，你也可以從教科書、參考書或論文的參考文獻中找到同一作者的其他書籍或文章。

針對尋找文獻來源的問題，首先讓人想到的，就是**網際網路**（internet）的搜尋引擎（search engines），例如：Google.com, Yahoo.com 等。你可以在

不同的搜尋引擎裡，使用關鍵字（key words）搜尋。在相關的網址上，你不但可以找到本國的資料，也可以找到其他國家的文獻。需要注意的是，對於同樣的詢問，不同的搜尋引擎可能會有不同的結果。這時，研究生就要以其學術背景，加以分辨、解讀了。

雖然**網際網路**是一項非常有用的工具，但是並不能提供最好的**索引**和**摘要**的資料。所以，傳統使用的資料搜尋方法仍然是需要的。根據許多學者的經驗，發現以下幾種方法，可以在使用**網際網路**之前加以使用。

* 諮詢指導教授和其他相關學者
* 使用傳統的**索引**和**摘要**方法
* 根據已有文獻的注腳，循線追尋下去
* 瀏覽圖書館藏書和文獻引用索引（citation indexes）

以下再分別加以說明：

諮詢指導教授和其他相關學者，可能是最為廣泛使用，而且最有幫助的方法。在學術研討會上也可能遇到本行，或做類似研究的學者可以請教。或者加入專業學術機構，建立聯繫關係，可以日後以通訊方式商討或索取資料。

使用傳統的**索引**和**摘要**方法，是第二種很有用的搜尋文獻的方法，可惜使用的人不多。有一大部分的原因，認為這種方法不夠時髦，但是希望你不要隨俗。**索引**和**摘要**方法目前多用於期刊論文的搜尋，它的長處是幾乎包羅所有出版的期刊論文，甚至學術研討會的論文集。

第三種搜尋文獻的方法，是瀏覽圖書館藏書。使用這種方法的人不多，但是卻兼具以上兩種方法的優點。第一、在你還沒有找到合用的書籍或期刊時，可以瀏覽書架上的書籍和期刊，可能獲得一些線索。第二、可以發現接近你研究主題的書籍和期刊放置在什麼地方，之後方便取用。以我個人的經驗而言，我在求學進修時代，曾經在圖書館工作，所以對於哪一類的書大約放在什麼地方，有一些大致的瞭解，的確對我之後做研究找資料，有一定程度的幫助。

第四種搜尋文獻的方法，是使用**引文索引**（citation indexing）。**引文索引**是把相關領域的文獻，依照文章作者姓名的英文字母順序整理出來的索引。你

可以從**引文索引**的資料找到他的期刊文章，並且可以循線找到你所需要的其他文章，以及相關學術的最近發展。**引文索引**是一項非常有用的工具，可以讓你找到其他方法無法找到的資料。目前 *Science Citation Index*（SCI），涵蓋百餘種科技領域的文獻。*Social Science Citation Index*（SSCI）則涵蓋社會與行為科學領域的文獻。從 1977 年起，*Arts and Humanities Citation Index* 也開始被使用。

文獻的組織

找到資料的來源只是**文獻回顧**的第一步。你必須從這些來源之中把你所需要的資料**提煉**出來。你可以把找到的資料影印保存，但是比較好的辦法是看過之後做些筆記。最好的辦法是在第一次看到時就記錄下來，而不要在需要的時候，再去做第二次，甚至於第三次的查考。因為一次又一次地去查考同樣的資料，是非常辛苦而且令人厭煩的工作。

在你研究工作的不同階段，不同的資料會有不同的重要性。在研究工作的初期，有關理論、設計以及與操作有關的資料最為重要。但是也不要忽略了同一篇文章裡的其他訊息。讀文章時最好能把整個文章從頭到尾讀過，因為你不知道什麼樣的資料、在什麼地方、有什麼樣的重要性。整篇讀過，就會對某些概念有一個印象，文獻讀得多了，就會自然而然地，在你的腦海裡形成你自己的理念。

常常，你或許會有這種經驗，就是當你找到許多與你的研究相關的文獻時，你或許會感覺到好像在茫茫的資料大海裡隨波漂浮而不知方向。這個時候你就需要依照一定的層次系統，整理、組織你的資料。最好是首先閱讀有關研究**主題想法**的文章，使你的想法能夠更為具體；其次，是閱讀有關**假說**與**理論**的文章，再其次則是閱讀有關**操作方法**，或**實驗設計**的文章等。

如果你能夠按照從**一般到特定**，或者**漏斗式**的順序去組織你的文獻，你可能很快就能進入狀況，去設計如何進行資料的蒐集。雖然你會先閱讀文獻再去設計如何蒐集資料，但是你卻不需要一定把文獻讀完，才開始**蒐集資料**的設計。從**一般**到**特定**的組織方法還有一項好處，也就是當你需要把研究工作，在

一定的時限裡完成的話，你可以減少很多限時完成的壓力。因為閱讀特定的文獻比較困難與費時，你如果能把費時較多的事情盡早完成，你就比較不會感受到時限的壓力。

把文獻回顧寫成一篇文章！

對一個剛開始做研究的人來說，最感困難的事，大概是不知道如何將所看過的文獻，依照你的研究主題分析、組織起來，而且用文字適當地，把你研究主題的中心思想表達出來。如果你能夠很用心地讀過跟你所要研究的問題有關的文獻，並且很有系統地把它們分析、組織起來，應該不會是太困難的事。我們建議以下幾個步驟，或許會對你有些幫助。

第一、先根據研究主題列出一個**大綱**（outlines）。大綱也並不需要把所有的細節都列出來。首先你要抓住你的**研究主題**，再把主題分成幾個層次，在每一個層次裡，適當地引用**文獻**穿插進去，幫助你把主題顯露出來，闡述清楚。打個比方說，這種寫法有如**織布**。你或許在紡織工廠、博物館，或是到一些原住民部落（如日月潭九族文化村，或中國大陸的**邊疆民族地區**）旅遊參觀時，一定會看到婦女表演編織她們各民族特有圖案彩巾的景象。一件彩巾，一定是由**經線**與**緯線**交叉穿梭編織而成的。**經線**就是你的研究主題，把主題固定在織布架上，然後引用他人相關的文獻與資料，就是各種顏色的**緯線**，在適當的位置左右來回穿梭進去，就能編織出一片色彩斑斕的彩巾。寫論文就有如編織彩巾，織好的**彩巾或布匹**的花樣，就能把論文的主題鮮明地表現出來。

第二、也就是上面所說的，將**緯線**在適當的地方穿插進去時，假使發現有些文獻找不到合適的地方插入，就有以下三種可能。

1. 你所擬的大綱可能並不恰當。
2. 你所找到的文獻，並不適用於此處，甚至於你應該更換你的主題。
3. 如果這些文獻並不適宜用在**文獻回顧**這一章裡，但是也可能引用於**問題陳述**或**分析**、**實證**等其他的章節裡，你不妨去試試。

　　第三、把所有你所找到的文獻依照你的大綱加以分析，找出它們彼此之間的關係及差異。如果有三篇以上的文獻都在說明同一件事，你就不需要對每一篇文獻都做說明。你只需要做一個綜合的說明，但是把三個參考資料的來源都列出來。更重要的是，千萬不要把**文獻回顧**寫成一系列的著作**摘要**或**簡介**，**文獻回顧**絕對不是**整理文獻**。例如：很多研究生把**文獻回顧**寫成以下的型態，這表示研究生不懂得**文獻回顧**的寫法。例如：

　　　　某甲發現了某學者對 X 事件的研究如何、如何；
　　　　某乙認為某學者對 Y 理論的意見如何、如何；
　　　　或是某丙發現了 Z 研究的概念又是如何、如何等。

這種寫法，除了介紹之外，完全看不出研究者的意見、心得或評論。

最不可取的寫法就是把所找到的文獻，用表列的方式加以呈現。例如：表 7-1 所示：

目表 7-1　表列式的文獻回顧

作者	文章名或書名	內容簡介	出版來源
甲	XXX	摘要簡介	期刊或書籍出版者
乙	YYY	摘要簡介	期刊或書籍出版者
丙	ZZZ	摘要簡介	期刊或書籍出版者

　　看你的論文或研究報告的人，並不需要知道這些資料的**摘要**內容。重要的是，讀者所希望知道的，是**這些文獻跟你的研究主題有什麼關係？有什麼意義？能否支持你的論述？你有沒有把相關的文獻融會在論文裡？**我們在這裡所要強調的是，**文獻回顧不是文獻整理**。上面表列的寫法只是**文獻整理**，或只是把文獻條列出來而已。在引用文獻時，你實在沒有必要做每一篇論文的簡介，你只需要抓出專家學者的幾篇文章中，你所需要的一、二句話，或一、二段文字穿插在你的文章裡，幫助你支持、強化你的**思想概念**就夠了。

　　當然，你也不可忽略其他持**不同看法**或**相反見解**的文獻。你也許會從不同的觀點中，發現你的偏見或別人的偏見。對這些見解互相衝突的文獻，你更要仔細地研讀，嘗試發現可能的、合理的詮釋。也就是說，**文獻回顧**不僅需要你

去**閱讀文獻**、**引用文獻**，而且需要你去**思考與評論**相關文獻的內容。如果能夠分辨文獻的理論與資料是否正確、合理，就能幫助你寫出適合你的研究主題的**文獻回顧**了。

第四、**文獻回顧**寫作的**流程**，最好能從跟你所研究的**問題**，略有關係的文獻開始，然後逐漸討論到關係愈來愈密切的文獻。最後引述關係最密切，最切中要點的文獻。這種寫法有如一個漏斗。在**漏斗**的上端，也就是文獻回顧開始的時候，先去說明幾個著名文獻論點，引出幾個可以奠定你的**理論模式**基礎的**變數**，例如：你論文的基本思想、概念的來源、代表人物、年代等。然後再縮小範圍，討論這些**變數**在你的研究中的重要性。這種寫法的作用，是在於分析組織你所回顧的文獻，使它們很合邏輯地引導讀者進入你所設想的**理論**、**假說**，以及**模式建構**的情境（scenario）裡。假使你研究的問題具有一個以上的面向，你便要很合理地演繹出一個以上，**嘗試性的**、可以被驗證的**理論**或**假說**。

第五、在**文獻回顧**的最後，你應該寫一個簡短的**結語**，來告訴讀者你的文獻回顧的意義與應用。結語所著重的，是要把你的**邏輯思考**過程呈現出來，並且說明你建立論文的**假說**、**理論**、**模式**，以及如何**設計**研究工作的基礎，直到如何達到你的**假說驗證與結論**。

討論了以上這些**文獻回顧**寫作的方法，也許還不能讓你完全暸解**文獻回顧**的寫法。因此，我們在下面引用一篇文章作為例子，供你參考。

文獻回顧的寫法舉例

假使你所要寫的是關於：**城鄉區域永續發展的規劃管理**方面的問題。寫文獻回顧的比較適當的寫法，應該是從**城鄉區域永續發展規劃管理**的基本思想、理念開始。依序說明**城鄉區域永續發展規劃管理**的實踐，並且舉出**實際的案例**加以佐證。其次，再借題發揮，討論你將要如何根據這些文獻論述的**思想、理念**，奠定你論文的理論基礎。

● 首先從基本概念開始

文章是先從重要學者及思想家，有關**城鄉區域永續發展規劃管理**的基本概念開始。接著把實際操作的案例穿插進去，以強化文章的主題。

在討論到城鄉永續發展規劃的基本理念時，許多成熟的基本概念都來自於歐洲（Beatly, 2000）。這些基本概念與保護自然環境、保育自然資源，以及使人有更適宜居住的社區等目的不謀而合。這些相融而且目標一致的概念，形成了現代各種社會運動，諸如：**新都市主義**（New Urbanism）、**區域主義**（Regionalism）、**宜居的社區**、**健康的社區**、**環境保護／復育**、**能源效率**、**棕地再開發**（brownfield redevelopment）、城市**智慧成長**（smart growth）與**綠建築**（green buildings）等不一而足。

新都市主義大會（Congress of New Urbanism, CNU）把環境與**有效能源**（efficient energy）的設計原則融合在一起，在美國西部各州發展。**美學**（aesthetic）與社區導向的原則，則在美國東部各州發展。而一些新發展出來的**區域性措施**（regional approaches），則用來控制都市的蔓延，社區的再生、棕地的再開發，以及**都市成長邊界**（urban growth boundary）的管制，形成**智慧成長管理**（smart growth management）的概念與主張。新都市主義的願景，是希望形成以行人徒步，與大眾運輸系統為導向的社區。這種社區是提倡有效能源使用與改善空氣品質，以及增進公共衛生、健康人士所共同希望的。

永續、宜居、與城市**智慧成長**的土地使用與開發，開始於認識到自然所給予人類的開發機會與限制因素。環境敏感的土地，是那些在開發時容易發生災害的地區。例如：洪水平原、不穩定的邊坡、容易被侵蝕的土壤。具有資源價值的土地，例如：主要農地、地下水補注地區，以及具有美學或生態價值的土地，例如：溼地、野生動植物的棲息地等。

最成功的土地開發方式，是把自然環境和社區文化因素，考慮在內的開發方式。這些因素包括：保育自然資源與景觀土地、水資源、水岸與地下水、農地、休閒土地與開放空間，以及保護生態敏感土地、溼地、自然與文化遺產等。有效率地使用土地，包括：緊湊的開發、節用原物料與能源、混合使用、行人、自行車與捷運友善的交通系統等，以及增進社區的文化特質，包括：保護歷史文化遺產、適合各種所得居民的住宅等。

● 接著引述重要學者及思想家的理念

依照自然系統設計土地開發的概念，大約已經醞釀了一個多世紀。在十九世紀中葉到末葉，景觀建築之父歐姆斯（Frederick Law Olmsted）開拓了廣大的設計視野。他的開發計畫從加州的 Yosemite 國家公園、紐約的中央公園、芝加哥附近的自足式社區 Riverside，以及波士頓附近以自然集水區系統為基礎的 Fens and the Riverway 公園計畫等。他影響了 1888 年克里夫蘭（H. W. S. Cleveland），在明尼蘇達州雙子城附近多湖地區的分散式公園系統。

在十九世紀末，霍華德（Ebenezer Howard）推廣了英國的田園市（Garden City）概念。田園市概念是一種新市鎮的開發型態，它注重綠林道與開放空間，特別是在中心城市的周邊地區。它有自己的工業而周邊為農地所環繞。派瑞（Clarence Perry）以實用性為主，開創了以鄰里街坊（neighborhood），作為一個有機體單位的設計概念。他提倡人車分道的概念，他以主要運輸道路分隔當地的（local）街道與人行道。這些概念顯示在 1920 年代紐澤西州斯坦因（Clarence Stein's）與萊特（Henry Wright）規劃的雷特朋（Redburn）新市鎮裡。這個設計案開創了囊底路（cul-de-sac）式的設計，而且使起居室面向後院，而人行道可以通到公園空間。

在 1920 年代，馬凱（Benton MacKaye）是首先認識到小汽車與公路對都市型態，產生影響的人之一。早期沿著公路的帶狀開發，已經使他意識到會形成只見公路，不見市鎮（Townless Highway）。所以，他的選擇是希望把市鎮設計成看不見公路的市鎮（Highwayless Town）。看不見公路的市鎮可以使市鎮遠離公路，而且使主要的交通走廊，不致於在商業與開發地區打結。

在二十世紀中葉，一群新產生的設計師與科學家，主張土地的開發應該與周邊的自然系統互相協調。李奧波（Aldo Leopold）在他所著的《沙地郡曆誌》（*Sand County Almanac,* 1949）中，提出了土地理論的概念，認為土地本身與它所隱含的內在價值，應該是土地如何使用的基礎。此書雖然並沒有特別強調社區或土地開發的設計，但是這本書的思想，卻對其後的設計者有巨大的影響。

所謂土地倫理依照李奧波的說法：「人必須認清自己的角色只是自然界的一分子，而非征服者，因此他必須尊重自然界的其他分子。我們不能僅從經濟

的角度來看土地，將之視爲財產而不盡義務。」美國學者**艾思沃斯**（Graham Ashworth）在他 1981 年發表的《**建立土地新倫理**》（*Toward a New Land Us Ethic*）中除了強調**土地倫理**的概念之外，更從**土地倫理**的概念，引申出城鄉環境規劃的幾項原則：

1. 使鄉村眞正是鄉村，人們卻有都市的生活水準；
2. 保留空地以建設新社區，使市民都能享有適當的生活品質；且能以租稅的方式使利益與損失得以均平；
3. 供給市民清潔衛生的飲水、食物與空氣；
4. 擁有使大多數市民稱便的交通系統，以往來於居住、工作、學校與遊憩設施之間；
5. 控制城市的成長，使不逾越一定的界線，保持理想的人口密度，維持社會秩序與分際，不致影響生活與健康；
6. 讓城市在我們選擇的理想地區，以理性的方式成長；
7. 決定合理的住宅、工作與遊憩設施設置的區位；
8. 對建築物的形式、色彩有所選擇，以使都市景觀賞心悅目；
9. 對自然、文化遺產加以保護，免除因求取成長而遭毀棄的命運；
10. 保存我們值得保存的東西，而且有權對任何不當的改變加以否決。

到了 1960 年代，景觀規劃大師**馬哈**（Ian McHarg）倡導開發設計要與土地自然條件、自然景觀協調的概念。他受到**李奧波**的**土地倫理**思想影響，他的名著《**道法自然**》（*Design with Nature*, 1969，有中譯本）對其後的環境設計與規劃，產生重要而深遠的影響。他主張在設計之前，要對環境條件做完整的調查。他在明尼蘇達州**雙子城**（Twin Cities）區域所做的調查，成爲日後**區域計畫**、區域公園系統開發的基礎，也就是建立自然環境是否適於人類活動行爲的基礎。**馬哈的環境資料疊圖法**，也成爲日後**地理資訊系統**（GIS）中，土地適宜性分析方法的基礎。

● 再引述實際操作的案例

在 1972 年，一位名叫**柯貝特**（Michael Corbett）的年輕建築師，開始推

行一種他本人與他的妻子**茱迪**（Judy Corbett），以及幾位朋友研發了好幾年的**合作社區**（cooperative community）開發觀念。**柯貝特**與他朋友的觀念，深深地受到霍華德與馬哈在**雷斯頓**（Reston，維吉尼亞州）、**哥倫比亞**（Columbia，馬里蘭州）、**伍德蘭**（Wood Lands，德克薩斯州）等地方**新市鎮**開發案的影響，再加上對環境保護運動，與對能源短缺問題的關心。當時**柯貝特**把他與朋友們所設計的社區稱之為「**完美的社區設計**」與「**人與自然融合的設計**」。此一設計是一個在加州**大衛市**（Davis）占地 70 英畝的社區開發案，稱之為**鄉村之家**（Village Home），此一開發案成為之後，最為大家推崇的**永續社區**設計個案。**柯貝特**把他的設計概念與實例集結成書叫《**適居之地**》（*A Better Place to Live,* 1981）。他與妻子也把他 20 年來在**鄉村之家**設計的經驗，寫成一本書叫做《**設計永續社區：學學鄉村之家**》（*Designing Sustainable Communities: Learning From Village Homes,* Corbett and Corbett, 2000）。

此一將近 70 英畝的社區，包含 220 棟單一家庭住宅與 20 棟公寓，以及商業與社區公共建築物。另外有 25% 的開放空間，包括公共遊憩區、社區花園與葡萄園。此一設計圍繞著當地的集水區，車輛可以到達每一棟住宅，街道大約 20-24 呎寬。街道邊上有籬笆與灌木叢與住宅隔離，形成鄉村風貌。住宅背後面對公共開放空間，並且具有自行車道與步道，以及沿著溪流的小徑。所有的房屋都坐北朝南，面向陽光以利用太陽能取暖與空調。**柯貝特**利用太陽能的設計並不會增加多少的投資，因為可以省下暖爐與冷氣機的成本。**鄉村之家**的經驗，促使**大衛市**修改它的建築規則。而且**大衛市**的建築規則後來成為加州建築規則的基礎，至今還仍然是全美國最為先進的**節能建築規則**。根據研究，**鄉村之家**與**大衛市**的其他有建築管制的里鄰比較，顯示**鄉村之家**的居民開車少用 36% 的能源，節省用電 47% 以及 36% 的天然氣。最初**鄉村之家**的住宅售價與**大衛市**的其他住宅相同，但是到了 1990 年中期，就增值了 11% 的樓地板面積的價格（CESD, 2002; Corbett and Corbett, 2000）。**柯貝特**的**鄉村之家**設計概念，與其他類似的開發案包括以下各項特質：

1. 有效率地使用能源與利用自然氣溫取暖與空調。
2. 透過自然集水區管理水資源與水岸棲息地。
3. 農業生產足供地方居民消費。
4. 使對消費者的服務、工作、遊憩、教育與文化設施都在步行距離之內，以

減少對小汽車的依賴。

5. 使開發案遠離街道，而面向人行步道與開放空間以減少人車衝突。

6. 社區可以滿足人口的就業機會，包括中小企業與大型企業化活動。

7. 提供中低收入人口的職業訓練。

8. 使居民都有能力購屋，使他們成為社區的一員。

9. 提供實質與社會環境，去滿足居民的基本需要，如安全、對社區的認同感等。[1]

看了以上所舉的例子，或許能給你一些寫**文獻回顧**的示範與啟發。第一、你能看得出來這篇文章的**主題**，也就是上面所說**織布的經線**，是什麼嗎？而左右穿梭在**經線**之間，使主題的特性更為突顯，更能有助於闡明你的研究主旨，也就是上面所說**織布的緯線**，又是什麼嗎？如果你能體會到經由它們之間的交織關係，如何編織成一塊色彩斑斕的彩巾，你也許就能體會到如何寫一篇好的**文獻回顧**了。

第二、從上面的例子，你應該看得出來這篇文章是從主題的**歷史源頭**開始，再敘述它的發展演變，並且輔以著名學者的著作與思想，以及實例加以佐證，以強化其理論的真實性與可靠性。

第三、上文中所引述的文獻，一定都是在其領域中具有崇高學術地位，或者他們的學說在其領域中的理論，都為後世學者所接受與推崇，並且對學術界的思想發展有一定影響的學者的一家之言。目前在臺灣的學位論文，特別是碩士學位論文，大部分的學生都懼於外文文獻，於是互相抄襲，錯誤百出。最糟糕的是把學長、學姊未必成熟的研究結果，當作大師的著作引述下來。甚至於，因為前人翻譯或引述的錯誤，而一路錯下去了。

接下來，就是要看你如何發揮，把你所回顧的文獻，融入你的論文，成為你論文的理論基礎了。

1　John Randolph, *Environmental Land Use Planning and Management,* Second Edition, Island Press, 2012, pp. 569-570.

好的文獻回顧與不好的文獻回顧舉例

以下再引述一篇不好的文獻回顧，與一篇好的文獻回顧供讀者參考。

不好的文獻回顧

性騷擾會帶來很多不好的後果。Adams, Kottke 與 Padgitt（1983）的研究發現，有些女學生說，她們避免選讀某一位教授的課，或是與他一起工作，是因為怕遭受性騷擾。他們也發現男生與女生的反應並不一樣。他們的調查包括 1,000 位男女研究生與大學部的學生。Benson 與 Thomson 發表在 *Social Problem*（1982）的研究，列舉出性騷擾所造成的許多問題。在他們的名著 *The Lecherous Professor* 裡，Dziech 與 Weiner（1990）列出了一長串受害者所遭遇的困難。

研究者的研究方法各有不同。Hunter 與 McClelland（1991）的研究是針對一間小型文學院大學生。他們的樣本為 300 位學生，並且給他們看各種性騷擾的照片，記錄他們的反應。Jaschik 與 Fretz（1991）請助教放映一部典型性騷擾的錄影帶，給中部或東部某大學的 90 位女學生看，然後詢問她們的看法。在樣本中，有 98% 的學生都認為那是性騷擾。Weber-Burdin 與 Rossi（1982）重複了一項以前做過的研究，不過樣本是 Massachusetts 大學的學生，他們用 40 個假設性的狀況詢問 59 位學生。Reilley, Carpenter, Dull 與 Bartlett（1982）研究了加州大學 Santa Barbara 校區的 250 位女生與 150 位男生，另外還包括 52 位教師。兩組樣本都答覆了一個問卷，並且附帶照片顯示性騷擾的狀況。Popovich 等人（1986）製作了一個包括九項尺度的性騷擾量表。他們研究了一所中型大學的 209 位大學部學生，把他們分為 15-25 組。他們發現學生的意見並不一致，而且感到困惑。

● 好的文獻回顧

性騷擾的受害者遭受一系列的不良後果。有的情緒低落而且失掉自信，躲避社交活動，改變生涯規劃目標，並且患憂鬱症（Adams, Kottke, and Padgitt, 1983; Benson and Thomson, 1982; Dziech and Weiner, 1990）。例如：Adams, Kottke 與 Padgitt（1983）注意到 13% 的女生表示她們之所以避免選讀某一位教授的課或與他一起工作，是因為怕遭受性騷擾。

研究校園裡的性騷擾問題，有許多種方法。除了調查研究之外，許多研究用照片或顯示假想的情境做實驗（Hunter and McClelland, 1991; Jaschik and Fretz, 1991; Popovich et al., 1987; Reilley, Carpenter, Dull, and Bartlett, 1982; Rossi and Anderson, 1982; Valentine-French and Radtke, 1989; Weber-Burdin and Rossi, 1982）。受害者的口頭反應與狀況因素的顯示，會影響觀察者判斷是否為性騷擾。不正當的行為是否被認定為性騷擾，則是比較難以判斷的。例如：Jaschik 和 Fretz（1991）發現，只有 3% 的女生看過助教放映的典型性騷擾錄影帶後，認為那是性騷擾。她們稱之為「男性至上者」、「粗魯的」、「不專業的」、或「貶低身分的」。當問到那是否為性騷擾時，98% 的受訪者都同意。Roscoe 等人（1987）認為判斷十分困難。[2]

在你讀完以上**好的文獻回顧**與**不好的文獻回顧**之後，你能說得出來**好的文獻回顧**，好在哪裡？**不好的文獻回顧**，不好在哪裡嗎？

寫一篇好的**文獻回顧**，就是寫作一篇好的文章。因為限於篇幅，我們不能再舉更多的寫作範例。不過**文獻回顧**的寫作正是考驗你寫作功力的地方。寫作的工夫是要一遍、再一遍地，繼續不斷的寫，不斷的改；再不斷的寫，不斷的改；慢慢磨練出來的。

再一次叮嚀你！千萬不要學前面所舉一般條列式的、表列式的，整理文獻式的寫法。

2　W. Lawrence Neuman, *Social Research Methods: Qualitative and Quantitative Approaches,* Allyn and Bacon, 1997, p. 103.

Chapter 8

假說！？為什麼要有假說？

　　在我教授研究方法的幾十年中，就我所看到的，無論碩士或博士研究生的學位論文，很少有**假說**（hypothesis）的。每年上課講到**假說**這一章時，我都要求學生到圖書館去，隨意抽取二十幾本無論哪幾個大學、哪幾個學系的碩士、博士論文，看看有幾篇是有**假說**的。抽樣的結果發現，在二十幾本論文中只有四、五篇有假說而已。顯然研究生不懂得什麼是假說，更不懂為什麼論文裡要有**假說**？因此，我們就要問：什麼是**假說**？論文為什麼要有**假說**？我們希望在這一章的討論裡，能夠讓研究生瞭解，**假說**是什麼？論文為什麼要有**假說**？接著，在下一章，當我們討論統計與假說的檢定時，就有所依據了。試想，沒有**假說**，哪會有**假說**的檢定呢？

假說與科學方法

　　英國生物學家**赫胥黎**（T. H. Huxley, 1825-1895）說：「那些拒絕超越現實的人，可能連現實也達不到……。在科學發展的歷史中，幾乎每一次大躍進，都是由於『**預期會發生什麼**』所造成的，也就是開始知道**假說**的使用。**假說**是研究工作，預期到最後階段，要被檢定證實的結果。但是在開始的時

候，它的基礎卻很薄弱。」[1] 因為在研究工作開始的時候，**假說**還是在推測的階段，還沒有被檢定證實。也可以說，**假說就是有待驗證的理論或結果**。

英國博物學家**達爾文**（Charles Darwin, 1809-1882）說：「如果要使所有的觀察都有點用處的話，這些觀察一定是要站在**贊成**某一觀點，或者是**反對**某一觀點的立場上的。」[2] 換言之，**假說**是**贊成**某一觀點，或者是**反對**某一觀點的**命題**。大多數研究生的論文，一般都沒有設定**假說**，也可能是因為研究生不懂得什麼是**假說**？**假說**為什麼那麼重要？或者不知道如何寫**假說**。其實**假說就是你的論文所預期或希望得到的結果**；換句話說，就是一旦你建立了你論文的**假說**，你就應該會知道論文的**結論**將會是什麼了。也就是**赫胥黎**所說的：「**預期會發生什麼**。」因此，**假說**是引導研究工作達到最後結果的**定海神針**。如此說來，**假說**在論文裡的重要性，自然是非常明顯而且重要的。

為了驗證你論文裡的**理論**或**結論**是否能夠成立，你會在假想的方式下建立一項**假說**。**假說**就是**預測**在什麼特定的情況下，會發生什麼事情的**推測性命題**。通常**假說**的型態會是：「**假使如何……就會如何……** 」；也就是「**預期將會發生什麼**」。例如：在一個大氣壓之下，如果把水的溫度降低到攝氏零度，就會結冰。因為這種**因果關係**是根據無數次的實驗與經驗建立的理論。如果水並沒有隨著溫度的降低而結冰，則**理論**本身便值得懷疑了。其實說穿了，可以說**假說就是尚未被驗證，或預期將會被證實的理論**。在英文裡 **hypothesis** 與 **theory** 根本就是同義字。

也正因為如此，我們便需要一種方法，能夠讓我們發現，並且建立最可能驗證成真的**命題**。而這個**命題**便是**假說**，也就是可能成真的研究結果。在尋求**命題**可能成真的推理過程中，推理的程序當然是要合乎**邏輯**的。**邏輯**可以幫助我們明顯而正確地建立我們的**命題**。也就是說，當我們面對如何建立**假說**，或者在幾個可能替選的**假說**（hypothesis）中，選擇最有可能成立的**假說**時，**邏輯**就能幫助我們尋找出最有可能的**假說**。而當我們從幾個可能的**假說**，與觀察的實際狀況做比較時，去蕪存菁之後，便可以發現，哪幾個**假說**是可以被排除的，哪幾個**假說**，又是最有可能由觀察的事實驗證的，經過驗證之後，假說就

1　Cohen and Nagel, p. 197.
2　Cohen and Nagel, p. 197.

成爲你論文的結果了。[3]

　　理論是抽象的，**假說**是比較清楚而特定的。但是**假說**也有某種程度上的抽象性，所以必須把**假說**改變成**可操作性的命題**。也就是比較具體而可以進行驗證的陳述或說明，才能加以驗證。假使**假說**所引導解決問題的方向，無法**演繹**下去的話，科學方法的研究工作就根本是不可能的。因爲：

1. **假說**所提出的研究主題，是根據過去累積的知識與經驗。**假說**的設定沒有一定的規律可循；因爲發現有意義而且可以研究的問題，並不是墨守成規的。

2. 在研究工作的每一個階段都需要**假說**。千萬不要忽略，過去研究所驗證的**原則**（principles）或**定律**（laws），都可以作爲**假說**，應用在目前尚未被確定的研究工作上。任何科學的**一般法則**，也都可以拿來作爲**假說**，去引導研究工作的進行。

3. **假說**也可以被看作是任何事實與事實之間關係的**提議**。從這個觀點看，**假說**應該以肯定的型態與語句陳述出來。

4. 就一項研究而言，它可以有無數的**假說**，它是想像力的函數。因此，研究生必須知道如何從其中選擇適用的**假說**，而且要從不同的理論加以選擇，最重要的是要運用正式的**邏輯**推理。因此，**假說**也必須禁得起**邏輯**的檢驗。

5. **假說**的演繹與推理並不是科學方法的唯一工作。因爲**假說**可能是多數的，因此研究工作必須決定，哪一個**假說**是最可能解釋或解決問題的**假說**，而且它也最能與事實吻合。

6. 沒有任何**假說**的命題是絕對眞實的。所有關於事實的研究都有機率性的推理成分。這種探索就是在尋找最可信的證據，而且藉此更進一步去尋找更多的證據，以增加或減少理論的可信度。[4]

　　除非我們能夠提出對所遇到的困難，做嘗試性的合理解釋或解決方法，我們便無法開始我們的研究工作。這種嘗試性的解釋來自於所要研究課題的

3　Cohen and Nagel, pp. 191-196.
4　Cohen and Nagel, pp. 292-293.

本身，以及我們在過去學習中所累積的知識。當我們把它們塑造成命題的形式時，它們便被稱之為假說。例如：水是由兩個氫原子（H_2）與一個氧原子（O）結合生成的。**假說**的功能就是在於引導我們，去尋求事實的秩序與真相。在**假說**裡所塑造的嘗試性解釋或解決方法，也有可能最後真的成為解決問題的方法；但是也有可能得不到我們所尋求的結果。不過，無論如何，這種尋求答案的過程，便是研究工作的方法或步驟。不論結果為正為負，總是使知識往前邁進了一步。

假說的形成是如何開始的？

當希臘歷史學家**赫爾竇塔斯**（Herodotus）旅行到埃及時，**尼羅河（the Nile）** 的氾濫引起了他的注意。尼羅河每年氾濫的時候，它所淹沒的地區不止是尼羅河三角洲一帶，而且也淹沒了**利比亞**（Libya）與**阿拉伯**（Arabia），甚至達到兩岸步行兩天的旅程那麼遠。**赫爾竇塔斯**亟欲知道的是：為什麼**尼羅河**的水位每年到**夏至**就會升高，並且延續一百天左右。一百天之後水位便開始下降，河面開始縮小，經過整個冬天直到第二年的夏至到來，又再度上升。**赫爾竇塔斯**無法從居民口中得到任何令人滿意的解釋。

有些希臘人要顯示他們的聰明，對這種現象提出了幾種說法。其中一種解釋是說，有一種在地中海夏季的**西北季風**（Etesian winds）阻擋河水流入地中海。但是他們也注意到，當季節風不吹的時候，河水依然照慣例上漲氾濫。再者，與尼羅河流向相同的其他河流並沒有氾濫的現象。

第二種解釋不甚科學，甚至有些不可思議；它是說尼羅河的水是從海洋流進來的，而海水又遍及整個地球。

第三種解釋似乎有點道理，但是離真相更遠。這種說法是說尼羅河河水氾濫是由於上游積雪融化所致。但是尼羅河發源於**利比亞**（中非洲），經過**伊西歐比亞**（Ethiopia）進入埃及。很顯然地，怎麼會有積雪融化，從熱帶流向較涼爽的國度？而且那一帶又很少降雨，不要說降雪了。所以這種說法是完全不可能的，因此，**赫爾竇塔斯**提出了他自己的解釋。

　　因此，如果我們希望找出一件事情的事實真相，最好的辦法便是去「**研究事情的事實**」或者「**讓事實自己說話**」。尼羅河氾濫的現象，對一般人來說只是一個每年都發生的普通的自然事件，跟其他事件沒有任何關係，一般人也不會去注意。但是對**林爾賣塔斯**來說，尼羅河的氾濫不但不是一個孤立的事件，而且是一個值得探討、研究的**問題**（problem）；要解決它，必須要找出與尼羅河定期氾濫有關係的其他事件或因素，也就是造成尼羅河定期氾濫的原因。

　　你能從別人不注意的日常生活事情中，或者大家都認爲是理所當然，稀鬆平常的事情中發現你所感到興趣或困惑，而希望經由研究而解決的問題嗎？我們不是在第一章，就強調過，科學的研究開始於好奇心與懷疑嗎？

　　依照上面的說法，研究就是要去發現問題所呈現，令人困惑不解的事情到底是如何產生的？因爲除非我們在理論上，或實際經驗上遭遇什麼困難或疑問，我們也不可能開始研究的工作。困難或問題會引導我們去尋找事情發生的原因，我們或許會先推測有幾個可能的原因，然後依循這些可能的原因加以研究，所遭遇的困難或問題才能被除去或者獲得解決。

　　就上面的例子而言，除非我們能首先認識到尼羅河的氾濫，是一個有待解答的問題（question），並且根據學習的知識和經驗，以推測的方式假定幾個可能的原因，循線研究，我們就不可能發現**尼羅河**氾濫的原因。尋求問題的解決，便是研究工作的目的與功能。**林爾賣塔斯**所要發現的問題就是尼羅河氾濫，與其他事件之間有什麼樣的關係。所以科學研究，一定開始於某種**疑問或困難**，然後著手去尋找看起來可能與它有關係，或者毫無關係的事件之間的秩序與關係。

假說是如何建立的？

　　希臘人注意到尼羅河氾濫的狀況，並且提出解釋。是因爲他們知道，其他河流的狀況都與風向、雨雪及蒸發有關，而做類似的猜測。但是尼羅河的行爲，卻與其他河流不同。**林爾賣塔斯**注意到尼羅河河水氾濫所涵蓋的距離與地區，河水氾濫開始與達到高峰的時間，以及河水水面並沒有風吹。這些尼羅河的特殊現象，使**林爾賣塔斯**感到困惑。他注意到這些現象，是因爲基本上，

他對河流行爲的理論非常熟悉。因爲他對這些理論的熟悉，所以他會注意到風向、降雪或蒸發等情形與尼羅河的氾濫之間是否有關係。你會對你有興趣研究的問題，以你的專業知識爲基礎，並且對它們的行爲與變化做仔細的觀察嗎？

除非我們能夠對產生的問題或困難，提出建議性的解釋，我們便沒有辦法開始任何的研究工作。這種當我們根據過去的知識與經驗，對解決問題或困難所提出的嘗試性的解釋或解決方案，形成一項**命題**時，就稱之爲**假說**（hypothesis）。因此，**假說**即能引導我們做研究工作的方向。**假說**可能是解釋或解決問題的答案，也可能不是解釋或解決問題的答案，這就要在**假說檢定**、**驗證**之後才能知道了。

有關尼羅河定期氾濫的現象，**赫爾竇塔斯**爲了尋找答案，檢驗了以上三個**假說**（他自己的除外）。最後他拒絕了另外三個**假說**，而沒有**拒絕**他自己的**假說**。但是很不幸的，所有四個**假說**的答案都不正確。然而他在**拒絕**與**不拒絕假說**的求證過程，所遵循的步驟，仍然是留給後世**研究方法**的典型模式。

假使我們從**讓事實說話**的觀點來看，就會產生以下的問題：事實有哪些？而我們要研究的問題又是什麼？除了我們觀察到的事實之外，是否還有無窮無盡的事實？假使沒有可能的**假說**讓我們選擇的話，我們便會像漂流在無邊無際的海上，研究便沒有方向了。在引導一項研究的時候，如果要選擇有意義的**事實**，而捨棄那些沒有意義的**事實**，假說是絕對必要的。如果以尼羅河的定期氾濫來說，**赫爾竇塔斯**不可能檢驗每一件事實與河水氾濫的關係。例如：河水氾濫是否與每天有多少人祈禱？或者每年夏至之後，是否有較多的遊客或降雪等問題？只要從常識或過去的知識背景上來判斷，都會知道那些都是沒有意義的事情，也跟尼羅河河水的氾濫扯不上關係。

現在讓我們再次檢視**赫爾竇塔斯**以**演繹法**，對尼羅河氾濫現象所做的推論。解釋尼羅河的氾濫行爲，其實是要找出造成它氾濫的一**般法則**（general rule），也就是有什麼規律性的事件或因素，會造成尼羅河這麼有規律性的氾濫；也就是說，要驗證上面所說的幾項因素，何者爲眞？

赫爾竇塔斯拒絕了第一個假說或理論，他是這樣說的：

假使尼羅河水位上升是夏季西北季風造成的，尼羅河河水從夏

至開始上升 100 天，則西北季風也應該從夏至開始颳 100 天。

但是**赫爾寶塔斯**的觀察發現，事實並非如此，因為當夏季西北季風不吹的時候，尼羅河的水照樣上升，所以這種事實顯然不能解釋我們的**假說**。所以他的結論是，西北季風並不完全是造成尼羅河河水氾濫的原因。

赫爾寶塔斯更進一步，以其他事證指出，西北季風造成尼羅河氾濫的邏輯結果，也與事實不符。他的論證如下：

假使西北季風造成河水的氾濫，其他河流也應該像尼羅河一樣的氾濫。但是他觀察到的事實是，其他河流並未氾濫。所以尼羅河的氾濫並不是西北季風所造成的。也證明西北季風造成尼羅河氾濫的**假說（理論）**是無法成立的。

赫爾寶塔斯也以同樣的推論模式拒絕了第三項**假說**。他說：假使非洲中部（Central Africa）有週期性的降雪，則尼羅河也會週期性的氾濫。但是，他並沒有去觀察非洲中部是否降雪，而是根據眾所皆知的事實，非洲中部處於熱帶，根本不會降雪。因為他拒絕了中非洲會下雪的事實，當然他也順理成章，很邏輯地**拒絕**了融雪造成尼羅河氾濫的可能性。

我們可以再舉一個物理學上的例子：

義大利物理學家、天文學家、哲學家**伽利略**（Galileo, 1564-1642）研究自由落體，是現代物理學中影響最為深遠的理論之一。他的理論認為，如果我們**忽略空氣的阻力**，物體從高處落下的速度與其重量無關。其墜落的速度會隨著落地的距離而增加。但是，不知道速度、墜落的距離和落下所需要的時間之間的關係。也就是說：

所有的物體在**完全真空的狀態**之下，從同一高點以同樣的加速度自由落下，它們會以同樣的速度落下到同一層面；而與物體的重量無關。

我們知道，物體落下會有加速度，但是我們並不知道速度、落下的距離與落下所需要的時間之間的關係。那麼什麼是物體落下的**一般法則**呢？

　　伽利略考慮到兩項**假設**。第一個**假設**認為自由落體速度的增加與所經過的空間成正比。但是**伽利略**認為（我們現在知道是錯誤的）這種**假設**的結果，是物體與它所通過的路程是同時瞬間發生的。他相信那是不可能的，所以他拒絕了速度增加的**法則（律）**。

　　伽利略其次考慮到他的第二個**假設**，認為自由落體在某一個時段速度的改變，與時段的長短成正比。這個**假設**可以用現代的公式表示：$v = at$，其中 v 代表速度，a 代表一秒間的速度，而 t 則代表自由落體落下的秒數。這個假設也可以表示說：自由落體的加速度（定義為每單位時間內速度的改變）是一個常數。

　　但是，我們無法直接驗證加速度為常數的**假設**。於是**伽利略**不得不從排除（deducing）其他結果的方式，來檢驗有關加速度的**假設**。因為這些假設在此之前並不為真。例如：他從 $v = at$ 的**假設**開始排除，此一命題為：自由落體落下所通過的距離與它們落下所經過的時間的平方成正比。**伽利略**只好先從**加速度**這個假設演繹出其他的結果，再從這些結果，才可以直接證實前面的假設。依照同樣的方法，**伽利略**從加速度假設演繹出其他的命題，而且準確地實證它們。他從**比薩斜塔**的實驗，解答了不少他的疑問。但是解答了這些疑問，又引出了更多的疑問。假使自由落體與重量無關，那又與什麼有關係呢？**伽利略**碰到這些問題，他將繼續思考研究下去，找出有關係的因素。若是你呢？你會想到什麼與你研究的問題有關係的因素？又會有怎樣的**假設**？

　　他由實驗可以證明，一個自由落體，落下二秒所經過的距離為落下一秒所經過的距離的 4 倍；自由落體落下三秒所經過的距離，為落下一秒所經過的距離的 9 倍。因此，可以證明自由落體落下的**加速度**為一常數。

　　以上這幾種結果，都是應用**演繹法**推論出來的。所以我們可以看到**演繹法**推論，在科學研究方法中的重要性。如果再多看幾個例子，讀者便可以肯定，用**演繹法**檢驗**假設**是如何不可或缺的了。

　　要確定一個假設是否中肯，或是否有意義是沒有規則可循的。不過基本上，如果研究生對某個領域的知識有限，甚至毫無所悉，便不大可能判斷什麼**假設**是中肯的，什麼**假設**是毫無意義的。因此，我們可以認識到，對一個研究生來說，**假設**是他過去知識與經驗的函數。所以，一個研究生如果對某一個領

域並不具備所需要的背景知識，最好不要在這個領域裡找問題寫論文。

從上面的例子可以看出，**假說（hypothesis）是有關於兩個或兩個以上變數之間關係的推測式陳述（conjectural statement）**。所謂**推測式陳述**是說，**變數與變數**之間的關係尚未被證實。而研究工作，就是希望在研究完成時，把這種關係驗證出來。**假說**通常都是以**肯定的宣示性，或命題式語句**來陳述變數與變數之間的關係。

一個好的**假說**，也有兩個標準。第一、**假說**是有關**變數與變數**之間關係的命題；第二、**假說**所陳述的關係應該是可以被驗證的。這兩個標準的含意是說，**假說**中所陳述的兩個或兩個以上**變數**之間的關係，是可以被**量度**的，而且也說明**變數**之間的關係是如何關聯的，否則便不成其爲**假說**了。例如：我們在現代經濟學裡說：在**其他狀況不變的情形下**（*other things being equal* 或是拉丁文 *ceteris paribus*），或**完全競爭的市場裡**，財貨的價格提高，會使對財貨的需求減少，而供給增加。在上述的**假說**裡，**變數**之一是價格，另一個**變數**則是需求量或供給量。這兩個變數都是可以被量度的，因此，可以看到它們的關係是可以被驗證的。也可以說，價格與供需之間的關係是**函數關係**。再例如：我們在第二章裡所舉的例子，兩個氫原子與一個氧原子結合會生成水，也是一樣的。

假說要有假說的前提

在上面的例子裡，除了財貨的價格與供給或需求兩個變數之外，還有一個前提條件，就是：**在其他狀況不變的情況之下，或在完全競爭的市場中**，或者在第二個例子中，**忽略空氣的阻力，或是在完全真空的狀態之下**，都是**假說的前提**（presuppositions）。既然說**在其他狀況不變的情況之下**；或者**忽略空氣的阻力**，都是假說的前提，顯然它們是引來假說，或建立假說的先決條件。每一項研究工作都會包含一個或一個以上的假說，而每一項假說都需要假說的前提，作爲建立假說的基礎來支持它。

假說的前提是一個**事實、真相、自明之理**或**原理原則**。但是它們卻與假說本身迴然不同。假說的前提與假說之間的關係是說，假說前提所陳述的事件的

發生，必然會很合邏輯地，帶出一項假說或理論。從反方向來思考，一項假說的存在要靠假說前提的成立與否來決定。假說的前提成立，假說就成立；假說的前提不成立，假說便無法成立。

假說前提的陳述在語氣上，必須顯示出它對**假說**支持的力道。所有的**假說前提**加上資料分析的結果，將會決定**假說**的可信度。以下所舉的例子或許可以幫助我們瞭解**假說前提**與假說之間的關係。

在前面，我們曾經提到經濟學上的例子：

> **在其他狀況不變的情況下，或者在完全競爭的市場裡**，財貨的價格上升會使需求減少，供給增加；而財貨價格的下跌則會使需求增加，供給減少。或者反過來講，需求增加會使財貨的價格升高，供給增加則會使財貨的價格下跌。

在這個例子中，無論是價格的變動，影響財貨的供需，或者是財貨的供需，影響價格。它們成立的前提都是要在**其他狀況不變的情況之下**，或是在**完全競爭的市場裡**。**其他狀況不變的情況**或在**完全競爭的市場裡**，便是假說的前提。沒有這個假說的前提，則財貨的需求與供給和價格的高低，或是價格的高低影響對財貨的供需的**假說**便都無法成立了。因為**完全競爭的市場**在現實世界裡是不存在的，而且**其他狀況**是隨時都在變的。

在「**其他狀況不變的情況下**」或「在**完全競爭的市場裡**」的**假說前提**之中，其實又包含了三個隱含的**假說前提**，它們是：

1. 市場裡有眾多的小型企業，每一個企業的產出只占市場總產出的一小部分。換言之，每一個企業產出的變動都不會對市場產生任何影響。
2. 市場裡的企業都生產同質的產品，所以消費者對產品的購買行為也沒有差異。
3. 企業與消費者可以自由進出市場、資源與產品都可以完全流通，他們都是價格的接受者。換言之，價格是由市場的整體供給與需求所決定的，任何企業無法自行定價。

第二個例子的**假說前提**可以說也有三個：

1. 質量不影響**加速度**，也不影響自由落體的瞬間速度。（這是伽利略研究的結果）
2. 加速度完全受地心引力的影響，而地心引力對任何物體的引力都是一樣的。
3. 自由落體的加速度要看下落的媒介，而媒介是完全的**眞空**。在完全**眞空**的狀態下，所有物體下落的加速度都是一樣的。

從以上的例子，我們即可以看出，如果一個**假說**沒有**假說前提**去支持它，它便無所依據，也無法使人接受這個**假說**。這種情形會使人覺得從事研究工作的人，只是在一個模糊不清，用普通方法報告一些他所發現的事件而已。一個有經驗的研究生，應該是一個具有分析能力的人，他應該會說出他之所以建立某些**假說**的理由或基礎。當一個研究生用心去以**邏輯的程序**思考、分析他所研究的問題時，他便不難發現他的**假說前提**了。

更實際一點說，社會科學要比自然或物理科學，難以建立**假說的前提**，因爲社會科學不像物理科學那麼容易在被控制的環境中做研究。不過，假使在你擬定論文的寫作計畫時做過大量深入的思考，而且在研究工作進行時不斷反覆的思考與閱讀，建立**假說的前提**應該不是一件太困難的事。

假說前提的來源

假說前提的來源幾乎是無窮無盡、無所不在的。**凱普蘭**（Abraham Kaplan）認爲：「它們可以來自其他的科學，來自每天日常的知識，來自引起研究的動機、衝突與挫折，來自習慣與傳統，來自任何可能的任何地方。」[5] 你也可以創造你自己的**命題**（proposition）來作爲**假說前提**，它們的來源包括：(1) 別人的研究結果或理論；(2) 你自己目前或很久以前的資料；(3) 甚至於你

---

[5] Abraham Kaplan, *The Conduct of Inquiry: Methodology for Behavioral Sciences*, Chandler Publishing Co ., 1964, p. 87.

自己偶然或不經意的觀察發現。其實**假說前提**的來源是什麼，並不那麼重要，重要的是它們是不是合乎你研究的需要。它們如何與其他的**假說前提**相契合，而且最重要的問題是它們能不能做你的**研究假說**的基礎。

當你開始進行你的研究工作時，你必須認定並且整理一些**概念**與**命題**，在研究工作進行中，通常**命題**（我們相信的概念）常在研究工作的初期，一個一個地被首先認定出來。這些**命題**在這個時候還不能算是**假說前提**，而是要等到一個**假說**形成時，有些命題才變成**假說前提**。**假說**會一直被稱為**假說**，直到當所有的**命題**都支持一個**假說**時，它們就會被稱之為**假說前提**。然而，一個**假說**後來會成為另一個假說的**假說前提**，不過它本身仍然是前一個問題的**假說**。這一點在第五章，討論研究工作的邏輯程序時已經做過說明了。

問題與假說的重要性

問題與**假說**在研究工作中的重要性，最少有三個理由可以說明這一點：

第一，**假說可以說是彰顯理論的工具**。**假說**是從已經存在的**理論**與其他的**假說**推導而來的。例如：我們要驗證對某種財貨的需求與價格的關係，價格提高會使需求減少，是從經濟學的供需理論來的。

第二，**假說必須是可以被驗證的**，驗證的結果可能支持**假說**，也可能不支持**假說**。如果支持**假說**，這個假說就成為新的理論。獨立的事件是不能被驗證的，只有變數之間的**關係**才能被驗證。因為假說是有關**關係**的命題，所以它能被驗證。這也是**假說**被用於科學研究的主要原因。

第三，**假說是增進知識的有力工具**，因為它可以使人跳脫自我。**假說檢定**的結果，無論是正面的或者是負面的，都會使知識向前邁進一步，與其個人的**價值觀**與意見無關。這一點非常重要，我們幾乎可以大膽的說，**沒有假說就沒有完整的科學**。也就是我們在前面引述英國生物學家**林胥黎**所說的：「那些拒絕超越現實的人，可能連現實也達不到……。在科學發展的歷史中，幾乎每一次大躍進，都是由於『**預期會發生什麼**』所造成的。」**預期會發生什麼**，就是假說。

　　跟**假說**同樣重要的，則是引出**假說**的**問題**是什麼，研究都是從探究**問題**開始的。也就是說，你必須先知道你想研究的**問題**是什麼。接著便去思考，如果針對問題研究下去，可能的結果會是什麼？預期的結果便是**假說**了。因此，我們可以說，**問題與假說**在研究工作上，都有非常重要的價值。第一，它們會引導研究工作，**假說**裡陳述的**關係**，會告訴做研究的人，朝什麼方向、去做什麼。第二，因爲**問題**與**假說**是在陳述兩個或兩個以上變數之間的**關係**，所以它們能使作研究的人，推論出**問題**與**假說**所隱含的變數之間的**關係**是否能被驗證。所以研究生寫論文時，在討論了**問題分析與陳述**之後，就應該感覺到**假說**是什麼，怎麼把它寫出來了。

　　問題與**假說**之間存在著連帶的關係。問題是無法被驗證的，只有**假說**是可以被驗證的。因此，我們必須把研究問題的預期結果變成**假說**的形式，否則它是不能被驗證的。因爲一個**問題**是詢問的形式，而詢問的句子是無法被驗證的。例如：我們詢問：「在其他狀況不變的條件之下，小汽車的價格提高是否會減少人們對它的需求？」這是一個問句，問句中的**是**與**否**，是往兩個相反的方向變動的，你不可能在同一個時間裡，驗證兩個方向完全相反的命題，所以它是無法被驗證的，除非我們把它變成**一個單方向的直述句**：「在其他狀況不變的情況之下，小汽車的價格升高，人們對它的需求便會減少。」正如**達爾文**所說：「如果要使所有的觀察都有點用處的話，這些觀察一定是要站在**贊成**某一觀點，或者是**反對**某一觀點的立場上的。」

　　問題與**假說**能夠推進科學知識，因爲它可以幫助研究者證實或推翻**理論**。一個**理論**，不論是被證實或是被推翻，都會使知識推進一步。主要的關鍵在於：**假說的目的是用來引導研究工作的。沒有假說，研究工作便不知道往哪一個方向進行，也就無所謂證實或推翻一個理論了。**

　　有的人認爲研究工作不外乎是先蒐集資料，然後從資料中尋找結果。關於探尋問題與蒐集資料，孰先孰後的問題往往也會使做研究的人感覺困惑。其實研究工作是一個**循環不斷的過程**，我們探尋問題當然不是憑空想，而是根據我們過去所受的教育，所接受、吸收的知識以及現實客觀環境中，所呈現的現象與資料。從這個角度看，或許可以說問題是從資料中發現的。然而，一旦問題確定了之後，爲了解決問題，勢必要去蒐集更進一步的**證據與資料**來做實證的工作。而在這新一輪的研究工作中，自然是要根據**問題**與**假說**去蒐集資料的，

孰先孰後是要看情形而定的。

　　為了更清楚地說明**問題**與**假說**的性質，以下幾點應該特別注意。**第一、**科學的問題與道德或倫理的問題不同。如果我們說子女應該孝順父母，或父母應該愛護子女，便不是一個**假說**。因為**應該**與**不應該**是一個**價值判斷**的問題，不是科學所能回答的。價值判斷的問題，無法驗證，所以也不是科學問題。辨別一個問題是不是**價值判斷**的問題也很簡單。**價值判斷**的問題，多半會有諸如：**應該、必須、比較好**等類似的字眼，因為這些字眼都是依個人的偏好或文化背景來做判斷時使用的。更重要的是，這些字眼所涵蓋的意義，是無法**量度的**（measurable），所以科學研究是不做**價值判斷**的。

　　第二，一般僅具有模糊概念或者不具體、不明確的陳述，也不能算作**假說**。例如：「核心課程使課程內容更豐富」；「教育是人生成功的墊腳石」；「近年來經濟的進步與成長，使人民的生活非常富裕」；「臺灣地狹人稠以致於寸土寸金」等。這些都是不確定、不具體的一些一般性概念。也是一般碩士、博士論文中，研究生常用的陳述方式，常犯的毛病，最好避免！

問題與假說的廣泛性與特定性

　　做研究的人或研究生最常碰到的困難，就是困惑於問題與假說的**廣泛性**（generality）與**特定性**（specificity）。假使問題過於廣泛，便可能模糊不清，抓不到主題而無法驗證，而這種問題也就沒有科學價值了。例如我們說：「**填鴨式的教學會阻滯學生的想像力與創意。**」這個假說是無法被驗證的，因為**填鴨式的教學**、**想像力**與**創意**等名詞都是抽象的，都沒有可以操作的定義，以及可以適當量度與驗證的實質客體。

　　另外一個極端則是過分的**特定**，當學生開始寫報告或論文時，常常聽到的勸告，都是要把問題縮小到能夠掌握的大小。事實的確如此，**小題大作**非常重要，但是很不幸地，如果有的時候把問題裁減得幾乎無法存在，也不恰當。在一般的情形下，問題愈特定就愈清楚，也愈容易被驗證，但是過分的縮小也會傷到它存在的價值。因此，如何把問題與**假說**定義得恰到好處是非常重要的。要做到這種地步，一方面要靠經驗，另一方面則要多去鑽研與學習。

行為科學研究的多元性

在前面的討論中，我們一直強調問題與假說的形成最少要有兩個變數或變項。在這裡，我們也必須說明，那並不是行為科學研究的固定型態。事實上，行為科學的研究正趨向於**多元性**或**多變性**。例如：我們說假使 A，則 B；而更恰當的說法可能是：假使 A_1、A_2、A_3……A_k，則 B；或者是：在 R、S 與 T 的條件之下，假使 A，則 B。例如：當我們陳述價格與需求量的關係時，不能說財貨的價格升高，需求就減少，或價格降低需求就增加；而應該說：**在完全競爭的市場條件下**，財貨的價格上升需求量會減少，或價格降低則需求量會增加。所以**多變量分析**（multivariate analysis）也就是研究生所必備的研究工具。

假說與假設有什麼不同？

在談到**假說**時，一般研究生所最感困惑的問題就是分不清什麼是**假說**（hypothesis）？什麼是**假設**（assumption）？因此，有必要加以說明。

假設是在進行研究工作推理時**假定**存在的狀況或條件。**假設**可能是與事實完全不符的，在實際世界裡也不真實的；但是為了推理或說明一項理論的便利，我們假定這些條件是存在的。例如：在經濟學的分析中，我們常**假定**市場是**完全競爭**的，或者是**其他條件是不變**的。但是事實上，在實際世界裡**完全競爭**的市場是不存在的，其他條件也是隨時都在變化的。也可以說**假設**就是**假說的前提**，兩者並不相同。

在進行研究工作時，我們往往會定出一個**操作性的假說**（working hypothesis）。**有用的假說**可以幫助我們組織與指引我們的研究工作。有用的假說不是猜謎，或是猜測其解答可能是什麼。**它是一個想法**，這個想法雖然不一定會達到研究的結果，但是至少它會指引我們，下一步應該採取什麼步驟，以及指引我們一條正確的研究途徑。

當我們要驗證一個**假說**的時候，往往要假定某些條件是已經具備的。其

實，正如上面所說，**假設**就是**假說的前提**。在這種意義之下，我們通常所謂的**模式**（models）所包含的，大多數都是**假設**。當我們的研究工作進行到某一個階段時，對於問題的解決途徑就會浮現。接著，我們就要去**檢定假說**（test hypothesis）是否為真。這時，我們所臆測的結果就很有可能是事情的真相，然後我們就可以去檢討我們的研究步驟，使我們更容易去斷定我們的推理是否正確。用我們的日常用語來說，一個檢定出來為真的**假說**，通常都稱之為某種事情或現象的**理論**。正如**理論**一樣，**假說**一詞可以做多方面的使用。它可以用作**有用的假說**（working hypothesis）、**假設**（assumption），或者一項**臆測**（supposition）等。當檢定出來的**假說**成真時，它就呈現出一個特定的，具有一般性或普遍性（universal）的理論、或是法則（律）（law）。在這個時候，研究工作就大功告成了。

什麼樣的研究不需要假說？

做研究的碩士、博士研究生，往往不瞭解**假說**的重要，以致於在論文中多半沒有**假說**。也有的人認為在論文裡不需要**假說**。的確，某些型態的研究是不需要**假說**的，因為這些類**問題**（problem）的研究不是論文，也是**不需要驗證的**。例如：一項**經濟狀況的調查**；在選舉時，對某候選人**偏好的調查**；或者是對某種產品**偏好的調查**等，都屬於此類。還有，例如：蒐集資料來建立**資料庫**（data banks）也不需要有**假說**。因為不需要，有時甚至不可能，從這些資料裡尋找、解釋、與驗證可能產生的結果。又例如：氣象局長期地記錄氣象資料，也許會用來預測或解釋氣候的變化，但是其主要的目的並不是為了**驗證**氣候會如何變化，也無法驗證（所以常常氣象報告不準，而為人所詬病）。同樣的，政府經濟機關會定期做**景氣指標調查**，但是，卻不是為了**驗證**經濟理論。[6] 又例如：對某些設施或服務**滿意度的調查**等，也不需要假說，因為那只是**調查報告**而**不是論文**。**調查報告**與論文的區別，其價值是不可同日而語的，也正是因為有沒有假說，以及假說的驗證的緣故。

總而言之，凡是描述事件產生的現象，而且在概念上不是以形成研究及

---

6 R. Keith Van Wagenen, *Writing a Thesis: Substance and Style*, Printice Hall, 1991, p. 53.

驗證結果的事情，都是不需要**假說**的。因此，一個研究生在寫論文的時候，只要考慮你所要研究的課題是**需要驗證的**，或者只是**描述性的技術性報告**，就可以斷定是否需要**假說**了。**假說**是要將被驗證的理論或研究的結論表達出來。研究生如果能寫得出**假說**，就表示他已經大致知道論文的**結論**了。**假說**一經被驗證，**結論**就得到了。

 結語

　　研究生寫研究論文時，在明確知道研究的目的，是為了驗證什麼問題之後，就要據此建立**假說**。**假說就是有待驗證的理論，也是預期的研究結果**。我們可以說，**假說**是人類發明用來增進知識的最有力的工具。當人們觀察到一個現象時，他便會猜測（當然是理性的猜測）或其所以會發生的原因。從他的背景知識，可能推想出好幾個答案；有的可能對，有的可能不對。但是，從事科學研究的人便會有系統地懷疑，從這些懷疑中推測出最有可能的解釋，然後對此解釋做實際的驗證。他所做的解釋或推測，就是**假說**。**假說**一旦被驗證為真，就成為理論。假使這些解釋或推測無法形成有系統，而且可以被驗證的**假說**，它們也就無法被拿來做科學的研究了。

1.　**假說**也是一項預測的結果。例如：假使我們說 X 的發生，也會使 Y 發生；也就是說 Y 是從 X 的變化預測得到的。如果驗證的結果顯示，X 的發生的確會使 Y 發生，有如 Y 是 X 的函數：$y = f(x)$。此時，這一**假說**便得到了驗證。這樣得到的結果，當然要比只靠推測要強而有力得多了。

2.　即使**假說**得不到證實，起碼我們知道推測是不對的。整體而言，知識仍然往前推進了一步。所以，在做研究工作時，負面的發現跟正面的發現是同等重要的，因為它能顯示出下一步該怎麼進行這個研究工作。但是做研究的人如果不使用**假說**，他就無法辨別什麼是正面的結果，什麼又是負面的結果。因為我們在前面說過，假說是單一方向的命題（非肯定即否定）。

　　據說，在愛迪生發明電燈泡時，他做了 99 次（也有人說是 999 次）的實驗都失敗了。當他做第 100 次實驗，發明了電燈泡時，朋友笑他浪費了 99 次

實驗的精神、時間與金錢。但是愛迪生卻說，起碼我知道那 99 種方法是做不出電燈泡的。失敗不會讓我們得到所要的結果，但是卻能給我們經驗，再去嘗試別的方法。

這個故事告訴我們，科學的研究是不涉及**價值判斷**（value judgment）的。也就是說，沒有什麼研究是**好的**，也沒有什麼研究是**不好的**；沒有什麼研究結果是**對的**，也沒有什麼研究結果是**錯的**。研究生論文驗證的結果是正面的，你就接受正面的結果；如果是負面的，你就接受負面的結果。就像愛迪生發明電燈泡的研究精神一樣，不論成功或失敗，都是必須接受的結果，也都能使知識向前邁進一步。

Chapter **9**

統計與假說的檢定

統計的功能

在第八章裡，我們討論了**假說**在論文中的重要性和必要性。但是，因為**假說**必須經過檢定，才能證實成為理論，或不能成為理論，研究的結果才能被肯定。所以，我們在本章中，就要討論如何做**假說的檢定**。做**假說的檢定**，需要用**統計方法**。所以我們在這一章所要討論的，就是如何用統計方法做**假說的檢定**。

統計方法是做任何研究工作，都必須具備的工具。但是統計方法的內容與範圍非常廣泛，並不是本書的篇幅所能涵蓋。所以，本書所要討論的統計方法，只限於在研究工作中，做**假說檢定**所需要的基本**推論統計**方法與其應用。其他統計學的理論與技術，需要做研究工作的人，從統計學的專書或課程中學習，以充實使用它做研究工作的能力。坊間有相當多討論**研究方法**的書籍，內容大半都在講**統計學**，讓人誤以為**統計學**就是**研究方法**，或研究方法就是**統計學**。說得更直白一點，統計學只是研究方法中的工具與技術。

在第一章裡，我們討論過**不精確科學**。**不精確科學**就是在從事科學研究時，不論我們所做的描述或量度（measurement）多麼嚴謹，我們所能得到的結果，仍然只是近似值而已。所以，首先我們要認識到，**統計**是關於從**變數差異**（variation）中求取一致性的理論與方法。但是這裡所說的**變數差異**，並不是指實際的誤差，而是指關於誤差的抽象性，或**結構性差異**的理論。統計學的

理論，就是使用這種性質去發現差異，並且量度其大小，而且設法將此項差異納入研究工作的**量度**中。我們將在第十一章裡，討論**科學研究的定量**（quantitative）**與定性**（qualitative）問題時，將會再度討論量度的精確性，以及量度的誤差性。

統計的單一性

即使我們能使用某種量度方法，使量度的結果完全沒有誤差。但是，當我們重複此一**量度**時，幾乎可以確定的是，我們絕對不會得到與前面的量度完全一樣的結果。雖然我們在日常用語上，會說它們是**等同**的。但是在某種程度上，對不同的觀察者而言，在觀念上或實質上，仍然會產生不同的概念。為了要使觀察的結果有客觀性，我們必須使它們有某種程度的**交織主觀**的恆常性。或者我們可以說，統計方法是用來裁量某一類別的人，在觀察時，**從異中求同使差異極小化的工具**。在實際的操作上，可能有好幾個觀察者，分別對某一客體做他們各自的觀察與量度，而得到一系列的數值；或者是單一的觀察者連續做一系列的觀察，而得到一系列的結果。這些觀察值是會各自不同的，但是，我們卻希望在這些觀察值中，求得它們的單一性或一致性，或者至少能減少它們之間的差異。因此，我們也可以**把統計學的功能，看作是處理模糊性，以及在做決策時，消除人際之間歧見的藝術**。

在眾多的案例中，主題都存在著多樣性，觀察值的結果都只是**衍生性的**（derivative）。研究工作可能都是指向某一龐大的族群或狀況，在它們之中，有些分子或狀況非常相像，而可以歸類在某一分類之中，但是在各分類當中又彼此存在著差異。不論所能獲得的結論是什麼，它可能只適用於某一部分成員而非成員的全體。甚至，即使能得到所謂一致的結論，充其量也只是某種程度的近似值而已。所以在這個時候，我們又需要把這種多樣性簡化到某一種**單一性或一致性**：也就是使用某一種單一的描述，來彰顯具有雜異性類別的一致性特性。造成雜異性與分歧性的因素，可能有所用的量度方法，或是觀察者與被觀察者的差異。

例如：氣候的**變化**是隨時都不確定的，對於天氣變化的預測，需要大量不

同因素的資料。然而，雖然我們無法很準確地預測天氣的變化，但是如果我們比較大量的氣象資料，所謂**大數據**（big data）的應用，仍然能讓我們找出一些有用的關聯關係。因此，我們分析、比較與量度氣象資料所使用的方法非常重要。而我們評估、分析與量度這種群體現象（group phenomena）的方法便是**統計**。

統計的不確定性

　　假定我們希望描述或瞭解某一群體中的大部分案例，支持這些案例的證據絕對是不可能完整而無可爭議的，我們也不可能對這些證據，寄予合理的信賴。因為通常這些證據，只是從一部分的案例中所獲得的，而其他的案例必定會有某種程度的**不確定性**（uncertainty）。例如：當我們對某些事情的未來變化做預測時，即使在比較少數的情形中，資料都已窮盡，也仍然會有某些誤差存在而不容忽視。更糟糕的是可能有些證據支持我們的結論，而同時又有某些證據不支持我們的結論。在這個時候，我們必須對正反兩方面的證據都加以衡量。因此，在我們做實驗或調查的時候，一定要有**足夠的樣本**，甚至去做多次重複的實驗與調查。而且最好對沒有反應或回應的對象，做進一步的實驗與調查。我們可以說，統計的功能是處理多樣化資料的工具，並且由這些資料，來決定其所支持的結論以及支持的程度。

　　從這個觀點看，統計可以說，是我們在**不確定**的情形下，做決策時所使用的**推理**工具。實際上，我們可以說，任何的決策都是在資訊不完整，而且不確定的情況下做的。沒有任何研究工作的結果，會是百分之百確定的。我們總是會有更多的後續發現與資料可以加上去，使決策更合理化。

　　關於**不確定性**（uncertainty），至少有兩種**不確定性**需要加以區別。一種是**風險**（risk），風險是當我們瞭解一個規律的運作，但是其中卻包含了一些隨機發生的因素，會影響它的結果時，我們就面對著**不確定性**。另一種**不確定性**，我們稱之為**統計上的無知**（statistical ignorance）。也就是我們並不確知有什麼規律在運作，使這種**不確定性**產生。我們對狀況的**無知**，倒也不一定是全面的；但是其**無知**的狀況，如果達到某種程度，便足以使我們無法確定結果

將會如何，其概率究竟又有多大。

在**管理學**上，我們認為，如果一個決策者所獲得的某些資訊是可靠的，但是並不完整，他便是處在一種**風險**狀況中。在**風險**狀況中，每一種結果出現的相對概率是可以知道的，但是準確的結果是無法知道的。例如：假使天氣預測說今天有 40% 的概率會下雨，決定帶不帶傘出門的決定便存在著**風險**。我們可以用表 9-1 的資料來加以說明：

■表 9-1　帶不帶傘出門的風險

替選方案	天氣	
	不下雨	下雨
帶傘	無雨，但不方便	不被淋溼
不帶傘	不被淋溼	被淋溼

上面表 9-1 裡的資訊，雖然無法讓我們預知準確的決策結果。但是對於某些事情而言，歷史的資料與過去的經驗，仍然可以幫助我們做某種判斷。

更嚴謹一點說，**風險**並不像我們想像的那麼確定。我們絕對不可能知道**風險**的概率有多大，如果能知道，就不是**風險**了。我們所能做的只是估計**風險**的概率而已，而這種估計又往往存在著**誤差**。然而無論如何，特別是在行為科學的研究上，即使碰到具有確定性的**風險**，我們也往往會不經意地造成統計上的**無知**。**無知**的造成往往是因為我們在做進一步研究之前，就認為我們已經對某些事情有正確的認知了。也就是在認清研究的條件為何之前，就假定這些條件已經存在了，直到我們要為錯誤付出代價時，才發現我們的謬誤。

統計的品質與價值

在過去的 100 年間，統計學理論有著長足的進步。大家也認識到**因果律**（causal laws）只不過是統計關係的簡化而已。我們在前面也討論過，任何事情的發生必定有其原因，才產生其對應的結果。而科學知識的功能，就是在於它能使我們理解**因果律**。不論我們對**科學法則**（scientific laws）的看法如何，

如果要使一種知識完整地呈現，它必定會包含統計的**命題**，而且它所傳達的訊息也與其他**命題**有所不同。

統計本身並不是知識。通常，跟其他各種**數學**（mathematics）一樣，它本身只是一個轉換資料的工具。當資料以統計的型態出現時，他們仍然是資料；它們也不可能就此產生科學的結論。其要點是統計結果的形成與資料的轉換，能使我們摘取資料所包含的訊息，以致於使我們可以推導出資料所蘊涵的**假說**（hypothesis）。科學資訊的基本資料來自於觀察。觀察所得的資料透過我們在最適當的環境中所做的實驗與適當的量度，才能產生最佳的結果。統計的**功能**是在於幫助我們規劃如何取得資訊，如何整理分析這些資訊，並且進一步應用在解決我們所要研究的**問題**（problem）上。實際上，我們可以說**統計**程序與實驗設計是研究工作一體的兩面。而此一整體則包含著由實驗所得到的知識，而實驗的整個程序又必須合乎所有邏輯的要求。但是從**研究方法**的角度看，**統計**則是實際驗證假說的輔助工具。

概率與歸納

● 概率理論

各種統計方法操作的基礎乃是**概率理論**（theory of probability）。所謂**概率**，我們在這裡把它定義做：「我們所希望選中的事件，在全體事件中的比例。」從歷史上看，最早也是最簡單的詮釋概率理論的是**先驗理論**（*a priori theory*）。狹義的說，也是應用數學的**概率理論**。**概率理論**的應用乃是直接應用在各種分類的全體事件，而不是各類別中的個別事件。概率對某些狀況而言，其關係是相對的。

通常，當狀況改變時，**概率**也會不同。例如：當我們在一副牌中抽到某張牌的**概率**，顯然要看抽取到的牌是否仍然放回去，以及這一副牌是否洗得澈底等因素而定。大體而言，一項概率是指某一全體之中所選取的樣本的比例。它最簡單的應用是在博弈遊戲上，骰子、牌、輪盤等都是賭博的工具。使用這

些工具賭博的輸贏，是可以計算得出來的。不過，最關鍵的問題，是所有的選項被選取的**概率**應該是一樣的，否則便要賦予某些選項以不同的權重。通常我們所遵守的規則，即是所謂的**無差別原則**（principle of indifference）。也就是說，除非我們知道所觀察的對象有差別，否則我們都認為它們是沒有差別的。例如：骰子的重量、稜角；輪盤的大小、轉動的速度，以及紙牌的厚度、光滑度等，都被假設為沒有差異的。

然而，不知道差別的存在，與知道沒有差別存在，完全是不同的兩碼事。特別是在行為科學中，我們假定人類的行為，有如賭局的機運是相當危險的。行為科學家必須時時提醒自己，他所面對的是一群行為都不確定的人、事、物。

晚近，對於**概率理論**，有一種與傳統完全不同的看法出現，特別是與人類行為，和從事理性選擇與決策的問題時。這是一種主觀的看法，也可以說，是一種**個人**（personal）或**心理的概率**（psychological probabilities）。在這個時候，概率是用來量度個人對某些事情的信念，信念不是**確定性的**（certainty），而是**確信性**（certitude）的，它是基於理性的相信。當一個人需要在他碰到的某種特殊狀況下做決策時，他所面對的第一件事是產生的**價值**（value）；第二件事，是要考慮此一決策或選擇，所可能產生的各種結果的**概率**。大致來說，此一**概率**代表一個人，對某一件事的可能發生，或不發生下賭注的決定。此一**概率**出現的結果，完全決定於個人的判斷。不同意這種理論的看法，多半基於它的主觀性而非其他特殊的觀點。**概率理論**已經廣泛地應用在許多決策的個案上。

第二種有關**概率**的理論，是**頻率或次數理論**（frequency theories）。這種理論的建立，是依照某種次序形成的順序，或出現的**頻率**上的，通常是與時間有關的。在排列的順序的某一點，可以觀察到某一希望選取的個案的比例，也就是它們出現的相對頻率。當此一順序無限延伸時，其概率就是此一頻率的極限。這種概率的計算非常簡單而直接，無論在什麼情況下，只要有統計的相對頻率，便可以應用。也不需要顧慮樣本的選取是否有同樣的機會，或者個人主觀的判斷。概率就是已經觀察到的**頻率或次數**。

第三種理論是反對頻率或**次數理論**的，它認為以觀察到的相對次數，無法看出**概率**。常常當我們希望應用**概率**在單一案例，而非一連串的案例時，**頻率**

或**次數理論**便力有未逮了。例如：當我們問：「在未來兩年內發生核子戰爭的**概率**爲何？」或者問：「這個病人在治療的過程中，試圖自殺的**概率**爲何？」等問題，便不能應用頻率或次數理論了。因爲我們並沒有一連串次數的核子戰爭案例可供觀察，實際上也是不可能的，或者我們可以說其**概率**爲零。至於病人企圖自殺的案例卻相當的多，不過把他們歸類爲那一類的病人，也是一個問題。釐清一項特例的標準並不容易，所以單一案例的選擇對**頻率**或**次數理論**而言，仍然是相當令人困擾的。

以上三種**概率理論**都有它們本身存在的困難，雖然這些困難不是不能克服的，但是也沒有任何一種理論是能一體適用的。不過用在它們個別適用的問題上，應該仍然是可行的。行爲科學家可以發現**數學的概率理論**，可以用在成長與發展的問題上；心理的概率理論可以用在選擇與決策問題上。當問題可以用適當的方法清楚地架構時，便可以用**先驗理論**；如果有足夠的統計資料時，則可以用頻率或**次數理論**。當個人的價值觀占重要地位時，或者在其他各種案例中，則可以應用**主觀理論**。

從方法論的角度看，概率理論能夠提供**歸納**的推理。科學研究所面對的問題，不是我們如何獲得知識，而是我們如何善用已經得到的知識，去學習更多我們還不知道的事情。在歸納推論的領域中，有四種重要的基本型態。它們是：**從母體推論到樣本、從樣本推論到母體、從一個樣本推論到另一個樣本，以及從一個樣本推論到外部的個體**。從樣本推論到母體被認爲是最基本的統計推論方法。**凱普蘭**（Abraham Kaplan）下了個結論說：「生活就是一連串無休無止的調整與適應，世界上沒有絕對的事情，也沒有絕對的知識或完美無缺的方法。」[1]

 **統計的描述**

很多統計操作都遵循著一些固定的型態。內容的說明也都依照一定的公

---

1   Abraham Kaplan, *The Conduct of Inquiry*: *Methodology of Behavioral Science*, Chandler Publishing Company, 1964, p. 234.

式計算出來。但是統計的研究功能，並沒有因為統計公式的應用而發揮出來。公式只是引導計算，但是卻不能決定如何計算的基本理念，以及能得到什麼樣的結果。這種沒有思想的公式，或者可以稱之為**食譜統計**（cookbook statistics）。讓一位廚師或家庭主婦，根據食譜做菜是不夠的，他（她）還必須考慮到營養、花費，以及美觀與其他價值。

每一種公式的應用都要看問題的性質、基本的假設條件，以及所建立的**假說**（hypothesis）與預期能得到的結果。當我們要用統計來處理一項問題時，必須先面對它所滋生出來的附屬問題。通常我們將之視為**結構性問題**（structuring problem）。例如：根據問題的性質，所需要建構的**模式**（model）。根據所建構的模式，才能選擇適用的統計方法，以及如何應用它來詮釋所得到的研究結果。對結構性問題的解答，必須知道各種替選答案的細目與特點、替選答案的分配型態、它們之間的依存關係、估計誤差的大小、誤差所可能造成的成本，以及對下一個研究步驟所可能帶來的影響等。統計的正確使用，要看我們對它的瞭解有多少，以及應用它所可能產生的結果又如何。不論如何，統計只是一項工具而已。

統計最簡單的應用就是把複雜的資料，簡化到易於掌握與操作的規模。我們所需要的，只是要用簡單的方法來描述整體的資料，以便於與其他資料做比較，並且發現它們彼此之間的型態與關係。用在這種目的上的統計，我們稱之為**描述性統計**（descriptive statistics）。我們先建立一個希望描述的**結構體**，然後應用適當的**量度方法**來估計此一結構體的特徵。每一種型態的量度都是一個**統計值**（statistic），所估計的特徵就是描述分配的**參數**（parameters）。無論所使用的統計值為何，都有它獨特的性質；這些性質可以影響對量度結果詮釋的恰當與否。許多應用統計的**誤差**，都是沒有充分考慮這些特性所造成的。在描述性統計中，還有一項誤差來自於忽略了**參數**的估計值，只能用於對整體資料的分配，而非組成整體的個別案例；而個別的案例與案例之間，又可能有相當描述上的差異。

使數據資料簡化的第一步工作，存在於資料的**分類**（classification）中。分類又要看研究的性質而定，通常，**次數分配表**（frequency tables）可以幫助我們對素材有些大致的瞭解。例如：在量度學童的身高時，我們並不需要知道每一個學童的身高；只要知道在每一個高度區間裡有幾個人就夠了。至於

高度區間如何決定，就要看研究的性質與需要了。分類之後，再對不同區間裡的次數分配做簡單的描述。描述的方法有兩種，一種是**平均值**（statistical average），也就是次數分配的集中值。第二種是**離散值**（dispersion）或**差異值**（deviation），**離散值**顯示某一數值離平均值的差距有多大。

集中趨勢

統計的目的，多數是用在量度**集中趨勢**（central tendency），也就是各種**平均值**（average）。最常見的**集中趨勢**就是**算術平均值**（arithmetic mean），通常簡稱為**平均值**（mean）。它是全部個體的值加總的和，再被個體的總數去除的結果。**平均值**的功能是在於縮小各數值之間的差距，因為任何數值與此一**算術平均值**的**差異值**（deviation）的平方和，應該比任何數值與其他數值之平方和為小；這種做法也就是在抵消正負數值之間的**差異**。**算術平均值**是一項非常好的**統計**（statistic）。

使用**平均值**的理由是因為：(1) 它可以用來代表一組數值的概要值；(2) 它可以用來做不同組數值的比較；(3) 它可以用來表現抽樣全體的特性。因此，它也具有以下的性質：

1. **平均值**的數值不會因為計算者的不同而有不同。
2. **平均值**是一組數值的函數，否則它無法代表全組數值的**次數分配**。
3. **平均值**是相當簡單的數學，它的演算很簡單。
4. **平均值**可以用來做代數的操作（algebraic manipulation）。例如：假使我們知道兩組數值的**平均值**，我們便能計算出兩組數值合計起來的**平均值**。
5. **平均值**應該相當穩定，假使我們從一組數值中抽取幾個樣本，不同樣本的**平均值**也會不同。我們常會希望**平均值**的差異盡可能的小。[2]

假使我們希望從樣本的屬性來預測母體的屬性，如果在抽樣的過程中沒

2　Morris R. Cohen and Ernest Nagel, *An Introduction to Logic and Scientific Method*, Routledge and Kegan Paul Ltd., 1934, pp. 303-304.

有系統性的誤差，則**算術平均值**應該是最可能的期望值。而且如果正負兩方面的誤差相等，則**算術平均值**便是最沒有誤差的值。一個純粹隨機變異的量，它在母體中的次數分配就是所謂的**常態分配**（normal distribution）。**算術平均值**的特點是：無論母體分配的特質如何，只要其變異不超出某一界線，一個沒有偏誤的樣本，大致上都會呈現常態分配。這是**概率理論**最為人所讚嘆，也是最有力而且最重要的結果之一。在使用**平均值**時，我們可以確信，在推論中**可能**（might）造成的誤差愈大，其造成誤差的可能性愈小。

但是要注意的是，無論**算術平均值**的代表性有多大，它所代表的只是**母體**的全體而已。它並不能顯示母體中個別成員的分配狀況。例如：當我們比較兩組人口的所得水平時，它們的平均所得水平可能並沒有顯著的差異。但是實際上，在某一組的人口中，可能有少數的百萬富翁及眾多的窮光蛋；而另一組人口中的每一個人的所得則可能非常接近。其他的例子如：兩個國家的人口密度非常近似，但是其中一個國家的人口分布可能十分平均；而另一個國家的人口，可能集中在某一個區域；而不適宜居住的地方，則會呈現地廣人稀的現象。

此外，其他的平均值也具有其他統計上的功能。例如：**幾何平均值**並不如算術平均值那麼重視極端值的重要性。假使一組數值為 2、8、32，其**幾何平均值**為 8，而**算術平均值**為 14。從這個例子，我們會想到，最大值與其中間值只差 4 倍。而以算術平均值來看，32 與 8 之間則相差 24。因此，我們可以看得出來，幾何平均值較適用於比較成**比例**的差別，而非**數值**的絕對值的差別。

調和平均數（harmonic mean）是用在平均變動率與其他比例上的。其他的平均數就不再需要贅述了。

而量度集中趨勢最有用的則是**眾數**（mode）。**眾數**是次數分配中出現次數最多的值。在多次的抽樣中它最穩定，而且比較不容易受極端值的影響。就服裝或鞋子的製造商而言，如果他們所生產的服裝或鞋子，要適合大多數人的尺寸，就需要**眾數**而不是平均數，其他產品也是一樣。一個政治人物所重視的，也應該是多數人民的意見，而不是平均的意見。

眾數與所選擇的**差距**（interval）有關，在次數分配中，可能有兩個以上

同數的分配。這種情形不常出現在民意調查中，這時便需要其他的量度方法了。

中數（median）的統計包含所有的數值，卻不太會被極端值所影響。**中數**顧名思義，就是在一系列依照大小排列的數值之間，位居中間位置的數值。例如：我們說某校教授薪資的**中數**，或某地區房價或地價的**中數**，都比平均數或眾數更能使人瞭解教授薪資或房價的概況。它所顯示的只是**序列**的關係，而並沒有任何**代數**上的性質；所以特別適用於**序列尺度**。

離散性

在統計學上，**離散性**（dispersion）會告訴我們數值的分配狀況。也就是說，**離散性**所顯示出來的是，某一數值離開其他數值或**集中趨勢**有多遠。最簡單的形式，就是取一個序列的數值在兩個極端值之間的分布。有的時候，數值是在兩個極端值之間均勻分布的；也有的時候，剛好極端值又是最重要的。例如：交通流量或通訊系統的負荷量在時間上的分配，可能集中在某個時段而造成塞車；而在另外的時段，則車流量稀少。這種次數分配將會影響道路的規劃。又例如：工程師可能會發現某一批電燈泡的品質，比另一批更參差不齊。

其實，量度**離散性**最常用的統計方法是**變異數分析**（analysis of variance）。變異值是個別數值與平均值分離的距離的平均值。它是個別值與平均值之間差異值平方的平均值。此一平均值使**變異**（variance）極小化。差異值的平方根通常稱之為次數分配的**標準差**（standard deviation）。此一統計方法比較不會受到抽樣波動起伏的影響，所以是量度**離散性**比較可靠的指標。

根據 *Chebyshev's Theorem* 或**經驗法則**，假使一組次數分配接近**常態分配**（normal distribution），其區間所涵蓋的有效**量度範圍**如下：

1. 平均值加減一個標準差（$\mu \pm \sigma$）會涵蓋大約 65% 的量度區間。
2. 平均值加減兩個標準差（$\mu \pm 2\sigma$）會涵蓋大約 95% 的量度區間。
3. 平均值加減三個標準差（$\mu \pm 3\sigma$）則會涵蓋大約 99.7% 的量度區間。

假說的檢定

所有使用歸納法的推論都是根據樣本的。當我們希望經由推論而得到一個一般法則的時候，或者根據過去的資料預測未來的時候，我們都無法觀察全部的**母體**，而只能觀察母體一部分的樣本。我們所量度的**量**（magnitudes），或賦予**價值**時，也都是根據所抽取的樣本。廣義的說，幾乎所有的**假說**（hypothesis）都是根據**樣本**，以**統計**為基礎所建立的。因此，統計就要肩負起從某一些資料所呈現的證據，來估計某一特定**假說**的權重。

抽樣計畫

在根據樣本做推論的時候，我們會碰到一個矛盾的狀況，我們可以稱之為**抽樣的困境**（paradox of sampling）。例如：在一方面，如果我們所抽取的**樣本**，不能充分地代表母體的話，此一樣本便毫無價值。在另一方面，如果我們想知道樣本對母體所具有的代表性，我們也一定要知道母體的性質。如果我們知道母體的性質，我們是否便根本不需要樣本了？要解決這種困境，我們所需要考慮的，並不是樣本的代表性，而是**如何選取樣本**才能避免這種困境，這也就是我們所要討論的**抽樣計畫**（sampling plan）。

抽樣計畫的主要目的，是要清楚地知道**樣本**是如何選取的，以及每一個**樣本**被選取的相對**機會**（chances）如何。要知道這些事情，我們必須先對母體有所瞭解，而且這種瞭解，也足以使我們能對樣本的次數分配，做合理的**假設**（assumptions），也就是要首先解決樣本的結構問題。例如：要決定樣本的大小，必須基於**交叉的推論**（cross inference），也就是要看如何從此一母體抽取一組合用的樣本。

舉例而言，如果一個化學家要建立某種物質的沸點，他只需要兩、三個決定的因素；但是，如果我們要建立人類對某項令人厭煩事物的忍耐限度，恐怕兩、三種人的標準也未必足夠。因為人與人之間的性格差異非常之大，而某種化學元素本身分子之間的差異卻非常之小。

不只在決定樣本大小的時候，要對母體的性質有所瞭解；也要對選擇樣本以及樣本資料的標準有所瞭解。在使用**平均值**的時候，我們不能只用觀察值的**粗平均值**，而是要做某種適當的調整或給予不同樣本某種**權重**。因為如果我們不能清楚地知道樣本是如何選取的，也就無法斷定樣本是否適用，更不可能知道如何整理與分析資料，以及如何用樣本來推論母體的性質了。

我們必須注意的是，在抽取樣本的時候，絕對不能抽取我們所希望選擇在某方面，有助於獲得我們所期望的研究結果的樣本。這種樣本即是會產生**偏誤**的樣本，也就是說，這樣抽樣，會使樣本的期望值與所研究的母體的真實**參數值**不一樣。例如：假使我們希望研究家庭大小的變化與血親的關係。我們可能從目前的母體中抽取一組合適的樣本，找出樣本中每一個人有多少血親，然後找出他的父母有多少血親。之後，再溯及於他的祖父母，甚至於更早的世代。但是我們可以看出，這種樣本會具有**偏誤**。因為以前的世代多有大家庭的型態，而家庭愈大，延續到我們所抽樣的當代時，就會有較多的後代子孫具有血緣關係。但是，在早期世代較少子嗣的家庭，就無法有血緣關係出現在我們的樣本裡了。

在抽樣的時候，我們不但要要求樣本沒有**偏誤**，也要要求樣本具有**穩定**性。當我們使用某一樣本時，我們需要知道，在同樣的抽樣計畫下，所抽取的另外一組樣本，與先前所抽取的樣本有同樣結果的可能性如何。例如：正如我們在前面所說過的，**很多研究生往往在他（她）們的研究過程中，對某一問題做問卷調查時，只抽取一組樣本，做一次調查。**然後，分析從這一組樣本所得到的資料得出結果，這種做法顯然是不夠的。樣本的**不穩定**，更可以從小樣本中看出來，因為樣本的大小，會使我們在重複抽樣的經驗中，發現兩組樣本之間會顯示出極大的差異。這種樣本不穩定所造成研究的失敗，在行為科學中，特別是個案研究、臨床觀察等情形中，尤其普遍。即使所選取的樣本沒有**偏誤**，它們也缺少足以代表母體，而產生一般性法則的可靠基礎。

假使樣本的抽取是**隨機的**，它應該是沒有**偏誤**的。但是對於怎樣才是**隨機的抽樣**的問題，卻沒有大家一致認同的見解。不過一般認為，一組隨機的序列，它的每一個樣本在統計上都應該是獨立的。而且，當對此一序列做有系統的分割或再分割時，其中每 n 個成員在它們最初的序列中，被選取的機會都是一樣的。**隨機**是抽樣計畫的基本條件。一個隨機的樣本是不會與任何其他樣

本一樣的。在實際操作上，我們會使用機械式的工具來形成這種**序列**，例如：擲銅板或骰子。假使我們用任何方法，使此一**序列**出現一連串我們所希望的樣本，那顯然就不是隨機的。其實，在我們進行抽樣時，有**隨機表**（random table）可以使用，我們不需要自己去設計某種抽樣的方法。

抽樣設計有多種的型態，我們可以按照研究的需要選擇適用的方法。我們可以用**隨機**的方法抽樣，也可以用**群落式**（clusters）的方法抽樣，或者用**分層式的**（stratified）方法抽樣。**群落式**抽樣，是把母體分割成較小的**群落**，再從其中抽樣。除此之外，還有很多其他的抽樣方法，例如：**或然率**（probability）抽樣，是把母體分割成小群落，再按照子群落占母體的百分比率來抽樣；**多層次**（multistage）抽樣，是計畫抽取**居間**（intermediate）的樣本，再從**居間樣本**中抽取所需要的樣本。不論在研究工作中採用哪一種抽樣方法，最重要的是使每一種抽樣設計，都要有它自己的標準與計算方式及穩定性。

在抽樣時，一般雖然強調抽樣的**隨機性**，但是我們也必須強調隨機選取的樣本不一定都是最好的。在某些領域，使用其他抽樣方法，可能更能給我們比較精確的資訊。這種實驗多是使用在母體並不存在的情況下。許多農業、生物、醫療、心理、教育與化學等領域的實驗，都是屬於這一類的。例如：要知道某種肥料或藥物在農業生產上的效力、某種教學方法是否有效、某種化學分析會產生什麼樣的結果等。在這些情況下，某些特殊的抽樣設計，可能比隨機抽樣更能取得合用的資料。

另外一種情形是，實際上母體為已知，我們希望經由調查（survey）來瞭解母體的性質。使用調查的抽樣設計，母體的分層可能獲得更為精確的資訊。所以分層抽樣（stratified sampling）方法，會比較廣泛地用在公眾意見與市場調查的研究工作上。抽樣設計沒有一個簡單而且一致的方法，而是要因問題的不同採用不同的設計，也要用不同的統計方法來加以處理。

● 統計與假說的檢定

在第八章裡，我們討論了**假說**在論文裡的重要性，但是**假說需要檢定與驗證才能成為理論**。在樣本的基礎上，我們可以建立一個**統計的假說**（statistical hypothesis），也就是有關觀察到的隨機樣本變數，出現**頻率**或**次數**的假設（assumptions）型態。**假說**可能是在**母體**或**參數**（parameter）中具有某種價值，或者它的價值落在某一**區間**（range）之中，或者是某些變數在統計上各自獨立，或者變數呈常態分配，或者**假說**有某些其他的特性，或者某些其他的統計**陳述或命題為真**等。這些**假說**如何建立，要看所訴求的**概率理論**的目的為何而定。

這樣看來，**統計的假說**並不是一項**命題**，而應該是建立**命題**或從一個**命題**，推論到另一個**命題**所遵循的步驟或程序。然而，重要的是對任何假說接受度的詮釋，要看觀察到的頻率或次數。在我們擲銅板的時候，如果銅板鑄造得很精確，便不會呈現偏誤的結果，但是它卻會影響對下一次擲幣的下注。在樣本有限的情形下，**假說**並不會伴隨著特殊的**次數分配**而出現，但是它卻會顯示具有特定次數的樣本。我們檢定一個母體的**統計假說**，所使用的只是從母體中所抽取的樣本。

但是以證據的強弱來決定**拒絕**或**不拒絕**假說，並不是完全依賴出現的次數或頻率本身。這就是所謂**證據的連鎖性**（concatenations of evidence）已被建立。也就是說一連串的**概率性推論**，應該比最弱的**環結**（link）來得強，有時甚至比最強的環結還要強。在達爾文（Charles Darwin）的《物種原始》（*Origin of Species*）的第一章裡，有一個很好的例子。因為它要比數學的**演繹法**更被**方法論**學者廣泛地引用。達爾文的**假說**認為在歐亞兩洲的岩鴿（rock pigeon）是所有**家鴿**的共同始祖，達爾文的推論如下：

> 觀察家養生物的遺傳變種，並與極相類似的物種做比較，就可以發現每一種家養物種的特徵，常常不像自然物種那麼均勻一致。家養生物常具有奇異的特性，就若干細微特點而言，各族類之間顯然有別。

> 我相信，研究家養生物的最佳方法，莫過於選擇一些特別族類而觀察之。因此，我就以**鴿子**為對象進行觀察。凡是能買到的，或以其他方法取得的鴿子，我都蒐集了；也從世界各地，收到許多贈送的剝製標本。此外，我也與幾位著名的養鴿專家交往，並且參加兩個倫敦養鴿協會的會員。**鴿類**性質歧異之大，實在令人驚奇。試將英國**傳信鴿**，和短面**翻飛鴿**做一比較，兩者的喙即大有區別，頭骨

的構造亦隨之變異。**傳信鴿**頭上的瘤狀皮膚異常發達，尤以雄鴿為甚。牠們的眼皮很長，外鼻孔極大，口部廣闊；後者之喙似雀，常密集成群在高處飛翔，頭向足跟彎曲而翻飛翔翔，**翻飛鴿**之名即由此而得。又如**巨鴿**，體型巨大，喙長而粗壯，足大，而且**巨鴿**的某一族群，頸部特長，並具長翼及長尾，惟亦有短尾者。**刺鴿**的外型和**傳信鴿**相近，惟喙短而闊，不如後者之長。**凸胸鴿**的身體、翼、足皆長、嗉囊異常發達，膨脹時可引人驚笑。**圓喙鴿**，喙短而呈圓錐形，胸部生有倒羽，列成一行，習慣將食道上部作持續性脹大。**鳳頭鴿**，頸背的羽毛向上倒豎，形成鳳冠，如依身體比例來看，翼羽和尾羽都很長。**扇尾鴿**的尾羽數目很多，約有 30-40 根，其他鴿子則以 12-14 根為常數，**扇尾鴿**的尾常常展開直豎，而和頭部相接。

鴿子的骨骼，顏面部各骨的發展，頗有差別；椎骨及肋骨，數目各不相同，其相對寬度和突起之有無，也各不一樣。翼羽和尾翎的數目、翼和尾以及腿和腳的相對長度，趾間膜的發達情形，都是常常出現變異的地方。又如羽毛的成長時間、卵的形狀和大小、飛翔的姿勢，以及鳴聲和性格等，亦大有區別。此外，某些雌鴿與雄鴿，也會有輕微程度的差異。

如果，將這些（至少20餘品種）鴿子，放在一位鳥類學家面前，告訴他這些都是野鳥，他很可能會分類為許多不同的種。而且我也相信，任何鳥類學家，並不會將英國**傳信鴿**、**短面翻飛鴿**放在同一個屬內；甚至在每一個品種中，亦可能定出幾個能確實遺傳的**亞品種**（甚或稱之為種）來。

鴿類的型態雖然大不相同，但是我仍確信他們都是一種野生鴿——岩鴿 *Columba livia* 的後裔。理由如下：如果這些鴿子不是變種，不是來自岩鴿，那麼，牠們至少來自七個**祖種**（aboriginal stocks），因為以任何少數的種類雜交，絕不可能產生現在如此眾多的家鴿品種，例如：若非親種之一具有特大的嗉囊，就不可能經由雜交產生**凸胸鴿**。因此，全部家鴿的遠祖，一定是不在樹上棲息繁殖的**岩鴿**。不過，除了 *Columba livia* 外，我們知道尚有二、三種其他的岩鴿，但是都不具有家鴿的任何特性。由此可見，此一假定原祖先，在野生環境中可能已經滅絕。按理，凡是能在岩壁上繁殖而且善於飛翔的鳥，似乎不應滅絕才是。例如：大不列顛各小島上的一

種尋常**岩鴿**，迄今仍然生存。須知，野生動物很難在豢養下自由繁殖，因此，若按照家鴿起源爲多元的說法，就必須假定鴿子在古代至少有七種已爲人類所飼養，並且在豢養環境下也能繁殖才可以。

上述各類鴿子，就體質、習性而言，雖然和**岩鴿**大致相似，但是還有其他方面差別很大。試就鴿科（*Columbidae*）全體觀之，**傳信鴿**、**翻飛鴿**和**刺鴿**的喙，**鳳頭鴿**的逆羽，都和**岩鴿**不同。因此，必須假定原始人類，不但能成功地飼育出各種鴿子，同時還能檢選出一些型態異常的鴿子，而這些異常的鴿類，稍後又都歸於滅絕。這樣多的奇異偶發事件，實在無法令人相信。

說到鴿子的顏色，下列幾點應該加以考慮。**岩鴿**呈石板藍色、白腰、尾端深黑而外羽邊緣基部爲白色、兩翼有黑紋二條。若干半馴養的鴿子，除了二條黑紋外，翼上還生有交錯的黑斑。這些特徵，並非全科任何其他種類所同時具有。今日的家鴿，有時會具有上述的一切特徵。如將此二個不同品種的鴿子進行雜交，牠們都不是藍色，亦不具有上述的任何特徵，但是所生的後裔中，常常會突然顯現出這些特徵來。假若我們相信，一切鴿類都是來自**岩鴿**，根據眾所周知「**子孫重現祖先特徵**」的原理，前述各種現象，自可不言而喻。

最後，各品種所產生的一切後代，都有完全的生殖力，但在動物界，不同**種**所生的**雜種**，具有完全生殖力的，目前尚缺乏確實的例證。

根據上述各種理由，或可得結論如下：即所有家鴿皆來自**岩鴿**及其他地理亞種。在此，我想再贅述數語，作爲補充：第一，歐洲和印度的野生**岩鴿**，均可加以馴養，而且許多習慣上和構造上的特點，都與一切家養者相符。第二，英國的**傳信鴿**和**翻飛鴿**，就某些特性而言，與**岩鴿**相去甚遠，然而，如果以此兩鴿種的幾個亞系互相比較，則在此兩品種和**岩鴿**之間，可以排列出一個完整的系列。若干品種亦然，但並非所有鴿類皆能如此。第三，每一品種所具有的各項特徵，在該品種中都出現顯著的變異。例如：**傳信鴿**的肉垂及長喙、**翻飛鴿**的短喙、以及**扇尾鴿**的尾翎數目等，都是如此。

以上有關家鴿可能起源之討論，已占用不少的篇幅。我當初飼養家鴿時，已完全瞭解其繁殖的實情。因此，如果相信所有鴿類皆

出自一個共同祖先，在當時頗感爲難。正如任何一位博物學家，對於自然界中雀類或許多其他鳥類，要做出同樣的結論，亦是相當不容易的。但是，某些博物學家，一方面承認許多家養動物的品種來自同一祖先，一方面卻又對「自然界中某一物種爲他種的直系後裔」之觀念加以嘲笑，他們應該從上述事例中學到一些功課。[3]

假說的檢定與錯誤

以上所引**達爾文**的論證，他雖然沒有明顯的量化，但是卻可以看出都是依賴**概率**做考量。他常用的詞彙包括：**未必然的、不可能的、一項粗略的假設、不必然是最高的程度、非常不可能的、幾乎沒有任何案例可以確定成立**，以及**我們可以很確定地得到結論**等。現代的統計學，希望在驗證假說時使用比較清晰的數學值，來替代以上那些用語。這種做法我們稱之爲**統計的檢定**（statistical test）。在做這種**檢定**時，有一定的規則。也就是當統計值落在某一個範圍之內時，我們選擇 A；否則，我們將拒絕 A。

在做這種檢定時，可能會發生兩種錯誤。一種錯誤，我們稱之爲**第一類錯誤**（TypeI error）。這種錯誤，是我們**拒絕了假說檢定爲眞的結果**。**第二類錯誤**（TypeII error）是**我們沒有拒絕假說檢定不眞的結果**。通常，這兩種錯誤都會造成非常不同的後果，有的可能非常嚴重。例如：在某藥廠製藥的品質管制過程中，雖然樣本的規格都是一樣的，但是，如果我們拒絕了一批合格的藥品，可能不會有太大的影響；然而如果我們錯誤地沒有拒絕一批品質不良的產品，其後果便不堪設想了。在我們審查學生是否通過某項入學考試時，情形剛好相反。我們錯誤地准許某一學生入學，事後可能發現他的學習性向並不理想；但是如果錯誤地拒絕了一位優秀學生，則很可能造成後來社會的損失。

對檢定一項統計的假說而言，比較重要的是**第一類錯誤**。相對型態的假說是爲**虛無假說**（null hypothesis）。**第一類錯誤**即是錯誤地拒絕了虛無假說，而**第二類錯誤**則是錯誤地沒有拒絕虛無假說。當我們檢定一項假說時，犯第一

---

3 Charles Darwin, *Origin of Species,* 孫克勤譯註，《達爾文物種原始精義》，臺灣省立博物館印行，1988，pp. 31-37。

類錯誤的概率稱之為檢定的**顯著水準**（significance level），或稱為**信賴水準**（level of confidence）。所以，如果我們說一項假說是建立在 .05 的**信賴水準**，可以解釋為：假使假說在事實上不真，也就是虛無假說為真，則統計值至少有 .05 的概率可以得到我們的觀察值。我們可能偵測到錯誤的**虛無假說**，事實上**不真**的概率為統計的**檢定力**（power）。統計的**檢定力**隨著樣本的增加而增加。

　　重要的是，當我們應用統計去檢定一項假說時，要依賴與其**對立假說**（alternative hypothesis）來做比較。而**對立假說**往往會是所要求得的結論。因為任何的概率總不能跟自己比較，而需要與其他對象做比較。舉例而言，我們希望檢定一項假說，認為某一品牌的餅乾每盒的平均重量為 8 英兩；而其**對立假說**認為每盒的平均重量不足 8 英兩。假設製造商希望知道包裝機的裝盒情形，即可以設定包裝的重量要符合要求的最低重量。被檢定的假說為**虛無假說**（null hypothesis），可以用 H_0 來代表，而對立假說為 H_a。如果虛無假說被拒絕，則對立假說即不被拒絕。以上的檢定，可以表示如下：

$$H_0：\mu = 8，H_a：\mu < 8$$

　　檢定的樣本來自於所要研究的**母體**。這些樣本的資料及可以拿來計算決策者所需要的值，即是**統計檢定值**（test statistic）。**統計檢定值**有一個區間（range）可供檢定假說之用。此一**統計值**可以再進一步區分為**拒絕區**（rejection region）與**不拒絕區**（non-rejection region）。假使此一統計值落在**拒絕區**之內，則**虛無假說**將會被拒絕。否則，它便會落在**不拒絕區**之內，**虛無假說**將**不被拒絕**。在我們所舉的例子中，樣本平均數為 $\overline{Y}$，而拒絕區為 $\overline{Y} = 7.8$ 英兩。因此，如果我們所計算的樣本平均數，等於或小於 7.8，虛無假說將被拒絕。

　　檢定假說的基本型態與步驟如下：

1. 設定虛無假說 H_0 與對立假說 H_a。
2. 查表決定**顯著水準**（significance level）。
3. 計算檢定假說的**統計值**（statistic）。
4. 決定**臨界區間**（critical region），也就是使我們**拒絕**或**不拒絕**假說的統計值。

5. 計算樣本的統計值，看它是否落在臨界區間內。

6. 決定**拒絕**或**不拒絕**假說。假使統計值落在臨界區間內，則拒絕假說；否則，就**不拒絕**假說。

其實，對於同一項假說，也可以用好幾種不同的**統計檢定值**來檢定。檢定時，可以改變檢定值或**拒絕區間**，並且也可以使用一個新的統計檢定值。

時下，一般研究生在陳述**假說**時，往往分不清**虛無假說**（H_0）與**對立假說**（H_a）的關係。其實所要預測的是所得到的結果（對立假說），而不是**虛無假說**。例如：要測試是否**建構式數學**，比**傳統式數學**更能增進學生的數學能力。其**假說**的寫法應該是：接受**建構式數學**的學生，要比接受**傳統式數學**的學生的數學能力更強；而不是只說兩者**有顯著的差異**或是說兩者**沒有顯著的差異**。如果對 H_0 的檢定是肯定的，我們就**拒絕** H_a；如果是否定的，我們就**不拒絕** H_a。這裡要注意的是，如果是否定的，就要說**不拒絕**，而不是說**接受**，因為**不拒絕只是不拒絕而已，並不等於接受**。

統計推論（statistical inference）將可以使我們知道**不拒絕**錯誤假說的可能性有多少，以及**拒絕**正確假說的可能性有多少。當然我們永遠不會確實知道任何個案的假說是否為真。這種統計的證明（statistical proof）是所有科學研究的基本型態。也就是說，統計學的**一般理論**（general theory）可以用在觀察與實驗的研究工作上。例如：心理學、經濟學、社會學、生物學、物理學、化學與企業決策等各種領域。

統計理論的主要應用，是在於幫助我們有效地蒐集資料做實驗設計。所謂有效地蒐集資料，是說統計能讓我們用最少的成本，蒐集到適當數量的樣本或觀察值。當我們用數字來做量度而希望評估某事件的結果時，總是希望能判斷資料的顯著性，而充分地利用所蒐集到的資料。

● 迴歸與相關

迴歸（regression）問題是有關保持某一變數為常數時，另一個變數的次數分配變動的情形。**相關**（correlation）問題則是考慮兩個**量度值**互相變動的

情形，兩個**量度值**都不受實驗者的限制。有關迴歸的問題，如研究農作物成長與使用不同劑量肥料之間的變化，動物暴露在不同放射線下壽命長短的問題，或塑膠接受不同時間長短的熱處理與硬度關係的問題等。相關問題的例子，如研究**智商**（IQ）與學校成績之間的關係、血壓高低與攝取鹽分多寡的關係、抽菸與罹患肺癌之間的關係等。在這些例子中，兩個**變數**都是自然發生變化的，兩者都不是固定在某一既定的水平上。

假使我們希望研究某一群男性的體重與身高之間關係的**次數分配**。我們會把此一**母體**依照大約相同的身高分成若干組，然後再來量度每一組成員體重的分配。於是我們得到每一身高組的人，都有其體重的**次數分配**。此一**次數分配**，會有一個平均數與平均數差異的**變異數**。

關於**迴歸**的問題，我們可以說體重的**次數分配**隨著身高而變化。我們稱身高為**自變數**（independent variable），體重為**因變數**（dependent variable）。**相關**的問題則是量度兩組**變數值**之間**相互影響**的變化。變化可能是同一方向的，也可能是相反方向的。相關的程度則是用**相關係數**（coefficient of correlation）來表示的。

如果相關係數為 0，表示兩組變數的值沒有相關；相關係數為 +1，則表示完全相關；而 -1 則表示完全**反向**的相關。相關的關係是用來解釋這兩組的值不只變動一致，而且它們之間是互相有因果關聯關係的。

很不幸的是，**相關係數**很少有**極端值**，而多半落在大約中間的位置。因此，統計檢定必須排除**兩組值互不相關**的**虛無假說**。假使能排除此種假說，我們便可以說它們的相關關係具有**顯著性**（significance）。然而必須注意的是，雖然結果是**顯著相關**，但並不表示兩組值之間有真正關聯的關係，只是它們運行的型態之間具有**相似性**而已。例如：兩組值都可以用兩組走向相同的**成長曲線**來表示，但是並不表示它們之間的成長有任何關係。即使有因果關係，也是十分間接的。也就是說兩組值都受同樣因素的影響，但卻不是兩者之間**相互**的影響。我們也無從判別何者為**因**、何者為**果**。總之，統計工具的能力愈**強**（powerful），愈需要使用的人小心謹慎地去使用。

統計檢定方法的應用

在使用統計做資料分析的時候，做研究的人一定會遭遇到的問題，便是要選擇適合使用的統計方法。不過這種選擇，在規劃此項研究時，或者最遲也應該在研究設計的時候就要做了。

一般而言，社會科學研究所用的統計方法，與物理學或生物學研究所用的統計方法有所不同。在物理學與生物學的研究中，研究人員通常會使用已經知道的**分配型態**（常態分配、二項式分配與 Poisson 分配）。

實際上，大多數的統計理論與方法都是以**常態分配**為基礎的。在自然科學中，我們發現在實際研究工作中，資料的次數分配不是接近**常態分配**，就是其分配與**常態分配**的差異對分析結果的影響極小。

在**二項式分配**與 Poisson 分配的情形，生物學家或物理科學家，通常都會預先知道他們的資料呈現這種分配。在現代統計方法的發展過程中，第一代的推論技術，都是假定樣本資料是從已知的**母體**中抽取的。因為母體的值是**母數**（parameters），所以這種統計方法被稱作**母數統計**（parametric statistics）。

到了近代，我們可以看到很多推論的方法，不再對**母數值**做嚴格的要求。這種較新的**無母數統計**技術，便使所要求的限制條件大大地減少了。

有母數的統計方法，給物理學與生物學研究帶來革命性的改變。使用在**母數統計**分析中強而有力的**信賴度檢定**（significance tests，如 *t-test* 與 *F-test*），使從事研究的人能對假說做快速而有系統的檢定。

然而在各種社會科學的研究中，情形便有所不同。通常都不太可能知道母體次數分配，或者去假設一個已知的**母體次數分配型態**。其理由包括：

1. **母體的次數分配**可能很不規則，而且在時間與空間上很不穩定。
2. 研究發現往往建立在小樣本上。
3. 資料無法滿足**有母數統計方法**量度尺度的要求。

在這些狀況之下，如果做研究的人，應用**有母數的檢定**來評估研究發現的信賴度，將會得到錯誤的結果。然而，這也並不表示社會科學的研究必須一直使用**無母數統計方法**。假使能夠合乎**有母數統計方法**的要求條件，當然最好還是使用**有母數統計方法**，而不使用**無母數統計方法**。因為如果使用得合宜，**有母數統計的檢定**是最有力（powerful）的檢定方法。

在**無母數的檢定**中，並不做已知母體分配的**母數值**（parameters）的比較，而只做樣本的次數分配比較。

雖然**有母數的檢定**最為有力，但是它們必須建立在強而有力的假設條件之下；而**無母數檢定**的力量比較薄弱，但是比較一般化。例如：在使用 *t-test* 時一定要做以下的假設：

1. 觀察值必須是獨立的；
2. 觀察值必須是從**常態分配**的母體中所抽取的；
3. **母體**必須有同樣的**變異數**（variance），或者在一些特例中，它們的變異數比例要為已知；
4. 其所包含的**變異數**（variables），必須最少要以**區間尺度**（interval scale）來量度。

如果用得恰當，*t-test* 是最有力的統計檢定方法。然而如果條件許可的話，則必須使用其他比較不甚有力，但是比較一般化的檢定。

上面所列的 4 項假設條件中，第 1 項假設是所有各種統計檢定所必需的。但是如果使用適當的無母數檢定，則假設 2、3 與 4 都是不需要的。

一項一般性的規則是，社會科學研究在**常態分配**建立以前，必須假定他的資料是來自於**非常態分配**。換言之，社會科學的研究必須使用**無母數統計方法**中的一種。

此外，**量度的困難**也是選擇**無母數統計方法**的原因之一。在社會科學的研究中，最常用的量度方法是**名目尺度**與**序列尺度**，而**比例尺度**與**區間尺度**則常用在物理與生物科學的研究工作上。所以用**名目尺度**或**序列尺度**量度的資料必須用無母數統計方法；而用**比例尺度**或**區間尺度**量度的資料，只要能夠滿足假

設 1 以外的假設條件的資料，都可以使用**有母數統計方法**。因此在社會科學的研究中，大多數的資料所用的量度尺度，都需要使用無母數統計檢定方法，請見表 9-2。

圖表 9-2　適用的統計檢定

尺度	關係	適用的統計值	適用的統計檢定
名目	(1) 等於	眾數，頻率 偶發的相關	無母數統計
序列	(1) 等於 (2) 大於	中數，百分比 Kendall r, Kendall w Spearman	無母數統計
區間	(1) 等於 (2) 大於 (3) 任何區間的已知比例	算術平均 標準差 Pearson 乘積相關 多項乘積相關	無母數統計 與 有母數統計
比例	(1) 等於 (2) 大於 (3) 任何兩個區間的量度 (4) 任何兩個尺度值的已知比例	幾何平均 變異的相關	無母數統計 與 有母數統計

資料來源：Daniel E. Chappelle, *The Research Process in Natural Resources*, Lecture Notes, 1987, p. 203.

無母數統計（nonparametric statistics）已被廣泛的使用在**行為科學**的研究上。**無母數統計**並不做任何有關**母體**次數分配型態的**假設**（assumptions）。通常它只依賴**等級序列**（ranking）而非**計量**的方法。因此，在行為科學的研究上特別有用。

無母數統計的幾項特點如下：

1. 在某些案例中，無母數統計分析方法的資料蒐集比較容易。因為只需要照**等級序列**知道某個觀察值比另外的觀察值**好**或**不好**，而不需要做實際的**量度**。

2. 小樣本的**無母數統計**比傳統的統計技術容易**計量**。

3. 在某些案例中，可能從好幾個**母體**中蒐集資料，而不需要做任何**假設**（assumption）。

4. 有的時候資料自然形成**序列**，而不需要對母體的次數分配型態做任何**假設**。

5. 對於比較大的樣本，其**排序**比較不容易。

6. 假使**母體**的次數分配型態為已知，而且經過轉換，與傳統方法的假設條件一致，則**無母數統計檢定**可能浪費資料。

7. 有些**檢定**可以偵測出**母體**平均值的**差異**。例如：**序列檢定**與 *t-test* 可以偵測平均值的變動而非**變異數**的變動。同樣**變異數**的 *F-test* 會偵測到變異數的不同，但是無法發現平均值的不同。

　　有關**無母數統計**的技術操作問題，讀者應該可以由參考統計學的專著而獲得更多的資訊。但是因為前面說過，本書並不像坊間多數講述研究方法的書籍，以涵蓋大量統計學作為研究方法，所以不在討論範圍之內。

 結論

　　近年來，統計學的理論，也隨著一些新興學科的發展，而有新的應用領域。例如：決策理論、效用理論，以及**博弈理論**（game theory）等；它們的發展依賴統計理論，而統計理論也因它們而發揚光大。我們可以把科學研究對統計的使用，看作是在整個的研究行為中，在某一節點上做一選擇。研究行為終究只是人類行為中的一項而已，而每一項研究所產生的結果都是一個**決策**。研究工作本身就是一項很實際的事業，也就是完成一項重要的事情，而且希望把它做好，獲得科學研究的結果。也就是做成一項**決策**，在我們面對問題時選擇一個最適當的方案。

　　選擇**最適方案**的前提是要方案有**價值**（value）。我們選擇某一個方案而不選擇其他的方案，是因為我們希望獲得某種希望的結果，而不是希望得到另一種結果。通常我們稱這種價值為**效用**（utility）。我們的決策行為是希望獲得最大的效用，或者說是產生某種價值為**效用的函數**（function）。

Chapter 10

理論、法則（律）與模式

理論與法則（律）

理論（**theory**）的形成，可以說是人類最重要的科學行為之一。它是經驗的表徵，而經驗是一連串發生過的事件的累積。每一件事件的發生都不是偶然的，都有其特殊的意義，也都循著一定的脈絡，而漸漸成為人們所共同認可的習慣與信念。這些習慣與信念的傳承，經過漫長的時間而逐漸隱含著對**科學法則（律）**（**law**）的認可。

人類的行為不但對已經習慣的事物有所反應，也會跳出習慣的範圍，對新鮮的事物及狀況有所反應。然後用創新的方法，解決一些以前從來未曾經驗過的課題。這種對嶄新事物的反應，就包含**理論**形成的過程。也就是說，當人們碰到嶄新的事物時，總希望用已有的知識，加上想像與思考去解釋它。這種過程便是**理論**形成的過程。

理論就是使混亂的狀態與變動產生意義，讓我們能夠有效地檢視過去的習慣與經驗，改變過去的習慣與經驗。甚至於完全拋棄舊的習慣與經驗，而以新的習慣與經驗來替代。因此我們可以說，理論可以用來**詮釋**、**批判**、**整合**已經形成的**法則（律）**。在**法則（律）**形成的過程中，往往因為理論的指引，而發現許多新的資料。因為這些新資料的支持，會使**法則（律）**，更新穎、更有力、更普遍化。理論的形成，不僅告訴我們要從經驗中去學習，並且會使我們思考什麼是需要學習的。低等動物的行為，會順應科學的**法則（律）**，但是

永遠無法提升到科學理論的層次。他們只會依照經驗與習慣學習，但不會從經驗與習慣裡學到什麼。而所謂從什麼之中學到什麼，就需要有**象徵性的建構**（symbolic construction）。而這些**象徵性的建構**，就能夠提供各種以前從來未曾實際經歷過的經驗。

如此說來，理論剛好是與實際經驗對立的，也是與實際行為有區別的。然而，這種對立與區別，特別是在我們對一個**問題狀況**（problematic situation）加以思索的時候更有意義。我們常說**「理論上沒有問題，但是實際上並不可行」**，就是一個很好的例子。有的時候，因為太理想化，**理論**中的某些狀況可能永遠無法成真。例如：經濟學中的**完全競爭市場**，在物理學中的**無磨擦運動**等都是。但是除非一個理論能夠幫助我們解決這些問題，否則所謂**理論上沒有問題**就沒有意義了。**理論**的成立與否，是脫離不了事實與經驗，也需要以事實與經驗來加以驗證的。也就是我們在做研究時，所重視的**實地經驗的驗證**（empirical test）。

理論經常是**象徵的建構**（如數學公式）。在某種意義上，雖然**理論**有時似乎是在尋求瞭解自然律或上帝的事，但是卻是人為的產物。不論如何，我們說**理論**是**象徵的**，並不是指它們與現實沒有關係。每一件事，都是能夠自我滿足的：**它是什麼就是什麼**。一個**理論**，有如任何符號一樣，也可以被當作是事實。但是就**理論**的功能來看，它又超越了自己，當它傳達一個意義的時候，它便不再單純地是一個符號了。因此，一個**理論**是**推測性的**（inferential）、**假說性的**（hypothetical）、**不確定的**（uncertain），也可能是剛好與事實相對立的。不論如何，它只是一個**理論**而已。實際上，**理論**的確要比一般**經驗法則**，或者某些特別事物的**命題**，更容易被證實與確立的。

的確，**理論**與實際經驗或事實是對立的。**理論**的概念與觀察所得，以及由經驗所得到的**法則**也是對立的。理論的概念也與觀察所得對立，理論的法則與經驗所得的**一般化通則**（generalizations），也是對立的。雖然所有的概念都會包含符號的使用，卻與實際所見有關。在某些例子中，符號直接與觀察的對象有關。但是在另外一些例子中，其關係則由更多的符號來傳達。所以，所謂**理論的**，實際上是意味著**抽象的**，是從事實或經驗中抽取出來的。同時，它也是**概念性的**，是從事實物質建構出來的，與經驗沒有對應的關係。同樣的，**理論法則**是從實證的事實經驗歸納而來的。不過它們是在一個較高的層次，是抽

象的，而非實質的個別對象。嚴格地說，理論不是用來描述與解釋實際世界事物的，而是用來為某些真實事物提供解釋的。

我們可以說，一個**理論**是一個**法則（律）的系統**。但是，**法則（律）**一旦被帶入系統的關聯關係裡，性質就會有所改變。正如男女二人結婚後就不再是原來的兩個人，而是成為一體的了。就好像那首泥娃娃的歌說，把兩個泥娃娃打碎和成泥，再捏成二個泥娃娃時，就你裡頭有我，我裡頭有你了。每一個**法則（律）**都會融合一些對方的成分。於是它們就一般化了，重新組合了，甚至重新詮釋了。理論不是新**法則（律）**的組合，而是像橋梁一樣，由特殊的結構方法把它們連接起來。**理論**解釋**法則（律）**，但並不在**法則（律）**之上，而是彼此賦予對方力量與目的。正有如法則（律）解釋事實或實情，而不是抽象的。

● 理論的抽象性

沒有任何**理論**可以解釋一件事情所有的面向。每一個**理論**都是選擇一件事情的某一方面做解釋，而排除其他方面。除非其他方面不具有意義，或是影響極其微小，否則科學都不會忽略它。

1. 所有的理論都是實際事件的**抽象形式**。至於事實的哪些方面是可以抽離單獨研究的，或是不能抽離單獨研究的，都沒有一定的規則。但是就科學的目的而言，它是希望對一些現象做系統性連接的。因此，能夠使科學研究達到其目的那些方面，就要被抽離出來。在對某些現象的研究工作中，必須找出它們之間的一些共同性質，所以眾多的現象，都可以看作是一個整體系統。**理論**就是希望在這個系統中，顯現出它們的結構、它們的性質，以及它們所蘊涵的意義。

2. 因為**理論的抽象性**，**科學**似乎看起來常與實際的事實或常識相左。在常識裡，事情的獨特性與其廣泛性無法分辨，所以**科學**在嘗試發掘事情的恆常性時，常給人一種**不自然或人工化**的印象。因此，**理論**常被認為不是真實的事情。然而，這種批評卻忽略了**理論**只是對科學的某些面向的恆常性關係有興趣而已。所以，許多事情通常為人所熟知的性質與細節都必須被**理論**所忽略。例如：一張道路地圖，在理論上它會告訴你從什麼地方到什麼

地方；但是它不會顯示沿途的景觀如何，有些什麼建築物。再者，人們也忽略了事實與常識本身，也是在**抽象**裡運作。它既會使人熟悉，也會使人困惑，它並不適宜於顯示事情的複雜結構和動態。

● 理論的類型

根據**凱普蘭**（Abraham Kaplan）的說法，理論可以分為兩種類型（type）。一種是**關聯式**的（concatenated），一種是**階層式**的（hierarchical）。它們的區別通常被認為是區分理論的早期與後期形成的分水嶺，它們分屬於兩種不同的邏輯。它們的區別也並不在於理論的本身，而是在於構成理論的方法的不同。

1. **關聯式的理論**，是指理論中所含有的**法則**互相連接，形成網絡關係而呈現出某種型態。其典型的型態是，它們都向一個中心集中，每一個法則（律）都代表一個現象裡的因素。而理論的作用即在於解釋此一現象。當各部分都顯明出來的時候，一個**關聯式的理論**，便能解釋一個**法則（律）**或事實。例如：宇宙科學理論裡的**大爆炸**（Big Bang）理論，達爾文的**演化論**（Evolution），以及神經官能的心理分析等，都屬於這一類的理論。
2. **階層式的理論**是指組成理論的**法則（律）**，是從一小組的基本原則演繹而來的。一個**法則（律）**的解釋，是由這些原則邏輯推論的結果所表現的。這種階層猶如一個金字塔，從上而下演繹的結果。從結論上溯至前提，便會找到基本理論的**一般法則（律）**。由於演繹關係在理論中的基本角色，這些理論特別適用於推理。**愛因斯坦**的相對論、**孟德爾**的**遺傳學理論**，以及**凱因斯**的**經濟學**，都可以被看作是**階層式的理論**。[1]

愛因斯坦（Albert Einstein）也把**理論**做了兩種類似的分類。他說：

> 在物理學裡，我們可以區別各種**理論**的不同。這些**理論**大多數都是**建構型的**（constructive）。它們開始時，是嘗試從相對單純的物

---

[1] Kaplan, p. 298.

質形式，去建立一個比較能代表它們的複雜現象的圖像。與這種最重要的理論同時存在的第二種理論，是**原則性理論**（principle theories）。這種理論是用分析（analysis）而不是合成的（synthetic）方法建立的。它們最初形成的元素，不是從**假說**建構的；而是從實際**經驗**中發現的，通常是一個自然演化的過程。**建構型理論**的長處是它們相當完整，易於採用而且清楚；而**原則性的理論**，則是基礎穩固而且在邏輯上沒有瑕疵。[2]

　　另外一種**理論的分類**，是以它所包含的內容性質，而非外表的形式來分類的。我們可以說，每一個**理論**都有一個它所解釋事情的**範圍**。這個**範圍**之內所包含的內容，就是那個事件的理論。這個系統裡所包含的內容，應該足以解釋此一事件。所以，依照解釋範圍的大小，我們可以把理論分為**宏觀理論**或**總體理論**（macro theories），以及**微觀理論**或**個體理論**（micro theories）。**宏觀理論**所注意的是較大的整體性，如社會制度、文化系統與整個社會的運作。以經濟學來說，宏觀或總體經濟學所涵蓋的範圍，是國家或世界整體的經濟體系，或產業體系的運作。微觀或個體經濟學是解釋個人、家計單位或企業單位的經濟行為，也就是微觀經濟學。微觀理論所注意的是較小的時間、空間或人群，微觀理論的抽象程度較小。各種科學，如心理學、地理學、生物學等，都可以從宏觀或微觀兩方面去做分析。[3]

　　有的時候，有人認為理論有**高水平**（level）或**低水平**之分。水平是指理論性質（characteristics）的不同。或者也可以說，是指理論所能達到的**程度**（range）的不同。例如：它們是針對人類的行為，或者是指一般動物的行為。也可能是指**範疇**（scope），例如：學習理論或其他行為的理論。理論的水平，有時也跟它們的**抽象程度**有關。有時我們所說**理論的水平**，要看它從觀察的現象，到形成理論的演繹路徑的長短而定。也就是一般社會學的理論，或心理學的理論。從它們的第一個原則開始，一直到可以在實質上應用的程度之間的長短，或演繹過程的長短。最後，我們說，某一個理論屬於**高水平**，是指它能解

2　Kaplan, p. 299.
3　Kaplan, p. 300.

釋的範圍有較小的**半徑**（radius），所以**微觀理論**要比**宏觀理論**的水平高。但是，如果用理論水平的高低，來判斷理論的科學地位高低，則是不妥當的。

● 理論的功能

理論是把已知的事情放在一個系統裡。換言之，系統化使**法則（律）**簡單化；使一些不容易瞭解，或是使沒有意義的事情有意義。理論也在自然規律中，訂定遊戲規則，使行為更明智。為了使事情有意義，理論也驗證事情的**真實性**（truth）。一個假說如果合乎理論，也合乎事實經驗，它就比較容易被肯定。因為這樣，它會受到所有此一理論的其他假說的支持。正如，一個**法則（律）**，不但受事實資料的支持，它也支持事實的狀況。所以，一個理論不但受已經建立的**法則（律）**的支持，它也有助於建立**法則（律）**。例如：**達爾文**的演化論，是從化石中找到支持。如果光是去詮釋化石，就只不過是研究古老的屍體而已。

所以**理論**在整個的研究過程中，都在發揮它的功能，一直到研究工作完成，它才自我顯現出來。它指引研究資料的蒐集，它把以前互不關聯的法則（律），融匯在一個單一的演繹系統裡，或者它可以幫助我們建立法則（律）。重要的是當法則（律）在一個理論裡聯合的時候，它能繁衍出更多的**法則（律）**。這個時候，**理論**的角色就有如媒婆、接生婆或教父的混合體。也就是說，理論有**啟發**的功能。這種功能無論是在行為科學或生物科學、物理科學，都沒有什麼不同。也就是我們在前面所說的，**「研究方法的統一性」**。事實上，科學的研究工作都是以理論為中心，圍繞著理論進行的。我們在第五章，科學研究的邏輯程序與步驟中，已經講過。看圖 5-2，你就會瞭解了。

在現代，特別是在一些高度發達的科學領域，要從只做少許一些實驗或觀察，然後檢驗其結果，去發現新的**法則（律）**是不大容易的。幾乎所有**新法則（律）**的形成，都是靠創新的**理論**去闡釋舊的**法則（律）**。僅僅倚靠觀察和實驗，幾乎不可能發現任何理論的。特別是在科學上的任何突破的進展，尤其如此。從科學發展的歷史過程中可以發現，毫無疑問地，科學真正發生革命性的進展，不是由於經驗，而是因為新**假說**或**理論**的產生。不過，除非舊的理論得到解釋，新的**理論**也不會產生新的**法則（律）**。

　　科學進步的歷史，不可否認的是一連串比較精準的**新理論**替換較過時的**舊理論**的歷史。但是**新理論**卻是建立在**舊理論**的基礎及成就之上的。更重要的意義是：新的理論並不否定舊的理論，而是再造它們，賦予它們新的生命。即使科學有革命性的進步與變化，新理論仍然會傳承**舊理論**的核心本質。

　　通常，我們可以說知識的成長有兩種途徑：一種是**擴張**（extension）；一種是**凝聚**（intension）。**擴張式的成長**，是從單一的行為、局部、到區域，擴張解釋到臨近的其他部分、區域或眾多的行為。當我們對局部有了充分的瞭解之後，我們便可以藉此從事更複雜的學習。**擴張式的知識成長**，有如拼圖遊戲，是一塊連接一塊建立起來的。而**凝聚式的成長**，是從全局來瞭解較廣尺度的現象。有如用雙筒望遠鏡看東西，是把二隻眼睛的焦點聚合為一，以致於能把對象看得更清楚。或者又好像在一間黑暗的屋子裡慢慢透光，便可以讓人漸漸看見屋內的全貌。

　　知識的進步，不論是關聯式的或階層式的，都包含這兩種成長的途徑。一個新的**理論**固然增添一些新的知識，它也對過去的知識做些改變。也使我們對新理論認識得更加清楚、更加確定，甚至更賦予它們新的意義。

理論的眞實論與工具論

　　在科學理論中有非常廣泛的**眞實主義者概念**（realist concept）。他們把**理論**看作是一張圖畫或世界地圖。這種看法在十八、十九世紀時相當普遍，並且有一種錯誤的比擬，把自己看作最初探索宇宙的探險家，或地圖的製作者。持這種看法的人，認為科學的進步，只是擴張我們所已經知道的前沿。之後再就我們所知道的，隨著時間添上一些細節，較大的改變只發生在前線。有如當我們發現一塊新的土地時，我們一定會描繪出這塊土地的地圖，插上旗幟，認為我們將永遠擁有它。

　　但是，如果我們眞的要使這塊土地屬於我們，我們必須在其上殖民並且去開發它。這時，地表必然會因為開發而發生變化，也必然會需要繪製新的地圖。這就是**理論的工具主義論者**（instrumentalist）的看法。這時，**理論成**為研究的**工具**。它的功能在於建議、激發與提示研究的方向，是要把分歧的現

象連接整合起來。正確的說法是：**工具論**並不是**真實論**之外的另一概念；而是把實際情形表現得更清楚、更具體罷了。正好像地圖是實際地表路徑的模式（model），能夠讓我們知道兩地之間的距離。可以讓我們循著路線，從一個地方到另一個地方，但是地圖並不會顯示路上的景緻、建物。

從**方法論**的角度看，比較值得注意的是，**真實論者**過分地重視**理論**的實證因素。假使一個**理論**是實際狀況的圖像，要得到一個正確的**理論**，我們必須去發現事情的真實狀況。而不是憑空想出一些方法，使我們把它觀念化地表達出來。特別是在行為科學的研究上，我們仍然傾向於使用**歸納法**。我們去調查事實，**歸納**事實，直到解釋它們的**法則（律）**顯現出來之後，再去把這些**法則（律）**融合到一起，形成一個完整的**理論**裡。

但是要形成一個**理論**，必須要具有創意的想像力。這一點是**愛因斯坦**以降，無數科學家所重視的。我們也許可以說，法則（律）是被**發現**的（discovering），但是理論卻是被**發明**，或是被**建造**（invented or constructed）出來的。我們必須敞開自己的心胸與頭腦，不要認為知識只是去瞭解事實，重要的是去瞭解科學**理論**在知識裡的角色。

理論的形成，不僅需要有創意的想像力；發現**理論**的過程以及最終的結果也同樣重要，而且要看它的正當性如何。當**理論**合乎上帝要它呈現的樣子時，它就是一個沒有問題的理論了。因為科學知識就是在於發現**大自然的秩序，大自然的秩序**是上帝的作為。**理論**的形成，也不僅是要發現隱而未顯的事實；理論是你如何看待事實，如何組織它們，而且把它們表現出來。一個**理論**必須與**大自然的規律**一致，更重要的是，理論也創造自己的世界。

這樣的說法，也並不表示事實經驗的觀察不重要。問題是如何讓我們感覺到，對事實經驗觀察的重要性？**亞里斯多德**認為，**真理**的性質是：「是就是**是**，不是就是**不是**。」**理論**與**事實經驗**並不是互不相干的兩件事，只是表現的方法不同而已。它們之間的不同，就好像一個是用**比喻**，而一個是平鋪直敘的描寫而已。我們也可以說，**理論**是植基於有待檢驗的事實經驗，但是它並不直接地顯現事實與經驗。

知識是從各式各樣的**理論**發展出來的。形成**理論**的目的，是要把知識整合而且成為一個完整的系統。但是這種目的是永遠無法完全達到的，因為科學研

究一直在追尋新的理論，同時修正舊的理論。所以新的**理論**在不斷地形成，新的知識也一直不斷地落在我們身上。然而，我們人類到目前為止，所知道的只不過是各種知識，或**大自然規律**的一小部分而已。

　　理論的作用主要是在指引科學的研究。也就是先形成**概念、法則、理論**或**假說**，再從事實經驗、量度歸納，提供解釋以及去做預測。**理論**不是達到目的的方法，它本身也是研究工作的目的。因為**理論**使我們瞭解得更多。但是，瞭解世界上的事物，並不表示我們瞭解了**大自然的規律**。但是從瞭解人類本身開始，我們或許可以找到自己的定位與方向。

● 理論的確立

　　我們必須牢記，理論或是任何科學信仰，不是任何官方權威所決定的。通常，科學是一個自我滿足的實體，而不是眾多科學家在經常變動的環境中努力工作的結果。在某一個時空裡，一個特殊的**理論**，只會被某些科學家所接受，而不會被另外的科學家所接受、所應用。甚至有些是有良好判斷力的科學家，由於自己在學術上的傑出成就，常常拒絕接受某些理論，或者堅持他自以為是的想法。這種情形，甚至一直僵持到**理論**被廣泛地接受之後仍然如此。在社會科學或行為科學的領域裡，這種情形更是常態，大家普遍接受的**理論**少之又少。可以說，真是「文人相輕，自古而然」了。

　　一個**理論**之所以被接受，並不表示它就**成立**；而是因為它被確立之後，才會被科學家所接受，而且值得引用在科學的研究上。**理論**的是否被接受，終究還是程度的問題，其實用性有時也是有限的。**理論**確立的標準可以從三個思考方面來看。它們是：**一致性**（correspondence）、**凝聚性**（coherence），與**功能性**（functional）或**實用性**（pragmatic）。其中最基本的是**一致性**，其他兩項標準則是在於分析或詮釋**一致性**。科學必須建立在**真實原則**之上，科學自有它在大自然裡的**真理**（truth）、**法則（律）**。我們必須先順應大自然，才能從其中有所學習。以下再對這三種標準做進一步的說明。

一致性標準

　　眞理、法則（律），除非有可以被接受的理論支持它，否則一點用處都沒有。問題的關鍵在於，我們又爲什麼相信**眞理**（truth）、**法則（律）**？事實上，**眞理、法則（律）**是用正確的方法研究所得到的結果。當我們根據**理論**推理或預測的結果與事實經驗相符時，我們即認爲**理論**是可以被接受的；而我們如何把事實經驗概念化，又要看我們對**理論**認知的程度而定。

　　每一件事實都脫離不了常識，每一個困難的狀況都發生在現實的世界上，每一個假說都是以它的**假說前提**爲基礎的。然而，這些**前提**往往又阻礙了科學的進展，而科學的進步，必須要我們有勇氣把這些**前提**推開。例如：在經濟學裡，**完全競爭的市場**，便是**假說**或**理論**的**前提**；沒有此一**前提**，便沒有**供給與需求決定財貨價格**的**假說**或**理論**。但是，如果我們要再進一步研究實際經濟系統的運轉時，又要推開此一**假說**或**理論**的**前提**，因爲在實際世界裡，是沒有**完全競爭市場**的。所以，如果我們批判某些**理論**有多麼的錯誤，可以說，是指我們眞正在乎的，是**理論**裡包含了多少可以驗證它的事實經驗，而這些事實經驗，又有多少是異質性的。就**理論**之是否與事實經驗有一致性，來看**理論**的是否確立，是要看所蒐集到的資料，與事實經驗之間的關聯關係有多密切。也就是**理論**與我們其他知識之間的關係有多密切，這就是一致性標準。

凝聚性標準

　　許多科學與非科學的學說之所以失敗，大多數是因爲它們並不符合已經建立的**理論**。這種要求對建立**理論**很重要，因爲**理論**必須與它所論證的事實經驗相符。就好像一些以前不知道的現象，忽然變得熟悉起來。有如碰到老朋友，彼此心靈感應，自然熱絡起來。把零散的個別因素整合成一個整體，而**凝聚性**也是驗證科學理論所必需的。

　　在評估一個理論是否能確立時，也要考慮與它同時出現的其他類似理論。一個理論是否能確立，並不是具有可能性就夠了；而是要有比其他可能的解釋更有可能性的解釋。在研究工作的每一個階段，科學家都會竭盡所能地努力。但是，假使因爲一時的便利，而接受了一個理論，便會立即反應出所有接受的理論，多多少少都會有便宜行事的可能。方法論不能接受一個在表面上可能，而沒有心理上意義的理論，而得到科學家實際上希望得到的結論。

凝聚性貴在其本身的單純性（simplicity）。單純不僅是指形式上的**簡單**，也是指內容的**簡單**。形式上的**簡單**是因為這樣會比較容易掌握；而當**理論**的推理比較簡單時，是指**理論**的內容在數學上比較容易操作。例如：線性函數要比二次方程式來得容易；又如一個只有兩項變數的**理論**要比含有十多個，甚至數十個變數的**理論**來得簡單。所以，內容的簡單要比形式的簡單來得重要。

不過應該注意的是，科學的進步，並不常是往簡單的方向發展。有的時候，在複雜的外表之下，隱含著簡單；也有的時候，非常複雜的事實經驗卻有簡單的外表。有時簡單的陳述卻含有更多的哲理，科學的進步，並不全然朝著簡單的理論前進。比較持平的看法是，簡單並不優於複雜，只不過比較容易驗證罷了。

實用性標準

實用性標準是說如何使**理論**發揮它的功能，也就是通常所說的，能不能被實際**應用**。**實用性**是理論本身以外的特性，它也不是衡量**理論**是否能夠成立的充分且必要的條件，而是注重理論能為科學本身做什麼？對科學的目的有什麼幫助？理論在科學裡的角色，不僅是它如何與其他的科學命題發生關係，也在於它如何引導與激勵科學研究的進程，以達到科學追求的目標。

從這個觀點來看，**理論**的價值不僅在於它所帶來的答案，更在於它所引起的新問題。我們幾乎可以說科學不但是在找**答案**，也是在提出**新的問題**。在過去的數十年間，行為科學的蓬勃發展，雖然沒有為人類行為的各種問題提供令人讚賞的答案，但是的確給研究工作開啟了許多新的途徑與研究技術。其結果也許並未使人類的知識成長、擴張，但是卻使之更有深度。**新問題**的提出，不但引出許多新的研究對象，更使我們能從**新**的角度去看**舊**的問題。所以理論的價值在於它是具有啟發性的，各種理論互相輝映，使我們進入一個前所未知的新境界。

再進一步說，一個好的**理論**，能幫助我們解釋**舊的法則（律）**，而且預知**新的法則（律）**。也因為如此，**理論**可以使知識統一而且系統化。最終的目的則好像是在建立一個超級高速公路網，使每一個重要的地點能與其他的地點聯絡起來。而這個高速公路網又能適應自然的地形，而且其結構也可以反映出資源的位置。一個**理論**之能否被確立，不在於它能不能承受批判與改善，而是在

於它能不能在解決問題上，被善加利用。

當我們討論**理論的確立**時，常常好像在互相批判，有如要說服最強的懷疑者似的。但是科學家並不互相批判，而是互相幫助、互相安慰、互相分享想法、技術。一項理論一旦確立，並不是因爲它經得起批判，而是它可以被善加利用。[4]。

● 社會科學的理論

對於人類社會與人類行爲的研究，特別是心理學，幾乎與對物理與生物現象的研究同其久遠。然而許多**社會科學的理論**，多爲社會與道德哲學而非社會科學。他們只是人性的一般反映、對社會制度的批判，或者是對人類文明的進步與衰落的陳述。雖然這些討論也曾深植在各種社會經濟制度之中，但是卻較少對實際細節資料做過有系統的分析。利用蒐集證據，而且用實驗的方法，去證實一些素來所信以爲眞的事情則是近代的事。

不論如何，與自然科學相比，對社會事物的研究，鮮少建立一些出色的**理論**，其對事情的解釋力與預測力都相當薄弱。社會科學家對於社會研究的邏輯也相當分歧。更爲分歧的是，有人認爲自然科學的解釋系統與邏輯方法，是社會科學所應該模仿的；例如：在第三章裡，我們討論到**自然科學**與**行爲科學研究方法的統一性**時，談到在分析兩個臨近城市的市場範圍時，所用的**賴利零售引力模型**，就是套用物理學家**牛頓**的**萬有引力模式**而來的。不過，在另一方面，也有人認爲，社會科學去尋求利用離事實經驗遙遠的**抽象**模式並不恰當。總而言之，社會科學目前仍然缺乏對**問題**（problem）研究，以及在方法上與實質上的解釋系統。結果，雖然社會科學的研究也產生了眾多社會事件可靠的資料，但是這些研究多半是描述性的、無法定量的，而且也不大容易建立起社會現象的一般法則。

不可諱言的，目前社會研究所產生的**一般法則**，其應用仍然有限，而且其結構也不夠嚴謹。因此，如何釐清一些社會研究，在基本方法上的爭議以及解

4　Kaplan, pp. 319-321.

釋的結構，是非常重要的[5]。

法則（律）── 研究工作是在尋求法則（律）

科學研究在於建立不同事情的一般化**法則（律）**。每一個研究案，通常都會得到**特定的**（particular）或**一般的**（general），兩種結果。假使是**特定的**結果，就是認識了一個事實；假使是**一般的**結果，就是建立了一個**法則（律）**。然而，**假說**（hypothesis）卻與**法則（律）**不同。**假說**則是還沒有充分驗證建立的**法則（律）**，它指引研究工作的方向，進而建立理論與**法則（律）**。

知識開始於分辨事情之間有沒有**差異**（difference），事情的差異在於每件事情有沒有各自的**身分**（identity）。對於事情身分的認識，在於有沒有認出或分辨的能力，認識是所有知識的源頭。整個的科學理論，只不過是把知識系統化。也就是說，科學是在尋求事情不變的恆常性。每一件事情都建立在具有身分，而且在不同的空間、時間、樣貌上有「**同一性**」（sameness）上，也就是一般化。

研究工作一般化的第二個功能是**推測或臆測**（presupposition）。科學並不是憑空出現的，每一個研究工作，都是因為遇到了**問題**（problem）要想辦法解決。解決的辦法並不是完全不去管它，而是從一點點所知，到多一點所知。再從多一點所知，到更多知道相關的其他事情。再從模糊渾沌中，到清晰而確定。我們從最早的研究中、從其他的科學中、從每天的事物中、從衝突的經驗中，以及從研究工作的挫折中、從習慣和傳統中，從天曉得從哪裡？提出我們的**臆測**。

從臆測、假說、到法則（律）

要進行一項研究工作，我們必須提出一個**假說**（hypothesis），來引導與組織研究工作。假說並不是猜謎語。它是一個想法，這個想法雖然還不能算是研究工作的答案，卻是雖不中亦不遠矣。至少它會告訴你，下一步該怎麼進行。我們也可能因此根據它，建立某種**假設**（assumption）或**命題**（proposition）。在這種意義上，我們所說的**模式**（model），就包含著各種**假設**或**命題**。

5　Kaplan, pp. 322-323.

當研究工作進行到相當程度時，一些對研究結果的推測便會出現。我們就會對這些**假說**進行**驗證**（test hypothesis），得到**驗證**的**假說**就被稱為**理論**。當**假說**得到**驗證**，它也就成為**事實或法則（律）**（fact or a law）。然而，**法則（律）**並不一定就是結論，它們是融匯在整個研究過程中的。它們可能是研究的起點，也可能是研究的終點。因為在研究工作的過程中，我們會在不同的節點、場合，引用各種不同的**事實**、**法則（律）**。

社會科學與法則（律）

當我們談到社會科學與**法則（律）**的關係時，第一個問題就是，研究「**人**」的問題，是否能發現**法則（律）**，甚至形成**法則（律）**？研究文化現象的人，他們所關心的是具體的個體，而非抽象的普世的一般法則。對法則的認知，對「**文化科學**」（cultural science）有其價值。建立規律只是途徑而非目的，我們要發現抽象的一般規律，只能從先瞭解個別的實體著手。一個科學家有興趣於瞭解一般規律，可能是為了瞭解個別事物。同樣的，如果個別事物對他具有科學意義，是因為可以幫助他瞭解一般規律。不論如何，使用一般化方法，去瞭解個別事物，若不是為了科學的目的，就無法分辨「**文化科學**」與自然科學有什麼不同了。

是否有可能建立可以管制人類行為的科學法則的問題，在歷史上已經有過廣泛的討論。因為「**文化科學**」注意的是個別事物的獨特性，物理科學、生物科學所研究的對象也是單一獨特的。而法則是會牽涉到多項事物的一般性的，因此可以說，行為科學是不可能有一般法則的。而且，法則是具有可複製性的，其性質是可以一貫重複出現的。這種要求，對行為科學或其他任何事情都是一樣的。

雖然如此，但是我們也必須注意到，在第五章講到邏輯的歸納與演繹時，**彌爾**（John Stuart Mill）注意到，常常一個非常大的樣本，還不足以建立一個堅實的命題（例如：所有的牛都是黑色的，是說不通的）；另外一些情況則是只要有很小的樣本就能建立一個命題（例如：有某一種草菇是有毒的）。所以，似乎研究個別的個體，也有可能建立一般法則。為什麼會這樣？不管什麼人，如果他能回答這個問題，他一定比最聰明的先賢（多指古希臘、羅馬人）更懂得邏輯哲學，那麼歸納法的問題（problem）也就不成其為問題了。

除了以上所談的問題之外，另外兩個長久以來被認為，行為科學不可能形成一般法則的因素，就是「**自由意志**」（free will）與「**自決主義**」（determinism）。**自由意志**是說，因為人類會選擇他想做的事情去做。簡單地說，就是科學法則無論如何，無法管制人的行為。只要不違背國家法律，人的自由意志，也是合乎自然律的行為。自由選擇也不是沒有理由的，人自由選擇的理由是出於他的認知與願望，是有意義的行為。

至於「**自決主義**」則是說，人的各種事情，在他所及的範圍之內，甚至未來的命運，是完全由他自己決定的。在任何情況下，有些事情是我們可以左右的，但是有些事情是我們無能為力的。例如：我們可以拆除核子武器，但是卻無法回收已經放出去的輻射。科學家去瞭解一件事情，是要看它為什麼發生，也就是要看在一般原則之下，會有什麼結果。從方法論來看，科學家花了力氣，把描述性的一般事件變成法則。同時把孤立的法則串聯起來，成為有系統的理論。

現在，**自決主義**被認為是科學前景的重要元素；為統一理論去尋找法則，體認出每一件事情的出現，到了它該出現的時候就會出現，相信這就是大自然的秩序。假使行為科學真正是科學的（scientific），相信這種情形也會發生在人的領域裡。但是，科學研究的範圍，總是特定而侷限在某一方面的。科學家所關心的，並不是整個自然界的一致性，而只是他所研究的領域的一致性。他所需要的是足夠的、合理的決定，讓他能夠進行下一步的研究。

模式

在從事研究工作時，一項重要的中心工作就是**建構模式**。建構模式的主要作用就是利用模式的抽象性，抓住重點，把一些並不重要的枝節因素除掉，使我們對某些實質世界情況的描述變得簡化而且清晰。這樣便可以讓我們更容易地去分析與瞭解實際世界的問題，而加以求證並且尋求解決。除了抽象化之外，模式的建構有時也包含概念的轉換。也就是說，在分析問題時，我們並不直接涉及事件或問題的本身，而是用一些數字、符號、圖形、實物或語言的描述來模擬實際的狀況。而從這些模擬的特質與相互關係中，反映出實際的狀況

與關係。例如：我們為了改善道路交通狀況，我們可以用電腦動畫做車輛與道路模型，來模擬一個都市地區的交通系統。再根據這個模型，蒐集實際的道路與交通狀況資料，印證理論以求得可行的改善方案。

　　模式或模型（model）這個詞彙，可以當作**名詞**，也可以當作**形容詞**或**動詞**使用，每一種用法都有不同的意涵。例如：做名詞使用的**模式**，是一件事物或意念的代表；就好像建築師建造一個小比例尺的建築物模型，或是物理學家做了一個大比例尺的原子結構模型。作為形容詞使用的**模式**，指的是完美的程度，例如：模特兒、模範家庭、模範生、模範丈夫等。作為動詞的**模式**，指的是表現一件東西的形象，也就是**模擬**或**建構模式**（modeling）的意思。我們可以說，**建構模式**就是把**理論**形式化、具體化，以便於在研究工作中容易操作。

　　科學的**模式**包含了這些內涵，它描述的是一種情況、一個物體或一宗事件。它通常會被理想化，所以比實際事物單純。因此，比較容易在研究工作中使用、操作。這些科學**模式**，通常比實際狀況容易處理。將**模式**與實體做比較，就會發現**模式**趨近於實體，而且只有與實體有關的部分會被描述。例如：地圖上的道路，它只是地球表面的一小部分的**模式**；路旁的植物、房屋不會被顯示在地圖上，因為植物或房屋不會影響我們使用地圖指示道路的功能；又如我們做星球的**模型**，多半會用塑膠材質的球體來代表行星。我們不需要用與行星相同的材質做**模型**，也不需要讓模型擁有與行星相同的溫度、硬度等性質。

　　科學模式是被用來累積知識，並且和我們所知道的、不同樣態實體的知識產生關係。**科學模式**也被用來展現實體，以及作為解釋過去及現在，並且預測及控制未來的工具。經由**模式**，我們可以描述及解釋實體，去進行與控制科學研究。科學模式是對一個或一組實體的描述，這些描述也許是真實的實體，也許是法則的，也有可能是理論上的。

　　在科學與慣常的活動中，我們會使用不同型態的**模式**，它們包括：**意象**（iconic）**模式**、**類比模式**（analogue）與**符號**（symbolic）**模式**。**意象模式**是對情境、物體或事件的或大、或小尺度的描述。這種**模式**對事件本身有很清楚的呈現，差別僅在於**尺度**的不同。**意象模式**是描寫什麼像什麼；例如：道路地圖與空照圖，都是用來顯示地面上，各地方的距離與相對位置的。地圖與空照圖所顯示的地形、地貌與實際地面的地形、地貌是一樣的，所不同的只是**尺度**不同而已。用流程圖來表現工作與資訊流通的過程，或者是房屋設計的平面

圖，或其他分析圖等都屬於**意象模式**。

如果我們想要顯示地形的高低起伏，我們不會去製作一幅三度空間的地圖，而會利用顏色與等高線來區分地形的距離與高程。如果我們要顯示道路的種類與等級，我們也會繪製不同的**圖例**，來表現實際的道路等級與特徵。像這樣，我們用一種**特性**來代表另一種**特性**的做法，我們便認為這種模式是**類比式**（analogue）模式或**隱喻式**（metaphor）模式。

又如在社會科學中，我們也常引用物理學上的**引力模式**（gravity model），來解釋兩個以上都市地區（urban area）的人口與產業的互動關係（見第三章）。我們也會使用生態學中**生物多樣性**（biodiversity）的模式，來說明人類社會中，文化的多樣性、產業的多樣性，以致於城市裡建築物的多樣性，對我們生活的意義與重要性。

符號模式，是物體或事務的特性是用**符號**來表示的。例如：有些**函數**的關係可以用圖形來表示，也可以用符號或公式來表示。這種公式就是符號模式。用數學符號表示**量**和它所代表的意義的**模式**，通常也叫做**數學模式**（mathematical model）。**符號模式**是現代科學最常用而且最容易操作的**模式**，其準確度也最高。

模式與理論的關係

在我們分別討論了**理論**與**模式**的意義之後，也許可以進一步看看。**模式**與**理論**之間有什麼樣的關係。科學家在研究工作的過程中，也常常用模式來表現科學理論。如果系統 A 與系統 B 之間並沒有直接或間接的關係，而研究 A 可以幫助瞭解 B，則我們可以說 A 是 B 的**模式**。在這個例子裡，A 一定是在某些方面與 B 有比較類似的地方。也就是說，當一個系統是另一個系統的**模式**時，它們會具有相似的形式，但是實質內容卻可能並不一樣。

現在，也許我們可以瞭解為什麼**模式**一詞，有時會用作**理論**的同義字；特別是**理論**還在**假說**的階段時，更是如此。**模式**也被認為是以某種方式詮釋符號的結構，它也是被詮釋的主體。**理論**則比較抽象，它所描述的主題，也是比較

理想的，而且只是在**理論**裡存在的主題。

一些比較保守的看法，認為**模式**只是那些**理論主體**與實際事務顯然相像的**理論**，才具有相同的意義。從這個思路推演下去，模式可以被看作是一種科學的**類比**或**隱喻**（metaphor）。**類比**不止是引導我們形成**理論**，而且它是理論的重要條件。沒有**類比**，理論便完全沒有價值，也不值得被稱之為**理論**。**理論**之所以有時被稱為**模式**的同義詞，也就是因為它具有這種類比的性質。

類比式或**隱喻式**的**模式**又可分為**語義式**（semantic）或**文字式**（literary）與**實質式**的**模式**。**語義式**或**文字式**的模式是用語言或文字說明的方式，來表達一個概念或是一個理論結構。**實質模式**是以實物做成模型（如建築物的模型）來表達研究對象的模式。在行為科學裡，**類比式**的模式愈來愈受重視，因為**模擬**（simulation）或**博弈**（game）等都屬於**類比式模式**的應用。

● 模式的功能

模式所發揮的功能與**理論**所發揮的功能是一樣的。每一個**理論**都是指引研究方向的，**理論**指引資料的蒐集與其後的分析。因為理論在事前指引我們蒐集何種資料，以及蒐集到資料之後做什麼使用。然而，如果沒有**理論**，所蒐集來的資料不過是一堆沒有意義，而且雜亂無章的觀察所得而已；也可以把它們看作是偶然，或者是未經考慮所選擇的東西。**模式**也有同樣的功能，它不會讓我們一個對象、一個對象的觀察下去，才會使我們發現或獲得一個**想法**（idea）。不論如何，模式是明顯而且不確定的。當我們進行一項研究工作時，**理論**遲早都會顯現出來；而**模式**卻可以使它們更快、更具體地顯現出來。

模式除了以上的功能之外，在**議論式**（eristic）與**符號式模式**的研究工作中還有其他的功能。**第一**，模式可以讓科學家用來向他人表白自己的想法。科學是一椿科學家合作、對話的事業：每一位科學家都要靠他的同僚對他的發現提供批判或給予支持。**第二**，科學也是一項累積成果的事業，一個科學家的成就是建築在前人的成就之上的；而他的成就又成為後來的科學家研究工作的墊腳石。所有這些相互的關係，需要科學家之間互相充分的瞭解。科學家思想的交流不只是社會活動，而且是**內在邏輯**的顯現。就好像一件藝術品一樣，除非它能表現出一種思想、一種意境，它就不可能稱為藝術品。

● 模式的缺點

從以上的說明中，我們可以看出模式在研究工作中的功能，是非常重要的。但是，在另一方面，模式的應用也有其缺點：

第一，模式過分使用符號：建構符號模式的研究者，似乎在心理上已經下意識地認為符號的應用，能在研究工作中發揮神奇的作用。這種傾向也許是因為一、兩個世紀以來，自然科學與物理科學的研究，大量使用數學模式有以致之。直到晚近，行為科學也受到大環境的影響，開始運用符號或數學模式來從事研究工作，例如：數理經濟學。

其實在行為科學的研究工作中，符號模式只不過是表達思想的方式之一而已。固然，運用符號要比文字模式，使用一大堆的文字與術語來描述，才能表達一個思想來得經濟，看起來也比較具有學術深度。但是對於一位不擅長數學的學者來說，他如果硬要去建構一個符號模式，顯然是自找麻煩了。其實我們應該認清，運用數學模式的真正意義，並不在於符號的鋪陳，而在於它的邏輯推理內容與步驟是否確實。

第二，模式過分注重形式：**凱普蘭**認為任何命題或假說，都可以用數學模式來表現。但是並不是每一個數學模式，都能彰顯一個命題或假說。給一個命題或假說建立一個模式並不困難，但是模式在增進知識的研究中，不一定都有用處。模式之所以用途有限，並不是我們對數學或邏輯的認識不夠，而是我們對知識的本身認識不夠。而建立一個形式上的模式，可能會提早關閉了我們的思路與創意，而無法開啟可能形成的新概念，新概念的形成是慢慢孕育出來的。在形式上建立一個模式，有如提早給我們的思考畫上一道界線。

建立模式在研究工作的某一個階段，的確可以使我們的思想更具體化；但是也會使我們過分地注重模式的形式，而忽略了實質的內涵。也就是把建立模式當作我們研究工作的目標，變成為了建立模式而建立模式。

第三，模式往往流於過分簡化：不錯，我們在前面說過，模式就是用簡單的形式，把複雜的現實狀況表現出來，使我們在掌握重點之後，可以更容易地瞭解、預測與掌握整個問題。但是在建構模式時，往往會流於過分地簡化，有時會忽略了重點，有時會迷失了方向。

第四，模式有時流於過分嚴謹：在科學的研究工作中，沒有任何事情是不需要準確與嚴謹的。但是，以我們目前的知識與技術狀況來說，我們的觀察與量度的確有所侷限。而有時模式的要求過分地嚴謹，使我們在事實上無法做到；有時又可能即使獲得了這些資料，也不知道如何去運用。

模式與社會科學

在社會科學裡，**模式**不可能絲毫不差地與資料或事實吻合，其原因有二：**第一**，有些重要的變數可能被忽略。因為有些因素，個別看起來並沒有太大的意義，但是它們在整體中卻是非常重要的。**第二**，在社會科學裡，我們所用來做分析的變數，不可能十分精確地被量度。所以**或然性**的考慮非常重要，因而統計學的應用，在模式的建構與操作上非常重要。

在行為科學的模式中，那些由**賽局理論**（game theory）衍生出來的模式特別具有**啟發性**（heuristic）與**推理的**（deductive）空間。當然在一場賽局裡，任何一方的行動，都要看對方如何行動而定。行為的內容並不重要，重要的是雙方行為的不同組合，對參與賽局的人的影響。所以賽局模式被廣泛地應用在各種決策行為上，特別是要對不同策略之間，做一個理性的抉擇的時候。同樣地，它也可以用在經濟議題上、政治談判上、戰爭戰略上，甚至兩性的爭議上。賽局模式的特性，是在選擇策略時對**概率**的應用。

另外一些行為科學常用的**模式**，是來自於電腦與資訊**理論**。行為的目的及結果是可以**模擬**的，這種**模擬**是要讓我們知道，在既定的條件之下，其行為的方向，在某些變數發生變化時，能夠達到什麼樣的地步，產生什麼樣的結果。這種模式能夠更有效地，使行為科學從機械式的窠臼裡解放出來。

Chapter 11

科學研究的定量與定性

　　目前在學術研究界裡，往往把做研究工作的方法區分為**定量的研究方法**（quantitative method）與**定性的研究方法**（qualitative method）兩個領域。因此我們不禁要問，是不是在從事學術研究時有兩套研究方法呢？或者說**定量的研究方法**與**定性**的研究方法有什麼不同呢？其實**定量**與**定性**研究的基本差異，只在所使用的工具與技術的不同，以及**量度尺度**（scale）的不同。但是，在基本的研究方法與邏輯思維上卻是一樣的。因此，本書所說**研究方法**的定義，也就是本書第五章，「科學研究的邏輯思維程序」所討論的**研究方法**。而本章的目的，就是要針對研究方法的定量與定性問題加以說明。

　　量度（measurement）就是**量**（measuring）的行為或動作；也就是拿一個我們要量度的對象與一個公認的標準來做比較。例如：我們希望知道一張桌子的長度，就會拿一支標準的尺（公尺或英尺）來與之比較。另外一個量度的意義，就是依照某項規則去賦予量度的對象一個**數字或符號**。例如：給球隊的每個球員一個號碼以便於識別：其規則就是不能把同樣的號碼給予不同的球員，也不能把不同的號碼給同一個球員。

　　凱普蘭（Abraham Kaplan）認為**定量或定性量度**的科學價值，在於它在科學研究中的**工具性**（instrumentality）。[1]因此，我們便要問，量度之作為工具，在研究工作上，其目的是什麼？它所扮演的角色是什麼？它在研究工作中的功能又是什麼？

1　Kaplan, p. 171.

　　凱普蘭又說，如果我們不能認清量度的**工具性**，就會產生**定量的迷思**（mystique of quantity），也就是認為似乎**數字**（numbers）有一種魔力，凡是用**數字**來表示的事物都是科學的。這種對**定量的迷思**，實在是對量度的功能有些誇大。因為這種看法不管量度的對象是什麼；也不管量度的結果如何、用途是什麼，就一廂情願地認為，只要是**定量的數字**就一定具有科學價值，這是非常偏執的看法。

　　這種**迷思**，在十九世紀時特別嚴重。一直到今天，持這種看法的學者仍然大有人在。常被引用的是**凱爾文大臣**（Lord Kelvin）的說法：「當你能量度你所要量度的，並且能用**數字**來表達，表示你對它有所瞭解；但是當你不能量度它，不能用**數字**來表達時，你的知識便顯得貧乏而不能令人滿意。那也許是知識的開端，但是卻不夠達到科學的地步。」[2] 於是，**數算**與**量度**被認為是科學進步的必要條件。現代的**定量迷思**，可能是因為量度工具的發達。由於我們發展出那麼有效而且精確的量度工具與技術，把它們用在科學研究上，才能彰顯出它們的價值。

　　這種現象一直到二十世紀初期才開始有所轉變。事實上，在科學演進的歷史過程中，**定量**（quantitative）與**定性**（qualitative）的方法，是量度工作一體的兩面，是互相為用的，也都是科學的。要成為科學化的研究，不一定都需要**定量**的量度。舉例而言，物理學的研究應該是著重**定量**研究的，但是卻也需要**定性**的研究相伴才行。例如：在人類開始研究原子理論的初期，認為世界上所有充滿各式各樣不同性質的東西，都是由相同的原子（**定性**）組成的，所不同的只是包含的原子數量（**定量**）的不同而已。但是後來卻發現各種東西的不同，原來是因為其所包含的原子的性質不同（**定性**），或者是它們所占的空間不同（**定性**）。爾後，又發現在量的方面，它們的重量也不同（**定量**），但是在原子之下的質子（protons）與電子（electrons）的性質卻是一樣的（**定性**）；而使原子不同的，是它所包含的質子與電子的數量不同（**定量**），或在原子中的位置不同（**定性**）而已。後來愈來愈多的這種物質被發現，也更強化了**定性**研究的重要性。因此，不論是在自然或物理科學的研究中，或是社會或行為科學的研究中，到底是**定量**的研究重要還是**定性**的研究重要？是無法下一個定論的。**實質上，定量的研究與定性的研究是研究工作一體的兩面，只是他們所使**

2　Kaplan, p. 172.

用的量度的尺度不同而已，或技術不同而已。[3]

　　再例如：常常有研究生以問卷的方式，調查民眾對某些公共設施的建設，或某些官員施政的滿意度。其量度的尺度常用：**極滿意、滿意、普通、不滿意、極不滿意**等五等分（或七等分）的尺度。在調查員詢問，或讓被調查人選擇某一項滿意度作答時，都是**定性**的或**質化**的量度。但是在做分析時，就要給每一個滿意度一個數字的標準，才能區分各滿意度之間的差別，也才能做進一步的統計分析工作。例如：我們可以規定：極滿意為 5 分、滿意為 4 分、普通為 3 分、不滿意為 2 分、極不滿意為 1 分等。這樣賦予每一個等級一個分數，以便於做統計分析，便是**定量**的研究了。當然這種做法，並不會像自然科學的量度那麼細微、那麼精確罷了。

　　海默爾（Helmer）與**瑞思琪**（Rescher）在討論**不精確科學**（inexact science）或**模糊理論**（fuzzy theory）的時候指出，在科學研究中，精確並不像**客觀**或**交織的主觀**（inter-subjectivity）那麼重要。不可否認的是，科學研究本身就是不精確的，量度工作只是在不精確中力求精確而已。一個有趣的例子是**圓周率**（π）的值。通常我們的計算只用其近似值 3.1416。近年來因為超級電腦的發達，科學家的計算已經推進至小數點後 1 兆 4,411 億位數。雖然如此，最後還是除不盡的，也就是說還是有誤差的。因此，我們的問題是：**定量**的研究真的是精確的嗎？是科學的嗎？其實**定量**與**定性**的研究是互相為用的，其精確度也是相對的，而不是絕對的，這要看我們所用的**量度的尺度**為何、用途為何而定。如果我們對每件事物的量度都很精確無誤，就不會發展出微積分、統計學了。[4] 那樣的世界該是多麼的無趣呀！？

量度的功能

　　當我們問道，究竟**量度**能為我們的研究工作做什麼？或者量度的功能是什麼時？我們可以從以下三個方面來看：

3　Kaplan, p. 173.
4　Kaplan, p. 172.

第一，**量度**可以使科學研究**標準化**（standardization），也就是可以比較來自不同來源的資料是否相等，或合於某一個既定的標準。特別是在一個工業化的社會裡，工業產品所能容忍的誤差是極其有限的。例如：一輛汽車的零件可能分別由不同的廠商製造，但是當這些零件用在裝配線上，裝配一輛汽車時，卻是無法容許任何過大誤差的。這就需要每一個廠商所製造的那種零件有一個共同的標準，而此一標準就需要由**量度**而獲得。

量度的**第二項**功能是使我們能對研究的資料，做更精細的區分或做更精確的定義；也就是做清楚而特定的**區分**或**分類**（classification）。例如：我們會說某人很富有或今天天氣很冷，就很難拿來做科學上的使用；但是如果我們用**所得**的高低來表示財富水平，以**溫度計**的度數來表示氣溫的高低，就會顯示出比較準確的含意了。如果我們能對研究資料做精確的定義與分類，也就能使我們所要研究，而希望形成的理論與法則（律）更為準確與可靠了。

量度的**第三項**功能，是能讓我們把數學與統計的技術用在研究工作上。不論你的目的是為了**實證**、**預測**或者是**解釋**一個科學理論、或是為了建立**模式**與**科學法則**（律），科學的量度是永遠不會**絕對精確的**（exact）。當然，當我們運用數學來運算時，其準確性就要比非數學的操作準確多了。而**量度的功能**，正是使我們能夠用比較精確的**量化**標準與分類，來表現各個變數。否則我們也無法對**理論**做**實際世界**（real world）經驗的驗證了。

但是，值得注意的是，無論數學或量度都不一定需要用**量**（quantity）來處理。**達爾文**（Charles Darwin）**演化論**（Evolution）的形成也不是**定量**的。但是在建立理論時，**達爾文**對物種做過多次的**計算**（counts），也做解剖學上的量度，而且使用其他數量資料。例如：個體變異出現的次數、地理分布等。通常，即使我們使用**定性**的變數，它們出現的**頻率**（frequency）可能在研究上非常重要，這也就是相對的**定量變數**。同樣的道理，**定性**資料的**分類**，其本身也就是**定量**的。所以，沒有任何**問題**（problem）的研究是**純粹定性**的，我們總是可以用**定量**的方法來處理它們。就如前面所說，對某件事物的偏好等級，可以用 5、4、3、2、1 等數字來表現。

也許有人會問，沒有任何東西是不能量度的嗎？特別是在行為科學上都沒

有嗎？**凱普蘭**斬釘截鐵的說：「**沒有。**」[5] 其實，我們能否量度什麼東西，並不在乎東西的本身，而在乎我們對它的概念、我們對它的知識。更重要的是我們在研究工作上，如何運用它而且做何種**量度**。如果我們不能**量度**任何東西，那是因為我們的思維受到束縛，這種束縛就是**定量的迷思**。

量度的結構與量度的規則

在前面，我們說過，**量度**就是依照一定的規則賦予一個物件、事情或狀況（situation）一個**數字**（number）或符號。而決定賦予什麼**數字**或符號，則由研究對象的性質來決定，而此一性質即稱之為**規模**（magnitude）。確定**規模**的大小或多少是為**量度**（measure），而研究對象的**等級**與量（amount）則是由量度的規則（rule）所決定的。一個量度的過程不僅決定量度對象的量（amount），也使這個量固定在某一個水準。在實際操作上，量度什麼以及如何量度是同時進行的。

量度的結構與規則，可以從：資料的**標示**（mapping）、量度的**順序**（orders）、量度的**累加性**（additive）、量度的**標準**（standards），以及基本的與引申的量度等方面來說明。

資料的標示

資料的**標示**就是把數字標示在一個抽象空間的研究對象上。資料的標示要求在對象與數字之間建立一定的關係，而且要在抽象空間的某一點上。根據資料標示的法則，數字與對象之間只允許有一對一的關係。**量度**的任務就是要建立一個有用的法則，去標示數字在研究的對象上。**量度**的重要性質是它符號的代表性。**量度**是讓一樣東西在概念上可以用**符號**來代表。因為這種代表性，使我們能夠在操作符號時，就能知道研究對象的性質。例如：給每一個運動員一個識別號碼，給每一個國民一個身分證號碼等。

5　Kaplan, p. 176.

● 量度的順序

最簡單也是最基本的量度方法，是先將所要量度的對象，按照某種性質排列一個順序。例如：一班學生可以按照身高、體重、成績等性質加以排序。要建立順序，資料與資料的關係，必須是不對稱的或單方向的，而且是不能逆向的。例如：如果 X 比 Y 大，就不可能同時存在 Y 比 X 大的現象。其次，順序的關係必須有**遞移性**（transitive）。也就是說，如果第一個變數與第二個變數之間有順序關係；第二個變數與第三個變數也有順序關係，則第一個變數與第三個變數之間必然有順序關係。例如：如果 A 大於 B，B 大於 C；則 A 一定也大於 C。但是變數之間的關係也有**不能遞移**的；例如：X 是 Y 的父親，Y 是 Z 的父親，但是 X 卻絕不可能是 Z 的父親，而是祖父。另外有些關係是**非遞移的**（non-transitive），例如：我的朋友的朋友，可能也是我的朋友，也可能不是我的朋友。因此，只有具有順序的關係才是遞移的。

其他的例子，如開會時，可以用與會人士到達的先後來排序。除了用數字的大小來排序之外，也可以用英文字母來排序，或者以數量多少來排序、重量的輕重來排序、顏色的深淺來排序等。值得注意的是，順序是我們加上去的，而不是變數自身擁有的。

有時在賦予**變數**一個數字的時候，也並不是一定要有一對一的關係不可。因為有時可能把同一個數字標示在兩個變數上。這種關係便是**相等的關係**（equivalence relation）；這種關係也是**對稱的**（symmetrical）與**遞移的**（transitive）。最常見的例子是在數學運算上；如果 X 是大於或等於 Y，而 Y 也大於或等於 X，這個時候 X 與 Y 應該是相等的。

此外，**數算**（counting）也可以被視為是一種量度，因為它也是賦予要量度的對象一個數字的方法。當我們**數算**的時候，是要知道某種東西有多少。在開始**數算**的時候，我們一定要把東西做某種順序的安排，然後才一個一個的數算。此時數字與對象之間便有一對一的關係，直到數算到最後，便得到這一組對象的總數。

● 累加的量度

　　把其他變數的量與已經賦予的數字合計起來，即是累加的量度。累加的量度有四個要件：(1) 合計的兩組變數必須是可以**交換的**（commutative），也就是說它們必須是同類的變數；例如：兩個香蕉加四個蘋果並不等於六個什麼東西；(2) 變數之間必須是有**關聯性的**（associative），也就是說第三個變數要與前二個變數一樣；(3) 在順序關係上，這種操作必須是**遞增的**（incremental）；(4) 操作的結果必須是**均等的**（equalities）；假使兩個相等的變數各加上一個等量的變數，其結果應該仍然是相等的。比較嚴謹的說法是：假使二個變數之間有一對一的關係，這種關係便稱之為**同質性的**（isomorphic）關係。**同質性關係**就是均等的關係，它是對稱的，也是遞移的。

● 量度的標準

　　在前面，我們定義**量度**是依照某種規則去賦予量度的對象一個數字。但是要知道賦予什麼數字則需要定出特定的標準。例如：給某些東西定出重量，則要用斤、公斤或磅；要定長度則用尺、公尺或英尺；要定容積則用斤、公斤、公升或加侖；要定時間則用秒、分、小時、日、月、年等。這些標準也就是量度的單位。這些數字必須是整數或分數，例如：1 公里的十分之一是 100 公尺。但是如果我們說某件東西的重量是 $\sqrt{7}$，則是無法量度的。

　　量度標準的選擇是習慣所自然形成的，也可能是根據某些規則所制定的。我們可以因為需要而自由選擇所要用的標準。但是選擇的標準必須與量度的工具相契合；而量度的工具也必須通過檢測。例如：長度的標準（公尺）是光在真空狀態下，在 299,792,458 分之一秒的時間裡所行經的距離。制定公尺長度標準的歷史可以追溯到十八世紀。在 1791 年，法國科學院（French Academy of Science）採用地球表面從北極經過巴黎到赤道的經線的千萬分之一的長度為一公尺，並且在 1889 年以鉑及銥的合金製成標本，存放在巴黎科學院。為了進一步減少環境與金屬本身所造成的誤差，**國際度量衡大會**（General Conference on Weights and Measures, CGPM）在 1983 年便給一公尺下了如前面所述的定義，即一公尺的長度是光在真空狀態下，在 299,792,458 分之一秒的時間裡所行經的距離。

● 基本的量度與引申的量度

　　一旦某些量度得到確認，我們就可以根據它們做其他進一步的量度。也就是說，我們可以把量度區分爲**基本的量度**（fundamental measurement）與**引申的量度**（derived measurement）。一個**基本的量度**是在量度的時候，不做第二人想的量度方法；一個**引申的量度**是根據**基本量度**的法則、邏輯，或實證而產生的量度方法。例如：我們可以經由計數知道一個地區的人口數，由這個人口數與地區的面積我們可以計算人口的密度。人口數與地區的面積是基本量度，而人口的密度就是引申的量度。

　　在量度的過程中，**法則（律）**（law）的訂定是前提；發現法則才使量度成爲可能。在我們建立順序，建立累加的尺度、或者建立引申的量度時，都包含了法則（律）。法則（律）是使量度有意義的基礎。例如：當我們量度一件東西的時候，我們所賦予它的數字代表了**實證法則（律）**的結果；而賦予數字的動作便彰顯了法則（律）。因此我們也期望經由賦予其他東西一個數字，而發現其他的法則（律）。因爲眞正的量度對發現法則（律）非常重要，而發現法則（律）又對科學的進步非常重要。

量度的尺度

　　依照定義，量度就是依照一定的規則賦予所要量度的對象一個**數字**（number）。量度的**尺度**（scale）可以說就是賦予數字的**規則**、或者是決定量度**規模**（magnitude）的原則。有的時候，**尺度**也被視爲量度的**工具**（instrument），以及有的時候甚至被視爲量度的**標準**（standard）。此外，**尺度**能讓我們瞭解量度的數字所代表的量度結果的意義。也可以說是，**尺度**會讓我們瞭解如何詮釋**量度**所得到的數字的意義。某一特定**尺度**的值，可以讓我們以數學的形式用在研究工作上。所以爲了數學運算上的方便，數字化的**尺度**——就是**量化**的**尺度**，也是較爲可取的量度尺度。

　　尺度是指質與量的統一，質與量初步的統一，叫做**程度**（grad），也可以譯爲等級，是指可以劃分爲第一、第二、……等次序的數量。

● 尺度的種類

尺度的種類可以因為它們量度**相等與否**（equality）、**等級順序**（rank-ordering）、**變數的差別**（differences between objects），以及東西或事務的**比例**（ratio），而分為**名目尺度**（nominal scale）、**序列尺度**（ordinal scale）、**區間尺度**（interval scale）與**比例尺度**（ratio scale）。我們在前面說，**定量**與**定性**的區別在於所用的尺度的不同。也就是說，**名目尺度**是最為**定性**的，依次為**序列尺度**、**區間尺度**與**比例尺度**。它們的**量化**程度也依次增加，**比例尺度**是最為**量化**的。茲再分別說明如下。

名目尺度

名目尺度（nominal scale）是最簡單的一種尺度，也是最**定性化**的尺度，它賦予數字的作用，只在於給予變數一個名稱或**標記**（label）以便於辨識。例如：給球賽的球員每人一個號碼。其規則是不可以將兩個不同的號碼給予同一個人；也不許可兩個人共同擁有同一個號碼或名稱。而且給某一個量度的對象一個號碼或名稱，並不影響給另外的對象加上任何其他號碼或名稱。

名目尺度在我們應用電腦極為普遍的今天，其用途更為廣泛，特別是在行為科學方面。在處理大量資料時，會包含很多個體；而每一個個體都需要一個代號。例如：我們日常慣用的身分證號碼、信用卡號碼，以及其他無數的數位產品都屬於同一個來源。

序列尺度

序列尺度（ordinal scale）也就是排列順序，是把大於或小於的數字賦予一個序列的個體。序列尺度的量度是讓我們能夠區分**程度上的差別**，而不是量的差別。所以序列尺度是**定性**的量度。例如：各種礦石可以依照它們的硬度排序，產品的**序號**（serial number）是依照產品製造的先後編號。

通常在使用序列尺度時，都會先訂定一個序列的標準，然後把所要量度的對象與這個標準作比較，而定出它在此一序列中的地位。例如：在我們前面所舉礦石硬度的例子中，我們把最軟的滑石的硬度定為 1，把最硬的鑽石的硬度定為 10。在給任何其他礦石的硬度排序的時候，就拿它來與此一標準比較而

定其位置。

區間尺度

以上二種量度的尺度，都是屬於**定性**的量度或**強性**（intensive）的量度。另外一種尺度，雖然不屬於**定性**的量度尺度，但是也含有強度性質的量度尺度，就是**區間尺度**（interval scale）。**區間尺度**量度的是距離某一原點相等的區間。例如：攝氏溫度計把水的冰點到沸點的溫度劃分爲 100 個等距離的區間；每一個區間都是一個**攝氏度**。所以區間尺度量度的不僅是序列，也量度**差別**。華氏溫度計也是一樣，只不過它的原點與區間的劃分與攝氏溫度計不同而已。如果以數學的概念來表示，則是加或乘一個數值其位置不變。其數學公式爲：

$$f(x) = ax + b$$

例如：攝氏的零度、10 度與 20 度，相當於華氏的 32 度、50 度與 68 度。它們的數值不同，但是所代表的溫度是一樣的。

比例尺度

比例尺度（ratio scale）具有所有區間尺度的特性，而且開始於一個絕對的零。比例尺度的數字乘上一個常數雖然改變它的形式，但是並不改變它的**價值**（value）。以數學公式表示，則爲：

$$x' = ax$$

例如：3 英尺等於 3 乘 12 吋爲 36 吋。

因爲零是固定的，所以所量度的數字的差也是固定的。無論單位如何選擇，它們的比例也是固定的常數。**比例尺度**可以讓我們做任何數學的演算。也就是說**比例尺度**的量度可以做加、減、乘、除四種運算。如果把以上四種量度的尺度列表比較，就可以很清楚地看出每一種尺度的性質與功能，如表 11-1。

在研究工作中，分析資料能否獲得我們所常見的結果要看量度工作做得如何。分析資料做得好壞，則要看我們是否會用適合的統計方法。實際上，量度

的尺度對我們選擇適當的分析方法有相當的影響。因此我們在表 11-2 中，列出適合於每種量度尺度的統計方法，供做參考。

目 表 11-1　量度尺度的性質與功能

尺度	關係	術學結構	範例
名目尺度	1. 等於	排列組合 $x' = f(x)$ $f(x)$ 為任何一對一的代替關係	賦予球員號碼 班級形式的分類
序列尺度	1. 等於 2. 大於	$x' = f(x)$ $f(x)$ 為遞增的 一次函數	礦石的硬度 門牌號碼 木材、羊毛等的品質 智力測驗分數
區間尺度	1. 等於 2. 大於 3. 任何區間的差或比例	一般線性函數 $x' = ax + b$ $a > 0$	溫度（攝氏或華氏） 位置 時間（日曆） 能量 智力測驗的標準值
比例尺度	1. 等於 2. 大於 3. 任何區間的差或比例 4. 任何尺度值的比例	相似組群 $x' = cx$ $c > 0$	數量 長度、密度、功、時間、區間等 溫度（攝氏或華氏） 聲音高低 光暗

資料來源：Russell L. Ackoff, *Scientific Method*, John Wiley Sons, Inc., 1962, p. 193.

量度的效度

量度的效度，是指量度在科學研究工作中所能發揮的作用或功能；也就是**量度**能不能有效地達到研究工作所希望達到的目的。所謂有效的**量度**，就是能夠達到所希望的目的的**量度**。

表 11-2　適合使用於各種尺度的統計方法

尺度	量度的位置	離散性	相關	信度／檢定
名目	眾數	資訊 H	資料傳輸，t 條件相關 列聯相關（contingency correlation）	卡方檢定
序列	中數	百分比	序列相關	符號檢定 連串檢定
區間	算數平均	標準差 平均差	乘積移動相關（product-movement correlation ratio） 相關比	t 檢定 F 檢定
比例	幾何平均 調和平均	百分比差		

資料來源：Russell L. Ackoff, *Scientific Method*, John Wiley Sons, Inc., 1962, p. 194.

　　量度是否有效，雖然會依案例的不同而不同，但是仍然會受兩項基本因素的影響。一個是要看我們對**量度**的對象，以及**量度的量**（quantity）的要求如何定義或界定。另一個因素是要看量度的結果，與在實際世界驗證之間的關係（empirical connections）如何。例如：當我們要測驗一個人的智力時，常用**智商**（IQ）來量度；而**智商**又可以拿來預測一個人的學術成就或者其他解決問題的能力。所以量度的有效性包含**定義**與**預測**兩個方面的考慮；特別是當**量度**不只是在描述的一般化上，而且是在理論的形式上時，更是如此。

● 量度的精確性

　　當我們擔心量度會產生誤差的時候，也正是在另一方面我們會力求增加量度的精確性。一個具有**效度**的量度，就是要量度的結果恰好與被量度對象的**量**完全一致。所謂量度的精確性，是指在我們從事量度的時候完全不致產生誤差。但是，這是我們所無法做到的，更實際一點說，這種沒有誤差的理想情形是根本不存在的。換言之，當我們改正量度技術，減少誤差時，也只能做到某一個程度。我們只能說，當我們提高量度的敏感度、可靠度與精確度時，我們只不過發現我們的量度在增加收斂到某一個特定值而已。這個特定值，便可以讓我們用數學加以運算。

　　另一種情境便是量度的**重複**（repeat），**重複**的意義在於增加**量度**的精確度，而精確度是要拿量度的結果與被量度的對象的本身做比較來判斷的。這又要看資料在研究工作中的角色與功能，以及所牽涉到的理論與法則而定。因此，所謂增進精確度，與其說新的**量度**結果比之前的量度值更接近**真實的值**（true value），倒不如說新的**量度**值，比之前的**量度**值更合科學研究的使用。

　　從**方法論**的角度看，為什麼要求增進**量度**的精確性那麼重要呢？其原因之一是我們過分強調精確度的價值。假使我們認為改進**量度**方法，會使**量度**的結果更接近真實，我們當然會認為愈精確愈好。這種過分誇大精確量度重要性的態度，剛好又陷入了我們在前面所說的**定量的迷思**裡。例如：通常我們會認為四捨五入所得到的整數不如計算到小數點以下 **n** 位的數字來得精確與科學。但是從功能的角度看，精確度的價值應該是依量度的功能，以及所採用的方法的角度不同而有所不同的。

　　然而經常出現的情形是認為，如果**量度**不夠精確便沒有科學價值，往往所要求的精確度都超過**量度**工具的敏感度，或所用的尺度或其他**量度**方法的極限。例如：目前在臺灣，患**憂鬱症**的人很多，但是我們用什麼方法能夠知道病患的確實人數呢？根據醫院看診的人數嗎？那麼沒去看診的病人算不算呢？他們的人數可能比去看診的還多。即使是去看診的病人，他們各自的病情又各有不同，各家醫院或診所所用的標準也不一樣。這樣，我們如何能求得精確的精神病患人數呢？諸如此類的情形，可以說是不勝枚舉的。所以在**量度**的工作上往往是不可能精確的。美國學者 Ritchie 說：「要求**量度**的精確度超過所需，

比不夠精確還更糟。」中國話裡不是也有**過猶不及**的說法嗎？依照**愛因斯坦相對論**的概念，所有各種形式的**量度**都是**相對的**。任何**量度**的意義，只有與一個量度的標準比較時，才能讓人瞭解。[6]

從另一方面看，當然鬆散的**近似值**（approximation）會造成誤差，有時也可能造成很嚴重的後果；但是卻有可能具有相當大的實際與意想不到的價值。問題的重點是，**到底各種程度量度的精確度，對我們所要研究的問題有什麼意義？**我們在前面已經說過，**量度**基本上是依照一定的符號系統與規則給每一個**量度的對象**一個**數字或符號**。所以對於量度效度的看法，是一個做研究工作的人，可以就研究的需要或要求，自己斟酌決定的。也就是說，你可以就你覺得合適的方式，給任何**量度的對象**任何**數字或符號**，但是你也必須清楚地知道，你在做什麼，並且接受任何的後果。如果數字的計算很漂亮，但是實驗做得很糟，是沒有什麼意義的。

● 量度的誤差

量度要能有效，要能發揮量度在研究中的功能，要能達到**量度**的目的，必須要使**量度**沒有誤差（errors）或者使誤差減少到最小。事實上以人類的行為而言，沒有任何的**量度**是沒有誤差的；但是我們卻可以合理地要求，使**量度**的誤差減少到最小。誤差又可以從以下幾個方面來討論。

量度工具的誤差

任何一種**量度**的工具，都有它區分差別功能的極限。少許的誤差在我們對精確性的要求不是非常高的情況下是可以被接受的；或者我們可以說，這種極小的差別是**無法量度的**（immeasurable）。這種說法是指在**量度**的過程中，所使用的工具無法做到的。但是當我們使用更精密的工具時，這種差別便變成可以**量度**了。但是依照**阿基米得原理**（*Axiom of Archimedes*），無論兩件相等的東西的差別是多麼的小，若這些微小的差別累積起來便會相當的大了。所謂

---

6   Gary F. Moring, *The Complete IDIOT'S Guide to Understanding Einstein*, Second Edition, ALPHA Books, 2004, p. 166.

差之毫釐、繆以千里就是這個意思。工具測驗差別的能力謂之**敏感度**（sensitivity），工具的**敏感度**不夠就會造成誤差。

量度的可靠性

第二種誤差的產生是當我們重複某一種**量度**的時候，並不會得到同樣的結果。這種重複**量度**的誤差可能是**隨機波動**（random fluctuation）所造成的。每一次量度都包含兩種成分，一種是量度對象的性質，另一種是其他無法控制的因素所造成的差異。這種差異愈小，量度的結果就愈可靠。量度的可靠性就是指重複量度是否能得到**恆常的結果**而說的。可靠性往往是前面所說，**交織的主觀**所形成的**客觀**，也就是說不同觀察者是否都能得到同樣的結果。而量度環境的改變也會影響到量度的可靠性。

隨機的波動在任何**量度**的過程中，幾乎是無法避免的。如果多加小心，**量度**的**隨機誤差**是可以減少的，但是多多少少還是會存在的。除了隨機誤差之外，如果因為量度工具或**量度**過程的因素，一直造成或正、或負的單向誤差，則是**系統性誤差**（systematic error）。一個能夠避免系統性誤差的**量度**，即可以稱之為**準確的**（accurate）**量度**。什麼是隨機的誤差？什麼是系統的誤差？則要看我們**量度**什麼以及如何詮釋我們**量度**的結果而定。從**量度**的理論來看，影響誤差的因素，已經事先融入或含在**量度**機制裡的就是**系統性誤差**，由於其他偶發的影響因素，造成的誤差都是**隨機的誤差**。

觀察者的誤差

第三種誤差是由於觀察者未能遵循一定的作業要求；特別是他五官上有所錯誤、或者記錄錯誤。總而言之，這種誤差是由於觀察者**感官或精神**的集中不完善所造成的。這種誤差可能因為觀察者的不同而不同；也可能因為觀察者的觀察時間不同而不同。假使**量度**的對象有一個恆常不變的值的話，就可以去做多個觀察者的觀察；根據多次觀察的結果，我們就能獲得一個較為一致性的結果。要分析這些觀察的結果，首先要確定它們的**分布**（distribution），也就是要找出一個適當的分布曲線，然後還要分析它們與真正值的**離散性**（dispersion）。但是因為在研究工作中，真正的正確值是無法預先知道的。所以我們只能用過去的研究值，或經過縝密控制的實驗，所得到的**值**做標準與之比較。不

過誤差仍然無可避免。

被觀察對象的誤差

第四種誤差可能是由於被觀察的對象所產生的。首先，我們會注意到觀察行為或過程本身，就會影響到被觀察對象的行為，所以我們無法觀察到被觀察對象的自然行為。這種現象就是所謂的**不確定原則**（indeterminacy principle），此一原則是科學方法論的主要爭議所在。這種爭議是指到底此一原則是由於自然生成的，或者是因為研究者的知識、觀念，以及觀察方法的不足所造成的。一般學者的意見大多傾向於後者。

有關**不確定原則**，如果觀察的對象是人類，其複雜性要遠比自然科學來得高。此一問題將在討論**調查方法**（survey method）時，再做進一步的說明，不過此處也要指出幾個重點。在做行為科學的調查時，主要會用兩種方法。一是**測驗**（tests）、一是**問卷**（questionnaires）。在做問卷調查時，是假定被詢問者擁有我們所需要的資料；而測驗則沒有這種假設的前提。

除非測驗是**計分的**，否則文字的測驗是不容易得到精確的**量度**結果的。在純粹或應用的行為科學研究上，測驗與問卷都是常用的重要方法；我們最好能用一些標準的方法測試其精確性。除非我們能對測驗的精確性做評估，我們也沒有辦法去使用它，來矯正量度工具與回應詢問的結果。

以使用問卷來說，因為我們的**假設前提**，是認為我們所詢問的對象擁有我們所需要的資訊，所以對此一假設前提正確性的評估非常重要。這種評估可以根據過去的研究或者**前測**（pretest）來確定此一**假設前提**是否有問題。

一旦我們確定了上面所說的**假設前提**沒有問題，則問題的癥結主要就是在於**溝通**（communication）。**溝通**的意思是指被訪問的對象，完全瞭解我們所希望他瞭解我們詢問的內容與意義，而他也充分配合提供詢問者所希望獲得的資訊，而且忠實無誤的記錄下來。但是問卷的製作並沒有科學的方法，多半都要依賴**經驗與常識的判斷**。再者，可以供作參考的資料就是相關的書籍和文章所提供的一些原則或方法了。

在考量減少受訪者誤差時，最根本的問題是我們到底要求的精確度到什麼程度；也要考慮達到某一個精確程度所需要的**成本**有多少。除了這些問題之

外，減少受訪者的誤差也與問卷的製作，以及樣本選取有密切的關係；這些問題將會在討論**調查研究**（survey research）時再加以說明。

環境造成的誤差

觀察與實驗的環境條件，會影響研究工作者與被觀察者的互動，以及量度工具的精確性。例如：**量度**長度的金屬製的**尺**，會因為溫度的變化而有膨脹或短縮的現象。如果我們知道該金屬的膨脹係數，就不難做一些矯正，使量度的結果更加精確。不過往往觀察實驗的環境不受研究工作者的控制；在這種情形之下，只能經過多次**重複**的觀察與實驗，對誤差做某種程度的矯正。做問卷調查也是一樣，只根據一次問卷調查的結果做分析而得的結論，其**量度**的可信度是值得懷疑的。可是這種情形卻是**目前研究生所最常使用的方法**。

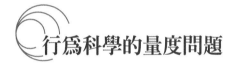

行為科學的量度問題

● 再論量度的定性與定量

在本章開頭，我們談過**定量的迷思**。而在行為科學的研究中，相對可能更廣泛的是**定性的迷思**（mystique of quality）。**定性的迷思**與**定量的迷思**一樣，所關心的也是數字的力量，只不過**定量的迷思**是把數字看作是一種巫術般的魔力，引誘我們放棄靈魂去換取一堆垃圾。[7] 從這個觀點來看，**知識**，特別是關係到**人**的知識，其本質就是**定性**的。不論**定量**的**量度**能夠達到多麼精確的程度，都是應該避免的。要求百分之百精確的科學，是對**自然科學**的研究，而不是對**人**的研究。然而令人不解的是，為什麼在研究人口問題或經濟學時，卻會使用相當多的數學方法與**定量**的操作；而在很多物理科學的研究中，又充滿了**定性**的量度。那麼反過來看，到底**定性的迷思**背後又隱藏著什麼呢？

其實，無論是**定性**的量度或**定量**的量度，多多少少都會有某種程度的**抽象**

7　Kaplan, 1964, p. 206.

性（abstraction）。也就是說在數字的描述中，某些東西必須省略，才能看得出**量度**對象的真相。這也要看主要**量度**對象的性質為何？而它與其他東西的性質之間的關係又如何？例如：對重量的描述，除了重量之外，並不會同時又告訴我們大小或密度。這一點只是告訴我們，沒有任何單一數字的描述能夠告訴我們所有的事情；那麼**單一定性**的描述是不是就不一樣了呢？其實，其關鍵在於**定量**的**量度**本身，就包含了**定性**量度中所包含的所有特性。例如：在一月的某一天，你感覺到很冷，同時氣象報告說氣溫只有 5°C，這時你是不是同時獲得了**定性**與**定量**的雙重資訊了？這一點從表 11-1 的說明就可以充分的顯示出來了。

其實問題的關鍵在於：如果我們把**定性**與**定量**的**量度**看作是對立的，或者說不是**定性**就是**定量**，或不是**定量**就是**定性**；這就是對**定性**與**定量量度**的誤解。用一種不太抽象的說法，我們可以說，對任何東西的**量度**，到底是**定性**的或者是**定量**的要看我們用什麼**符號**（symbol）來表現它。從**量**轉變到**質**或從**質**轉變到**量**，只是**語意**（semantic）或邏輯程序上的問題，而不是本質上的變化。例如：我們說**冷**或**熱**只是溫度計上顯示的尺度不同而已。

● 沒有被量度到的

在**量度**的工作中，不可避免的會忽略某些東西沒有被**量度**到。這種遺漏有的是無意的，但是也有的是有意的。例如：在**量度**一個人的智力的時候，我們會用 IQ 來表示，但是 IQ 並不包含**創造力**（creativity）。這種現象並不表示我們的**量度**做得不好，而是因為我們不可能把所有要**量度**的東西都包含進去。因為如果我們在**量度**時，希望集中焦點在某一事件或東西上，必然會有意或無意地忽略其他部分。在這個時候，傾向定性的迷思的人就會批評說：有意義的東西都沒有被量度到。

這種責難可能有一部分的原因，是基本上沒有弄清楚什麼是**知道某些事情**，和**經驗到某些事情**有什麼不同。例如：知道今天很**冷**與感覺到天氣很**冷**是兩碼事。因為知道很冷可能是聽到別人說的，或者是看到溫度計上的度數，這都是抽象的，是**定量**的量度，是對符號的認知。然而當你到戶外親身感覺到很冷時，才驗證了很冷的事實，這是**定性**的量度。所以有人認為**定量**的**量度**只提

供了一些抽象的數字，而沒有**定性**的描述那麼實在。

講到這裡，讀者可能要看一下第五章裡有關**建構模式與假說**的說明。從圖5-4 和相關的文字說明中，我們可以看到**理論**（符號）世界裡的**理論**是要到實際世界裡蒐集**經驗與資料**加以驗證，才能被證實的，也才是確實可信的。上面所說知道今天很冷，就是抽象的，到戶外親身體驗到很冷，就是驗證了理論。也就是從**理論**（符號）**世界**進到**實際世界**裡了。

然而，如果只是簡化的說**定量**只是知道，而**定性**只是體驗，也不是對**量度**正確而完整的認知。比較中肯的看法應該是說，**有了經驗能使我們對理論的認知更確實**，也使我們的**命題**更為精確，而且也不會與其他的**命題**相互混淆。同樣的道理，有經驗也並不表示對任何事情都知道，至少在科學的領域裡是這樣的。因此，基本上，**量度**無法讓我們知道所有的事情。

如果再進一步看，也有人認為沒有被**量度**到，並不是有意或無意地忽略某些重要的東西，而且甚至於根本否定它的存在。例如：每個人的人格特質（personality）是非常個人化的，除非我們著手去建立心靈層面的**量度**標準，否則將無法將其納入了。

● 量度的能與不能

有關**定性量度的迷思**，是由於**量度**本身在人們的各種事物上有不同的作用；而且並不一定與我們的價值觀一致。正如我們在前面所指出的，**量度**最重要的功能之一就是**標準化**。但是當我們瞭解標準化的價值，定了標準，而又要用標準來**量度**自己時，又好像矮化或物化了自己。例如：選美時，美女的標準是由身高、體重與三圍的尺寸來衡量的。這種拒絕被標準化的心情是完全正常的，也是可以理解的；但是**量度**並不會腐蝕我們的人格，不要把**研究價值**與**評估價值**混為一談，**量度**的目的只是在於增進知識。當我們**量度**一個人的行為時，並不是在剝奪其做人的尊嚴；我們所注意的只是他的行為的科學意義，而這種科學的意義，則需要從**量度**獲得。**量度**不但不會貶抑人的價值，反而會增進其科學的價值。

對人類行為**量度**的困難，在於**量度**工作無法受到研究者的控制。實際的情

形是**量度**的工具愈精確，量度的工作就愈容易進行。**定性的迷思**可能根植在**道德**方面，也就是說**人**要被對待得像個「**人**」；而不是強化他在政治、商業等方面的工具性。其實科學本身是無辜的，端看我們如何去使用它。很諷刺的是**定性的迷思**已經清楚的認識到**定量量度**的極限，不過我們也不必因此而反對它。但是苦果已經下肚，我們無法走回頭路。我們唯一能做的，不是抗拒行為科學知識的成長，而是盡其所能地設法去保護與增進我們珍貴的**人性**。

最後，在社會科學的**量度**裡還有三個問題有待澄清。首先我們要說明的是，**人類的行為都是有目的的**：這些目的與價值的複雜性遠非簡單的量度所能勝任。它們不只是因人而異、因時而異，它們也可能同時產生而且互相孕育、互相影響。當一個人選擇一個住宅、一個工作或者一個配偶時，有太多的因素會影響他的考慮。怎樣才能把這些因素綜合起來考量，然後去做抉擇？有很多不同的價值無法放在一起比較。例如：如何比較香蕉與橘子對人營養需要的滿足；安全與自由的比較；麵包與愛情孰重孰輕？環境保護與經濟發展對社會的重要性孰重孰輕等？

這樣看來，**量度**似乎真的很不容易；不過也不要因為這種情形而過分悲觀。如果為了某種特別的目的，比較不同價值之間的共同基礎仍然是存在的。例如：金錢的成本、能源消耗指數、消費者信心指數、痛苦指數、幸福指數、人口密度等，都是很有用的量度標準。一般的看法是，不要把**量度**侷限在**數字的尺度**上，大小輕重也可以按順序加以排列權衡。例如：當一個人選擇工作時，他可能會考慮薪資、工作環境與升遷機會等因素；而在選擇住宅時可能會考慮大小、區位、租金或價格等因素。然後把這些因素綜合考量，再做最後的選擇。而在選擇朋友時，就不能把某人的個性、習慣等因素分別衡量再加總起來，做一選擇，而是整體考量一個人的人格。所以在行為科學上，**結構性**（configuration）的量度方法要比**加總法**（summation）更為適用。

第二個問題是指**結構性的量度往往要靠人為的判斷**。例如：心理治療的效果、政治人物的影響力等，都不可能以**定量**的數字來表示，而需要做人為的判斷。在從事**量度**時，我們只能假定觀察實驗者具有足以勝任的能力，而且會用合適的統計方法做分析工作。其所得到的結果，可能並不是他所要研究的對象的行為，而是包含這些對象的整體表現，或者是這些對象之間的關係。而且這種結果可能也是基於研究者的判斷而得到的。

　　第三個問題是**有些人認為在社會科學的研究工作中，如果任何東西不能做數字上的操作就不可能做任何有意義的量度**。不過**量度**的方法仍然不是沒有的。在社會科學或任何其他領域，**系統性**（systematic）的研究仍然可行；這種量度雖然沒有純粹**定量**的**量度**那麼精確，但是仍然遠遠勝過個人的判斷。如果我們能夠透過一些**中介性**（intermediate）的方法，例如：**系統的評等**（systematic rating）、**序列尺度**、**多面向分類**（multi-dimensional classifications）、**類型學**（typology），以及簡單的定量化**指數**（index）等，仍然能夠在**定性量度**與**定量量度**之間建立一個邏輯上的連續性。在這種比較廣義的**量度**定義下，社會現象的**量度**是每天都在進行的。特別值得注意的是，近年來有愈來愈多的術學方法被用在社會科學的研究上。例如：**圖解理論**之用在組織結構分析上，**機率理論**之用在規劃與決策分析上等。

Chapter 12

觀察與實驗

在科學研究工作中，必須蒐集證據與資料，來驗證理論與假說。而蒐集證據與資料的基本方法就是**觀察**（observation）、**實驗**（experimentation）與**調查**。我們在第二章裡就說過，**科學研究要從觀察開始**。在第五章的圖 5-4 中，一條橫貫左右的粗橫線把此圖分為上下兩個部分。上半部分是**符號世界**，也就是理論的部分；下半部分是**實際世界**，或經驗的部分。當我們從事研究工作時，就是要從下半部分的實際世界，蒐集證據和資料，來驗證上半部分的理論或假說。在這一章，我們先講觀察與實驗，在第十四章，講調查研究。**觀察**、**實驗**與**調查**，都是在實際世界蒐集資料的技術與工具。在這一章，我們先講觀察與實驗。調查研究則放在第十四章討論。

 觀察

在科學研究工作中，科學家所做的第一件事就是**觀察**。科學研究的**觀察**是刻意安排的，是小心仔細而且在事前做過妥善規劃設計的，和我們在日常生活中隨意見聞所得到的資訊不同。在自然科學研究中的**觀察**，更會使用各種工具，例如：顯微鏡、溫度計、天秤等各種儀器。而在社會科學、行為科學的研究工作中，**觀察**的進行並不需要依賴特殊的工具，而是在不同的情況或環境中，用人的五官進行的。

最重要的是，科學研究的**觀察**是精心設計的。如果依照英文的基本意義來說，**觀察**不只是去看（to see），而是**審視**（observation）、**仔細察看**（watch over）的意思。**觀察**是具有目的的行為，其目的遠遠超過**觀察**行為的本身。其目的在獲取證據與資料，以供研究工作的各階段使用，例如：形成假說與驗證假說。以科學研究而言，**觀察**是在尋找隱而未顯的東西或事務；這些東西或事務一經被發現，便會與現實世界發生緊密、持續而且具有建設性的關係。所以古希臘先哲所注意的觀察行為，就是把有意義、有目的、有系統的觀察，稱為**研究**（research）。例如：神農氏嚐百草，而知道某種植物可以醫治某種疾病，就是做觀察實驗研究。

在從事觀察與實驗時，其結果之能否被接受，要看實驗是否能被**重複**（re-peat），而且能得到同樣的結果。對科學家而言，**重複**是為了增進**觀察**的品質。**重複**在研究方法上的重要性，在於形成由**交織的主觀**所形成的**客觀**。也就是說一項科學研究的**觀察**，可以由另外的人在同樣的情況下，做多次的**觀察**，並且產生同樣或起碼類似的結果。或者由同一個人，在同樣的情況下，做多次的觀察。這樣便形成眾多的**主觀**交相反映，就形成**客觀**了。同時也顯示出此一觀察的結果，沒有受到任何其他因素的影響。

但是目前，有相當多的**碩士**甚至**博士**研究生在做研究、寫論文時，只做一次**調查**或**實驗**，然後便根據所獲得的資料進行分析，並且提出結論及建議。顯然這種只做一次**調查**或**實驗**的研究是不夠嚴謹，也不夠科學的。其實，不僅**重複**的調查與實驗很重要，探討**反面意見**以及用**其他方法**做同樣的實驗、觀察是否能得到同樣的結果，也同樣重要。記得在我做完**畢業論文**的問卷調查之後，指導教授又叫我選擇幾個**關鍵性**的問題，用電話訪問那些**沒有回覆問卷的人**，看有沒有任何其他不同或相反的意見。然後再綜合起來做整體，以及正反兩方面的分析與討論。

不過，有時**觀察**會受**人為因素**的影響。在邏輯上，一項**觀察**也會受心理因素的影響，例如：如果你有一廂情願的想法，你的觀察就會往所想望的結果去進行。有的研究也會顯示出社會的影響力，這些影響力不但影響我們的思想，也會影響我們的見聞。所以要做科學的**觀察**，**觀察者**必須受過科學方法的訓練，做獨立的思考和判斷。

但是有很多重要的科學事件是偶然發生的；特別是社會科學或行為科學的研究尤其如此。例如：災害的發生、戰爭的危機等；即使是定期的選舉，其過程也每次都不一樣。當這些事件發生時，我們當然可以**觀察**，但是我們卻不能

使它重演，以便事前做周詳的準備，去做仔細的**觀察與分析**。

評估**觀察**結果的是否正確，可能不只出於**觀察者**的失誤，更可能出於**觀察**的過程不夠嚴謹。例如：當我們說因爲 X 的原因，所以造成 Y 的結果時，實際上卻可能是受我們對 X 觀察行爲的影響，而造成 Y 的結果。著名的 ***Hawthorne* 實驗**顯示工人因爲知道或不知道他們是在被**觀察**的情況之下，使他們的生產力有所不同。類似的例子當然還有很多。

所謂 *Hawthorne* 實驗是西方電器公司（Western Electric Company）在芝加哥（Chicago）的 ***Hawthorne* 廠房**所做的實驗。公司爲了要瞭解在工廠裡，各種工作環境的變化與生產力之間的關係，而做此項實驗。在這個實驗中，研究人員希望知道**照明**的強弱與工人的生產力之間的關係。在實驗過程中，當研究人員提高**照明**的強度時，生產力也跟著提高；當他們使照明更增強一些時，生產力也跟著更提高了一些。因此，實驗的結果顯示，工作環境的照明度愈亮，生產力就愈會提高。爲了檢驗實驗結果的確實性，研究人員開始降低工廠的照明度；結果發現，照明度愈暗，工人的生產力也跟著提高。因此，研究人員很快便得到結論，其實影響工人生產力的因素，是他們有沒有被關注，而不是照明度的高低。自此以後，***Hawthorne* 效應**一詞便被用來說明接受實驗對象的行爲變化，可能並不是實驗處理（treatment）的本身，而是他們知不知道正在參與該項實驗。[1]

在這裡也要提醒從事研究工作的人，在你從事一項問題的研究時，不但要做正面的思考，也要做負面的思考。而且要做重複的實驗或調查，才能夠建立研究工作的完整性與客觀性。因爲**客觀**是建立在**眾多的主觀**上的，也就是我們在前面所說的**交織的主觀**。

事實上，沒有任何人類的感官是精確無誤的，對科學研究而言，更是如此。觀察是認知性的，所謂眼見爲眞，就是說我們不只是去看一些東西或事情的表象，而是去洞察這些東西或事情的實際狀況或**眞相**。我們在第二章裡說，**科學**的探討是建立在**認識論**（epistemology）的基礎上的。然而，觀察是用我們的五官進行的，難免會有誤差。關於**觀察**的誤差，有幾種方法可以使誤差減

1　L. R. Gay and P. L. Diehl, *Research methods for Business and Management*, Maxwell, MacMillan, 1992, p. 397.

少，這些方法都是要對**觀察**加以控制。

第一，我們可以用一些方法把可能造成誤差的因素隔離。事實上，對觀察人員的訓練與營造實驗的情境都是在做隔離的工作。例如：控制實驗室的溫度、氣壓與溼度等。在做社會調查時，問卷必須先做**測試**（pre-test）以減少語意上的不通順，或未能表達本意的詞句等。在社會科學的研究工作中，我們常假定**其他狀況不變**（other things being equal），以突顯或孤立我們所要研究的對象或變數。

第二，如果誤差不能被完全排除，也可以設法**抵消**它們所可能產生的作用。當我們觀察兒童的行為時，除非有特殊狀況，常會連帶有感情因素間雜其間。例如：父母、兄弟姊妹、老師與朋友。不過如果觀察的次數夠多，也就是**重複**或**複製**，就可以把特殊因素的影響**互相抵消**。這就要靠統計方法的應用了。有關統計方法的應用，已經在第九章講過，也會在講實驗設計時加以說明。

第三，在既不能防止誤差，也不能抵消誤差的情況下，我們仍然可以設法**折減**（discount）誤差。也就是當我們能夠知道誤差的方向，或者甚至誤差的範圍時，便可以將誤差計算在觀察所得的資料的處理方法中。通常我們把觀察的工具標準化，其目的並不在於消除誤差，而是給誤差一個固定的**已知值**。依照此一**已知值**，我們就可以隨意移動，來選擇量度的基點。例如：在經濟學中，我們常用對外部成本課稅或處罰的方式將之**內部化**，道理是一樣的。

● 觀察的對象

通常一般的說法認為，觀察的對象是**實際的事實**，而法則（律）與理論則是概念的產物。一個很重要的區別是，**實際的事實**在時間的過程中是固定的，而理論卻不是。**事實**與**理論**的不同在於它們在研究中的功能，而不在於獲得結果的過程中；在於它們的使用，而不在於它們的來源。我們所觀察的對象不外乎**形狀**、**聲音**、**顏色**與**質地**。這些性質組合起來，形成我們所熟悉的物品與經驗中的**事件**。

觀察並不是去看那些別人讓我們看的東西，**觀察**是一項主動的選擇，而不

是被動的顯示。**觀察**是一項目標導向的行為，**觀察**一定要與研究的目的有關才有意義。而且**觀察**所得的資料，要能描繪出一個**圖像**（picture），否則**觀察**也沒有意義。**圖像**則是觀察者腦海裡的產物。所以從事研究工作的人，要具備對研究的對象或問題有充分的知識、瞭解與想像力。

　　觀察的工具（instruments），在整個的研究過程中也是非常重要的。不論在任何時候，知識不但受蒐集資料**技術**（technique）的影響，也受蒐集資料者**技巧**（skill）的影響。總結的說，**觀察**不是被動的而是主動的，我們的**觀察**不只用我們的眼睛、嘴、鼻、耳、手與腳，也用我們的**頭腦、思想、意識與膽識**。

● 社會科學研究的觀察

　　社會科學研究的**觀察**，問題多數出在科學家的**人性面**，以及他所研究的對象的行為。而觀察的行為又會直接或間接地影響被觀察的人，有如我們在前面所提到的 *Hawthorne* 效應。而且到了某種程度，這種影響的強度，會隨著科學研究的尺度，做同一方向的變化。這種影響是心理的，對觀察者與被觀察者都是一樣的。而社會科學家在運用科學方法時，其困難的程度又要比物理科學家，或自然科學家的研究大得多。因為人與人的關係是互動的，是隨時都在變動的，而且受每個人個性的影響。雖然這些影響所造成的**偏誤**，可以用統計方法或**實驗設計**去消除或減少，但是或多或少的噪音或**汙染**，還是無法全然避免的。而且，即使**偏誤**能被消除或減少，也不容易做到。

　　另外一個關係到行為科學家，與他的研究對象的**人性問題**，就是觀察者與被觀察者對同一件事，甚至同一個名詞所瞭解的意義並不一致。依照**凱普蘭**的說法，造成這種差異的原因，是因為**行為意義**（act meaning）與**行動意義**（action meaning）的不同。**行為意義**是基於行為者的目的，或者是由目標導引的。行為本身是無法觀察的，通常我們觀察的不是**動作**（motion），而是動作所**表現**（performance）的意義。我們聽，不是只聽**聲音**，而是去瞭解話語中所蘊含的意義。我們看，不是去看身體的動作，而是去體會其動作所想要表達的**意思**。一個**行動**是對行動者有意義，行動具有心理與社會的面向。我們所觀察

的，是**行動再加上對行動所含意義的推理**。[2] 正如我們去看舞蹈，舞者的肢體動作，都是具有含意的。

這種關係正是研究工作困難之所在。因為**行為科學家**所注意的，是他所研究的對象的行為的意義。即使行動是可以直接觀察到的，但是很不幸的是，**行為**與**行動**之間的關係並不是恆常不變的。同樣一個人如此，更何況在不同的人，不同的團體與不同文化之間的情形了。問題的關鍵在於它們可能同時都是行為科學家所觀察的資料，這些資料可能只是純粹的行為，或者是有意義的行動，更或者是帶有理論意義的事務。但是當我們進行研究的時候，我們不只是依靠資料，同時也要靠**隱含的**（implicit），或**外顯的**（explicit）之假設條件。我們把它們放在**假設的**（assumed）框架裡一個適當的位置，就會使我們研究的發現更有意義了。

實驗

● 實驗

在我們確定了研究的**問題**、**目的**、**假說**並且定義了**變數**（variables）之後，從事研究的人所面臨的問題，便是建構一個**實驗**（experiment），或者說設計一套**實驗**的技術、工具與步驟，來**驗證假說**。所以，一個**實驗**便是一套去指導研究人員如何蒐集資訊（information）、分析**資料**（data）、**詮釋**驗證結果的方案與步驟。從統計學的角度來看，可以說**實驗**就是如何選取樣本，分析從樣本取得所需要的資料，再用統計檢定假說的方法，驗證理論或假說的程序。實驗也會去界定可能導引出來的**一般化通則**的範圍。也就是說，希望知道由**樣本分析**所得到的結果，是否能**推論**到較大的**母體**（population），或者是否會產生其他不同的狀況。

2　Kaplan, p. 139.

實驗的功能

基本上，**實驗**也是爲了**觀察**，也就是觀察所做實驗的進行與結果。觀察與實驗有時難以明顯地區別，只不過在程序上有別而已。生物學家在顯微鏡下看微生物，是在觀察他的實驗。行爲科學家則以社會或社區爲實驗室，對他所研究的對象，加以調查、訪問並且觀察他們的**行爲**。但是，早期的觀察，只侷限於表面看得到的資料，也是最容易獲得的部分。這些資料不是在經過**有系統的設計**，和**被控制的環境**裡取得的，也不太經過推理。直到人類的文化，進步到使人懂得手腦並用，去實際操作時，科學才開始加速地進步。

眞正科學的驗證工作在於**實驗**。**實驗**敲開了探索大自然奧祕的門。實驗的**基本原則**是我們無論喜歡或不喜歡，對實驗的結果都必須欣然接受。也就是我們一再強調的：無論研究的結果是正面的或是負面的，都使我們的知識向前邁進了一步。在研究人類的行爲上，直到最近，**實驗**才占有一個重要的角色。在過去一段時間裡，對於人類行爲的思考，多半都是猜測性的。至於相關的事實，最多也不過整理出一些經驗上的**通則**（generalization）；而**法則（律）**（laws）就必須經過**實驗**才能產生，才能發現變數之間的關係。

以**理論**爲重的科學家，認爲新的**實驗**可以產生**理論**；也有科學家認爲，實驗是爲了**驗證理論**。在科學發展的歷史上，兩方面的科學家都有很多。**觀察**對任何科學都是最基本的，但是並不是所有的**觀察**都要經過完整的**實驗**。簡言之，**實驗**對科學研究非常重要，但是科學研究卻也不是非有**實驗**不可。**實驗**的地位要由**實驗**在研究工作中，具有什麼樣的實際功能來決定。實驗的功能，簡單地說，無非是讓科學家能對他的研究做完整的觀察。例如：物理學家楊振寧與李政道是以**宇稱不守恆定律**獲得諾貝爾物理學獎。做實驗加以證明的卻是科學家**吳健雄**博士，其實驗的功能與貢獻不可謂不大。

實驗的功能之一，是能提供**控制的觀察**（controlled observation）。**控制的觀察**，只是事先規劃好的觀察。這種說法也與研究工作中的**驗證與推理**有密切關係。它也暗示著這兩者在研究過程中如何合而爲一。例如：在做物理或生物學的實驗時，一定會事先在實驗室裡把一些應有的情境，如溫度、溼度、氣壓、光暗等條件事先規劃好，然後才開始做**實驗**。並且同時**觀察**在**實驗**的過程中，各樣的變化與最終產生的結果。而在**行爲科學**，做**實驗**的場域的營造就比

較不太容易，甚至於不可能事先規劃而加以控制了。我們所能做的就是從**假設前提**（pre-supposition）著手；例如：在經濟學的分析中，我們會先假定是在**完全競爭的市場**，或**其他狀況不變**的市場條件之下，從事財貨的供需與價格關係的討論。**所謂在完全競爭的市場裡，或其他狀況不變的情況下，就是在控制實驗的場域情境了。**

實驗的另一項功能，在於使**觀察的誤差極小化**。當誤差無法預防時，實驗便可以用來偵測及改正誤差，使我們得到比較精確的結果。透過實驗，我們可以在我們所選擇的特別狀況之下做**觀察**；這樣的**觀察**也會使我們的經驗更加豐富。**實驗**可以使我們能觀察到實際的狀況，對一件事情做測試，可以看出**因變數**如何跟著**自變數**的變化而變化。經由妥當的實驗設計，我們可以從一堆**資料**（data）中提煉出最多、最豐富的**資訊**（information）。

還有一項**實驗設計**的重要功能，是可以讓我們能**抵消誤差**。因為某些因素的產生可能在某一個方向；而另外的誤差，可能發生在相反的方向，或者在實驗組與控制組中，都發生同樣的誤差。最後經由實驗設計，這些無法預防的誤差，便可以互相抵消。誤差能夠被抵消，要比使誤差保持為一個常數，到最後才折減其影響來得更好。使用**變異數分析**（ANOVA），便可以使誤差納入成為**實驗**的一部分。

其次，**實驗設計**除了能夠減少資料的**誤差**，也可以從資料中找出**通則**。一個好的實驗會讓我們看到一些孤立事件以外的事情，也會使我們能預見一些事情。當我們用一條**迴歸直線或曲線**來代表許多觀察點的分布時，就代表一項通則。這項通則除了告訴我們事實的本身以外，也可以用來做**預測**，也就是使實驗與觀察的結果**一般化**（generalize）。換言之，如果實驗的結果是正確的，我們便可以進行推測。也就是說，如果在同樣的條件與情況之下，變數之間如果發生同樣的變化，我們便能預測會得到同樣或類似的結果。

除了能夠抵消或減少誤差之外，良好的**實驗設計**能使產生**資訊**（information）的單位成本減少到最低。規劃一項實驗，就是一項配置稀有資源的工作，所以我們必須決定什麼資料或誤差是可以被忽略的，什麼資料或誤差是需要特別注意的。也就是說，並不是把大大小小所有的事情都加以考慮才是好的**實驗設計**。因為**實驗設計**需要在時間、資源、人力、材料等方面的花費，往往從事研究工作的人都會蒐集過多的資料，而又捨不得放棄那些並不重要的（這一點

是大多數研究生所最容易犯的毛病）。理想的辦法是選取合於**資料來源**所能提供的，而且同時又是你所需要的資料，但是又不會造成產生誤差，與增加成本負擔的資料。

　　觀察是所有科學研究都需要的基本方法，但是並非所有的**觀察**都必須做一套完整的**實驗**。無論是物理學、生物學或行為科學都是一樣的。有很多偉大的科學成就，在其研究的過程中，**實驗**只占次要的地位。例如：天文學、考古學、古生物學與人類學等，都是無法做**實驗**的。

實驗有哪些類別？

　　我們沒有辦法用一句話，把**實驗的類別和功能**說得清楚。不同的實驗有不同的功能。在本節中，我們將依照功能的不同來說明各種實驗的內容。

● 有關方法的實驗

　　有關方法的實驗，其功能是在研擬，或改善某些特殊的**研究方法**、技術或工具。在做研究的時候，我們可能會發現所用的技術或工具並不恰當，發揮不了**實驗**的功能。這時，我們必須去尋找更合用的技術或工具，或者是去改善現有的技術或工具。其實，在大多數的情形下，每一種**實驗**多多少少都會牽涉到方法或技術上的問題。例如：**先驗性的研究**（pilot study）或稱**前測**（pretest）就是有關方法上的實驗。這種實驗是設計用來建立正式實驗裡各變數的質量關係的。例如：在調查從某地到某地的距離時，經過前測就會發現用**時間距離**恰當呢？還是用**路徑距離**恰當？我們必須注意的是，做先驗性的研究也要像做正式實驗一樣的認真，並且審慎將事。

● 啟發性的實驗

　　啟發性的實驗是設計用來產生新想法，去引導進一步的研究或者是開啟

一個新的研究思路的實驗。通常一個啟發性的實驗，會使用已經建立的模式（model），去找出有用的**類比**（analogy），或**模擬**（simulate）某種行為。例如：觀察一個**城市的發展**是否合乎同心圓理論、扇形理論抑或多核心理論模式。實在講起來，所有的實驗都可以稱之為**啟發式的**，因為所有的實驗都是前瞻性的。假使某一個實驗能顯示出**什麼狀況**，它一定能提供一些線索，告訴我們下一步應該怎麼做，或者是下一步不應該做什麼。

● 探索性的實驗

　　探索性（exploratory）的實驗是從啟發性的實驗引申出來的特殊型態的實驗。它多半都是採取：**「假使如何，便會發生什麼」**的型態。通常都與新技術有關，我們往往會嘗試將新技術用在解決多種的**問題**（problem）上，一直到發現一個最適用的狀況為止。例如：前面所舉愛迪生嘗試各種方法去製造電燈泡的故事，就是探索性的。一個**探索性的實驗**會以有系統的方式，變換**實驗**的某些**參數**（parameter），直到發現最適當的結果出現。例如：醫師用藥時，會針對病人的病情變化調節藥的劑量，一直到能使病人的病情穩定以致於改善、痊癒。或者依照**試誤**（trial and error）的方式，逐步剔除某些不可能的狀況，而篩選出最恰當的選項，或者從善意的角度出發，試一試運氣。

● 侷限範圍的實驗

　　侷限範圍的實驗（boundary experiment），是顯然與某些**法則（律）**（laws）有關係的。而這種實驗是要找出事實，來應用這些已經建立的法則（律）。在行為科學的研究上，多半用在研究失眠、知覺感官退化（sensory deprivation）等情形上。**侷限範圍的實驗**的意義，要看所呈現的已知現象與法則之間的關係。我們也可以說，這種實驗是希望減少內在與外在的模糊狀況，再去看，在既定法則（律）的範圍內會發生什麼事情。

● 模擬的實驗

　　模擬的實驗（simulation experiment）是在已有的模式上做的實驗。它的設計是要知道有關的實驗主題，在某些實際狀況或條件，參與實驗模式下，會產生什麼樣的結果。例如：在航空工業中的風洞模型實驗；在水利工程上的水工模型實驗；在軍事演習時的沙盤推演；在城市規劃工作上，把某種土地使用放在什麼空間位置，會對周邊產生什麼樣的影響；以及對大學生所做的性向測驗等，都是**模擬的實驗**。尤其是現代電腦模擬方法的普遍應用，**模擬實驗**的運用亦更廣泛。

　　不論上面所舉的是哪一種**實驗**，都是在**預測**事後所可能發生的狀況。因此，我們可以說，每一個**實驗**都是**預測性的**。也就是說**實驗**所注重的是事後的應用，如果**實驗**的結果不能應用在眼前及以後的狀況，那麼**實驗**就一點意義也沒有了。應用**模擬實驗**，是我們在嘗試加入一些與我們實際狀況不同的因素，然後觀察這些因素所造成的差異。我們應用**模擬**的方法，是因為實際操作的成本太高，或者是根本在實質上或倫理道德上不可能做到。

　　在行為科學裡的**賽局**（game）操作，也是一種**模擬實驗**，它已被應用在軍事戰略上、冷戰問題、議價情境、工業競爭等方面。在所有的**模擬實驗**中，最基本的問題（problem）就是**模擬**的問題；也就是如何把模擬的模式或模型，轉化為實體的物件或情境。例如：一艘輪船、一架飛機、一棟建築物或橋梁，它們的模型可能做得很好，假使我們忽略了**表面積會隨著直線的平方而增加**、**體積與質量會隨著立方而增加**，便無法應用在實體的物件上。在行為科學上，類似的情形也同樣會發生。把在實驗室裡所得到的結果，應用在實際社會上也會產生衝突。例如：利用白老鼠做的藥物實驗，用在人體上不見得會與用在白老鼠身上，產生同樣的效果，所以必須格外的小心。

　　通常我們在行為科學方法上所討論的實驗只有一種，也就是**合乎邏輯推理的經驗**（nomological experience）。這種實驗的目的，就是在於證明或推翻某些**假說**來建立一個**法則（律）**（law）。因為只有**現象**，無法提供給我們任何合理的解釋，這個時候就需要**邏輯推理**的實驗了。

● 選擇替選方案的實驗

目前最廣為人知的**邏輯推理式實驗**，就是讓我們能夠用來**選擇替選方案的實驗**（crucial experiment）。當對某一種現象有兩種或兩種以上的解釋，而且兩者所用的資料也並行不悖的話，選擇替選方案的實驗，便可以用來選擇能夠產生可靠結果的方案。而且所選擇的方案，也能顯示我們所希望的解釋。說到判斷所選擇的方案，是否正確的問題，我們也不敢說被選擇的方案就一定是正確而完美的；而沒有被選上的便一無是處。其實兩方面是相對的，問題的關鍵在於我們願意承擔多少的**困擾或成本**，以及能獲得多少利益。

這種**實驗設計**也常常用在**管理決策**、**規劃研究**與**政策評估**等方面。例如：在第六章討論問題的分析與陳述時，有關問題存在的幾項充分與必要條件中就提到：(1) 一個決策者遇到難以取決的方案時；(2) 最少有兩個效度不同的解決或改善方案可供選擇，而需要從它們中間做選擇時；(3) 決策者在選擇解決或改善方案時，對於何者為佳無法確定等狀況下，都需要運用這種實驗來做方案的選擇。

在從事規劃的工作，不論是企業的規劃或者是城市的規劃，也都是以**研究方法**為基礎的。規劃工作本身就是一個**研究的程序**，也就是希望在眾多的方案中，尋求一個最適當的方案去解決一項現實的問題。在政策分析工作中也不例外。例如：**尤金・巴德**（Eugene Bardach）提出政策分析的八個步驟，它們是：**定義問題**（problem）、**蒐集證據與資料**、**建構替選方案**、**建立選擇方案的標準**、**評估可能產生的結果**、**評估各方案之間的得失**、**做決策**、**執行或實施方案**。[3] 可見其作業的程序與本書第五章所討論的研究程序沒有什麼不同。

事實上，這種**選擇替選方案的實驗**，並不能建立一個百分之百完美的選擇，而完全排除其他方案，其取捨的標準不過是相對的而已。主要的問題是要看我們希望或需要什麼樣的實驗，能夠解決所面對的問題，以及我們所願意負擔的成本多少而定。這時，在各替選方案之間做**益本分析**來定取捨，可能是比較可行的做法。

---

3 Eugene Bardach, *A Practical Guide for Policy Analysis: The Eightfold Path to More Effective Problem Solving,* Chatham House Publishers, 2000, p. xiv.

● 實驗的步驟

在寫論文的時候，研究生依照基本的研究程序，決定了研究的主題，並且把它縮小成一個可研究的**問題**（problem），建立研究的**假說**之後，很明顯地就需要以實驗來檢驗**假說**了。做實驗的第一步工作，當然就是**實驗設計**，這時研究生就要決定樣本的大小，如何選取樣本，以及何時進行**實驗處理**（treatment），如何**量度**因變數的變化，以及實驗對象從頭到尾的操作。這時，研究生要隨時記錄實驗的過程，並且討論、詮釋實驗的結果，看看是否**假說**得到了驗證？綜合言之，實驗的步驟可以列示如下：

1. 選擇及定義一個合適而且清楚明確的問題與研究目的。
2. 決定一個在實際狀況與條件之下可以檢驗的**假說**。
3. 選擇實驗的對象、案例與樣本。
4. 決定如何引進**實驗處理**（treatment），及**自變數**。
5. 發展出一套有效而且可靠的**量度因變數**的機制。
6. 建立實驗設計，並且做**前測**（pilot test），測驗**處理**和因變數**量度**的效度。
7. 假使是隨機分派的設計，就隨機分派受測的對象到實驗組去，並且加以詳細的說明。
8. 假使要做**前測**，就要蒐集各組**前測**的因變數資料，並且加以量度。
9. 只引進**處理**到**實驗組**，並且同時監測**實驗組**與**控制組**的變化。
10. 實驗完成後，蒐集並且量度**後測**的因變數的變化。
11. 檢驗所蒐集的資料，比較實驗組的變化；檢驗**假說**是否已經被驗證。
12. 告知實驗對象，**實驗**的眞實目的與理由，以及**實驗**的經過。這一點非常重要，因爲從研究的倫理規範角度看（見第十六章），研究者不得有任何**欺瞞**行爲。[4]

---

4 Lawrence Neuman, *Social Research Methods*: *Qualitative and Quantitative Approaches*, third edition, Allyn and Bacon, 1997, pp. 182-183.

社會科學的實驗

在社會科學的研究工作上談**實驗**（experiment），最可能造成困擾的問題，大概就是**實驗**這兩個字了。或許是因爲我們把**實驗的定義**定得過於狹隘，認爲**實驗**一定是在實驗室裡，在可以被控制的狀況下所做的**實驗**才是**實驗**。可以**被控制的實驗**（controlled experiment），是指做**實驗**的人，可以隨他的意思操控**實驗**中的變數或因素而說的。其實廣義的說，**實驗只是有目的、有意義的、加以控制的觀察與詮釋一些資料或現象**。在傳統的數學或統計學裡，一個理想的**實驗**，通常都假定**自變數**與**因變數**之外的變數爲**常數**。在做實驗時，被**操控**（manipulate）的往往是**自變數**；然後觀察**因變數**因爲自變數變化所引起的變化。但是，在現代的數學或統計學裡，就沒有這種嚴格的限制了。

不過，我們的確會面對兩個基本問題需要加以思考。(1) 是否可以被控制的實驗，才是獲取知識，甚至建立**通則**的必要條件（*sine qua non*）？(2) 是否社會科學可以忽略可被控制的實際經驗的驗證？

從行爲科學的角度來看，**操控**本身必須做**廣義**的解釋。一個小孩捅蜜蜂窩來觀察會有什麼結果是在**操控實驗**；而一個物理學家用儀器撞擊原子也是在**操控實驗**。所以，只要有一項刺激的行動，然後觀察其所造成的變化與影響，都是**操控的實驗**。因此，問卷、測驗、訪問等目前所廣泛使用的社會科學研究工具，可以說都是**實驗**，甚至是**操控的實驗**。所以，如果說行爲科學家所研究的對象**無法被操控**，便認爲行爲科學家無法做**實驗**，則是一種非常浮面的看法。

實際上，自然科學的知識也未必都是由**實驗**產生的。天文學（astronomy）、天體物理學（astrophysics）都不是由實驗所成立的科學，甚至它們也引用了許多其他**實驗科學**的**假說**。在十八、十九世紀，天文學的研究達到高峰時，這種成就絕對不是靠**操控**天體的運行而獲得的。其他如地質學與近代發展的**胚胎學**（embryology），也莫不如是。

然而，不論哪一個領域的科學，都是建立在基本的**邏輯推理**上的。**那傑**（Ernest Nagel）把它叫做**控制的研究**（controlled investigation）。總而言之，不論**操控的實驗**或是**控制的研究**，都是研究工作所不可少的。也許可以把它們

叫做**控制的經驗研究**（controlled empirical inquiry）。[5]

　　除了實驗室裡的實驗外，多數的行為科學都是做**實地研究**（field studies）的。也就是直接或間接地觀察**當時**、**當地**所發生的狀況。而觀察者除了觀察之外，並不加以任何重要的**干預**或**操控**。當科學家為了某種特定的目的干預某些行為時，我們也可以將之稱為**經驗實驗**。**經驗實驗**與**實驗室裡的實驗**（laboratory experiment）剛好相反；在實驗室裡的實驗，其內容與行為的型態都是被控制的。不過兩者的差別並不是絕對的，而是程度上的問題。控制的用途大小，要看實驗的對象，對控制因素所做變化的反應如何而定。其實，去區分**經驗實驗**與**實驗室的實驗**並不是那麼重要的事。物理科學如此，生物科學更是如此。例如：有的動物在被囚禁的狀況下並不繁殖，所以，牠們的求偶與交配行為並不容易在實驗室裡做實驗。如以人類而言，這種困難就更不待言了。[6]

　　當任何**實驗**可以做時，最好是在**實地**做，因為那樣可以讓我們正確地研究我們所感興趣的因素，而且可以把**自變數**與**因變數**區分開來。然而，當**實驗室裡的實驗**可以進行時，它就要比**經驗實驗**來得可取；因為它可以讓我們控制我們希望控制的因素，也使其他因素的變化更清晰可見。不過經常產生的疑問是，究竟社會科學可不可以做實驗？一般的答案應該是**可以**，但是卻比較困難。

　　所謂的困難，最常見的說法是社會現象複雜而多變，實驗的過程又十分冗長；當一些現象經過**觀察**之後，過一段時間，它的情況又與先前不一樣了。特別是社會經濟狀況，隨時都在變化，其複雜的程度，不是任何人所能掌握的。對於特別事件，其解釋更不容易。其實，社會科學的實驗，其困難並不在於能不能做，而是在於**如何去做**。

　　當我們再次思考前面所提到，在實驗的過程中，**過了相當的一段時間之後，許多實質的狀況都會改變**的問題時，在社會科學的研究上的確如此。其實，我們如果多多加以思考的話，可以發現其他的科學研究，無不皆然。而我們對科學知識的要求並不是它的**永久性**，而是它的一**貫性**；我們並不要求它的**絕對不變性**，而是希望它變化得緩慢一些，而且變化得有一**貫性**，讓人能夠追

5　Ernest Nagel, 1961, pp. 450-453.
6　Kaplan, p. 165.

尋它的變化，不致於認不出它的原來面貌。而且，就事論事，有些改變，也並不是很重要的。就社會科學的實驗而言，去使某些變數產生變化，可能要比保持其他變數不變更為困難。因為許多因素的變化是無法被控制的。

其實，比在**實驗**進行中的客觀情況變遷更為重要的事情，是在從事社會科學的研究時，如何從一個、一個的個案**實驗**中得到一項**通則**。做**實驗**的人必須注意他**實驗**的對象是活生生的**人**，每一個**人**內心的感情、信仰與態度都不是可以輕忽的。不同的人做同樣的**實驗**，或同樣的人做不同的**實驗**，其結果也都會不同，意義也不相同。如果希望得到一項**通則**，或者是一項共識，**實驗的重複**，在社會科學與自然科學的研究中，都是同樣重要的。

Chapter 13

實驗設計

　　當研究人員要驗證一項**假設**時，他必然會遇到幾個基本問題需要先行解決。這些問題包括：我們研究的對象是什麼？我們要觀察什麼？什麼時候觀察？如何觀察與蒐集資料？如何分析所蒐集到的資料等？**實驗設計**[1]便是解決這些問題的藍圖，也可以說是引導研究人員在研究的各個階段，解決這些問題的**邏輯模式**。這一章的主要目的，就是要說明如何設計一個**研究設計**的**程序**或**步驟**，以及各種**實驗設計模式**和它們的應用。也就是，哪一種研究需要使用哪一種實驗設計，來幫助研究人員**蒐集資料**、**分析資料**，以及如何**詮釋**研究的資料和分析的結果。

　　在說明各種實驗設計之前，我們先說明**典型的實驗設計**是什麼樣子。讓研究生瞭解**實驗設計**的基本典型模式，再以**典型的實驗設計**為基礎，說明影響**實驗設計效度**的一些因素。以便在說明各種**實驗設計**時，一併說明這些因素，如何影響**實驗設計效度**的問題。

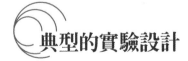

典型的實驗設計

　　典型的實驗設計，包含兩組可以互相比較的變數：一是**實驗組**（experi-

1　有關實驗設計的說明與討論，主要係參考 Donald T. Campbell and Julian Stanley, *Experimental and Quasi Experimental Designs for Research,* Houghton Mifflin Co., 1963. 該書為學術界討論實驗設計時，最為廣泛引用的書籍之一。

mental group），另一個是**控制組**（control group）或稱**對照組**。這兩組樣本在各方面的性質應該是一樣的，不過實驗組會暴露在某一**自變數**（independent variable），或稱**處理因素**（treatment variable）**X** 之下；而控制組則不受**處理因素**的影響。R 表示樣本是隨機地（randomly）放在實驗組與控制組裡。其模式如下表：

		前測	處理	後測	差異
實驗組	R	O_1	X	O_2	$O_1 - O_2 = d_1$
控制組	R	O_3		O_4	$O_3 - O_4 = d_2$

　　典型的實驗設計，通常多數用在生物科學與物理科學的研究中。例如：在生物學中，可以設計一個實驗，比較兩組同樣的農作物，施用某種肥料與不施用某種肥料，對它們生長程度的差異，以評估不同肥料的效力。在物理學中，可以實驗比較兩種相同款式的小汽車，在使用汽油與使用酒精或天然氣所產生動力的差別。而在社會科學中可以比較使用某種新的教學法，與使用一般傳統教學法，對同樣年級、同樣資質的兩組學生，學習效果的差別。當然上面所說的，**同樣的農作物、相同款式的小汽車**，以及**同樣年級、同樣資質的學生**，都是假設的前提條件；當然它們之間仍然是存在著或多或少的差異的。

　　我們在**社會科學**的研究中，討論**典型的實驗設計**，理由有二：**第一**，典型的**實驗設計**，是實驗設計的標準模式，可以幫助我們瞭解及評估，其他各種**實驗設計**的邏輯思維。**第二**，當我們瞭解了**典型實驗設計**的結構與邏輯之後，也能比較容易地瞭解其他**實驗設計**的有限性。實際上，在社會科學裡的許多領域中，如社會心理學，**典型實驗設計**是很重要的研究設計。而且在政策分析與評估的研究中，**典型實驗設計**更被廣泛地應用。

影響實驗設計內在與外在效度的因素

　　影響實驗設計的內在與外在**效度**的因素約有十二種。我們會先做一個整體的說明，然後在討論每一種實驗設計時，再分別說明哪些因素會影響該項**實驗設計**的效度。首先，我們將說明**內在效度**（internal validity）與**外在效度**

（external validity）的意義。**內在效度**是基本的**最低效度**。如果一個**實驗設計**連最低的**效度**也達不到，便無法做任何的詮釋。也就是說，事實上實驗的**處理**（treatment），不會對**實驗的對象**造成任何的變化。**外在效度**則是關乎實驗結果，是否能形成一般法則，或一般化的能力。也就是說是否能對母體、場域（setting）、處理的變數與量度的變數，導出一般性的規則。雖然**內在效度**與**外在效度**會彼此衝突與消長，但是顯然兩者都很重要。當我們發現**內在效度**是不可或缺的時候，而**外在效度**在歸納推理的時候，又不能完全回答問題時，最好選擇一種在兩方面都很強的設計。在以下的討論中，我們將先說明影響**內在效度**的因素，之後再說明影響**外在效度**的因素。

● 控制與實驗設計的效度

控制是在做實驗的時候，把我們需要研究的變數之外的因素，排除在外或視爲常數的狀況。例如：在經濟學的研究中，我們常假定：**其他狀況不變**（other things being equal）。因爲其他因素會影響因果關係**推理的效度**。**康寶與司坦理**（Donald T. Campbell and Julian Stanley）把此一影響因素所造成的影響叫做**內在效度**，瞭解**內在效度**是研究工作的必要條件，也就是**自變數**是否會造成**因變數**變化的**問題**。影響**內在效度**的因素，包括在研究工作進行期間的內在與外在因素。

● 影響內在效度的因素

內在因素是在研究過程中，影響被研究對象變化的因素，以下幾種是可能影響研究結果**效度**的**內在因素**。

1. **歷史**（history）或時間的過程——在實驗的過程中，除了所加入的實驗變數之外，可能在第二次量度與第一次量度在時間的落差上，發生一些未能預料的特殊事件而引起量度的差異，以致於影響到實驗的效度。
2. **成熟度**（maturation）——在實驗的過程中，由於時間的過程而引起實驗對象因爲成長（不包含特殊事件的發生）而產生的變化。也可以說實驗的操作與反應是時間的函數，它們包括成長的成熟與老化，體力變得更爲疲

倦等，這種情形多發生於生物學與心理學的研究。而在教育的實驗中，因為學生的成長，而可能造成第二次量度與第一次量度之間的差異。

3. **檢定因素**（testing）——根據第一次測驗的結果去做第二次測驗時，第二次測驗的量度結果，可能受第一次測驗所獲得的經驗的影響。在實驗設計中的**前測**（pre-test）與**後測**（post-test）就會產生這種情形。在現實社會中，學生參加入學考試、英語能力測驗、公務員的各種考試等，都會產生這種效果。

4. **工具性因素**（instrumentation）——因為量度工具的疲乏、鈍化，使其精確度發生變化。再者，也可能因為觀察者或記錄者發生的誤差，所引起量度結果的變化。理論上，在**前測**與**後測**之間，如果自變數與實驗的環境條件都沒有變化，則重複的實驗應該得到同樣的結果。如果量度的結果改變，則工具性因素的變化，便可能是影響因素之一。

5. **統計的迴歸現象**（statistical regression）——統計的迴歸現象，是說實驗的結果，所得到的極端值的分配，會有趨向平均值的趨勢。例如：當我們評估學生考試的成績時，如果以平均值做標準，便會有使低於平均值的成績提高，或使高於平均值的成績降低的現象。又再如政府課稅的統一平均稅率，會使高所得者的稅負趨向低水平；而使低所得者的稅負趨向高水平。因為對低所得的人而言，即使是同樣的稅負，其稅負占其所得的比例要比高所得的人為高。

6. 在做兩組的比較時，由於實驗組所選擇的樣本的性質，與控制組所選擇的樣本的性質不同（differential selection）所造成的偏誤。

7. **實驗因素的陣亡**（experimental mortality），或者是在比較組中失去差別的回應者。

8. **選擇成熟度的相互作用**，在某些多組準實驗設計中，會碰到實驗變數混亂的影響。

9. **檢定所造成的互相影響效果**，前測會增加或減少回應者對實驗變數變動的敏感度。因此，會使所得到的母體前測結果會與沒有參與前測的不同。

10. **選擇偏誤**與**實驗變數的互動效果**。

11. **實驗安排的反應效果**，會排除實驗變數對沒有暴露在非實驗情境人的效果的一般化。

12. **多重處理的相互干擾**，因為前測的效果沒有被塗銷，常常會有多重處理加在同一組的回應者身上。這種問題常出現在單組的實驗設計上。

● 如何控制內在效度？

因為**典型實驗設計**很清楚地控制了所有的各項變數，所以是最為完美的**實驗設計**。但是在影響**內在效度**方面，**成熟度**（maturation）常常是在研究教育與兒童發展問題方面，一項重要的考慮因素。而在研究人們對事件態度的轉變時，時間過程（history）便可能是需要考慮的因素。不論情形如何，我們都應該討論一下如何控制這些影響因素的問題。

在時間過程（history）的控制方面，能夠控制造成 O_1-O_2 差別的因素，也同樣能夠在 O_3-O_4 的過程中被控制。**成熟度**（maturation）與**檢定因素**（testing）也被控制，而且也應該同樣的顯示在**實驗組**與**控制組**之中。如果第一次實驗與第二次實驗之間的時間過程因素可以被控制，則**工具性因素**（instrument）也可以很容易地被控制，特別是當觀察值（**O**）對一項固定的工具做反應時，例如：一分印就的測驗題。

關於**迴歸**（regression）的問題，假使實驗組與控制組都是從同一群樣本中隨機選取的話，不論前測的成績如何的兩極化，**迴歸**現象也是可以被控制的。因為在這種情形下，**控制組**與**實驗組**的**迴歸程度**應該是一樣的。既然**迴歸程度**一樣，便沒有因為**迴歸**造成控制組與實驗組之間差異的問題了。

至於**差別性選擇**（differential selection）的問題，只要是在隨機狀況之下，假定各組的樣本相同，就沒有解釋差異的問題了。這種狀況是在抽樣時就已經決定了，因此大樣本的隨機分派，要比小樣本的分派來得更為平均。

典型實驗設計也能合理地解釋，是否實驗因素的**消失**（mortality）會造成 O_1-O_2 的差異。實驗因素的消失，可能是因為某些因素不容易掌握，或者故意丟棄，而造成失去全部或部分的資料。通常有關教學方法的實驗，可能會延續幾天，幾個星期甚至幾個月。假使對所抽取的學生樣本，做**前測**、**處理**、與**後測**；更進一步假設要求**實驗組**的學生必須在某堂課出席，而並不要求控制組的學生出席，則出席狀況（消失）便會造成樣本相當的偏誤。

假使我們剔除那些不參與實驗課的學生，則實驗組便會縮小，而無法與控制組比較，而造成實驗的不健全。這個時候就只好使用參與實驗的學生，如果消失的情況不太嚴重的話，就只好假設沒有消失的情形發生了。

● 影響外在效度的因素

　　以上所講影響**內在效度**的因素，都是會直接影響到**觀察值**（O）的因素。這些因素本身就會引起一些變化，而且會被誤認為是**處理**（X）所引起的。例如：在加上控制組的時候，它所產生的影響便會顯示在它本身上，並且會把**處理**（X）的影響加到實驗組身上。以**變異數分析**（ANOVA）而言，歷史、成熟度與檢定因素等因素，被認為是影響**內在效度**的主要因素，而且在**典型實驗設計**中，已經被控制。另外，影響到**外在效度**的因素可以被稱之為**互動效果**（interaction effects），它包含（X）與一些其他的變數。它們代表一些潛在的**處理**（X）效應對少數不理想狀況的影響。因此，我們不能把它一般化到沒有做**前測**的較大母體上去。

　　這個問題的產生，是因為**內在效度**問題，可以在**機率統計**（probability statistics）的邏輯限制內解決。而**外在效度**的問題卻不能用統計方法加以解決，因為**普遍化或一般化**（generalization）總是包含**外推法**（extrapolation），推廣到樣本以外的領域裡去。所以，假使**典型設計**有**內在效度**問題，就顯示出這種影響只存在於**實驗組**與**控制組**共同具有的特殊條件之下。也就是只適用於：一個特定的年齡層、一致的智力水平、同樣的社會經濟狀況、一定的地理區域、一件歷史性運動，以及一致的星球運行、磁場的變動、氣壓的變化等**前測組**。因此，我們也不可能在這些限制以外，去獲得**一般化的法則**。

　　但是從一些其他的研究中，我們可以知道，**前測**都會有某種影響，而且我們希望除掉它對我們**一般化**工作的影響。除了這些特殊因素之外，科學家都有一個**經驗法則**，就是大自然自有它一定的規律。也就是說，如果兩個事件在時間、空間，以及量度的價值上愈接近，他們就會遵循同樣的規律。當複雜的**互動關係**（interactions）與**非線性**（curvilinear）關係會擾亂**一般化**的嘗試時，便預期會有更多與我們希望求得**一般化**不同的實驗狀況出現。因此，我們對更大**外部效度**的期望，會使我們使用與**內部效度**相一致的類似實驗條件加以處理。

　　當我們強調這一點時，我們必須知道，像物理學與化學等已經非常成熟的科學，在它們形成的過程中並沒有注意到**代表性**（representativeness）的問題，比較注意的是**重複或複製**（repeatability），能否得到同樣結果的問題。而人

為的實驗對許多**科學變數**的分析往往是最基本，而且是最重要的。但是，如果它不致於影響到**內在效度**或分析的話，當然**外部效度**也是一項非常重要的考慮，特別是對應用科學的研究更是如此。

　　外在因素或**代表性**（representativeness）包括參與研究的人員，以及**實驗組**（treatment group）與**控制組**（control group）的成員，他們都可能會造成結果的**偏誤**。這種**偏誤**是在選擇**實驗組**與**控制組**時便已造成的；也就是說在實驗操作進行之前便已造成。當我們實驗一種新的教學法時（例如：建構式數學），雖然我們盡量使所選擇的實驗組學生與控制組學生的性別、年齡、年級，以及成績等因素都極為接近，但是他們之間畢竟仍然具有差異。而這種差異便是在選擇兩組成員時就已經產生了。因此，研究人員無法告訴我們，到底是**自變數**本身造成**實驗組**與**控制組**之間的差異；還是學生的選擇造成**實驗組**與**控制組**之間的差異。

　　以下再就影響外在效度的因素加以說明：

1. **檢定的反應或互動效果**：實驗設計的**前測**，可能會提高或降低受訪者對實驗變數的敏感度或反應度，以致於會使所得到的**前測**結果，無法代表從未做**前測**的母體中所選擇的受訪者。
2. **選擇偏誤與實驗變數的互動效果**。
3. **實驗安排的反應效果**：它會排除實驗變數在非實驗狀態中的**一般化**影響。
4. **多項實驗處理的相互干擾**：這種情形在多項實驗處理，使用在相同的受訪者時常會發生。因為先做的實驗處理通常無法被塗銷。特別是在單組設計中，常會發生這種問題。

幾種常用的實驗設計

　　在說明以下幾種**實驗設計**時，有如在前面講**典型實驗設計**一樣，會使用幾種符號來表示變數的性質。X 代表一項實驗的**處理因素**（treatment）或**變數**，此項**處理因素**的效果需要加以量度。O 代表**觀察值**（observation）或量度值；水平列中的 Xs 與 Os 是代表同一的特殊**人物**（person）。從左到右的方向代表

時間的先後次序，垂直列中的 Xs 與 Os 代表在同一**時間**內的先後次序。在**設計**之間所用的符號 R，代表個別處理組的**隨機分派**（random assignment）。這種**隨機化**的做法是要達到在處理（treatment）前的某一特定時間裡，各組之間在統計限度之內獲得平等的對待。依此類推，分隔**實驗組**與**對照組**之間的虛線，表示**控制組**沒有被隨機分派同等的對待。

三個初步的實驗設計（Pre-experimental Design）

1. 單組一次處理的個案研究

很多有關教育方面的研究，對某項可能造成改變的**實驗處理**（treatment），只選擇一組樣本做一次處理，做一次觀察。以符號表示如下：

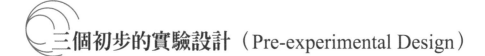

$$X \qquad O$$

這種設計完全沒有**控制組**（control group），也可能完全沒有科學價值。介紹這種設計的用意，主要在於為以後各種研究設計建立一個基礎立足點。科學證據的基礎在於比較事件的不同或差異。任何孤立事件的完整知識，是建立在分析工作上的。要獲得科學的驗證，接受**實驗處理**的對象與不接受**實驗處理**的對象，最少要做一次比較。這種比較非常重要，比較的雙方都要同樣被注意而且準確。

在第一個設計裡的**個案一次研究**，其比較是隱含在與一般印象**記憶中的事件**相比較的，也就是與如果沒有 **X** 發生的一般狀況做比較。以這種方式做研究，對於碩士、博士學位論文的完成，其幫助是極其有限的。例如：常有研究生在探討人們對某項公共設施、某個遊樂區、或某項施政的**滿意度**時，只做一次問卷的意見調查，那是絕對不夠的。因為它無從比較，也無法驗證出什麼理論。

2. 單組前測後測設計

這種設計仍然在教育領域中被廣泛地使用。這種設計在沒有其他更好的設計時，是比第一種設計為好的設計。這種設計可以用以下的符號來表示：

前測　　處理　　後測　　　差異

O_1　　**X**　　O_2　　$O_1 - O_2 = \mathbf{d}$

或

$O_2 - O_1 = \mathbf{d}$

也就是說從 O_1－O_2 的變化是由於 **X**（處理）所造成的。這種沒有控制組的設計，最會受**歷史因素**的影響。因為在 O_1 到 O_2 的時間過程中，會有太多 **X** 處理以外的其他因素造成 O_1－O_2 的變化。O_1 與 O_2 之間的時間愈長，其變化受**歷史因素**的影響愈大。如果實驗能在一、二個小時之內完成，這種問題便微不足道了。所以這種設計比較適用於物理科學，而不適用於教學方法類的社會科學研究中。

　　第二個對立的變數，即是**成熟度**（maturation）。所有的生物或心理演變的過程，即使沒有外在因素的影響，它們也會有規律性，因為時間的經過而產生變化。例如：在 O_1 與 O_2 的過程之間，學生的身心會成長、人體會疲乏、心理上會覺得無聊等，這些變化都不是 **X** 所造成的。

　　第三種對立的變數就是**測驗**（testing）的效果，**前測**的效果即是。例如：學生的智力測驗、英語能力檢定考試等。除了少數例外，第二次的成績多半會比第一次來得好。關於**測驗**的效果，還要注意由於**量度**（measurement）所產生的反作用（reactivity）。所以在實驗的過程中，最好盡量使用沒有反作用（non-reactive）的量度方法。在社會科學中，一直都認為量度（measuring）可能會改變被量度對象的態度。這種測驗，在測驗方法的改變，就是造成這種改變的重要因素。例如：使用麥克風便可能改變群眾的反應型態。通常使用愈新式的測驗工具，愈會產生比較顯著的反應。

　　第四種對立的變數，是工具性或**工具疲乏**（instrument decay）。它是顯示量度工具本身的自然變化，它會造成 O_1－O_2 之間的差異。例如：彈簧秤的彈性疲乏，觀察者觀察的時間太久，也會產生疲乏感。老師在為學生考試評分時，如果不能一次評完，不同的時間可能會造成前後標準的不同。

　　第五種對立的變數是統計的**迴歸性**（statistical regression）。例如：學生第一次（O_1）的考試非常不好，所以要給他們第二次（O_2）的補考機會，如果用類似或者同樣的測驗題，幾乎可以肯定的是，O_2 的平均成績一定會比 O_1

為高。這種結果並不是真正 **X** 的效果，而是 **O**₁ 與 **O**₂ 之間的不完全相關所造成的。

從另外一個角度看向平均值迴歸的問題，可以發現，分數的差距愈大，其所包含的量度誤差也會愈大。因此，也可以說，不尋常的高分是由於運氣好，而不尋常的低分則是由於運氣不好。其實運氣是不可信的，我們總是希望不正常的高分與低分向平均值看齊。

向平均值迴歸的現象是非常普遍的，並不限於同樣測驗的前測與後測。也可以說，**IQ** 分數最高的學生不一定會有最大的成就；**IQ** 分數最低的學生也不一定會無可救藥。當我們用量度的錯誤來討論**迴歸現象**時，它其實是**相關程度**（degree of correlation）的函數；相關程度愈低，愈會往**平均值**（mean）迴歸；相關程度愈高，愈不會向**平均值**迴歸。因此，迴歸效果是無可避免的，是伴隨著選擇的極端值不完全的測驗－再測驗（test-retest）的結果。

3. 靜態組相互比較的設計

靜態組相互比較的設計，是一個有 **X** 處理的實驗組與一個沒有 **X** 處理的實驗組相互比較。其目的在於發現 **X** 的效果，其形式為：

$$後測 \qquad\qquad 差異$$

$$\underline{\mathbf{X} \quad \mathbf{O}_1}$$
$$\mathbf{O}_2 \qquad\qquad \mathbf{O}_2 - \mathbf{O}_1 = \mathbf{d}$$

這種設計包括：比較要求具有博士學位教師的大學，與不要求具有博士學位教師的大學的教學績效。或者比較要求學生速讀的班級，與不要求學生速讀班級的學生成績。或者比較看到某一產品 **TV** 廣告的人，與沒有看到 **TV** 廣告的人對某產品的購買情形。也就是比較**有 X 的實驗組**，與**沒有 X 的對照組**之間的**差異**。這種設計則假設所選擇的 **O**₁ 樣本與 **O**₂ 的樣本是同質的（當然在實際上它們是不同的）。

這一節所要說明的最後一個對立的變數，是實驗因子的**消失**或**陣亡**（mortality）。或者說，從 **O**₁ 到 **O**₂ 所產生的不同，是由於這兩組之間被測試的對象或要素離開或**消失**，而不是因為測試因素的改變。例如：在研究大學生的學業成績時，在量度比較大一新生與大四學生的平均學業成績時，可能會發現大四

學生的平均學業成績優於大一新生。其實，可能是因為學生隨著年齡的增長，年級的逐年提高，比較懂得用功讀書；但是也可能因為成績不好的學生已經被淘汰了。

準實驗設計（Quasi-experimental Design）

這裡所要說明的幾個**準實驗設計**，與**典型實驗設計**一樣，能確立研究對象的因果關係；而且比本節最先說明的幾個**初步實驗設計**更有效力。**準實驗設計**可以用在**典型實驗設計**有困難或不適合的各種場合。它們之所以稱「**準**」**實驗設計**，是因為它們是**典型實驗設計**的變種（variations）。它們有的是隨機的但是缺少前測；有的是使用兩個以上的**實驗組**。另外，也有的**實驗設計**用同一組的多次觀察來替代控制組。不過與**典型實驗設計**比較，通常研究者對自變數都比較無法控制。

在這一節裡，我們將介紹幾個可能常用的**準實驗設計**，並且說明**相關**（correlation）等實驗設計。

1. 時間序列的實驗設計

時間序列實驗設計的主要意義，是在時間序列中，在不同時段量度群體或個人經過**實驗處理**（treatment）後，所產生**量度**上的差異。其結果可以顯示在時間序列中，**量度處理**前後變數的差異，可以圖表示如下：

$$O_1 \ O_2 \ O_3 \ O_4 \ X \ O_5 \ O_6 \ O_7 \ O_8$$

這種設計在十九世紀，經常用在物理科學與生物科學上。例如：把一根經過好幾個月，重量都沒有變化的鐵條浸泡在硝酸裡，然後秤量其重量有無減少。此一實驗的假設（assumption）是認為硝酸會腐蝕鐵條。這種實驗當然也可以用另外一條重量相同的鐵條作為控制組。但是因為**處理**前後的比較，已經可以顯示硝酸對鐵條的影響，所以就不需要另外的控制組了。其實，這種設計也可以很有效地用在社會科學的研究中。例如：教師在一個學生經常缺課的班級中開始點名，就可以看出**點名**對學生在點名前後出席率的變化。再例如：交通機關執行臨檢並且重罰以取締酒駕，可以看出嚴格執法對酒駕案例是否會減

少等。

時間序列在表面上看，和前側－後測設計相似，但是效力並不一樣。因為時間序列在 X 之前與之後的狀況，似乎並不能保證不受其他因素的影響，而不會產生任何變化。

2. 非等同的控制組設計

非等同的控制組設計是在教育研究領域中最為廣泛使用的實驗設計，它包含一個**實驗組**與一個**控制組**，而且兩者都做**前測與後測**。但是**實驗組**與**控制組**都沒有等同的抽樣，而且兩組的組成分子都是自然形成的兩班學生。而**處理 X** 可以**隨機**地加在任何一組上。其型態如下：

$$
\begin{array}{c}
O \ X \ O \\
\text{-----------} \\
O \qquad O
\end{array}
$$

這種設計有兩件事情需要注意。**第一**，不要與前面所說明的**典型實驗設計**混淆。**典型實驗設計**的**實驗組**與**控制組**的實驗對象，都是從一般的母體中隨機抽取的。**第二**，此外，這種實驗可以用在**典型實驗設計**不適用的場合。而且**實驗組**與**控制組**的成員會相像，如果這種相像的程度被**前測**所肯定，則**控制**會愈為有效。而且有關**內部效度**問題，它可以控制**歷史、成熟度、測試與工具變化**等主要影響因素。

3. 拉丁方塊（Latin Square Design）設計

這種設計是以四個實驗**處理**，以有限制的隨機方式，輪流應用在四個自然形成的四個組或四個個人。特別是在農業與工業實驗中，**拉丁方塊**的設計有時用得很多。假使要控制兩個變異的來源，**拉丁方塊**可以提供最好的分析方法。例如：如果我們要比較四種廠牌車胎的耐用程度，耐用里程數會因**道路狀況**與**氣候**的不同而不同。我們選擇四種不同的路面與四種不同的天氣來做測試。最好的實驗方式是測試每一種車胎在每一種不同的道路與天氣狀況下的耐用程度。因此，我們將有 16 組配對，總共需要 64 個車胎。如果用拉丁方塊設計，我們可以減少車胎數到 16 個，而且可以使每一個廠牌的車胎在每一種**天氣狀況**與**道路狀況**中測試一次。測試車胎所節省的成本並不會太大，但是如果測試

火箭，則其成本的節省就大不相同了。

以車胎為例的拉丁方塊設計，可以用下圖表示：

	路況 1	路況 2	路況 3	路況 4
天氣 1	X_1O	X_2O	X_3O	X_4O
天氣 2	X_2O	X_4O	X_1O	X_3O
天氣 3	X_3O	X_1O	X_4O	X_2O
天氣 4	X_4O	X_3O	X_2O	X_1O

車胎 X_1 的測試有 4 次：一次是路況 1 與天氣 1；一次是路況 3 與天氣 2；一次是路況 4 與天氣 4；一次是路況 2 與天氣 3。車胎 X_2 的測試也有 4 次：一次是路況 1 與天氣 2；一次是路況 2 與天氣 1；一次是路況 4 與天氣 3；一次是路況 3 與天氣 4。其餘依此類推。

在此一實驗中，我們可以注意到：(1) 我們所希望控制的兩項變數的類別必須與處理數相同；(2) 每一項處理恰好在每一行與每一列出現一次。前述 (1) 所加的限制似乎限制了拉丁方塊的使用。在實際使用上，大於 12×12 的方塊很少被使用到。

除了以上所舉車胎的實驗外，在田野調查上，可以用不同肥沃度的土壤，互相以垂直的方向組成一個拉丁方塊。在研究乳牛產乳量上，可以用不同品種的乳牛與不同年齡的乳牛組成拉丁方塊。在使用不同教科書於教學實驗上，我們可以減少不同教師與不同上課時間所造成的差異。[2]

從變異數分析的角度看，此一設計，可以提供三項主要影響的資料。第一、此一設計的各組都是有系統選擇出來的因素。這些因素可能對歷史、成熟度、實際操作等互相影響而產生主要效果。假使這是一個完全被控制的實驗，

2　William C. Guenther, *Analysis of Variance*, Prentice-Hall Inc., 1964, pp. 85-86.

每一實驗的對象都會獨立、隨機地被歸入每一組。最低限度，由於抽樣的因素，主要效果與交互影響的效果都會被移除。這就是準實驗設計互相制衡的特性。第二，各組可能遇到的影響來源與**實驗處理**的特殊順序有關。此一設計只顯示**後測**的效果，因為它特別適用於不適用**前測**，或沒有**非等同控制組設計**時使用。

迴歸與相關

　　一項有關**迴歸**的問題，是指**自變數**在不同水平階層為常數時，因變數因之變動的次數分配。**相關的問題**（correlation problems）則是考量兩個變量，都不受實驗者控制的情況下互相變動的情況。有關迴歸問題的例子，例如：研究作物的成長與施肥量的關係，某種動物暴露於不同量的放射線下對壽命的影響，或熱處理時間的長短對塑膠硬度的影響等。在這幾個例子當中，都是由實驗者量度當一個變數在某一階層中維持固定量時，去觀察另一變數的變化。關於**相關**的研究，例如：研究智商（IQ）與學生成績之間的關係、血壓與新陳代謝之間的關係、玉米高度與產量的關係等。在這幾個例子中，都是觀察兩個變數自然發生變化的關係。

　　假使我們要研究一群男性的身高與體重的關係，我們會把這一群人按照大約相等的身高分成若干組，然後量度各組成員的體重，來檢視各組的身高與體重的次數分配。每一組成員的身高與體重都會有一個平均值（mean）與一個變異數（variance）。我們會定義體重為身高的迴歸值，為每一組成員身高的體重平均值的次數分配。在這個例子裡，體重的次數分配是依身高而變化的。所以體重是因變數，而身高為自變數。

　　如果用符號表示，我們用 Y 代表因變數，X 代表自變數。因此，在有關的母體中的任何人，都會有一對（pair）體重與身高的量度值 X 與 Y。任何身高 X 的體重 Y 可以用 $\mu_{y,x}$ 來代表，次數分配的變異值可以用 $\delta_{y,x}^2$ 來代表，這些都是參數（parameters）。在任何固定的身高組中，它們都是常數，但是會依不同身高與體重的次數分配而變化。所有母體中的男性，依身高所得到的體重平均值可以用 μ_y 來代表，而這些體重的變異值可以用 δ_y^2 來代表，我們會假

定所有 X 值的 $\delta_{y.x}{}^2$ 為常數。

　　至於**相關問題**（correlation problems），我們可以從母體中抽取兩組樣本的量度值。**相關**與**迴歸**不同之處在於**迴歸**是從已經決定的 X 值選取樣本。大多數有關**相關**的典型研究，都是建立在 X、Y 值**兩個變數是常態**分配（two-variable normal distribution）的假定上（assumption）的。也就是說，任何固定 X 值的 Y 值次數分配是常態分配；而任何固定 Y 值的 X 值次數分配也是常態分配。而 X 對 Y 的迴歸曲線，與 Y 對 X 的迴歸曲線都是一條直線，而 X、Y 變數的變異值都是常數。兩條迴歸曲線會相交於某一點，在那一點的 X 軸的平均值為 μ_x，Y 軸的平均值為 μ_y。[3]

● 對準實驗設計的省思

　　準實驗設計本身就是一種實實在在的研究設計，而不是附屬於**正式**（true）實驗設計的設計。以上所說明與列舉的幾個常用的實驗設計，只是一個起始點。假使你的研究主要是要得到**因果關係**，你就沒有必要做**正式的**（true）實驗設計，你真正應該做的是使用**準實驗設計**，來平復那些可能影響到內在效度的問題。如果你並不是僅僅注意**因果關係**，那麼有些實際生活的實驗，包括一般化的困難（影響內在效度），都會使你更需要使用**準實驗設計**。

3　Wilfrid J. Dixon and Frank J. Massey, Jr., *Introduction to Statistical Analysis*, 2nd edition, 1963, pp. 189-199.

Chapter 14

調查研究

調查研究也是蒐集證據與資料的方法，它是社會科學研究廣為使用的蒐集資料的技術。好的調查需要周全的思慮與心力，否則它也可能產生誤導或毫無價值的結果。其實，調查與其他科學研究工具一樣，可能用得合宜，也可能用得不合宜。因此在本章裡我們將聚焦在社會科學的調查，同時也會談到調查研究的主要內容，以及可能有的限制。

調查研究是社會科學實證研究的方法，調查會獲得社會的量化資料，也能描述社會與人們的行為狀況。它們也可以用來解釋或發現社會問題。調查研究適用於人們所相信的事情、意見，以及過去與現在的行為。當人們回答問題時，它量度變數的力量最強。做研究的人，通常會在一次的調查中詢問多項問題，量度多項變數，並且檢定多項假說。通常人們認為調查研究是質化或定性的研究方法，其實嚴格地說，調查研究只是研究方法中蒐集證據與資料的技術之一。在前面，我們曾經說明過方法、技術與工具之間的區別。希望讀者不要認為調查研究就是質性研究，或者認為質性研究就是調查研究。

調查研究所要探討的問題，約有以下幾類：

1. 行為。例如：你每天刷幾次牙？你在上次選舉時投過票嗎？
2. 態度／信仰／意見。例如：你認為市長的施政績效如何？你認為環境保護會妨礙經濟發展嗎？國家近來所面臨的重要問題為何？
3. 特徵。例如：你目前是結婚、單身、離婚、分居還是喪偶？你參加任何工會嗎？你的年齡為何？你的年平均所得為何？
4. 期望。例如：你計畫在未來的 12 個月裡買新車嗎？你希望你的子女受高

等教育嗎？你認為本市的人口會增加、減少或不變嗎？

5. 自我分類。例如：你認為你自己屬於自由派、保守派或中間派？你的家庭屬於社會的哪一個階級？你認為你自己有宗教信仰，或沒有宗教信仰？

6. 知識。例如：你認為 CO_2 過多會造成溫室效應嗎？你知道聯合國對高齡化國家的定義嗎？男女性的比例為何？你知道影印他人的著作是犯法的行為嗎？

調查研究的歷史發展

現代的**調查研究**，可以追溯到古代的**戶口普查**。**戶口普查**包括一個國家或地區全部人口的各種性質的資訊，如男女性別比、所得分配、住宅狀況、教育程度、婚姻狀況、健康狀況、不動產狀況等。這些資訊包括人們所告訴調查官員的資訊，以及官員所觀察到的資訊。例如：*Domesday Book* 為英國 William the Conqueror 在 1085-1086 年下令所做成的英格蘭土地清丈冊。

早期的普查，目的在於估計土地的財產稅收，或可當兵的青年人數。在現代的代議式民主制度發展之後，人口普查則用來計算一個地區，多少人口可以選出的代議士人數。

調查技術之用在社會研究上，開始於英、美兩國社會改革運動時期，目的在於整理工業革命之後，都市地區土地財產的狀況。最早的調查是以問卷蒐集一個地區各種狀況的資料，還沒有用到科學抽樣與統計技術。不過社會調查已經在現代**量化調查**，與**定性的實地研究**中生根。從 1890 年代到 1930 年代，不論是在加拿大、英國或美國的社會調查運動，**調查研究**都是社會研究的主要方法。彼時已經把實證研究方法用在支持社會政治改革的目標上。今天，社會調查可以被稱為**行動導向的社區調查**（action oriented community survey）。到了 1940 年代中期，現代的定量調查已經大量湧現。

早期的社會調查，是以不同來源的**定量**與**定性**資料，對特殊地區所做相當細節的實證研究。不過大部分都是**說明式**的與**描述性**的。但是因為種族與性別的歧視，這種工作未能進入到大學裡頭，不過卻對社區的日常生活提供了生動的圖像。對當時人們的保健、犯罪與工業傷害等資料，都有直接觀察的統計資

料。

　　在美國，從 1920 年到第二次世界大戰期間，有四種力量使社會調查成爲現代的**量化調查**研究。**第一**，研究者應用統計抽樣方法，和比較精確的量度方法於調查研究上。**第二**，研究者在蒐集有關態度、意見與社會問題等資料時，使用了有系統的**指標**與**尺度**。**第三**，其他領域也開始應用調查研究方法。例如：市場研究開始利用調查來研究消費者行爲；新聞記者使用調查來顯示公眾的意見；宗教與慈善團體使用調查來發現社會的需要；政府機關使用調查來改善農業與社會方案。還有更多的社會科學家，開始使用調查來蒐集他們基礎研究的資料。

　　此外，大多數的社會實證研究重新調整方向，使非學術性的混合研究方法，轉變爲研究地方性社會問題。這種方向的改變，模仿自然科學建立了相當有價值的社會科學方法模式。使社會科學變得更專業、更客觀，而且沒有政治氣息。這種方向的改變受到以下幾種因素的激勵：(1) 研究者與大學爲了地位、名望與經費互相競爭；(2) 在美國，在**激進年代**（Progressive Era, 1895-1915）之後，研究者脫離了社會改造的理想，而從事實際的社會研究；(3) 受到私人基金（卡內基、洛克斐勒、Sage）的資助，社會研究者發展了大量的定量實證研究。

　　調查研究在二戰之後發展得更爲成熟。**調查研究**應用在士氣、消費者需求、生產力、對敵宣傳，以及**轟炸**的影響等各方面。戰時的合作使調查研究的學術與實際應用結合。學術界幫助業者應用精確的量度、抽樣方法，以及統計分析；同時業者也在經費上資助學術界從事實際的、有系統的大規模調查。

　　時至今日，愈來愈多的人都在學習如何從事調查研究。助長調查研究的成長有五項因素：

1. 電腦：在 1960 年代，電腦技術方法被用在社會科學的研究上，使大量調查資料的整理與複雜的統計分析成爲可能。今天，電腦更成爲不可或缺的資料分析工具。
2. 研究機構：新的社會調查中心在 1960 年代以後紛紛成立，具有興趣與訓練的專家大量參與。
3. 資料的儲存：到了 1970 年代，資料庫開始發展，使用大量調查資料的儲

存、搜索、分析與分享成為可能。

4. **經費的資助**：從 1960 年代到 1970 年代，美國聯邦政府擴大了社會科學研究的預算。在臺灣，社會科學研究的經費，卻無法與科技研究的預算相比。

5. **方法的改進**：到了 1970 年代，相當多的研究都在從事調查方法的改進，以增加其可信度。另一方面，研究者也在改進分析定量資料的方法。

今天，各大學與研究中心的基礎研究，都是使用調查研究的方法。這些領域包括：傳播、教育、經濟學、政治學、社會心理學與社會學等。在應用方面，許多領域也都仰賴調查研究以做決策。例如：政府施政、市場行銷、政策研究、多媒體研究等。

調查研究的操作步驟

做調查研究的人，所用的方法是**演繹法**。他開始的時候，會先決定做一項理論的或應用的**研究**，然後以實證的量度與資料分析來做研究工作。研究者一旦決定以調查方法來做研究，有兩項基本步驟需要注意：一個是**研究設計**，另一個是**資料蒐集**。

在第一階段，研究者會擬出一個問卷用來量度變數。問卷的回應可以經由郵寄或當面訪談，現代更應用電腦網際網路做調查，然後由研究者記錄他們的回應。在草擬問卷之初，研究者就應該想到如何整理與分析所蒐集到的資料，來做調查的設計。研究者應該在正式發出問卷或訪談之前，在計畫發出的問卷中，抽取一小部分的**樣本**做**預試**（pilot test），以便發現所問的問題，是否能清晰地表達問題的意義？能不能蒐集到所需要的資料？

在這一階段，研究者便需要決定**實驗設計**、**抽樣的方法**，以及**樣本的大小**。在這一階段，就須想到如何分析資料，以得到所希望得到的結果。在規劃與設計階段之後，研究者便可以開始**蒐集資料**。這時，他便可以用電話、郵寄或親自訪問，或電腦網際網路，訪問所要調查的對象，蒐集回應者的答覆。並且用適當的方法記錄所得到的資料，然後從事統計分析，以及進行**假說的檢定**。

● 如何決定樣本的大小？

　　在做實驗或調查的時候，每次對研究的對象做量度時，都會得到一個資料的量（quantity）。雖然我們所觀察到的量，每次都不相同，但是在我們**重複量度**時，都會得到大致一樣的量度資料，這些資料就是從母體中的**隨機抽樣**所獲得的。這些樣本應該是母體的代表，所以研究者就需要決定樣本的大小，樣本太小則不足以代表母體，而樣本太大則不經濟。

　　在一項實驗裡，資料的量，會因為**實驗設計**與**抽樣方法**的不同而不同。然而，如果抽樣的步驟決定了，所剩下的問題，便是如何決定樣本的大小，才適足以在推論中獲得有意義的結果？對於此一問題的答案，則要看所用的推論方法而定。也就是要檢定假說或估計一個**參數值**。然而，在尚未決定需要多少資料之前，我們也無法回答此一問題。

　　假使我們希望檢定一項**假說**，研究者必須決定他所能偵測到的 α 與 β 值，以及**假說值**的差異值，或願意接受或容忍的**誤差**。也就是做錯誤決定的風險有多大。假使研究者要做估計，他必須先確定它的估計值的誤差（error）界線，假使此項估計值的誤差為 B，則：

$$P（估計值的誤差 \leq B）= 1 - \alpha$$

表示估計值的誤差率，要小於或等於 B 而且等於既定的估計值（$1 - \alpha$），也就是研究者所能接受的估計值。假使研究者在做重複的抽樣，而且沒有偏誤的話，他會得到一個**常態**（**鐘型**）的次數分配。這時研究者即可以使用 *Chebyshev's Theorem* 與**經驗法則**，來說明參數的估計值 θ，應該有大約 68% 的機率會小於平均值 ±1 個標準差（$\mu \pm \sigma$）；95% 的機率會小於平均值 ±2 個標準差（$\mu \pm 2\sigma$）；99.7% 的機率會小於平均值 ±3 個標準差（$\mu \pm 3\sigma$）。

　　抽樣設計是一件相當複雜的工作。本書限於篇幅，只能在這裡做概念性的介紹。做研究的研究生或學者，必須請益統計專家，或從專業的統計書籍中，尋求適合你研究問題的抽樣方法。

● 問卷的製作

一個好的問卷要有它的整體性。研究者在編製問卷時，要讓問題流暢地排序，有連續性或承繼性，要有結構性的組織。開始時要有一段簡介的話，把研究的主題、研究的目的，以及希望獲得的資料，清楚地說明，並且詳細說明填答問卷的方法。對於每一個變數的量度，最好不要超過兩、三個問題。

一個好的**問卷**，要遵循兩項原則：**第一、**要避免思維的混淆，並且要時時從回應者的角度思考。**第二、**一個好的問卷要使研究者獲得有效而可靠的量度值。這樣也可以幫助受訪者瞭解問題的內容，並且會使他們的回答有意義。因為研究者必須瞭解，每一個受訪者都有他自己的不同背景，他必須站在受訪者的立場來設計問題。問題的擬定，與其說是科學，不如說它是**藝術**。它需要技巧、練習、耐心與創意。Neuman 列出了 10 項設計問卷應該避免的事情。

1. 避免使用術語、行話、俗話與簡化的表達方式。
2. 避免模糊、混淆，與詞意含混、定義不明確的用語。
3. 避免感性的語言，與權威式的用語，例如：引用權威人士的話。
4. 避免雙重意義或模稜兩可的問題。每一個問題最好只問一個概念、一個議題或一件事情。
5. 避免引導性的問題。一個引導性的問題，是在語意上會使回答者選擇某一個答案而不選擇另一個答案。例如：你不抽菸吧？你抽菸嗎？會導致回答者選擇他不抽菸。再例如：你認為市長應該整修市內的破損及危險道路嗎？其答案顯然是要受訪者同意。
6. 避免受訪者所不能勝任回答的問題。因為受訪者不可能一直記得過去的事情或某些特殊的資訊。
7. 避免錯誤或受訪者並不認同的**前提**的問題。詢問假設性的問題，也不會獲得很可靠的答案。
8. 避免詢問有關未來意圖的問題，如果**前提**是假設性的，就更不恰當了。最好的問題是問他對當前的，或不久以前事情的態度或意見。一般而言，受訪者對他的經驗比較熟知，而對於比較抽象的情境則比較生疏。
9. 避免雙重否定的問題。雙重否定在通常的語言上，可能是文法上的錯誤而且會令人困擾。例如：我不相信你不知道這件事。當然答案是「**知道**」，

但是用雙重否定會使人感覺困擾。

10. 避免重疊或會產生不平衡答案的問題。我們的問題，最好能得到互相排斥、窮盡並且平衡的回應。互相排斥是指答案只有唯一的一個。重疊的問題多半是級距的分類不清楚，例如：5-10、10-20、20-30。再例如：你滿意你的工作或是你並不喜歡它。窮盡的問題是答案只有唯一的一個，不致於使回應者舉棋不定。例如：你有工作嗎？受訪者會搞不懂問的是全職工作或兼職工作，有薪資的工作或義工。所謂平衡的問題是面面俱到的。例如：市長工作的表現如何？極出色、非常好、很好、或令人滿意。[1]

問題的類型與回應

● 敏感性與非敏感性問題

研究者有的時候會問一些敏感的，或者使詢問的對象感到不舒適的問題。例如：性行為、吸毒、酗酒、不正當行為、精神健康、AIDS 病情、政黨傾向、非法行為，或具有爭議性的公眾議題等。研究者在詢問這類問題時，必須特別小心。在遇到敏感性問題時，回應者可能會嘗試回答有助於塑造他們正面形象的答案，而非真實答案。因為這類問題會使回應者感覺到羞恥、尷尬、懼怕等情緒；而不會給研究者比較正常，或者合乎社會一般期望，或常理的答覆。這就是**社會期望偏誤**（social desirability bias）。這種社會壓力便會造成不正常的答覆，並且使研究者不容易獲得所期望的資料。

在這個時候，研究者為了獲得真實的資料，便應該明確地給予回應者保密的保證，或者在先問一些一般性的問題之後，在兩者之間建立起互信基礎後，才開始問敏感的問題。此外，或者也可以使用一些比較婉轉的口氣與態度來問這類問題。再者，研究者也可以用匿名、郵寄問卷或隨機電話訪問的方式，詢問敏感性問題。另外有關**知識性**的問題，例如：對地理知識以及當前社會重要

---

1   W. Lawrence Neuman, *Social Research Methods-Qualitative and Quantitative Approaches,* 3rd edition, Allyn Bacon, 1997, pp. 231-237.

議題等方面的知識，研究者也應該注意適當的詢問方法。因為一般人都不希望被人看出他的無知。

● 開放式或封閉式問卷

在調查研究中，到底開放式問題，或封閉式的問題較為適當，一直都是不停被討論的議題。對於一個開放式的問題，受訪者可以自由地陳述他的意見。而一個封閉式的問題，受訪者只能就詢問的問題所列出的固定答案去做選擇。其實，每一種問題都有它的優點與缺點，問題的關鍵在於，要思考在什麼情況或**目的**之下用哪一種問題。**大量的調查**最好用封閉式的問卷，因為處理起來比較容易而且快速。但是，有些重要的問題，如一個人的**感想**、**信仰**、**意見**等便無法在固定的選項中表現出來。這類的問題，可能用開放式的問題為佳。也許封閉與開放混合的問題，可以減少這些困擾。有的時候，開放式的問題在研究工作初期可能相當重要。因為研究者可以在**預試**的時候，使用開放式的問題；然後利用開放式問題所得到的回答，擬定封閉式的問卷，這樣可能使問題更為恰當與貼切。也更合乎我們在第十五章所講，**定性與定量混合的研究設計**的做法。

● 無意見與中立性問題

問卷是否包括**中立性**與**無意見**的答覆，也是做調查研究者時常討論的問題（例如：無意見、不知道、不確定等）。這種問題會造成兩種偏誤。**第一**、當回應者實際上有**非中立性意見**時，他可能會被迫接受**無意見**的答案。當回應者真正沒有意見時，他也有可能會被迫選擇某種意見。**其次**，研究者會嘗試避免錯誤的正面答案，或錯誤的負面答案。很多回應者選擇**無意見**，也可能是因為要規避某種選項。因為有的時候，回應者面對假設性的議題、對象或事情表示態度時，不知道如何回答，也會選擇**無意見**的選項。

● 同意或不同意，排序或評比

調查研究者在量度價值與態度時，往往會討論在回應中所發現的兩個問題。**第一、**是否應該在問卷的選項中，詢問受訪者對某項陳述**同意**或**不同意**；還是問卷中應該提供給受訪者另一個選項？**第二、**是否問卷中應該包含一組選項，讓受訪者去**評比**它們（例如：同意、不同意）。或者，是否問卷裡應該提出一系列的選項，讓受訪者從**最同意**到**最不同意**的順序排列中選擇他所屬意的選項？

在以上兩個問題中，**評比**可能會缺乏客觀的標準，不容易讓受訪者在兩者之間做選擇。比較好的做法，是很明顯地把各種選項排序，而讓受訪者去做選擇。

● 擬議問題的語彙

調查研究者常常需要面對兩項語彙的爭議。**第一、**是否應該使用最簡單的**白話文語彙**來降低混淆。**第二、**則是使用特定語彙的效果問題。但是，詭異的是，我們不可能先知道什麼樣的用字，或用語會影響受訪者的感覺。例如：**禁止**與**不許可**兩種用語，就很難讓人瞭解它們之間的區別。它們的**本意**應該是一樣的，但是人們一般比較能接受**不許可**，而不太喜歡看到或聽到**禁止**這兩個字。

某些語彙可能會引起情感上的反應。本來沒有爭議的問題，可能因為用語不當而引起誤會或詞不達意。例如：詢問一個人的年齡，可能有四種方法：(1) 請問貴庚？(2) 你年紀多大（老）？(3) 你的生日是哪一年？(4) 你的年齡為 18-24、25-34……？特別是對女性受訪者，問年齡更要有技巧。問題所用的語彙恰當，可以獲得較高的**回應率**，用語不當則會降低**回應率**。

關於問卷設計的幾個問題

● 問卷或調查內容的長短

究竟一個問卷或訪談應該多長或多短？從研究者的立場看，訪談者多半喜歡比較長的問卷或比較長的訪談，因為它們比較能節省成本。因為一般的觀念認為，一旦一個受訪者回答了某些問題，再多幾個問題也不會增加太多的時間或麻煩。其實，問卷用語與訪談的長短，並沒有一個絕對的標準，其長短會因調查的型態與訪談的性質而有所不同。十分鐘的電話訪問並不算長，通常可以延長到 20 分鐘，超過 30 分鐘就顯然有點長了。郵寄的問卷則變化較大。對一般人而言，3-4 頁的問卷，大多都能被接受，也有超過 10 頁（100 個問題）的問卷成功的案例，但是回應率就減少了很多。面對面訪談，從 30 分鐘到一個小時的也很多。在特殊狀況之下，面對面訪談也有長至 3-5 小時的。這要看訪問者與受訪者之間，雙方對研究主題的認知、興趣，以及在訪談過程中所建立的互動、互信與氛圍而定。

● 問題的次序

關於調查研究者問題次序的安排，會面對兩項問題。**第一、**如何將問題組織成一個整體的問卷；**第二、**什麼樣的問題應該先問，而什麼樣的問題又可以後問，都需要周全地考慮。

通常，你應該把問題的排序，安排得使回應者感覺順暢而且減少困擾。一個問卷有它的**開始部分**、**中間部分**與**結束部分**。在一段簡單的文字，介紹你的調查研究之後，開頭的問題最好能使人感覺容易回答，使人感覺愉快而有趣，並且願意接受詢問。這樣，便可以緩和一下彼此的情緒，而且幫助彼此互相認識。應該避免詢問一些無趣的背景問題，以及具有冒犯性的問題。問卷的中間部分可以問一些一般性問題緩衝一下，把不同的主題放在一起容易產生困擾。最好把同一主題的問題放在一起，而且加上一個簡短的引言（例如：現在我將

會問你一些有關**住宅**的問題）。問題與主題的安排一定要順暢而且合乎邏輯，並且能夠喚起回應者的記憶。不要問一些使人尷尬的問題，結束時要以感謝的態度道謝。

研究者所關心的，是問題**安排**的**次序**。因為次序不順暢，可能會影響回應者的回答。這種**次序效果**（order effects）對那些主見不強，或教育程度較低的人們影響最大。因為他們常會以最前面問題如何回答，來決定接下來的問題如何回答。這時，你可以有兩種方法應付**次序效果**的問題。**第一、**用漏斗式的問題發問，也就是先問一些比較一般性的問題，再逐漸引到比較特定的主題性問題。例如：調查疾病狀況時，可以先談一般的健康問題，再逐漸問到特定的病症問題。

其次，可以將回應者分成兩組，其中一組回答一種排序組合的問題；另一組回答另外一種排序的問題。其結果或者可以顯示問題安排的次序，是否會影響回應者的回答。不過這種測試結果是否可以作準，也是無法確定的。

● 不回應、拒絕回應與回應率

回應率是調查研究者所最關心的事情之一。如果樣本中，**不回應**的比例過高，研究者就會擔心，是否能從這些調查結果中獲得一般化的結果。假使**不回應者**與回應者的性質有顯著的差異（例如：教育程度），**低回應率**將會造成偏誤，與不可信賴的結果。

造成低回應率的因素有很多種。無法接觸到受訪者；或者接觸得到，但是沒有完成此項問卷；拒絕回答問卷，或受訪者拒絕回答某些問題。目前的一般情形，是對調查研究的回應率正逐年降低，特別是在都市地區。造成這種情形的因素很多，例如：對陌生人心生恐懼，犯罪率增加，人與人之間的關係日趨淡泊，調查研究問卷太多，讓人窮於應付，希望保留一些個人的私密性等。此外，過去的調查研究，讓他留下不愉快的經驗。在調查研究人員方面，誤用了調查技術，訪問者不夠細心，沒有顧及受訪者的感受，問卷的設計不良，以及解說不夠詳盡或意念表達不清楚等，也都是得不到回應或拒絕回應的重要原因。

至於回應率，什麼是恰當的回應率，實在很難說出一個標準。它要看母體的大小、研究的主題、實際上的限制條件，以及研究者所願意接受的回應率等因素。一般而言，回應率低於 50% 是低了一點，能夠超過 90% 當然最好。不過一般而言，要看在統計學上可接受的**信賴度**如何而定。

再者，回應率的不同，也跟所使用的計算方法有關。例如：電話或面對面訪談，通常都是根據所能接觸到的人多少，而不是樣本大小來計算的。**自我管理**（self-administered）的問卷（例如：在班級裡的問卷調查），多半能獲得百分之百的回應率。面對面訪談的回應率可以達到 90%，其次是電話訪問（約 80%），郵寄問卷通常都在 50-60% 上下。

研究者可以用幾種方法來增加回應率。打電話的時間以下午 6:00 到 9:00，星期日到星期四之間為佳。假使在打電話之前的三、五天以信件通知，讓受訪者事先知道將有電話訪問，則回應率會高一些。訪問者首先需要自我介紹姓名與所屬機構，說明訪問的目的。訪問的時間最好不要超過 10 分鐘，回應的內容必須保密。面對面的訪談也可以如法炮製，最好先約定一個見面的時間。

關於**郵寄問卷**，Neuman 列舉了十種增加回應率的方法：

1. 信件要寄給特定人士，而不是寄到住戶地址而已。
2. 問卷書寫要仔細，附帶一封短函介紹問卷調查的目的、內容、請求合作回應，保證保密，並且具名及電話號碼、e-mail 地址。
3. 必須附寄已付郵資，書寫回郵地址的回郵信封。
4. 問卷長度要恰當，排版及形式要整潔，且能吸引人的注意。
5. 問卷應該專業印刷，簡單易讀，並附填答說明。
6. 對未回應者，郵寄至少兩次追蹤信，每封可以各間隔一個星期。信件語氣要溫和，可以再附寄一次問卷。
7. 郵寄時間應避開主要假日。
8. 不要雙面印刷，而且要留一些空白供回應人提出意見。
9. 支持研究案者，為政府機關、大學、大企業，往往會得到較高的回應率。
10. 如果可能，附送一件小禮物作為答謝。[2]

2　Neuman, 1997, p. 249.

● 問卷問題的編排與樣式

不論是對訪問者也好，或是回應者也好，問卷的問題編排與樣式都是很重要的。問卷最好應該是清楚、整潔而且容易依次回答，否則便會影響問卷的有效性與回應率。問卷需要有一個**封面頁**，供行政管理之用。在封面頁上要注明訪問的日期、訪問者的姓名、回應者的辨識號碼，以及預留回應者的評語與觀點的空間。一個好的問卷應該顯得很專業、圖文都應維持高品質，問題與問題之間應有適當的間距。問題編排得好會增進**準確性**、**完整性**，以及訪問的**流暢性**。

在問卷上，要給受訪問者或回應者填答問題的說明。說明的印刷最好與問題的形式要有所不同（例如：用不同的顏色或字型）。這種做法很重要，因為這樣可以區分訪問者與回應者之間的詢問與回答。對問卷而言，問題的編排非常重要。因為訪問者與回應者並不相識，而問卷設計的好壞，卻會影響回應者的反應。如果是郵寄問卷，應該有一封禮貌性、專業性的簡介信件，告訴對方研究者的身分，並且附上電話號碼或 e-mail 地址，以便受訪者聯絡、詢問一些不甚清楚的細節。

● 問卷的設計方法

從理論上講，調查是一項社會成員之間的互動行為。在此項互動行為中，回應者會因為研究者所營造的，值得信賴的氛圍而願意與研究者合作。而且他們的合作，是基於預期的利益會超過成本，而且所造成的社會利益會很大，而成本會非常低。最實際的一點，是要使問卷的設計以及用語、遣詞非常得體。因此，一個好的調查設計要有不只一次的前測，使在正式調查時，回應者的個人成本最小，而且所需要的時間最少，效力最大。它也會形成一些無法以金錢衡量的回報，諸如讓回應者感覺到他在做一件有價值、有貢獻而且很重要的事。他也會透過一個看起來非常專業的問卷，在研究者與回應者之間建立起互信的關係。

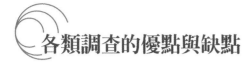

各類調查的優點與缺點

 郵寄與自我管理的問卷

優點

研究者可以直接或郵寄問卷給受訪者，而且直接得到回答。這類問卷是最廉價的，是可以由單一的研究者完成的。研究者可以把問卷寄到一個廣大的地理區域裡的樣本。回應者可以在他方便的時間回應問卷，而且有時間去回憶與察看他過去的記錄。郵寄問卷可以**匿名**，而且可以避免訪詢者的**偏誤**。郵寄問卷會很有效，也能得到高教育水準人士的較高回應率。

缺點

因為人們常常不回應問卷，所以郵寄問卷的最大缺點就是回應率低。研究者可以寄出信件提醒，或是補寄問卷以提高回應率，但是這樣做又會增加蒐集資料的時間與成本。研究者也無法控制郵寄問卷的品質，而且無法及時釐清問題的疑難，或對不完全的問卷探求更多的資訊。問卷也有可能被別人誤填、誤答，造成更多的困擾。因為無法面對受訪者，所以也無法觀察到回應者對問題的立即反應，或判斷回應是否真實。

近年來由於電子郵件的普及與方便，許多問卷都是以電子郵件的方式處理。其效果大約與郵寄的方式相當，速度則快捷許多。除了傳輸的方式不同之外，以上所討論的基本方法與原則，應該是同樣適用的。

電話訪談

優點

因為根據研究，大約 95% 的人都能以電話接觸到，所以電話訪問是一項很常用的調查方法。研究者可以從電話簿裡找到回應者，而且可以克服距離的

障礙，並且省時。如果多打一次**跟催**（follow-up）電話，回應率大約可以達到 80% 到 90%。一般而言，電話訪問是一種比較有彈性的調查方法，並且其效果近似面對面訪談，而且成本要比面談低很多。同時，也可能便於詢問一些臨時想到的連帶問題。

缺點

電話訪談的時間不宜過長，是電話訪談的缺點。此外，沒有電話的人則無法接受訪問，而且打電話時，難以預料回應者的時間是否方便。電話訪問會減少匿名問題，以及可能產生訪問者偏誤。電話訪問不易用於開放式問題，對需要視聽協助的受訪者也有困難。

● 面對面訪談

優點

面對面訪談最能獲得高回應率，並且可以回應較長的問卷。訪問者可以在訪問時觀察周遭的環境、對方的態度，並且可以運用肢體語言與視聽輔助設備。受過良好訓練的訪問者，可以詢問各種各樣的問題，以及更複雜的問題與延伸出來的問題。

缺點

面對面訪談的成本高，是最大的缺點。訓練訪問人員、旅程、監督與人事管理的成本，都較其他調查方法為高，訪問者的個人偏誤也最高。訪問者的儀容、聲調、問題的用語等，都會影響受訪者的回應。此外，對受訪者的監督要比電話訪問困難，因為電話訪問可以被監聽。

● 調查訪問的社會文化意義

對調查誤差與訪問的偏誤，使人想到人們如何創造人與人之間的社會文化意義，以及相互的瞭解等較大的問題。社會狀況不同，會使同樣的字句對不同

的人產生不同的意義。這種情形會因爲不同的人說什麼話、如何說，以及說的人與聽的人之間的社會距離，而有不同。同樣地，受訪者也不一定會完全瞭解調查研究的問題與社會狀況，而可能誤解調查研究的性質。此外，不要忽略了訪問本身的狀況，和其他狀況之間的區別，因此，也不要期待訪問者的態度會與其他人的態度有一致性。

最初，調查研究是建立在一個**天眞的假設模式**上的。也就是說，研究者會嘗試去減少調查的實際經驗，與理想的假設模式之間的差異。此一假設模式包括以下各點：

1. 研究者對所有的變數都有清晰的瞭解。
2. 問卷不致於有用語、問題次序等相關影響。
3. 受訪者被感動或說服，而願意回答所有的問題。
4. 受訪者有完整的資訊，而且可以正確無誤地回憶這些事件。
5. 受訪者對每一個問題的瞭解恰如研究者所預期。
6. 假使受訪者不知道問題的理論，他會給比較眞實的答案。
7. 假使受訪者沒有受到任何暗示或建議，他會給比較眞實的答案。
8. 訪問的情境與特定的訪問者對答覆沒有影響。
9. 訪問的程序對回應者的信念或態度沒有影響。
10. 回應者的行爲與其回答會完全一致。[3]

很多調查研究者，並不認同此一模式的假設條件。因爲訪談者多會保持一個中立的立場，他會盡可能地減少個別訪問者的行爲所造成的偏誤。但是因爲社會情境各有不同，同樣的問題用語，並不能讓所有的人領會同一個意義。

在複雜的人們互動行爲中，人們常會對相當簡單的問題做過度的詮釋，反而使訪問者得不到所希望得到的答案。特別是開放式的問卷，尤其會發生這種情形，而必須要有好幾次**跟催**（follow-up）才能釐清眞正的意義。矛盾的是，在一般通常的對話中，會包含許多有條有理的用語來避免誤解；但是在調查訪問中，這些標準化的用語，反倒無法傳達標準的意義。

3　Neuman, 1997, p. 261.

因為在現實社會中，人與人之間的互動常在不同的情境之中。而且每一個人的性別、種族、宗教，以及他所處的文化背景都有差異，所以用語的意思並不存在於所使用的文字中；而會依照不同的情境，產生不同的意義。例如：男人與女人，因為生理與心理的不同，對健康的想法並不相同。所以當問到健康狀況時，便會對健康狀況有不同的看法。所以，上面所說**天真的假設模式**便不適用了。不正確的回應並不是一種趨勢，也不是有意的不誠實。每一個人都可能在某種場合，誠實地回答某一特定問題；而在另一種場合，對另一個問題，可能就不一定誠實地回答。這種情形可能歸咎於人性使然，這也是行為科學研究的困難。

在這種複雜而可能扭曲的情形下，研究者究竟該如何應付？根據我們上面所談到的社會意義（social meaning），**研究者應該設法至少將封閉式的問題，與開放式的問題適當地配合，應用在同一份問卷裡**。這種做法比較費時，也需要受過良好訓練的訪問員，因為這種問卷可能會產生不甚一致，而且比較難以量化的回應；也會顯示出定量與定性的社會研究是互相為用的。當定量的調查研究者發現難以消除**訪問者偏誤**，與使人困擾的回應時，他們會發現**定性**的研究，反而能夠提供人們在不同的社會情境中，如何表達他們的意念。

● 調查研究的倫理

在所有的各種社會研究中，人們的研究工作可能合乎**倫理**，也可能不合乎**倫理**。調查研究的主要**倫理問題**，就是對個人隱私的侵犯。調查研究問到個人的內心信念或親密關係時，便是侵犯了個人隱私。回應者有權決定他對什麼人、什麼問題，做回應或不做回應。如果訪問人員與受訪者能先建立互信的關係，就會得到比較正確的資訊。對取得的資訊嚴格保密，也會取得受訪者的信任。研究者必須顧及回應者的尊嚴，減少急迫感或使人不自在的氛圍。

第二個倫理問題，包括回應者是否自願參與。受訪者有權決定何時參與，何時退出一項研究。研究者要給參與者**告知的同意**（informed consent），（請參閱第十六章：科學研究的倫理規範）。研究者一定要獲得回應者的自願合作，並且要以尊嚴、尊重的態度對待回應者，也必須做到保密到滴水不漏的地步。

　　第三個倫理問題，是要發現什麼調查是眞實的調查，什麼是僞裝的調查？因爲有些人會利用調查誤導別人，或誘導別人去做某些與研究不相干的事情，刺探別人的隱私，藉口進入別人的住宅等。

　　另外一個**倫理**問題，是人們誤用調查結果，或有意地扭曲、操縱調查結果。人們或許不瞭解調查的有限性，而要求受調查者，所無法提供的資訊，也可能涉及做調查的人，並沒有受過正確的訓練。如果根據設計不良的問卷，所獲得的資訊去做決策，將會浪費資源以及帶來災難。這種誤用使我們必須警惕，使調查研究盡量地周延、正確。研究者也必須注意調查研究結果的有限性。調查研究也要注意政客、商人誤用調查結果所產生的後果。

　　大眾傳播對調查結果的報導，也會導致對調查結果的誤用。很少有人在看到調查結果時，會仔細地加以深入思考，但是研究者卻應該提供調查的細節，以避免被誤用。根據美國的一項研究，有超過 88% 的媒體並沒有報導調查的細節，與研究者是誰，只有 18% 的媒體說明了調查的過程與方法。[4] 目前並沒有規範民意調查或調查研究的機制。研究者本身則要注意抽樣的方法，訪問員的訓練與監督，問卷的設計、調查結果的應用等問題。此外，也要對調查機構的誠信加以管制，以避免公眾對調查研究失去信心，而使未來的調查研究難以進行。

結論

　　調查研究是最爲廣泛使用的社會科學研究方法。它與第十二章所討論的**觀察與實驗**都是蒐集證據與資料的方法。在調查研究工作中，研究人員使用問卷作爲蒐集資料的工具，並且量度其他定量研究的變數。調查通常稱之爲**樣本調查**（sample survey），因爲任何調查研究都希望能以隨機的方式抽取需要調查的樣本。其程序乃是以同樣的問題詢問許多的人，然後檢驗他們的回應，是否能歸納出一個一般性的法則。

　　調查研究是研究人員把要研究的**問題轉換爲問卷**，然後以**問卷**的回應作爲

4　　Neuman, 1997, p. 264.

資料。調查研究人員利用對這些資料的分析，來詮釋研究的結果。調查研究難免會有誤差，研究員要盡量設法減少此種誤差。這些誤差可能來自樣本的範圍與結構、受調查者的不回應、問題的用語與問題的次序，以及訪問者的偏誤。在你從事調查研究時，必須仔細地設計此項調查，並且小心地從調查的結果中，推論出**一般法則**，完成你的研究工作。

Chapter 15

定性與定量混合的研究設計

　　研究設計，可以從著重質化（定性），或量化（定量）的研究，而區分為：(a) 定性或質化的（qualitative）設計；(b) 定量或量化的（quantitative）設計；以及**質量混合**（mixed）的設計。毫無疑問的，這三種分類的性質並不像一般人所想的那樣歧異。相反的，它們有如各在一個連續光譜的兩端。一端的研究設計，質化的程度比較重，而另一端則量化的程度比較重。一個混合的研究設計，是把定性與定量兩種方法融合在一起使用，所以就從兩個極端漸漸趨向中間，落在此一光譜的中間部分。兩者混合在一起使用，可以獲得兩者的長處，同時減少兩者的弱點。

　　通常，我們區別定性研究與定量研究，最簡單的方法，就是看它們多用文字（定性）還是多用數字（定量）。或者是多用開放式問項（定性），或者是多用封閉式問項（定量）。比較複雜的區分方法，則要看研究者所使用的思想方面的假設策略多寡而定。例如：去看計量的實驗多寡，或者質化的個案研究多寡。再或者看，使用特別技術蒐集計量的資料，或使用觀察的方法蒐集質性的資料。從歷史的演化來看，在社會科學方面，從十九世紀末到二十世紀中期，定量的研究主導了學術界。在二十世紀中葉以後，定性的研究，逐漸增加，以致於發展出質量混合的研究設計。

　　定性研究是希望發現，並且瞭解個人，或某個群體所面臨的社會，或有關人性的問題。這種研究的過程包括瞭解所遇到的問題，蒐集特定當事人的資料。資料的分析是個別的，從一般狀況到特殊狀況，然後由研究人員詮釋資

料的意義。最後報告的撰寫，結構具有彈性，多半是歸納式的，聚焦於個別意義，也重視當時的複雜場景。

定量研究是希望經由檢驗變數之間的關係，驗證客觀的理論。這些變數是可以用工具量度的，而且量度的數據資料，是可以用統計方法分析的。最後的研究報告，包括：簡介、文獻與理論、研究方法、結果與討論。不像定性研究一樣，參與的研究者，用演繹法檢驗理論。要避免偏誤，控制另類的解釋，並且要使研究發現可以重製並且一般化。

混合式研究，是要包括蒐集質化與量化兩者的資料。整合這兩種資料，使用包括理論的假設與設計。基本上，這種研究設計可以得到比單獨使用定性或定量方法更完整的研究成果。換言之，也就是本書在第十一章所說的，科學研究的定量與定性是研究工作一體的兩面，必須整合應用，才能得到理想的結果。

定性與定量混合研究設計的意義

定性與定量混合研究設計的發展，大約已經有 25 年的歷史。從哲學與認識論的角度看，它可能是**方法論**（methodology）的一支。不過，本書是把它看作是一種**研究方法**（research method）所使用的**技術**和**工具**。我們在第十一章，講**科學研究的定量與定性**時，已經說明得很清楚，在**科學研究的工作中**，定量與定性兩種方法必須相伴進行。它包括如何蒐集資料、如何分析資料、如何詮釋研究的結果等。這樣說，並不是小看了**方法論**，只是強調定性與定量混合的研究設計，是把重點放在**研究方法**的**技術**與**工具**層面上而已。

從這個角度出發，我們可以把**定性與定量混合的研究設計**看作是：研究社會、行為科學的方法，在研究設計時所使用的技術與工具。從事研究工作的人，可以用來蒐集**定量**（封閉式問卷）與**定性**（開放式問卷）兩種資料。把它們整合在一起，分析它們，然後詮釋所得到的結果，以瞭解所研究的問題。這種方法的基本假設是說，當研究人員把**定量資料**（統計數據）和**定性資料**（個人的經驗與故事）整合在一起的時候，就能更有力地呈現研究的結果。在瞭解了第十一章，**科學研究的定量與定性**之後，再接續看這一章，**定性與定量混合**

的研究設計，應該更能讓研究生和讀者清楚地瞭解，如何整合定性與定量的研究設計。定性與定量的研究方法，本來就是應該整合一體的；只有將兩者整合在一起，才能對所研究的問題，得到最佳的瞭解。如果單獨進行定性的研究或定量的研究，是不可能得到理想的研究結果的。

但是，我們也要注意，**定性與定量混合的研究設計**的幾點特性：

1. **定性與定量混合的研究設計**，並不是只單純地蒐集定性與定量的資料。最重要的是要知道如何整合兩方面的資料，以得到最有利的效果。
2. **定性與定量混合的研究設計**，並不只是名稱上的合一，還有許多科學技術需要進一步探討。
3. **定性與定量混合的研究設計**，並不是只將定性的資料加在定量的設計上，也要將定量的資料用在定性的設計上，兩者要合理的互相運用，才能得到較佳的效果。
4. **定性與定量混合的研究設計**，並不是只各別蒐集**定性與定量**設計的資料，它包括蒐集、分析，以及整合兩方面的資料。這樣做，兩者不同設計的價值，都能貢獻與增進問題的研究與瞭解。

接下來，我們可以由表 15-1 的資料，看看定性與定量研究設計的優點與限制。

表 15-1　定性與定量研究設計的優點 vs. 限制

定性研究設計	
優點	限制
可以提供少數人的詳細資料	只能提供有限的普遍性
能夠聽到參與者親身發聲	只能提供軟性的資料（非數據性的）
可以使研究者瞭解參與者的經驗	只能研究少數人
研究反映參與者而非研究者的觀點	研究相當主觀
讓人欣賞研究案中的故事為主	因為主角是參與者，很少用到研究者的專業

定量研究設計	
優　點	限　制
可以從多數人的資料得到結論	枯燥，缺少人情味
資料分析的效率高	沒能記錄參與者說的話
可以在資料中研究關係	提供參與者的資料與瞭解很有限
能夠檢驗可能的因果關係	大部分要靠研究者趨動能夠控制偏誤
由人們的喜好決定數字	

資料來源：Creswell, John W., *A Concise Introduction to Mixed Methods Research*, SAGE Publications, Inc., 2015, p. 5.

混合的研究設計有哪幾種型態？

　　為了知道如何整合兩者的資料，需要先知道有哪幾種的混合設計。基本上，有三種**基礎的混合設計**，以及三種**進階的混合設計**。**基礎的混合設計**，顧名思義，就是所有混合設計的基礎框架。瞭解了基礎的框架之後，可以幫助你擬出問題、組織與分析你所蒐集的資料，並且詮釋與撰寫研究報告。在**基礎的混合設計之下，又包含收斂型設計**（convergent design）、**解釋型設計**（explanatory design）與**探索性設計**（exploratory design）。**進階的混合設計**（**advanced design**），是在基礎設計之上，再加上**干預性設計**（intervention design）、**社會公平設計**（social justice design），以及**多階段評估設計**（multistage evaluation）。

基礎的混合設計

1.　**收斂型設計**：在這種設計裡，要蒐集定量與定性兩種資料，並且分析這兩種資料，然後把它們整合在一起，互相比較印證，得到研究的結果。因為兩者的資料，提供不同的內涵，整合之後，可以從多方面瞭解更完整的研究內容與結果。結果與詮釋，則可以在討論時進行，因為兩者的資料是並

行的。

2. **解釋型設計：**在這種設計裡，先用定量設計，再用定性設計來解釋定量設計所得到的結果。

3. **探索型設計：**在這種設計裡，先用定性方法探索問題，因為問題的狀況還可能混沌不明。在初步探索之後，研究者再用定性方法所得到的結果，建立第二輪的定量研究。在這一輪的研究中，研究者可以檢討所用的技術與工具、變數與實驗干預，以及資料分析等，如不恰當，可加以改進。

● 進階的混合設計

1. **干預型設計：**這種設計是研究者，在做實驗時，蒐集定性的資料，做一個**收斂型設計、解釋型設計，**或**探索性設計。**然後，研究者用定性的資料做處理（treatment），去測試實驗組，看在處理前是什麼狀態、處理中有什麼變化，以及處理後發生什麼效果？（請參考第十三章所討論的實驗設計）

2. **社會公平設計：**此項設計是在整體社會公平的架構下，研究一個問題。使用**混合設計**中的**收斂型設計、解釋型設計，**或**探索性設計。**可以研究的問題可能有：性別問題如女性主義或男性主義、種族或弱勢族群問題、社會階級問題、貧富差距問題、住宅問題等。

3. **多階段評估設計：**此項設計是要在時間的過程中，評估一個計畫案的實施成功與否。評估的整體，是要估計計畫案的優點、價值，以及值不值得進行實施。整體的評估設計，可以是定量的、定性的，或者是混合的。[1]

◎ 為什麼要用質量混合的研究設計？

關於為什麼要用質量混合的研究設計的問題，根據一般的看法，至少有兩點值得注意。第一、當我們單獨使用**定量**研究設計，或**定性**研究設計時，會感覺到不足以完整地瞭解所要研究的問題。**定量的研究，**沒有辦法恰如其分地探討個人的故事和意義，或者深入地追尋一個人的想法和展望。第二、**定性的研**

---

[1] Creswell, pp. 35-46.

究，又沒有辦法讓我們從少數人的故事或意見，推論到較大的母體，得到一般化的結論，以至於不能很準確地量度大多數人的感受。總而言之，每一種研究方法都有它的長處和短處。所以，如果我們能摘取兩者的長處合在一起，同時排除兩者的弱點，便形成**質量混合的研究方法**。就是，如何發揮一種方法的長處，來彌補另一種方法的短處。也就是，用**定量研究**獲得準確性，並且能做到一般化；用**定性研究**則可以獲得個人的故事、經驗與展望的資料，使研究更趨完整。

　　說得更清楚一點，**質量混合的研究方法**，可以有以下幾項優點：

1. 可以從不同的角度看問題。一方面是從封閉式的回應，另一方面則是開放式的個人資料（定性的）。
2. 要比單獨使用**定量研究**或**定性研究**，獲得更全面、更完整的資料和觀點。
3. 可以增加**定性研究**中，有關個人故事、經驗的定量資料，諸如：情境、地點、經驗的敘述等。
4. 可以進行對個人資料（定性研究）的探索，以確定工具、情境、干預等**定量資料**，與參與的人物、地點吻合。
5. 可以在定量研究的實驗中，加入**定性資料**，例如：參與研究的人、所用的實驗處理、對個人經驗的評估等，更能增加研究結果的解釋性。

質量混合研究的研究程序與步驟

　　其實，談到質量混合研究的研究程序或步驟，如果你充分地瞭解第四章所講的，**如何寫論文的研究計畫**；和第五章所講的，**科學研究的邏輯思維程序**，你應該可以掌握質量混合研究設計的研究程序或步驟了，因為它們之間是大同小異的。

* 尋找和確定所要研究的問題，並且詳細地加以說明。
* 回顧與問題相關的文獻，建立此一研究的需要性和理論基礎。
* 說明此項研究的目的，和所希望達成的目標或要驗證的假說（hypothesis）。

* 選擇適合此項研究的研究設計，並且說明進行研究的步驟，包括實驗設計與調查、抽樣設計等。有關實驗設計與調查的方法，請參考第十三章**實驗設計**，與第十四章**調查研究**。其實，第十三章各種**實驗設計**模式，和第十四章的各種**調查研究**技術，都可以應用在混合的研究設計上。因爲本書一再強調，定量研究與定性研究本來就是一體的，應該是互相爲用的。

* 蒐集資料以回答此項研究的相關問題。

* 分析所獲得的資料。

* 根據理論詮釋和討論所得到的結果。

* 在研究的整個過程中，謹守研究工作的倫理。

看了上面的研究程序或步驟，可以發現本書一貫認爲「**研究方法**」（research method）只有一個的說法，是可以站立得住的。也就是說，在做各種學科的研究時，所不同的只是所用的**技術**（skill）與**工具**（tools）的不同而已。我們特別在第三章裡說明**社會科學與自然科學研究方法的統一性**，以及**社會科學與自然科學研究只是技術與工具的不同**。又在第十一章裡說明**研究方法的定量與定性問題，質性研究與量化研究**只在於量度的尺度不同，而不在於**研究方法**的不同。

基於這種認識，我們先從技術面看，再從工具面看，定性研究與定量研究有何不同，然後再看兩者如何混合運用在研究設計上。

定量研究的技術與步驟

* 確定一個理論，來引導研究問題的發展與假說的成立。並且具體說明爲什麼要用定量的研究方法，或者說明爲什麼定量的研究方法適合這個研究案。例如：哪些因素會影響研究結果，理論的驗證等。

* 從這些問題與假說中，確定研究案中變數的性質，哪些是自變數，哪些是應變數，並且建立它們之間的關係。

* 選擇一個適合的研究設計，說明將要使用哪一種定量研究設計，包括實驗、準實驗設計、調查方法與步驟等。

* 確定此一研究案的研究範圍，包括地理範圍和問題影響範圍、參與人員

等。

* 說明需要蒐集的各種資料，使用工具資料、觀察資料，以及工具（封閉式問卷），已出版或未出版的研究報告，以及官方及研究機構的統計資料，建立數據資料庫。

* 使用統計方法分析所蒐集到的數據資料，並且推論及驗證假說。

* 按照標準格式撰寫研究報告，內容包括：問題的發掘與陳述、文獻回顧、研究方法、研究發現與結果，以及詮釋與討論。

* 確實知道你的研究報告是在水平以上的，包括：建立一般法則的能力、有無偏誤、研究的可靠性和可複製性等。

定性研究的技術與步驟

以下，我們將如上面說明**定量**研究技術的方式，列出**定性**研究的技術與步驟。你可以比較兩者，看它們之間有什麼相同或不同之處，意義又是什麼？

* 研究者可以先從一個引導研究問題的理論開始。但是這個理論並不是固定不變的，主要的用意是要讓這個理論，在研究進行中參考參與研究人的觀點加以修正或改變。

* 吸收參與研究人觀點的最好辦法，是研究者提出最開放的一般性問題，讓參與者毫無拘束地提供資訊或意見。

* 定性研究的設計，用於**社會學**、**心理學**，以及其他**人文學科**。這種設計不被稱作實驗或調查，而是描述個人的故事與生活型態。在**現象學**方面的設計，我們去發現人們對同一件事情的不同情緒反應，例如：孤獨、憤怒等。在個案研究方面，可以發展出一個或多個個案。從這些個案，可以發現人們對某一個特定的議題，會有不同的意見。例如：同性婚姻。在人類學或民族學的研究方面，是研究一群人在一起生活，他們有共同的語言、文化，遵循一定的行為規範。以上這幾種研究，代表了通常常見的**定性研究設計**。

* **定性研究設計**，蒐集文字和圖像資料，以及必需數據資料。不論蒐集的是何種資料，都是參與者開放分享他們的資訊、意見和故事。

* 資料的分析，也是先寫出一段、一段的文字記錄，然後把它們組織起來成為具有中心主題的論文或報告。

* 因為**定性研究**的設計有很多種，因此每一種報告的形式可能各有不同。最後的研究報告，會是一篇敘述性報導參與者經歷事證的故事，也可能是一篇分析參與者對研究中心主題的看法，而且具有理論詮釋的科學論文。

通常，做**定性研究**的學者，並不預先設定一些定性方法的項目或標準。因為那樣做，可能會侷限參與者的思維和創意。但是其他學者們可能會認為，從事**定性研究**的學者，免不了在腦海中仍然會有些做法需要顧到。因此，我們臚列以下幾條關於研究設計、資料蒐集，以及分析方法方面需要注意的事項，希望能幫助你寫的論文更為完美。

● 一般說明

1. 說明為什麼定性研究設計，是最適合這項研究的方法（例如：需要參與者的意見、情境的描寫、缺少已知的變數等）。
2. 說明所要使用的定性研究設計的類型（例如：現象學、已知的理論、人種誌、個案研究等）。

● 關於資料蒐集

1. 說明研究範圍：包括地理範圍和問題範圍。
2. 獲得研究機構和被研究機構的許可。
3. 說明如何招募參與研究人員及人數。
4. 討論立意抽樣的類型及標準。
5. 說明研究地區的人口性質。
6. 說明這項研究對參與者和社區居民的正負面影響。
7. 說明所要蒐集的資料種類和範圍。
8. 說明使用資料的準則。
9. 研擬問卷所要包括的問題。

● 關於資料分析

1. 討論如何撰述資料分析的文稿。
2. 說明一般資料分析的步驟，包括：審視資料並且登錄要項、編碼、解說、形成部分主題。
3. 說明特定資料分析的步驟，包括：建立理論、說明資料的分析，並且串聯部分主題成文稿。
4. 討論資料的可靠性、信賴度，包括：負面資料的分析、同儕的檢驗、外審等。
5. 檢討研究者的經驗，對資料與研究發現詮釋的影響。

質量混合研究的樣本選取與整合

在本書的第十三章與第十四章，我們講過實驗設計和調查研究。這兩章的內容，說明定量研究與定性研究的各種研究設計，研究生可以依照研究的性質，選擇適當的設計。而沒有充分說明的是樣本的選取，這也是定量研究與定性研究，兩者之間最大不同之處。所以在這一章裡，我們即先針對兩者的**樣本選取**方法做一說明。然後再說明在混合設計中，如何將兩者整合在一起。

樣本選取（sampling）是指在定量和定性研究設計中，選擇參與者和研究範圍的步驟與策略，包括樣本的大小和參與者的性質。**整合**（integration）是指如何把定量和定性的資料，混合在一個所用的質量混合的研究設計裡。不過，在一些學者的討論中，學者並不建議把兩種資料庫混合在一起，而是將它們分別建立兩個資料庫且分別選樣和整合。[2]

---

2 John W. Creswell, *A Concise Introduction to Mixed Methods Research*, SAGE Publications, Inc., 2015, p. 75.

● 先看定量研究的樣本選取

在開始從事樣本選取時，無論是定性研究或定量研究，都要遵循精確的步驟。也就是說，有關樣本的大小、樣本中的參與者爲何？以及在問卷裡，或是比較開放的訪談裡，要問什麼樣的問題，都必須要做周詳的考慮，而且需要嚴謹且合乎邏輯。

在定量研究方面，一定要非常小心地選取所需要的樣本。除了被選取的參與者本人的同意之外，還要取得他（她）們上級主管的同意。例如：醫院的醫師或行政人員要得到院長的同意；在學校要得到校長的同意。當然，最好的選樣策略是**隨機選樣**，但是這種選樣不容易做到。因爲我們要選取所需要的參與者，往往要採用**分類機率選樣**（category of probability sampling）、**分層選樣**（stratified sampling），或**多次分群選樣**（multistage cluster sampling），也可能包括非機率性選樣等。

樣本的大小，是另一項需要考慮的重要因素。大樣本的好處，是它對母體的代表性強，不容易出錯。關於如何決定樣本大小的問題，我們在第十四章裡也大概簡單說明過。但是最好的辦法是參考統計學專書裡有關**選取樣本**的專章，或選取樣本的專著。

● 再看定性研究的樣本選取

我們看到定量研究的樣本選取，是要從樣本推估母體的性質。然而，**定性研究**的樣本選取，其用意卻完全不同。**定性研究**的樣本選取，是一種目的很單純的選擇參與者，希望他們能幫助你瞭解你所探討的問題的眞實現象。這種選擇樣本的方式，絕對不是隨意的，可以說是**立意選樣**（purposeful sampling）。

這種有目的樣本的選擇方式有很多種，例如：**最大差異樣本選取法**（maximal variation sampling），就是要使所選取的每一個樣本，最好能和其他的樣本不同，或者用不同的標準選擇樣本。這樣你就可以從不同的樣本，獲得他們對問題的不同經驗和看法。其他**立意選樣**的型態，有所謂**滾雪球式選樣**（snowball sampling）、**確認式選樣**（confirming sampling）、**否定式選樣**（disconfirming sampling）。這幾種選樣方法，是在研究開始之前，或在研究已經開始

時，選取參與者對研究問題的方向、步驟，以及可能得到的結果，給予確認或否定的意見。

在**定性研究**的樣本選取中，樣本的大小，也是一個大家經常討論的問題。在傳統的看法上，樣本的大小並不是要求一個數字上的規模。而是要看樣本大小，能在研究工作上，多大的樣本可以足夠發揮所需要的功能，達到**飽和**的狀態。所謂**飽和**（saturation）或**不飽和**，是指研究人員從參與者所獲得的資料或資訊，到達某一個程度，更多的資訊已經不能對研究案增加任何色彩的時候，這時蒐集資料或資訊的工作，就可以停止了。

另一個決定樣本大小或規模的方法，就是去檢視其他已經出版的各類定性研究的論文，看它們所用的樣本大小或規模作為參考。另外，也建議參考研究方法的書籍，去看它們各類研究設計所用的樣本大小或規模。美國學者 John W. Creswell 的建議或者可以作為參考。他認為，在敘述性或描述性的研究，1 到 2 個參與者就夠了。現象學的研究，大概需要 3 到 10 個參與者。基本理論的研究，大約需要 20 到 30 個參與者。如果是個案研究，大概需要 4 到 5 個個案。[3]

質量混合研究的樣本整合

質量混合研究的樣本整合，就是如何把定量研究樣本選取的資料，和定性研究樣本選取的資料整合在一起。我們在前面說過，**定量研究所選取的樣本資料**，是**隨機**或非隨機方式選取的。而定性研究選取的樣本資料，則是**立意方式**選取的。在這種情況下，便產生四個問題。第一、是否兩個樣本都應該出自同一個母體？第二、是否兩個樣本都應該是同樣的大小？第三、是否**定性**研究的樣本，應該從**定量**研究的樣本中選取？而且樣本的大小應該相同或不同？第四、在有**實驗干預**（treatment intervention）的設計中，其樣本選取應該如何做？

關於第一個問題，其答案是應該出自於同一個母體。不過，在有些情況

3　Creswell, p. 77.

下，使用混合研究方法的研究者，在同一個樣本的分析中，使用不同的單位（unit）。例如：對醫院的行政人員，使用**定量**樣本；對保健提供者，使用**定性**樣本。當我們需要在混合設計中，比較兩者不同的看法時，使用不同的單位做分析，會有非常好的效果。

至於第二個問題，答案並不十分明確。在**定性研究**中，我們選取很小的樣本，以發現個別參與者的特性。而在**定量研究**中，我們選取大樣本，可以從其結果推論到母體，以得到一般法則。而在**質量混合**的研究中，我們有幾種做法可以考慮。第一種做法是在定性研究和定量研究中，都選取同樣大小的樣本。當然，這種做法會需要較多的時間與資源。第二種做法是給**定性研究**的資料加上權重，使它的案例權重與**定量研究**的案例相當。第三種做法，就是接受**定性研究**樣本，與**定量研究**樣本之間的樣本差異。其理由就是，因爲兩者所陳述的故事、情節原本就不一樣，所以沒有必要選取同樣大小的樣本。研究者可以看情形，自行決定採用哪一種做法。

關於第三個問題，假使我們希望用**定性研究**的資料，去解釋**定量研究**的結果，則**定性研究**的樣本，應該從**定量研究**的樣本中選取。所以**定性研究**的樣本，是**定量研究**樣本的附屬樣本，因此**定性研究**的樣本規模，會小於**定量研究**的樣本。在選取**定量研究**樣本的同時，即可以在問卷或其他工具中，徵求自願作爲**定性研究**樣本的參與者。

第四、有關具有**實驗干預**研究設計的樣本選取，我們仍然會看到**定性研究**的立意選樣，以及在**定量研究**的**實驗**部分做隨機選樣。在這種設計裡，需要特別注意的是**定性研究**的選樣。假使**定性資料**是在實驗之前選取，一定要先把實驗的意圖弄清楚，資料一定是對實驗最有用的。假使定性資料是在實驗進行之中選取，則一定要弄清楚，樣本到底是在**實驗組**，還是在**控制組**，或者兩者都有？在一般正常的情況下，干預性的設計，使用混合研究方法的人，只從實驗組選取定性資料。其原因可能是因爲資源的限制，或者是因爲他們想知道實驗組，經歷**實驗處理**（treatment）的經驗。假使定性資料是在實驗進行之後選取，希望追蹤出來的結果，通常會從實驗組選樣，因爲它是接受過實驗干預的。

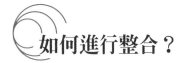

如何進行整合？

　　如何進行選樣，關係到樣本如何在特定的設計裡使用。整合也是一樣。整合是在混合的研究中，定量與定性雙方交互碰撞在一起的地方。整合也就是混合研究方法中的**混合**（mixing）一詞的另一種說法。依照字典上的解釋，你會發現它的意思是指，一種東西融入另一種東西，或者是一件事連接到另一件事。

　　整合可能在混合研究過程中的幾個地方出現。它可能在資料蒐集時出現，例如：在調查資料時，會包含**封閉式**的回覆，和**開放式**的回覆。它可能在資料分析階段出現，例如：研究者可能蒐集定量的資料加以分析，然後用定性的資料去解釋定量的**研究發現**。它可能在實驗中出現，例如：當研究者完成實驗報告結果時，他可能先報告定量的實驗結果，然後報告定性的結果。他也可能出現在對研究結果的討論中，這時研究者會比較定量的研究結果，和定性的研究結果。最後，也會出現在製作圖和表的時候，這時也會拿定量的研究結果，與定性的研究結果做比較。

　　在這一章裡，我們簡單說明了**質量混合研究**的**技術性**與**工具性**方法的不同，以及如何把兩者整合成**質量混合研究**的方法。我們這樣說，是因為我們一貫地認為，科學研究的**研究方法**只有一個。就是我們在第三章裡所說的，**社會科學與自然科學研究方法的統一性**，並且強調**社會科學與自然科學的研究方法**，只是所用的**技術與工具的不同**，以及量度尺度的不同。在這一章裡，讀者或研究生就可以看出，技術與工具的不同，可能在樣本的選取、資料的蒐集、實驗方法、資料的分析，以及研究發現與討論中。你更可以參考本書第十一章**科學研究的定量與定性**、第十三章**實驗設計**，及第十四章**調查研究**等篇章的說明與討論中，得到一個完整的定性與定量研究方法的概念。

Chapter 16

科學研究的倫理規範

　　社會科學的研究工作，既是科學的，也是人性的。社會科學家扮演的角色，一方面是觀察者，另一方面也是參與者。他們的行為經常都在複雜與嚴苛的社會、經濟與政治環境中；而這種環境影響到研究工作的一個重要面向，就是研究工作的**倫理規範**。這就是本章所要討論的主題。

科學研究的倫理觀

　　當社會科學研究的範圍日益擴大，而且所用的研究方法更具穿透性、更複雜的時候，對研究的倫理要求也就更為人所關注。而所關注的議題，包括參與研究人員的權利與福利，以及研究者的責任。所以大多數的學術團體，都在他們個別的研究領域訂定**倫理守則**，要求參與研究的人員一體遵行。

　　從事研究工作的人，隨時都會面對許多倫理上的困境，需要他去思考如何進行他的研究工作。雖然**倫理守則**會提示一些方向，但是倫理行為的實踐，最後還是要靠研究者本人去決定。研究者本人就應該有他遵守專業道德倫理的責任。**倫理**是關於從事研究工作的人，所需要面對的一些問題。諸如，什麼事應該做，什麼事不應該做，在這種矛盾與衝突之間的抉擇，以及涉及倫理道德的問題。在這種情形之下，也難以訂出絕對的倫理道德標準。大多數的倫理問題都牽涉到一些在特殊情形下，各種價值判斷的互相消長與平衡。這種價值判斷，包含兩種價值之間的平衡。一種價值是對科學知識的追求，另一種價值是對參與研究的對象，或社會其他成員的權利與責任。

當然，研究者並不會故意地去傷害參與者的權利與福利。科學研究的目的，在於對知識的發展有所貢獻。但是在研究的過程中，除了純粹科學的研究工作之外，往往難免會牽涉到**倫理問題**，需要我們特別去關注。例如：在科學上**能不能**複製人，是遺傳工程上的技術問題；而**應不應該**複製人則是**倫理**問題。其所牽涉的問題非常廣泛而複雜，並不是科學技術所能夠解決的。

倫理問題的產生，一方面是在所要研究的課題上；另一方面則是在資料的取得上。研究的課題包括：遺傳工程、智力測驗以及方案的評估等。研究工作進行的場所與情境，包括：醫院、監獄、學校、機關與私人住宅等。問題產生的狀況可能是在研究設計上、資料蒐集上或者是結果的發表上。例如：觀察的對象可能是：貧苦人家、兒童、政客、精神病患、AIDS 患者等；而所需要的資料又牽涉到一些敏感的問題，例如：所得狀況、財產狀況、疾病歷史、種族歧視等。

在以上這些狀況下，可能產生以下幾種**倫理**問題：(1) 研究者以隱瞞真實的研究目的，或研究者的身分以取得資料。換言之，研究者在取得參與者的資料時，並沒有預先告知，以取得參與者的**同意**（informed consent）；也否定了參與者**知的權利**，以及**讓他**（她）考慮是否參與研究的權利；(2) 研究工作使參與者承受極大的精神壓力，以致於影響其情緒的穩定；(3) 當研究結果公開發表時，因為沒有對參與者的身分或資料保密或匿名，而使參與者產生尷尬感；(4) 可能傷害到參與者對後來其他研究者的信任，而妨礙到後來研究者取得可靠的資料；(5) 參與者並沒有從研究的過程或結果中獲得任何利益；參與者的權利與福利也沒有受到適當的保護。

合乎**倫理**的研究工作，要靠研究者本身的真誠與**正直**（integrity）與它的價值判斷。**倫理**行為出於研究者對倫理道德的敏感度，是他在專業訓練中的內在修養。在科學研究的群體裡，人們也會互相激勵，重要的是對研究工作的誠實與開放的心態。科學研究的**倫理**，需要在追求知識進步，與不干擾他人的人性價值之間保持平衡。但是，如果要保持絕對的不牽涉到別人，則倚賴實際驗證的社會科學研究，也幾乎是不可能的。但是在另一方面，如果賦予研究者干涉他人的絕對權力，也會侵犯到基本的人權。所以，**倫理**問題變成如何取得兩種價值之間平衡的問題。

科學家的道德責任

從歷史上看，大部分的學者認為科學是中性的，或者說是**中立的**（neutral）。**夏培爾**（Daniel Chappelle）認為科學家在研究工作上必須**客觀**，但是在倫理道德上不應該中立，而且愈來愈多的各個專業的科學家都認識到這一點。大部分這種觀點的形成，也是因為愈來愈多的醫學與軍事導向研究的增加。因為在醫學的研究上，講求保護病人病情的隱私；而在軍事與武器的研發上，必須注重保密防諜。

哲學家**羅素**（Bertrand Russell）也特別強調科學家的社會責任。他在學術期刊 *Science*（1960）裡寫道：「一個誠實的現代科學家不可能說：『我的工作就是提供知識，至於人們如何利用知識就不是我的責任了。』科學家的知識可能落入完全不值得，甚至可能為害的人，或機構的手裡。我並不是說科學家可以完全預防這種事情的發生，至少他們可以減少這種事情的危害程度。」

另一位著名的美國科學家**韋佛**（Warren Weaver）指出以下的觀點：「沒有任何一位科學家在他的專業研究上，不會碰到道德性爭議的——假使從事某種研究，總免不了會有人問我：這個研究會有利於整個社會嗎？不可否認的，這種道德判斷並不容易，但是至少我們不能逃避這種爭議而應誠實面對。如果假裝科學與社會道德價值無關，這種人是不配作為一個科學家的。」

另外，也有學者認為，科學的研究與它在應用之間有許多事情需要注意，因為科學研究的結果是否理性，影響人類文明的存續。例如：核子武器、生化戰爭等。其次，環境的敗壞、對自然資源的榨取，使人懷疑我們資源有限的地球，能否持續地發展下去。凡此種種，都應該是科學所關心的。科學家對社會道德的價值判斷與洞悉的關心，使他們能夠從更高的層面造福人群。

物理學家能告訴我們如何製造核彈，但是他們不能告訴我們該不該製造核彈，甚至於投擲核彈。生物學家會告訴我們如何保健長壽，但是他們無法告訴我們該不該那麼做。醫學家的技術可以幫助婦女墮胎，但是他們不能告訴我們該不該墮胎。這些決策都需要大智慧，但是科學家做不到。

從科學研究表現出來的人的智慧，只是不負責任地掌握自然的因果關

係。有很多事情的發生，都潛伏在擁有權力的人的腦海裡，他可以運用他的權力去實現他的野心，但是這不是真智慧，只要權力握在毫無節制而又自私的人的手裡，就會造成社會的動亂。要防止這種事情發生，人類科學的結構，無論是理論的或者是實踐的，都要重新改造，使它能夠符合社會的道德與精神願景，使其成為人類進步的有效工具。

常見的科學研究倫理問題

以下所說明的是目前在科學界，常見的研究工作者的一些不合**研究倫理**的行為：

● 舞弊與欺瞞

舞弊

在研究工作上，剽竊他人的論文以及偽造竄改資料的事件時有所聞，而且手法也更細膩。至少到目前為止，對科學研究舞弊行為的檢舉與報導也不少。多數的科學家為了自身的形象，都設法不使自己成為曝光的焦點。所幸，**科學研究**本身即具有自我改正的機制。因為如果一項實驗非常重要，別的科學家一定會嘗試去**重複**（repeat）或**複製**它。**重複**的結果即能檢驗實驗的結果是否可以被接受。**複製**的次數愈多，研究的結果就愈可靠，也就更能發現其弊端。這種自我修正的機制，就會使不合**研究倫理**的行為無所遁形。

日漸增加的舞弊行為，也可能來自希望盡快發表的壓力，教師與同儕之間的競爭、為了爭取研究經費、升等或升遷；學生或者也有來自希望早日取得學位的壓力。於是就會有人去編造資料，有人會使用並不恰當的分析方法，也有人會誇大其研究所得到的結果。往往委託研究及提供研究經費的機構，也不一定會對所資助的研究案，與所得到的研究結果做嚴謹的審查。只要能如期繳交研究報告，充作工作績效，之後也就把研究報告束之高閣，鮮少再加聞問了。

在學術界裡，往往缺乏審核與批判的機制，與嚴謹的評論平臺。在學術

性研討會中的評論，或因時間限制或因顧及彼此的顏面及友誼，多半都有保留。再者，在我們的學術界裡，無論是哪一個專業領域，都缺乏**評論性的**（review）學術期刊，以致於我們的學術研究鬆散，進步緩慢，甚至於有倒退之虞，也就更談不到對社會進步有什麼貢獻與幫助了。

欺瞞

在社會科學研究中，最重要的就是要注意到**自願參與原則**，所以永遠不要用**欺瞞**的手段誘使他人參與你的研究。一個研究者在**田野調查**或**實驗室裡**的研究中，都可能**隱瞞**其真正的意圖。因為如果研究者誠實地表現出他真正的意圖，就可能無法獲得研究對象的真正答覆，或觀察到真正的行為與研究地區的狀況。在某些狀況下，例如：研究某些神祕宗教的崇拜、少數極端政治團體的活動，以及夥同的不法行為（如走私、販毒等）；如果暴露了自己的身分與研究的目的，便不可能獲得任何資料。不過，大多數的人，都會認為這種偷偷摸摸的研究行為，本身就是不道德、不合倫理的。另一方面，如果可能，研究者應該在事後，把真相告訴參與研究的對象，讓他們有表達意見的空間。

舞弊與欺瞞的研究，可能引起人與人之間的不信任、譏諷和玩世不恭的態度，並且會對社會科學的研究失去尊重。不正確的傳播調查研究的過程與結果，在非民主社會裡，也可能被視為祕密警察或間諜。

● 人身的傷害、心理的傷害、壓抑及法律上的為難

社會行為的研究，會從很多方面傷害研究者及其研究的對象。不同的研究，會受到不同的傷害（包括實驗室裡或田野調查）。研究者必須注意所有可能造成的各種傷害，而設法使之減少到最小。

人身的傷害

最簡單、直接的倫理原則，便是研究者必須避免人身的傷害。對於這種傷害（包括建築物、家具、設備等），研究者必須事先預防。研究者必須負起對參與者傷害的道德與法律責任。如果他不能保證參與者的安全，便需要立刻停止研究工作的進行。

心理的傷害

社會研究者在研究進行的過程中，可能會使參與者陷入壓抑、難堪、焦躁或不愉快的情境中。例如：問一些使人難堪的問題，告訴他一些不真實的事情，誘導人說謊，使人產生恐懼或傷害到參與者的尊嚴等。研究者除非爲了研究的效果，非常需要參與者配合，否則絕對不可以使參與者產生不必要的壓力。研究者寧可得不到研究的效果，也不要冒不道德的風險，而做得過火。會使人感到壓力、焦躁的研究者，也會使人產生冷漠與被操弄的感覺。

法律上的傷害

研究者有責任保護參與者，免於受到司法當局執法、訴訟或逮捕的危險。例如：對犯罪行爲的研究。另外一個有關的**倫理**問題，就是在蒐集資料時的違法行爲。研究者必須衡量保護參與者，對研究者未來繼續做進一步研究的價值，與保護無辜的第三者的價值。田野調查也同樣會遇到**倫理**的問題。例如：在研究監獄裡的狀況時，可能會發現刑求或虐待囚犯的事。這時，研究者必須選擇放棄研究，或者要求被調查者閉口不言，而繼續研究工作。等待研究工作完成之後，才予以揭發，成爲囚犯人權的代言人。

● 對研究主題的限制

政府或有力的社會團體，可能會對科學研究加上各種限制。在非民主國家，對社會的管制或檢查成爲常態。特別是對具有政治敏感性的課題，包括民意調查。對研究課題的限制，大約可以分爲兩種。第一種是對資料取得的限制，特別是政府機關的統計資料。限制的理由包括：不得干預政府事務、機密，或者可能造成政府機關的困擾、尷尬，或影響機關組織、人事結構等。另外一種限制的理由，是可能來自各種的政治壓力。例如：不同黨派可能認爲某項研究會影響其形象或選票。

在另一方面，反對或扼殺某些敏感性問題的社會研究，可能會毀壞一個研究者的學術生涯。但是，也正是因爲主題的敏感性，反而更具有研究的價值。但是它也可能因此增加研究者的負擔，或者得到不甚精確的結果。

　　跨國或跨文化的研究，更會產生獨特的倫理問題。學術界譴責利用地下工作者從事研究工作。研究工作者希望公開資助者的身分，並且希望把研究結果提供給研究的地主國以及其他學者。學術界也制定了在其他國家從事研究工作的倫理守則，守則中明言與地主國的合作方式，而且提供資訊與研究結果給地主國。然而，干涉的力量反而可能來自研究者的母國，或者因為研究者為了尊重人權，反而會對母國隱藏研究結果。

　　此外，資助者也會影響研究者的研究方向。例如：政府的**科技部**可能因為國家科學發展方向的改變，而增加或減少對某些學術領域研究的資助。從歷史的歷程來看，雖然政府主管機關，呼籲學校教育要重視人文教育；但是，**科技部**對自然與科技領域的資助，總是遠遠大於對人文、社會科學領域的資助。由企業所資助的研究也大部分屬於應用科學，而非基礎科學理論的研究。社會科學家的研究是基於其對社會價值，與國家學術政策的信賴。政治群體所感興趣的議題，可能與學術界的認知截然不同。在學術界，雖然學者有選擇研究主題的自由，但是不平衡的研究經費配置，則會影響學術發展的平衡。

　　另外一項倫理問題，則是以政治傾向作為標準，來聘任研究計畫的審查委員，以致於一項研究計畫是否會獲得資助，要看研究者或研究計畫的政治信仰或傾向。科學界認為，這種政治性的干預是科學研究，與國家學術發展的一項警訊。社會科學家也承認，大多數的研究，實在是對政治影響微不足道；他們做研究，只是因為他們的興趣與對學術研究自由的偏好。

得失的權衡

　　以上所說的這些有關研究工作的**倫理問題**，無論是在研究工作之前，或是在研究工作之後，都是隨時會發生的。用欺騙的手段，去取得資料，在現今的社會裡，也是非常普遍的。因為這樣做，無論是在實際操作方法上，或是在研究結果上，都是非常有實質利益的。但是，卻是不合倫理道德的。

　　許多研究案例顯示，社會科學家在從事研究工作時，往往會碰到這兩種權利的衝突。這兩種衝突，一方面是研究者的研究與獲取知識的權利；另一方面則是研究對象或參與者，如何維護他們的隱私、尊嚴與自決的權利。如果為了

維持參與者的權利，則會影響研究工作的進行；如果研究者逕自照自己的意思與方法從事研究工作，又會影響到參與者的權利。這就形成了社會科學研究工作的**倫理兩難問題**（ethical dilemma）。

事實上，我們也無法說出哪一種做法是絕對的「**對**」或絕對的「**錯**」。人們對社會科學研究的價值判斷，在於他們的背景、信仰與經驗。例如：從事政策分析的人，比較重視公共政策對社會所可能造成的正面或負面的影響。而重視人權的人，就會比較警覺於任何事務對個人權利，隱私與尊嚴所造成的傷害。他們並不認為任何研究工作，只要能產生相當的利益，就能使研究工作侵犯他人權利的行為，正當化與合理化。

在規劃一樁研究工作時，研究者有責任去仔細衡量**研究計畫**對社會及個人，所可能造成的利益與可能付出的代價。這些利益包括：對科學理論與應用所產生的貢獻，研究人員對其科學成就的滿足感，對參與研究的人們所產生的利益，以及對研究課題與環境的瞭解，所可能付出的代價。這些代價，可能包括對參與者各種權利的傷害，以及對從事研究者本身人格的貶抑，以及今後從事研究工作的展望。

去衡量研究工作的潛在利益與代價，應該都是非常主觀的。科學家決定是否從事某項研究工作，多半都是根據他個人的專業與價值觀來做判斷。我們在衡量研究工作的倫理問題時，也應該以個案分別做判斷，因為這種判斷必須非常謹慎與小心。在衡量得失時，必須非常注意的問題有兩項。它們是**告知的同意**（informed consent）與**隱私權**（privacy）。

● 告知的同意

向參與研究的人取得**告知的同意**，已經是社會科學家普遍的共識。而當參與者可能暴露在某些風險，如：身體上的疼痛或感情上的傷害，隱私被窺探或身心受到某些壓力，或者被要求暫時放棄他們的自主權時，一定要取得**告知的同意**。這時，參與者應該瞭解他們的參與，從頭到尾都是出於**自願的**，他們也應該在事前被告知，所有可能獲得的利益與可能遭遇的風險。

告知的同意的基本想法，是來自於傳統文化的價值觀與法律的考量。我

們公認而且根深蒂固的價值觀就是**自由**（freedom）與**自決**（self-determination）。也就是說，人們應該有自己決定其本身行為的自由與權利。因為自由與權利本身就是一種美德，也是天賦的人權。對自由與權利的任何限制，都要謹慎為之，而且要有正當的理由。當研究工作對人們的自由與權利有所限制時，一定要得到對方的同意。

再者，當我們詢問一個人是否願意參與他的研究工作時，也剛好反映了我們對他**自決權**的尊重；而且萬一有任何負面風險發生時，責任不必全然在我，對方也要分擔一些責任。另外一個**告知同意**的理由是認為，一個心智成熟的人，一定會為自己的福利著想。因為人們都會保護自己的利益，讓他自由地選擇是否要參與一項研究計畫，正好使他能保護自己，不受某些研究程序或方法的傷害。最後，從研究者的角度看，**告知的同意**也會減少他們在法律上的責任，因為參與者的是否參與是他自願決定的。[1]

告知同意的內容

雖然**告知的同意**已經為學術界所廣泛接受，但是還有許多問題有待釐清。例如：告知的參與者應該有什麼特質？我們怎麼知道他是否充分瞭解所告知的訊息？到底應該告知多少訊息才算適當等？當然對這些問題也不可能有什麼標準答案，不過仍然有幾項基本原則值得我們思考。**奈克米與奈克米**（Chava Frankfort-Nachmias and David Nachmias）提出四項要素，它們是：**行為能力**（competence）、**自願自發**（voluntarism）、**完整的訊息**（full information），與**充分的認知**（comprehension）。[2] 茲再說明如下。

行為能力

一個人有沒有行為能力，其基本的假設是說，任何一個在法律上具有行為能力的個人，如果他所做的決策是根據正確的訊息，便是正確的決策。通常，假使一個人患有精神上的疾病，或者自己決定事情的能力受到質疑，他就是一個沒有行為能力的人。沒有行為能力的人，通常包括未成年人、精神病患或受

---

1 Chava Frankfort-Nachmias and David Nachmias, *Research Methods in the Social Science*, 4th ed., St. Martin's Press, Inc., 1992, p. 78.

2 Nachmias and Nachmias, p. 80.

藥物影響的人。這些人最好不要參與研究工作。

自願自發

　　如果研究工作能夠遵循**告知同意**的原則，也就能夠使參與者有選擇參與與否的自由。在這種狀況之下，如果參與者選擇參與研究工作，就很顯然地顯示他是自願自發的。然而在有些從事研究工作的場所，參與者往往會受管轄者的影響。例如：在監獄裡、精神病患機構、醫院、學校等。在醫院裡，醫師一方面從事治療，一方面也在從事研究工作；而病人需要治療，多半都會同意醫師從事某種醫療行為或用藥。人們經常經驗到的情形，是醫師在動手術之前都要病人或其家屬簽具同意書；但是這種同意書的簽訂往往是**不得不的行為**。而在監獄裡，犯人會受管轄人的影響；在學校裡，學生會受教師、校規的影響。

　　為了建立一個有助於形成**告知同意**的情境，一些學者建議，最好由研究者與參與者彼此建立一個平等互惠的關係；也就是說，雙方建立共同探索未知世界的結盟行為。也有學者建議，最好在**告知同意**的過程中，找一個中立的第三者作為見證人，以避免雙方的衝突。此外，還有一些學者認為，參與者最好在研究的過程中，多方徵求別人的意見。

完整的訊息

　　在實際的操作上，百分之百的**告知同意**，幾乎是不可能做到的；因為那會需要很多溝通的技巧與調查的細節。再者，研究者在他完成研究工作之前，也不可能完全知道所可能產生的結果，以及可能發生的影響。換言之，如果研究者充分知道研究工作所可能產生的結果，那也就沒有做研究的必要了。研究工作之所以有價值，正是因為研究者和研究的對象，都不可能清楚地知道研究的走向，和所可能得到的結果及影響。當然，這也並不表示**告知的同意**無法做到；所以**合理的告知同意**仍然是需要的。

　　因此，美國聯邦**衛生教育與福利部**（Department of Health, Education and Welfare）提出以下六項合理告知訊息的原則：

1.　適當的說明研究工作的目的與程序。
2.　描述在合理的狀況下所可能遇到的一些風險與令人不快的事情。

3.　描述在合理狀況下所可能產生的利益。

4.　透露其他可能對參與者有利的選擇項目。

5.　應該對任何有關研究程序的質疑提供說明。

6.　應該告知參與者，他可以在任何時候中止同意或退出參與研究。

充分的認知

　　所謂**充分的認知**，是指參與研究的人，對於複雜的研究程序已經有充分的瞭解，而且表示願意接受研究者的邀請來參與研究。對於如何能做到**充分的認知**，學者也有幾項建議。有的學者建議使用受過相當教育的人，因為他們比較容易瞭解研究案的訊息。也有學者建議僱用顧問人員，向參與者說明或討論此一研究案。一個比較通常可行的辦法，是使用問卷詢問參與者一些問題，而從他們的答案中可以測試參與者是否充分地瞭解此一研究工作。

告知同意的基本原則

1.　簡要說明研究的目的與步驟，包括研究的時期。

2.　說明可能對參與者造成的風險與不安。

3.　保證對訊息匿名與保密。

4.　明示研究者的身分以及疑問的投訴地點。

5.　聲明研究的參與者為完全自願，而且可以隨時退出。

6.　說明另外可能採用的步驟。

7.　說明可能給予參與者的利益或補償。

8.　致送研究結果的摘要或報告給參與者。[3]

● 研究者的責任

　　經過以上的說明，我們可以瞭解假使研究者能夠做到告知的同意所涵蓋的四項要素，也表示參與者的個人權利與福利，受到了相當的尊重與保障。雖

3　W. Lawrence Nenman, *Social Research Methods: Qualitative and Quantitive Approaches*, Allyn and Bacon, 1977, p. 450.

然告知的同意在社會科學的研究中非常重要，但是我們也不需要把它視爲社會科學研究的絕對必要條件。而且也不可能要求在研究工作中，完全沒有任何風險。不過，如果研究者對可能加諸於參與者的風險看得愈重，他對取得告知的同意也會愈爲重視，其結果則是會使研究工作做得愈周延。

● 隱私權

所謂隱私權是指個人在任何時間、環境之下是否願意與他人分享他的態度、信仰、行爲與意見的權利。[4] 隱私權在研究的過程中，是非常容易受到侵犯的。隱私權的探討可以從三個面向來著手；它們是：**訊息的敏感性、觀察的場合**以及**訊息的發表**。以下再從這三個方面來說明。

訊息的敏感性

訊息的敏感性是指研究者所蒐集的**訊息**，是否屬於私人本身的程度，以及**訊息**具有的潛在威脅性。不可諱言的，某些**訊息**的確是比較屬於私人性的，也是可能比較具有威脅性的。例如：對宗教的信仰、性行爲的傾向、個人所得、種族歧視，以及其他牽涉到個人的事務如：勤奮性、誠實性與勇敢性等，這些都要比姓名、職位等來得敏感。敏感性愈高的**訊息**，其參與者的隱私愈應該受到保護。

觀察的場合

研究者觀察的場合，會有從完全私密到完全公開之間程度的不同。例如：家庭應該是最爲私密的地方，法律禁止未經對方許可，而侵入他人住宅的行爲。但是有些場合並不十分容易區分其爲私人性或公共性，便容易引起**倫理**上的爭議。

4　Nachmias and Nachmias, p. 83.

訊息的發表

關於**訊息**的發表，是有關個人**訊息**與參與者的身分之間關係的問題。例如：把參與者的姓名與有關他的**訊息**同時公諸於世，便是嚴重地侵犯了個人的隱私。在一個小社區或團體裡，即使是使用虛擬的名字，也很容易暴露他的身分。所以爲了保護參與研究者的**隱私權**，從事研究的人必須注意**訊息**的敏感性、觀察的場合，以及**訊息**的發表。不過，與其他任何權利一樣，隱私權也可以自願放棄；也就是說在**訊息**發表時，可以暴露參與者的身分與姓名。在這種情形下，就必須在事前取得參與者**告知的同意**。

● 匿名與保密

匿名

匿名是把參與研究者的身分，與他所提供的訊息分開；也就是使人無法把提供訊息的人的身分找出來，這樣做便可以達到保護參與者隱私權的目的。在蒐集訊息時，如果郵寄問卷並不在郵寄之前做密碼或暗號，則可以算是匿名；而面對面的訪談即無法做到匿名。不過研究者卻有責任在發表研究成果時，不去暴露受訪者的姓名與身分。

保密

在社會科學的研究工作中，研究者都會告訴參與者，他所提供的**訊息**一定會機密處理。也就是說，雖然研究者知道提供**訊息**的人是誰，但是他不得在研究發表時，向公眾透露。雖然研究者在道德上有保密的責任，但是在某些情況下卻很難做到。一個很明顯的重要例子，就是當司法或立法機關索取時，就不得不將**訊息**提供給司法或立法機關。

如果研究者所獲得的資料，並不會對參與者造成明顯的傷害，一項一般的保密承諾也就夠了。例如：我們常在問卷的開頭向回答的人承諾：

> 這些蒐集的資料只做整合的統計處理，所以沒有任何人可以得知您個人的資料。我們一定信守承諾將您個人的資料保持機密。

為了一方面使研究結果可以發表，另一方面又能對參與者信守保密的承諾，以下幾種技術性的方法或者可以考慮：

1. 塗銷可以認知的**訊息**，例如：姓名、身分證號碼、住址等。
2. 簡化報告的項目，例如：只以縣市為單位，只記錄出生年而省略月、日，只注明職業分類但不透露身分、職位等。
3. 將**訊息**做整合處理，只顯示整合訊息或數據而非個人**訊息**。
4. 在不會影響到整體**訊息**結果的情形下，有意地改變一下個人資料。

● 研究結果的發表

學術界對於研究結果的公開散布與使用，也是一項**倫理問題**。當然，當研究工作完成後，研究者會提供若干份研究報告給資助者，並且公諸於學術界。其他的用途則由研究者自己去決定。研究者所要注意的問題，包括：為什麼做這項研究？研究結果與整個社會學術研究之間的關係，以及研究者的學術地位等問題。關於這些問題，學者之間也有不同的見解與主張。

1. 不會產生任何影響——認為社會研究的發現，不會產生對社會有任何重大的貢獻或負面的影響。這是一個比較保守的看法，認為研究結果可以被任何人使用在他需要的用途上，長期下來才能看出對社會的影響。
2. 直接與正面的影響——認為對社會問題的研究可以增進整個社會的利益，這是自由派學者的看法。他們認為社會科學研究者的知識，可以引導社會關係進入更為理性的地步，對社會問題有更多的瞭解，以及如何改善社會上所發生的各種問題。
3. 普羅大眾或無產階級論者，認為社會研究的結果應該會增進無產階級（工人）的福利。這是**馬克思主義**的主張，認為社會研究的結果應該倡導提高工人的福利，減少對勞工階級的剝削、壓榨。
4. 主張社會研究，應該用來幫助社會上的弱勢族群（女性、消費者、少數民族、貧窮人、同性戀者）。他們認為這些族群的人，會受到社會上有權力、有知識、有財富的人的壓迫或歧視。社會研究者有責任去為這些人發聲。

5.　政府人士認爲社會科學的正確角色應該是，幫助政府在對改善社會問題的時候，能做適當的決策。這種看法當然是建立在政府的決策，都是爲了增進國民全體福利的假設上的。然而，政府的決策卻也不都是那麼理想的。[5]

● 研究結果對未來研究的影響

有的時候，研究結果的發布會影響社會上人們的行爲。最明顯的例子，就是民意調查會影響選民投票的行爲。也就是說，有一部分的選民（中間選民）會看民意調查的結果，來決定他們投票的對象。另外一種影響社會行爲的情形，就是會改變後續類似研究的做法和結果。

研究者的研究結果，對社會行爲的影響，有如下幾種看法：

1.　這些研究可能會破壞後續研究人類行爲的預測能力與規律性，埋葬了重複某一種研究的可行性。
2.　只會有極輕微的影響，或者只對非常狹隘的研究領域產生影響。
3.　人類行爲是會改變的，因爲無法對人類的行爲整理出不變的規律，人們會利用他的知識改變他們的生活型態。

不論如何，社會研究還是沒有辦法發現人類行爲與人際關係的複雜性，而從中整理出一些規律。即使發現了，社會科學的研究還是免不了要不斷地研究，去探索哪些人類行爲在改變，以及如何改變。

● 學術自由

大多數的學生都應該聽說過**學術自由**一詞，但是卻只有很少數的人，瞭解**學術自由**的眞正意義。**學術自由**是人們在一個開放而沒有約束的環境裡，可以自由地交換想法、意見與訊息。在一個開放的民主社會裡，人們都會珍惜學術

5　Neuman, 1997, pp. 465-467.

的自由，而且相信學者在做研究時，可以享受不受任何干預的自由。這種想法的基本信念，是認爲在一個民主社會裡，正確知識的進步與意見自由的表達，需要思想與訊息的自由流通與傳遞。

學術自由關係到研究的自主性，而且是高品質社會研究工作所必要的。新想法的產生、理論與假說的發展、意見的自由討論，都要以**學術自由**做基礎。在大學與研究機構裡都應該會提供**學術自由**的環境。認爲知識的進步，研究者、教授與學生都需要一種可以自由討論、辯論不同意見、立場的環境。在這種環境裡，無論是在教室、在公開場合或在出版刊物裡，大家都可以大膽地表白他的想法來公開討論。

在一個沒有**學術自由**的社會裡，這些行爲當然是不可能的，知識也因此無法進步。學術研究的自由，是好的研究工作所必需的，它比研究技術與訊息更爲重要。**學術自由**需要一種自由、開放討論、批判的精神。當**學術自由**被限制的時候，這種價值也就消失了。

社會學術及職業團體的研究倫理

醫師、律師、心理治療師以及其他的學術與職業團體，都有他們自己的**倫理守則**以及評審制度，或頒發執照的規則。當在實際研究或工作上產生疑問或爭議的時候，這些**倫理守則**便提供了專業的標準與指標。社會研究者須要把**倫理守則**融會在他的研究工作中，因爲這種做法是有道德的、有社會責任的，而且可以保護社會研究工作不被汙名化，諸如利用他人或被人利用等。

研究**倫理守則**的起源，可以追溯到**紐倫堡守則**（Nuremberg Code）。**紐倫堡守則**是在二次戰後，聯盟國在**紐倫堡**軍事審判納粹戰犯的守則。此一守則的產生是對戰時集中營殘酷實驗的反映，它舉出了重視人權的**倫理原則**，它們包括：

1. 自願同意原則。
2. 要避免不必要的身心折磨。
3. 要避免可能造成身心傷害的任何實驗。

4. 假使實驗繼續下去可能造成傷害、失能或死亡時，應該立即停止。

5. 實驗應由具有最高資格、使用最高技術水準的人為之。

6. 實驗的結果應該能造福社會，而且也可以用其他任何平和的方法達成。[6]

　　紐倫堡守則本來是針對人類藥物實驗而制定的，但是後來則演變成社會研究的**倫理守則**。其他的**倫理守則**也很多，幾乎包含各行各業。同樣關於人權的**倫理守則**，如 1964 年聯合國的**人權宣言**，以及 1964 年的**赫爾辛基宣言**，也都具有社會研究**倫理規範**的意義。其他專業的社會科學機構如：**美國心理學會、美國人類學會、美國政治學會**以及**美國社會學會**等，都在 1960 年到 1970 年間制定了他們各自的**倫理守則**。我國的各行各業也不例外。一些有關**倫理守則**的基本原則如下：

1. 倫理責任在乎於研究者個人。

2. 不要為了自身的利益剝削學生與參與研究的人。

3. 任何形式的**告知同意**都是必須的。

4. 遵守所有關於保護隱私、匿名與保密的保證。

5. 不得強迫或羞辱參與研究者。

6. 在萬不得已時才加以隱瞞，但事後必須說明。

7. 使用適宜於某種研究的研究方法。

8. 除去對參與者不利的結果。

9. 要預測到對研究結果的反彈。

10. 要披露贊助者加以表揚。

11. 在做跨國比較研究時，要與對方合作。

12. 研究設計與結果的細節都要公開。

13. 結果的詮釋要與訊息相符。

14. 使用高水準的方法，並且力求精確。

15. 不可做祕密研究。[7]

6　Neuman, 1977, p. 454.
7　Neuman, 1977, p. 455.

● 研究贊助者與倫理

你可能受僱於某個私人公司或政府機關，並且訂立某項契約去做研究工作。當贊助者出資要你去做某項研究工作，特別是**應用類**的研究時，便會產生一些特殊的**倫理**問題。研究者可能被要求在研究工作中，做某些妥協或有利於資助者的結果，以換取資助或僱傭。當研究者碰到這種情形時，他可能有幾種選擇：對資助機構忠誠，照資助機構的要求去做；辭職離開或發聲反對。不過最好能夠早期發現，表示你對倫理問題的關心。

表示反對，可能會破壞研究者與資助者，以及其他機構或媒體的關係。資助者可能會中止僱傭關係，對研究者轉調或降級。即使訴諸第三者，他們的立場也未必會與研究者一致。而且這種問題最好能尋求**內部解決**。如果尋求與資助者妥協，則研究者便要做某些犧牲。總之，即使你做得對，也不可能改變不合倫理的行為，而使研究者得到保護而免於報復。

應用類的社會研究者，一定要清楚地思考他所扮演的角色。他一方面要維持某種程度的獨立性，同時也要確立其在專業領域裡的地位。其實無論狀況如何，不合倫理的行為是永遠不可能使其合理化的。

社會科學研究的倫理守則

在說明了關於社會科學研究倫理的一般原理原則之後，為了使從事社會科學研究的人有一些具體可行的方針可以遵循，我們摘要整理介紹美國許多專業學術團體所彙整的**社會科學研究的倫理守則**，供讀者參考。

● 一般原則

1. 從事研究工作的社會科學家，必須對他或他的屬下所作的決定，所產生的倫理爭議負責。教師必須對他的學生的研究工作，所產生的倫理問題負責。
2. 在研究工作中的所有行為，必須符合家庭與所在社區的倫理標準。

3. 如果有任何與公認的倫理原則乖離的情形發生，就應該：(1) 由研究者負較大的責任；(2) 需要尋求外界的商討與建議；(3) 需要對參與者的權利與福利做額外的保護。

● 關於從事研究的決策

4. 應該維持研究工作的整體性，而且不可損傷到未來繼續研究的潛力。
5. 研究者應該用他最好的科學判斷去選擇驗證的問題。
6. 在做與「人」有關的研究時，應該對參與者與社會所產生的潛在利益與風險加以評估。任何與「人」有關的研究主題，必須被視為重要的學術問題。任何與「人」有關的研究，必須顧及它的「人道意義」。
7. 假使研究工作會對參與者與社區造成永久性的傷害，即應該放棄此一研究案。

● 關於研究的實施

8. 所有的研究都應該被視為一個有目的、能勝任的科學研究案來做。
9. 所有的研究人員都應該能夠勝任研究工作所用的方法與步驟。
10. 在研究的設計、執行與撰寫報告等過程中，應該盡量保持客觀、避免偏頗。

● 關於研究者與參與者的關係

告知的同意

11. 在所有的研究中，必須先獲得參與者**告知的同意**。研究者也必須履行所有的承諾。特別是研究工作可能對參與者具有潛在的風險或情況模糊不清時，更要取得**告知的同意**。如果可能，**告知的同意**應以書面為之。
12. 研究案的目的、程序以及可能對參與者的生理、心理與社會地位造成傷害的風險，應該以參與者所能瞭解的方式向他們說明。
13. 研究者應該毫無保留地將其姓名、身分以及財務或其他方面的支持者告知

參與者。

14. 應該讓參與者充分知道蒐集訊息的方法與技術（如：錄音、錄影、照片等），以便讓參與者知道什麼訊息該透露，什麼訊息該保留。

15. 如果研究工作會持續一段相當長的時間，應將進度定時向參與者簡報。

16. 應該讓參與者知道他（她）有權拒絕參與。即使是在參與之後，也有權在任何時候中止參與。

17. 不可以用任何明示或暗示的方法，強迫或鼓勵某人參與研究工作。

對參與者權利與福利的保護

18. 參與者的尊嚴、隱私及利益，都應該受到尊重與保護。

19. 對參與者的傷害，應該運用各種研究程序中的各種方法使之減到最小，甚至可以隨時中止研究，並且應該設法避免任何的不良後遺症。

20. 如果在研究的過程中，某些事情需要隱瞞，則必須在事前採取必要的步驟，以保護參與者的權利與福利。而且在研究完成後，必須向參與者誠實而完整地說明研究的過程與必須隱瞞的原委。

21. 如果不向參與者透漏隱瞞的實情，基於人道與科學研究的精神，研究者也有義務去設法保護參與者的利益。

保密與匿名

22. 除非得到許可，研究資料應該保密，所有參與者應予匿名。如果不能保證保密或匿名，研究者應該將可能的結果事前告知參與者。

23. 隱私權的保護應該是最重要的考慮因素，特別是要從參與者的角度來看待。儲存在資料庫的資料，除非得到原始蒐集者的許可，不得任意引用。

24. 研究者應該尊重地方的文化、民情風俗。可以找當地人合作，但是要考慮研究案對該地方的影響。

● 關於研究結果的發表

25. 所有的研究報告都應該被視為公共文獻，供人無償使用。

26. 研究方法與程序應該詳盡而準確地說明，包括所有的假說、證明。結論應

　　該客觀而不偏頗。所有的資料必須做完整的詮釋，要極力避免誤導。

27. 跨文化的研究最好能用多國語文撰寫研究報告。

28. 所有已經出版的資料來源，應該完整而正確的記錄在報告上；並且對所有研究有貢獻的作者及資料來源，詳加記載，給予應有的表彰。

29. 無論何時，原始資料及文獻檔案，應該提供給其他優良的研究者使用。

30. 有價值的研究成果，除非不適於刊登，都應該公開出版發表。[8]

8　Nachmias and Nachmias, pp. 88-92.

Chapter 17

論文的寫作與發表

學術論文的寫作

學術論文的寫作，其結果必須與**學術界**（scientific community），尤其是在你的研究領域裡的學者分享才有意義。這種分享雖然有各種正式與非正式的方式，但是傳統的、比較正式的方式仍然是在**學術期刊**（scientific journal）上發表。但是也有人以他的博士**學位論文**為基礎，出版成為專書的。一個完整的**研究**（research），最後必然會產生一篇或數篇**學術論文**。**學術論文**的發表，必須有良好的品質，品質又取決於研究的內容與寫作。

學術期刊，就一個專業領域而言，是那個學門知識傳播和討論的園地。它包含許多成功與失敗的文獻，以及研究者多年貢獻的成果。從事研究的人，以這些學術文獻做參考的根據，去開發新的研究**主題**（subject）。這樣做不但可以節省時間，也可以刺激你的思考；不但可以**重複**別人的研究，而且也可以發現新的問題。如此經由許多文獻與資料的累積，則可以漸漸形成一個你所感興趣，而且願意投入心力，去繼續深入研究的專業主題。

雖然寫**學位論文**與寫學術期刊文章的過程非常繁瑣，但是，一旦獲得發表，對作者是一大報償，對讀者和知識界而言，也是很重要的貢獻。在寫作的過程中，首先需要閱讀大量過去的文獻，從這些文獻裡，你可以對這個領域更為熟悉，也可以看出你的**理念**與研究的問題是否有**新意**。也就是可以知道，前人有沒有做過同樣或類似的研究。因為，如果你是在寫**博士學位論文**，你的研

究必須是**原創性的**（original）研究。所謂**原創性**，就是說你的研究是沒有其他學者做過的。而**碩士論文**研究與寫作的目的，則是在訓練你學習**科學的研究方法**。所以是不是**原創性的理念**，並不是最重要的評估標準。你甚至可以因為某個理論並未完全確立，或值得懷疑，而**重複**（repeat）別人的研究，去進一步肯定它或否定它。你也可以從你所感興趣，而且有疑問的問題開始你的研究。

在剛開始寫作時，要先將**理念**（idea）凝聚、組織起來。最好先說明給指導教授或同儕聽聽，或者與他們討論你的想法，看看主題是否恰當，是否值得做進一步深入的研究？科學家要深入瞭解一個領域裡的問題，必須投入心力而且要有所貢獻。一篇寫作完成，甚至準備出版的**論文**，是一個人研究努力的重要結晶與成果。因此，論文的主題是否新穎，而且有創意是一件很重要的事。從事研究的人，除了要對**研究**投入很多心力之外，而且要將所用的文獻、訊息、素材（materials）說明得清清楚楚，好讓讀者瞭解。如果能夠這樣做，才能寫出一篇好論文，這篇**論文**才有學術價值。

在寫作的技巧方面，研究生必須先考慮論文的性質，以及可能牽涉到的其他各方面的因素，再決定以何種基本架構去完成它。一個有連貫性、系統化科學性論文，才是比較容易讓讀者瞭解的。最後，從論文的形式看，也能讓讀者可以判斷問題的來源，工作的內容、程序與結果。而且和其他類似論文的寫作者，也能有更好的溝通。

再好的寫作技巧，也無法掩飾一篇本身就不好的研究，但是許多人都不去深究他的研究工作與寫作之間的關係。寫文章的人最好在寫好之後，跳出文章的範疇，以一個讀者的身分重新閱讀，自己看看，有沒有說服力。現在的研究生，因為國文程度日趨低落，能寫得出一篇讓人讀得**通順**的文章，就已經很不錯了。至於文章的文法與修辭，就無法作太多要求了。更讓人困擾的是，連校對錯別字的工作，也留給指導教授去做了。

研究生自己，需要用批判的眼光來看自己的論文，以避免過分地**主觀**。研究生在寫論文時，一般經常無法掌握的事情有以下幾種：

* 因為做研究的人，對他的研究主題已經有主觀的認定，所以在寫作的時候，常會只用單一的角度看事情，這是應該極力避免的。

* 擔心提到負面的發現，使得論文的說服力不足。其實負面的發現，正是能讓你的論文更有辯難與討論的空間，這樣只會讓你論文的內容更豐富，更具說服力。
* 未能建立一個準確的（實驗）量度變數的尺度。
* 未能突顯中心理論 —— 未能把中心理論說明得確定與透澈。
* 在引用文獻或參考其他學者的資料時，往往重複及堆砌得太多，而放置的位置又不恰當，卻捨不得割捨。研究生的心態是：我好不容易找到這些資料，怎麼捨得把它們刪掉呢？

寫作一篇重要的文章或論文，其內容與組織的寫法需要縝密的思考，如同衡量研究調查本身一樣的仔細。以下的問題或者可以幫助你評估文章寫作的品質。

* 文章的題目是否適合所要投稿的期刊？
* 著作是否有新意，是否是自己的創作？
* 簡介是否清晰完整？
* 有關目的的敘述是否足以合理的引導讀者瞭解你要做什麼？
* 文獻是否做過適當地回顧，並且理論與模式建立得是否恰當？
* 文獻的引用與注釋，是否適當而且完整？
* 所要研究的問題，有沒有清楚地界定，並且清楚、完整地陳述？
* 假說是否明顯？是否表達出你所要驗證的假說或理論？
* 概念及理論是否非常完整清楚？
* 研究的方法及研究設計是否清楚且完整，別人能否依照其設計，進行複製？
* 實驗的過程是否可靠（可信度）？
* 如果觀察者習慣於量度變數，中介觀察者的可信度是否有充分表達？
* 資料分析的技術是否合適？分析是否清楚？統計處理的前提假設條件，是否符合其所應用的資料？
* 討論是否透澈，它是否符合論文的觀點及結論？
* 結果與結論是否清楚、有效，而且有意義？
* 研究的結果與研究的主題之間的關係是否吻合？
* 是否研究很澈底，而且可以清楚地驗證假說？

＊ 研究是否先進（advance），而且有意義（meaningful）？

＊ 文章的寫作是否簡明、通順？

＊ 如牽涉到人的主題，是否考慮種族差異、性別差異、貧富差距？

＊ 論文是否依照所規定的格式？[1]

作者與文章的特色

關於文章的作者，必須列出主要作者、次要作者的名字，以及其他對此論文有所貢獻的人。也就是說，不僅是作者本人，其他對此研究有所貢獻與助益者，也應該包括在作者之列。多人的研究或是小組的研究，所有這些人都必須列為作者，這是研究工作的倫理。但是，其他人物，如研究助理、出版商等，可能間接對此研究有所幫助，但是並沒有直接參與此一研究的人，則不必列為作者。但是，必須在論文的**謝誌**中列出他（她）們的名字，表示致謝。

文章需要將主要作者（貢獻者）的名字放在最前面；相對的，這些人必須對此一論文負責。常見的情形是研究生往往把指導教授的名字放在最前面，以示尊重。但是，實際上，研究生才是論文的主要作者，理應將他（她）自己的名字放在第一作者的位置。

● 文章的形式

一、**實證研究報告型**（reports of empirical studies），或是**調查報告型**（survey report），這兩種都是最基本的形式。報告必須列出明顯的次序與步驟如下：

(1)介紹或引言：將問題的性質、研究目的說明清楚。

(2)實驗或調查方法的設計。

(3)結果與發現。

1　American Psychological Association, *Publication Manual of the American Psychological Association,* 5th edition, 2001, Seventh Printing, January 2005, pp. 29-30.

(4)討論：將結果用來解決問題，或對學術與社會有何影響。

二、**評論性文章**（review articles）的寫作步驟如下：
(1)定義主題、說明問題的性質。
(2)回顧以前類似文章的大意，簡明地敘述出來，再說明自己的論點。
(3)比較前後文章之間的不同、差異性及其關係，並且加以評論。
(4)建議解決問題的方法與步驟。

三、**理論性的文章**（theoretical articles），其特色如下：
(1)作者提出新的理論，並且討論現有的理論，發現他們之間論點的相同與衝突。
(2)就現有的理論而言，試著以其反面論點測試其是否依然成立。
(3)必要時，可以用實驗數據檢討現有的理論。

四、**有關方法論的文章**（methodological articles）：提出新的方法論，修正現有的方法。例如：我們在本書的第十一章，討論科學研究的定量與定性問題。在第十五章，提出定性與定量混合的研究設計，都是討論有關**方法論**方面的文章。

其他類型的文章，可以視情況選用或兼用其他文章的形式。此外，尚有短篇報告、評論、醫學問題與答覆、個案歷史、圖片、統計圖表等。不論何種方法、形式，最重要的還是在於文章的組織性、邏輯性。

● 文章的長度、標題、語調

長度：文章寫作要算好長度，很多期刊都會告訴你文章長度的限制。在此長度之內，應力求簡明扼要，顯出重點所在，並且包括圖、表及其他材料。而且要盡可能地避免用語的重複，同時注意用詞是否太過僵化。

標題：要抓住重點，最好是讓人一看，就知道是在談論什麼問題。

語調：雖然科學論文與一般文章不同，書寫的筆觸、風格，盡可能地應用白話、口語，並且生動、有趣、生活化。

● 題目頁

題目（title）：盡可能簡短，要可以讓人一看，就能看出論文的大意與研究主旨。要能直接表現出整篇論文的理論、變數關係和重點。研究的方法與結論，通常不必顯示在題目裡。

作者姓名及所屬機構（author's name and affiliation）：除了要寫出作者的姓名之外，還要將研究機構一併列出。所謂研究機構，是指贊助研究者做此研究的機構，如企業、政府、學校、學術機構等。

頁標題（running head）：在一頁的頂端，用以告訴讀者這篇文章的題目。長度最多不要超過 10 個字（characters），這 10 個字包括了標點符號和字與字之間的空白間隔。在一本論文或報告，對分打開之後，左邊的頁標題要列出論文的題目；而右邊的頁標題，則要列出論文各章或主題的題目。

● 摘要

摘要是文章內容的精華所在，是簡短的，是一篇論文的主旨，需要寫出作者論文的主要思想。摘要可以只寫一段，但是必須是全論文最重要的一段。因為現代的電腦文獻索引，只列出論文的**摘要**，讀者只看**摘要**來決定是否要看全文，所以**摘要**必須寫得好。一個好的摘要，必須符合以下幾項條件：

1. **精確**（accurate）：**摘要**要能顯示出研究的目的、方法、內容及發現，是整篇的要點所在。
2. **能自我顯明**（self-contained）：寫作時須圍繞著論文的**中心思想**，同時應該包含作者的姓名、出版日期及關鍵字等。
3. **簡潔與特定**：使每一個句子含有最多的訊息。尤其是開場白，要盡可能地簡潔。一篇期刊論文，最好不要超過 150 個字。即使長而且複雜的學位論

文，也只需要最多 300-500 個字的摘要。

4. **不做評斷**：只報告而不做評斷、評論。不要在文稿本身內容加上評語。
5. **連貫性及可讀性**：以清楚而嚴謹的文字書寫，以動詞取代名詞，以主動的語氣取代被動的語氣，以現在式描述結果及下一步的應用或結果。用過去式描述操作的過程，或實驗中所用到的特定變數的變化。

實驗性或調查性研究報告的摘要，大致在 100-150 字之間：

1. 盡可能用一句話，來說明所做研究或調查的問題。
2. 報告的主題要以適當的特性來說明，如數字、型態、年齡、性別、種族。
3. 研究設計，包括器材、資料蒐集的程序、實驗的全名或通稱及處理的方法，特別是實驗中獨特或重要的處理（treatments）。
4. 研究發現，包括統計上的顯著水準。
5. 結論及內涵的意義（implication）及應用（application）。對於你的研究，摘要一定要正確、簡明，容易理解。讀者可以從其中獲得主要訊息，而且有助於追尋進一步的閱讀。

● 緒論

簡介問題

論文的主體，要以目前正在研究的特定**問題**（problem），及描述研究策略的簡介做開場白，因為在論文中的簡介，要清楚地指出全文的定位。寫簡介前需要考慮：

＊ 研究的重點，要研究的問題為什麼重要？
＊ 有關問題的**假說**及實驗如何設計。
＊ 研究中理論上的意涵為何？該研究與先前相同領域的研究有何關聯？
＊ 被測試的實證命題為何？以及它們如何被推論出來？

一個好的簡介，要以一段或兩段文字回答上述問題。經由摘取相關的議題（issue）及資料，告訴讀者，你的研究做了什麼，以及為什麼這樣做。**問**

題的分析與陳述要說明有關聯意義的實際現象，不要太抽象，免得造成讀者的困擾。**陳述問題**的另一種方法，是先發現一個理論，對它產生懷疑而希望驗證它。**問題的陳述**是匯集與理論有關的各種事實經驗，來建立從事此一研究的理由。

說明研究背景與理論文獻

討論背景文獻，但不需要做鉅細靡遺的歷史性回顧及論述。通常，我們會假設讀者已經具備你所研究的領域的知識，概要性的摘要就夠了。縱使你需要認可該問題的其他研究的貢獻，只要定位在切合特定問題的研究，而避免參考幾乎無關，或一般性的文獻。如果摘取早先的研究，要避免非基礎、非本質的細節；而著重於所發現的結果，與有關**方法**的問題；並且要引導讀者去參考其他有關的專著或評論，而不是一般性的文章。

要顯示早先及現今研究之間邏輯上的連續性，應該有足夠的空間，清楚地、盡可能地，讓廣大的專業讀者有大概的瞭解。但是，也不要為了簡潔的目的，而使你寫出只有專家才看得懂的敘述。有關爭議性的問題應該公平處理。無論你個人的意見是什麼，在表達爭議時，應該避免觸及對個人的爭議；也不要藉由引用文章以外的權威言論，來支持你的立場，或為你的研究背書。

說明研究目的與理由

在你說明要研究的問題與背景之後，你就可以說明你將如何去解決此一問題。這一段要放在簡介的最後一段。在這個時候，論文中所用的變數，及先期的假說都要有清楚的定義。在簡介結束前，心中應該想到的問題有：(1) 我要運用的變數有哪些？(2) 我期待哪些結果，以及為什麼期待這些結果？至於我為什麼期待這些結果的背後邏輯，必須明顯、清楚，而且明確地論述每一項假說的理由。

● 研究方法與研究設計

在你介紹過問題及其發展背景之後，你便要開始告訴讀者，你解決問題的步驟。在**研究方法與研究設計**這一章，要詳細描述研究工作如何進行。這種說

明可以使讀者評估你所使用方法的恰當性，以及結果的可信度及正確性；也可以使有經驗的研究者，很容易地**重複**你的研究。如果你要告訴讀者其他的研究細節，也可以在這一章中，做一個建議或簡介。

　　比較習慣而且常用的方法，通常是將這一章分成幾個小節。通常包括主體、設備、材料及流程的說明。如果實驗設計很複雜，或實驗處理需要詳細的說明，則分別在小節之下附加**子標題**。這樣做或許可以幫助讀者找到特定的訊息。對於**子標題**要使用什麼編號及形式，可以自己判斷或是參考各個學術機構自己所定的規範。小節中只需包含最基本，而且必須詳細瞭解的訊息。因為，如果說得不夠詳細，讀者會有一大堆疑問；說得太多，讀者又會承擔許多無關緊要的訊息。要記得，**研究方法與研究設計**這一章，是要告訴讀者你要做什麼，以及如何去做。

● 研究發現

　　研究發現這一章，要擇要說明資料的蒐集，及統計上的處理方法。首先要簡要敘述發現的結果，然後適度的報告資料，以佐證所得到的結論。討論發現的**應用**，在這裡並不合適。提示所有的相關發現，包括違反**假設**的部分。不必包含個別評量標準及原始資料，但是單一主題設計或樣本說明則為例外。

表與圖

　　報告資料，要選擇能夠清楚表達，而且經濟的媒介。**表格**即能提供正確的數據，而且能有效地說明主要的關係與影響。從製作的觀點看，**表格**比**圖形**更能節省成本。專業品質的圖形能吸引讀者的眼光，並且能清楚地說明資料與資料之間的關係，以及做一般性的比較。不過這樣做，比較不甚嚴謹，而且製作成本高。

　　雖然表與圖的製作，對表現摘要與結果及分析有所幫助，但是要避免在不同的地方重複相同的資料。縱使使用表格來表現資料，可以省卻正文中的很多字句，但是表格或圖形要盡可能少用，而且要確定在正文中都做過說明。所有圖形與表格的作用，只是在輔助正文，並不能擔負所有的溝通工作。告訴讀者

看表或圖的某些部分，可以提供足夠的解釋，以讓讀者能立刻理解。

統計上的表達

當報告推論統計時（如 *t-test*、*F-test*、*Chi-square*），應包含有關檢定的規模及數值、自由度、機率水準及影響方向等訊息，並且確定要包括敘述性統計（如：平均值、標準差等）。假設讀者已具備統計的專業基礎知識，則一般的**假說**，如拒絕虛無假說，則不應提及。假使質疑某特殊檢定的恰當性，一定要確實知道檢定方法用得恰當。順便一提的是，*t-test* 的 *t* 一定要用小寫。其背景的故事是：當他提出 *t-test* 檢定方法時，此學者當時還是**學生**。因為他非常謙虛，所以用小寫的 student-t 為筆名發表其論文。之後，學術界便以小寫的 *t-test* 來紀念他。

● 討論

說明研究發現之後，接著便要衡量及說明其中的涵義與應用，特別是有關原始**假說驗證**的部分。在**討論**這一節中，你可以自由的檢視，說明及詮釋結果，而且從中推論。重點在於強調理論上的**結果**，及**結論**的有效性。

要以**拒絕**或**不拒絕**其原始**假說**的清晰敘述作為開端。你的**結果**與結果之間的相同及相異之處，以及其他研究**結果**，應該拿去闡明或強化你的**結論**。不要輕易地重複已經成立的觀點，每一個新的說明，必須對你的立場或對讀者是否瞭解問題有所幫助。你可以對研究的特別缺失加以標注，但是不需要去強調每一個瑕疵。負面的結果也應該接受，而不要企圖用不恰當的理由加以解釋。

在**討論**中，應該避免辯證，或用繁瑣及薄弱的理論做比較。推論要在下列三種狀況之下才算正確：(1) 驗明現況；(2) 與實驗資料或理論有密切及邏輯上的關聯；(3) 清晰的表達。證明研究中實際及理論的意涵，建議研究中需要改進或建議合適的後續研究，但是這些建議要簡潔。一般來說，最好以下列三個問題作為主要思考的主軸：

*　我的研究在學術上有什麼貢獻？

＊　我的研究如何幫助原先問題的解決？

＊　從我的研究中能獲得何種結論與理論上的應用？

　　這些問題的答案是你研究貢獻的核心，而且讀者有權去澄清與質問有關的答案。如果你在論文中集合了多個實驗，你要分別敘述每一個實驗的方法及結果。如果適當的話，最好對每一個實驗的結果都有簡短的討論，或者將結果與討論結合在一起，務必使每一個新實驗的邏輯與原理能讓讀者清楚瞭解。在最後的實驗之後，還要加上對所有研究做一般性的綜合討論。

　　章節的安排，要反映先前所描述的結構。要將實驗加以注明：第一個實驗、第二個實驗等，才能將每一個小節串聯起來，讀者才能很方便地去參考特定實驗的方法與結果。**方法與結果**這一節可以放在每一個實驗的標題之後。

　　如同論文中支持說明與結論的資料一樣。引用**文獻**時，在文章中出現的所有被引用過的**文獻**都需要列在**參考文獻**中，而且所有的文獻都必須在正文中被引用過。明智地選擇引用文獻，並且正確地使用標準的引用程序，使引用的**文獻**正確、完整。這樣做將對研究者及讀者都會有所助益。

● 附錄

　　附錄雖不常用，但是，如果處理特定資料的詳細敘述過於冗長；如果放在文章中，有可能中斷文章邏輯思維的流暢。或者不適於放在論文主體中，但是卻對讀者瞭解你的論文很有幫助的資料，則可以將它放在附錄中。適合放入附錄的例子如下：

1. 特地為研究所設計的新電腦程式，而且別處沒有；
2. 未經發表但是有效的測試；
3. 統計方法的複雜數學證明；
4. 冗長的資料列表，或樣本；
5. 做問卷或田野調查的問卷或表格；
6. 設備中比較複雜部分的詳細說明，這些說明，能幫助讀者瞭解、衡量或複製研究時使用。

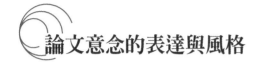

論文意念的表達與風格

意念的表達

　　良好的寫作是一種技術，更是一種**藝術**。它能使我們瞭解一般**寫作手冊**規範之外的東西。因此，我們希望提供一些論文寫作的原則，說明怎樣運用正確的文字、修辭才能容易而且清楚地傳達思想、訊息，以及建議一些評估，及改進寫作風格的方法。正如受過訓練的科學研究一樣，它能幫助我們瞭解某一個學術領域的成長與發展，然後可以審慎而得體地去寫作，並且對於**科學文獻**的價值也能有所貢獻。經過深思而產生的語言文字，有賴於清楚而且有秩序的寫作，並且能清楚地表現你個人的**寫作風格**，以及思想與研究的目的。

　　科學論文的主要目的，在於能清楚地表達作者的**理念**。它能透過有秩序的方式及順暢正確的方法，表達**研究論文**本身的意義。藉著清晰而合邏輯的**理念**表達，能夠吸引讀者去閱讀，並且引導他們順利地思考其中的意義。

有秩序地表達意念

　　不管是單獨的字彙、一句話或一段文字，都必須有一定的順序，才能讓讀者瞭解你要表達什麼。從序言到結論，你必須重視字句、觀念和主題發展的連續性（關聯性）。能這樣寫，讀者才會瞭解你所提出的意念是什麼。假如你在句子裡誤用了字彙或語法，不用熟悉的句子構造，變換項目在序列中的位置，或冗長且離題的概念，將使秩序混亂，也會使讀者感到迷惑。

　　連貫性（continuity）可以用幾種方式來達成。例如：標點符號有助於表現意念間關係的連續性，可以讓讀者知道什麼時候該停頓，如何連接**句尾變化**及**附屬下文**，並且在述說時能調整適合一般讀者的速度。使用標點符號會有幫助，但不要過度或低度地使用某一種型態的標點符號。例如：學生常在五、六行的一段話中，使用一連串的**逗點**，而不懂得斷句，或使用其他標點符號，以致於一句話有三、四行，甚至四、五行的長度。過度及低度使用標點符號，都會造成讀者的困擾。其實，使用標點符號是為了讓文章能更明白地表達其意

義。

另一種表達**連貫性**的方法是**轉換字**（transition words）的使用。尤其是在所要表達的東西或事情是複雜而且抽象的時候，這些用字能幫助我們維持**思路通暢**。代名詞是指前面句子所提過的名詞，它不只是用字的變化，而且可以避免重複。其他**轉換用語**有**時間用語**，如：然後、其次、之後、當……時、從等；**因果用語**，如：所以、結果、終於等；**附加用語**，如：加上、更、更進一步、同樣的；或**相反用語**，如：然而、但是、相反地、雖然如此、雖然、其實等。

有些**轉換字**（例如：從、當），會因為引用非正式寫作的格式，或會話上的時間用語而產生混淆，例如：**「從」**經常被用在具有**原因**含意的句子裡。然而**科學論文**的寫作方式必須是精確的，因此，只有這些變化用字的原始意義才是可以被接受的。

流暢的表達

學術性的文章與創作性的寫作，有著不同的目的。例如：創作性的寫作經常會創造一些引人入勝的情境，插入一些意想不到的情節，或者略去預料得到的發展，暫時按下不表。而且突然變換主題、時態或人稱，會讓讀者感到困惑，然後，到了某一個情節，又柳暗花明，與前面**按下不表**的情節接上。但是，學術性的文章，就應該避免這樣的寫作方式，而重視清楚且有邏輯層次的寫作表達方式。

因為你已經花費了許多時間，接觸你所要研究的主題與資料。因而可能失去一些客觀性，無法馬上看出文章中的某些問題。尤其是得到**否定性的推論**，更是如此。如果讓你的指導教授或同儕讀過，他便可能發現這些問題。也許你把寫好的文章放置一段時間再讀，或許你就可以抓出一些疏漏、不相干及不連貫的地方。假如你大聲地讀這些文章，你或許更能有機會發現不連貫的問題所在。假如在你閱讀時，發現你的寫作是不連貫的、不合邏輯的，就可能需要轉換一下論文的方向。更嚴重的情形，也許就可能要放棄原先的議題。

不連貫，經常是在相同或相近的一段文章裡，變換動詞語句的時態，或是使用不同的時態所產生的結果。動詞時態的使用，可以有助於文章順暢的

表達。過去式或現在完成式（**中文雖然沒有動詞時態的變化，但是還是可以加上相關文字來表現時態。例如：曾經、已經、過去的研究、已經完成的研究等**），都是適合使用在描述過去事件的發生，以及過去事件討論的過程的。在選用時態時需要注意，使用過去式是敘述過程及結果，使用現在式是討論結果及提出結論。用現在式報告結果，你可以讓讀者就近參與你的討論。

很多作者努力冀求順暢的表達意念，使用**同義字**以避免重複某一個術語。這樣做是值得稱許的，但是因為使用**同義字**，你可能會引起語意上**些微的差異**。因此，要小心謹慎地選用**同義字**。另外，小心地使用代名詞，也可以減少一個術語單調的重複。例如：學生常在文章中用「其」字來代表前面所提到的某件事情或人物，但是常常兩者相隔太遠，反倒讓人摸不清他的「其」字何所代表。碰到這種情形，我會建議把前面所提到的事情或人物重寫一遍，而不要用「其」來代表。例如：教授某甲做過「學生的 IQ 與成績關係」的研究，發現了 X 理論，「其」研究非常值得參考。在這裡用「其」字，可能會讓人不知道「其」字代表教授某甲，或是他所做過的「學生的 IQ 與成績關係」的研究，還是代表他所發現的 X 理論。這時，就不如再重複的寫一次，「教授某甲做過：『學生的 IQ 與成績關係的研究』」，來得清楚了。

精簡的表達

只說那些需要說的（say only what needs to be said）。寫論文要用字精簡，因為你不只是在寫作一篇很值得閱讀的文章，而且要增加文章被接受出版的機會。編輯因為篇幅的限制，因此往往要求作者縮短他所提出的文章。你應該設法除去冗言、贅字、術語、行話（jargon）以及迂迴的陳述，來精簡一篇很長的文章。你也可以除去描述儀器、研究對象、研究過程的細節，以及一些無用的修飾及不相干的觀察所得等。短的文字或句子要比長的文字或句子容易瞭解。然而，事實上，**專門名詞**也許比較來得正確；而且在科學報告中，**專門名詞**是不可或缺的。但是一篇文章因為它的**專門名詞**只能讓一些專家所瞭解，其對學術的貢獻也是有限的。這時，也許另外加上解釋或注解會有些幫助。

不能精簡的寫作，主要的原因是難懂的術語及冗言太多，甚至用些不相干的字彙，這些都應該審慎的避免。**官樣文章**的術語是用來吸引大家注意的，但是科學的術語用多了則會困擾讀者，阻礙訊息的溝通，以及非必要地占了許多篇幅。雖然用簡單短句會使人覺得單調，但是長句則會使人困擾；如果句子

長短有些變化，可能更能引人入勝。當有些觀念必須用長句表達時，各個部分的配合應該像遊行的隊伍，而不要像田徑場上賽跑的選手，斷續零散而沒有秩序。最好的文句應該是直接、簡潔，而且具有宣示性的常用字句。

以上的原則也同樣適用於**段落**的分法。**段落**是由一連串相關的句子所組成的，它包含一個主題的句子，顯示這一段的主要意義。太長的**段落**會使讀者失去注意力。一個**段落**最好包含一個完整的概念，停頓一下之後再去進行下一個**段落**。假使一個**段落**的長度超過一頁，讀者的思緒可能會受影響。這時你必須找個合理的地方斷開，或者重新整理你的素材。每一個**段落**最好都能自成一個單元，而**段落**與**段落**之間又要保持良好的連貫性。

清晰正確的用字

所有你想使用的每一個字，都應該正確地包含你所要賦予的意義。大部分的作者會發現，他們所使用的**詞句**與字典裡的定義不同。例如：我們常常用**感覺**代替**認為**或**相信**，但是在科學學術文章中是不可能被接受的。

同樣地，要避免一些另有所指的用語。一些**估計量化**的用語（例如：**相當大的部分**、**幾乎全部**或**很少**等），會因不同讀者及不同的上下文，而有不同的詮釋。尤其是在只憑經驗觀察中，陳述的可信度會大打折扣。

除非每一個**代名詞**能明顯地表示代表什麼，否則很容易使讀者混淆。一個明顯的代名詞，讀者不必去查考前文，來判斷這個**代名詞**代表的意思是什麼。當提及前面的句子時，愈是簡單的代名詞如：**這個**、**那個**、**這些**、**那些**，愈容易引起困擾。這些語意不清的代名詞，最好少用。

主要動詞的遺漏，是另一個使文章不明的因素。例如：在「十歲的小孩要比八歲的小孩，更可能與同年齡的小孩玩在一起」這個句子裡，意思是十歲比八歲的小孩較可能和同年紀的小孩玩？或是十歲的小孩比較可能和同年紀的小孩玩，而不與八歲的小孩玩？經過深思而有良好結構的句子及用字的選擇，可以減少語意不明的機會。

● 寫作的風格

　　寫作的風格，在於使讀者容易，而且清楚地傳達作者的意念。使讀者在閱讀時，會受到作者筆觸、風格的感染。所謂文如其人，就是說，從每一個人寫作的文章，就能看出寫文章的人的性格。其實，只要能清楚地表達意念，**寫作的風格**倒不是論文的主要訴求。在所有的情況中，遵守論文寫作的規範，自己對寫作風格的要求之間的取捨應該取得平衡。

　　林語堂大概可以算是中國近代，文章寫得最好的學者之一。在談到中文寫作時，他很沉痛、也很坦白地指出：

> 　　到此刻為止，中國的文學觀念還是錯誤的。最可怕的是「**今夫天下**」這一類利國利民的文章體裁，和文以載道的傳統觀念。他深深記得在他十歲那年，老師出的作文題目：「鐵路救國論」。他說，今天，我們的文章仍然無法跳出這個圈子，「這真要命」。
>
> 　　「我們從小念史記、左傳，就有『作文章』這個觀念，彷彿一篇文章讀起來可誦可歌，可以一唱三歎，才叫文章。」他認為：「『**作文**』這兩個字，就害人不淺，大家因為要『作文』，因此以為需要特別技術，文字必須有別於說話，自自然然的國語似乎不夠表達意思，常常要調文舞墨，堆砌詞藻。」他捧出「**清順自然**」四個字，贈給有志寫作的同胞，他要大家在提筆時，先拋開「**作文章**」這個觀念，好好的、規規矩矩的用自然的國語，表達自己的思想。「白話是活的語言，是我們天天不斷說出來的，所以非常有力量。」[2]

　　這一段話的意思無非是要我們在寫文章的時候，要用簡單易懂的白話文寫出來就好了，就像我們每天說話一樣。

2　林太乙著，《林語堂傳》，1989 年初版，1999 年初版 15 刷，p. 256.

如何改進寫作的風格？

從事寫作的人，是使用不同的方法，將他們的思想注入文章，以表達給讀者。這一節要說明幾種有助於完成作品，以及有效表達意念的方法：(1) 只寫大綱要點再開始寫作；(2) 將初稿放在一旁，過些時候再次閱讀；(3) 請同儕給你的初稿一些批評及建議。同樣的做法也適用於二稿、三稿，甚至於最後的完稿。我的經驗告訴我，當我把文章放置一段時間之後再讀時，會讓我感覺：我怎麼先前會寫得那麼爛？思想怎麼那麼不成熟？

從大綱開始寫，能幫助這篇論文合乎邏輯。它能定義出**主要意念**、**附屬意念**及訓練你的寫作。重要的是要維持文章的連貫性，及調整暫時離題的部分，並且指出疏漏。你在擱置你的文章一段時間之後再讀，會有比較新、比較好的寫法。大聲讀出文章，不僅能讓你發現錯誤的地方，而且能聽到錯誤在哪裡。而在問題改正之後，影印一份給你的同儕或指導教授，最好是給跟你不同行的朋友或同事，做批判式的閱讀。能有兩個以上同儕或教授的評論更好，那時你的文章可能就相當於經歷了期刊的審查了。

這些方法，尤其是後者，可以讓你比預期中有更多的時間花在自己的文章上。無論如何，這些方法的結果都能讓文章的用字更精準，而且更能清楚地表達你的意念。

● 從讀者的觀點寫作

以自我為中心的寫作，是注定會失敗的。如果你不能想到讀者的觀點，你也不會得到讀者的認同。那麼又如何能做到以讀者的觀點來寫作呢？你的寫作一定要想到是否能讓讀者看得懂你的文章。在我寫論文的時候，指導教授曾經告訴我，寫得好的文章是要讓**外行人看得懂**。換句話說，就是要深入淺出，把深奧的理論用簡單的話講出來。也就是用**簡單句**（simple sentence）來說明你的研究工作與結果的討論。簡單地說，就是要注意以下幾點：

1. 你的論文或研究報告，要在一開始就把問題說清楚，要在一開始就把論

文的**中心思想**與概念表達給讀者。尤其是**論說文**的寫法，就是要開門見山，一開始就**破題**。無論是博士或碩士論文，都要在第一時間裡，**讓讀者知道**有關論文最重要的**意旨**。

2. **中心思想**是最大的組織力量，它能讓讀者很容易地掌握整個論文的概念。**中心思想**可以說，是一個**宏觀命題**（macro-propositions），它會控制所有的次要訊息。所以愈早讓讀者瞭解愈好。[3]

3. 因為讀者需要背景訊息，才能瞭解問題的概念，所以要盡可能地讓讀者知道所有的背景資料。

4. 要用一種能很明顯地表達意思的口氣開始。

5. 開始的句子要強而有力。例如：
    - ■ 這是一項對學生性向的研究，要知道他們是否……
    - ■ 在這個研究中，我們希望驗證**壓力與體積成反比**的理論……
    - ■ 本研究希望探討有關**行銷**（marketing）成功的九個變數之間的相關關係……
    - ■ 關於這個問題，本研究的基本**假說**（hypothesis）是……[4]

● 使用中性的文字

避免使用一些會造成刺激、反感或爭議性的文字，將有助於讀者將心思集中在你的論文上。這些文字包括：性別差異、薪資待遇、種族、年齡或其他帶有偏見的字眼。在科學論文的寫作上，將重點放在文句的修飾、音韻的優美等裝飾語句來表達意念並不恰當。應該盡量避免使用類似詩詞般，帶有押韻或使用口頭禪來表達意念的用語。此外，用恰當的**比喻**則有助於說明複雜的理念，例如：鄧小平說：「不管牠是黑貓，還是白貓，會抓老鼠的就是好貓。」這是一句很簡單的話，但是意義深長，而由此引起了中國大陸的改革開放，以及後續的經濟發展。但是，**比喻**必須謹慎地使用，不要用複雜的**比喻**或多餘的字眼，以免誤導，甚至刺激讀者的情緒。

---

3   R. Keith Van Wagenen, *Writing a Thesis: Substance and Style,* Prentice Hall, 1991, pp. 122-123.

4   R. Keith Van Wagenen, p. 121.

使用具有**性別**意識的文字，可能會導致研究設計的錯誤、不正確的詮釋、或者不精準的用字。有關**性別**的用字有兩種問題：一種是**指定的問題**，另一種是**評估的問題**。

指定的問題 —— 當你指定一個人或幾個人時，用字必須準確、清楚、沒有偏差。特別是在英文中，常常用 **man** 來代表所有的人，但是卻可能隱含著對女性（woman）的不重視。這種情形要盡量避免，在文章中，對男人、女人或者兩性均包含在內的字眼要小心使用。

評估的困難 —— 科學的寫作，必須避免對**性別**做評估。我們日常習以為常的用法，最容易造成誤解。例如：**男人與妻子**（man and wife）就不很恰當。而**丈夫與妻子**則是對等的，男人與女人也是對等的，但是**男人**與**妻子**就不對等了。所以在具有性別的用字上要格外小心。

● 避免族群的偏見

跟性別用語相同的問題，也可以引申到與**族群**有關的字眼上。與**族群**有關的用語，也會有**指定**與**評估**兩種問題。

指定的問題 —— 關於**族群**的用語，經常都在變化。你在使用時，必須留意目前最流行且能被接受的用法是什麼。例如：在美國，現在用 black people 指黑人，而不用 Negro；在臺灣，我們用**原住民**代替**山胞**或**番仔**。因此，考慮你的讀者的觀感最為重要。

評估的問題 —— 作者通常都會以自己**族群**的立場，來評論其他的**族群**。但是很不幸地，這樣做就會在論文寫作上造成負面的效果。例如：**經驗量度**方法的使用，在寫作的時候最好避免評比的用語。特別是評比一個**族群**與另一個**族群**的時候，更應該避免。

研究生所不甚瞭解的一些寫法

根據我多年教授**研究方法**所見，研究生在寫論文時，對寫作方法不甚瞭解的地方，非常之多。這些事情，有的已經在本書前面各章裡說明過。在這裡，則選擇幾個最常見的錯誤寫法或誤解，再次加以說明。

第一，關於什麼是**定量研究**？或者什麼是**定性研究**的問題？本書在第十一章裡已經有詳細的討論，此處再次強調。因為這個問題，不光是研究生，甚至一般學者，也甚多不瞭解的事情。其實，**定量**、**定性**的區別是在於所用**量度尺度**的不同，而不在於**量度方法**或**技術**的不同。有的人認為，去做問卷調查，或是面談、訪問，就是**定性**的研究，這是很大的誤解。這裡必須強調的是，研究方法只有一個，就是本書第五章所講的**科學研究的邏輯思維程序**。問卷調查是蒐集資料的工具或技術，而不是區別**定性**或**定量**研究方法的標準。例如：蒐集回來的資料，不是具體的數據，而是人們意見的表達，如：同意、不同意或品質優劣等意見，就無法用**定量**的方法來整理、分析。社會科學的研究，不容易**定量**，所以我們常用**定性**的尺度，如**名目尺度**、**序列尺度**、或**區間尺度**來量度。所以說社會科學的研究，比較偏向於**定性**的研究，並不是因為使用問卷，或訪談做調查就是**定性**的研究。

至於自然科學的研究，例如：量度水汙染，可以用**生化需氧量**（BOD）多少來表示；量度空氣汙染、汽車排放廢氣，可以用含有多少 ppm 的某種廢氣來量度。這樣的量度當然比較精確，這就是**定量**的研究。在蒐集資料時，無論是用儀器也好，是用問卷也好，都是**技術與工具**方面的問題。蒐集回來的資料，要看你怎麼處理，你用什麼樣的**尺度**來量度。關於量度的尺度問題，我們在第十一章裡講得很詳細。請讀者再回頭去看看。

關於**定性研究**與**定量研究**，本書在現在修訂的第三版，加上第十五章**定性與定量混合的研究設計**。把**定性研究**與**定量研究**的技術性與工具性，加以進一步的說明。也再一次說明**定性研究**與**定量研究**，是要混合相伴進行的。希望研究生和一般學者，加以閱讀與指教。

第二、研究生在論文中，製作表或圖時，關於「**資料來源**」如何處理，

也是不甚瞭解的。非常多的研究生，都以：「**本研究整理**」來代替「**資料來源**」。甚至有的教授，在所寫的文章或研究報告裡，也是這樣處理。這是多麼嚴重的問題？試想想看，例如：假使我們把下面：**表 A，臺中市市地重劃成果表**的資料來源寫成**本研究整理**；同時把**表 B，臺北市市地重劃完成地區成果統計表**的資料來源也寫成**本研究整理**，會有怎樣的效果呢？照目前一般研究生論文的寫法，它們的資料來源都是**本研究整理**。可以說，兩個表的資料都是來自同一個**來源**。但是，事實上，**表 A** 的資料是來自臺中市政府地政處 2005 年的**土地重劃年報**；而**表 B** 的資料卻是來自臺北市政府地政處**土地開發總隊**。它們是兩個截然不同的**資料來源**，所以**表 A** 與**表 B** 的**資料來源**要分別引述清楚才對。翔實地引述資料的**原始來源**，是非常重要的，也是科學研究的基本精神所在，絕對不可以用**本研究整理**幾個字簡單地交代過去。這也表示，研究者並沒有認真地追尋資料的原始出處。

表 A　臺中市市地重劃成果表

區別	總面積（ha）	變更為建地面積（ha）	取得公共設施用地面積（ha）	地主貢獻的面積（%）
第 I 區	14.53	11.10	3.43	34.85
第 II 區	24.26	17.58	6.68	33.16
第 III 區	18.65	10.92	7.73	34.82
第 IV 區	440.66	311.04	129.62	37.73
第 V 區	228.31	156.74	71.57	36.90
第 VI 區	19.43	13.16	6.27	39.61
第 VII 區	353.40	202.55	150.85	44.17
第 VIII 區	148.80	86.46	62.34	44.60
第 IX 區	120.35	72.55	47.80	41.78
第 X 區	221.20	118.04	103.16	44.95
第 XI 區	141.02	78.26	62.76	44.59
第 XII 區	79.34	39.47	--	--
總面積	1809.95	1,117.87	652.20	437.16

資料來源：臺中市政府地政處 2005 年的土地重劃年報。

📊表 B　臺北市市地重劃完成地區成果統計表

區別		區數（區）	重劃區總面積（公頃）	可建地面積（公頃）	公共設施用地面積（公頃）	節省政府開發費用（百萬元）
公辦	松山區	5	278.6567	144.3694	134.2873	24,751
	中山區	10	75.6504	46.3158	29.3346	6,976
	大安區	1	31.0525	20.3255	10.727	291
	士林區	5	72.8635	34.1982	38.6653	4,359
	內湖區	7	313.7889	206.088	107.7009	42,463
	文山區	3	47.4815	30.8658	16.6157	2,537
	北投區	5	6.4018	3.9918	2.41	830
	南港區	2	54.0112	34.7812	19.2301	36,239
	小　計	38	879.9065	520.9357	358.9709	118,446
自辦	文山區	2	9.1712	7.4994	1.6718	360
	內湖區	2	12.5302	10.5215	2.0087	1,490
	小　計	4	21.7014	18.0209	3.6805	1,850
合	計	42	901.6079	538.9566	362.6514	120,296

資料來源：臺北市政府地政處土地開發總隊，http://www.lda.taipei.gov.tw/cgi-bin/SM_theme?page=4507a29c。

　　再舉兩個極端的例子加以說明，希望讀者能夠瞭解。**第一**，例如：如果在你的論文裡，每一個**資料表**的**資料來源**都寫**本研究整理**，那就表示所有的資料都是來自同一個**來源**，試想有此可能嗎？**第二**，再例如：如果在兩個不同的大學裡，某甲大學裡，一個讀**物理學系學生的論文**，與某乙大學裡，一個讀**社會學系學生的論文**，他們論文的**資料來源**的寫法，都是寫**本研究整理**。那麼，有可能**物理學論文**的資料與**社會學論文**的資料都是來自同樣的**來源**（**本研究整理**）嗎？

　　殊不知，「**來源**」是「**來源**」，「**整理**」是「**整理**」，完全是兩碼事。資料一定有它們所來自的源頭，你拿這些資料來製作**表**或**圖**，只是**整理**的功夫，卻不是**來源**。**來源**是資料的原始**出處**（sources），**來源**一定要交代清楚。如果一個**表**裡的資料來自好幾個來源，你就要一一標示清楚。例如：下面所引用的 Marion Clawson and Jack L. Knetsch 所著 *Economics of Outdoor Recreation* 裡的 Table 7. Number of Visitors to Yosemite in Relation to Population and Expenditures per Visit, by Distance Zones, 1953，就是一個很好的例子，值得學習。該

書的作者的確花了一番功夫把各個地方的數據及計算方法**整理**在此一表裡，並且用**上標的數碼**（也可以用其他符號）一一標示它們的來源。試想，如果這個表中的**附註**與**資料來源**都用**本研究整理**來替代**資料來源**的話，讀者又到哪裡去找每個數據的**來源**呢？

　　另外，讀者也可能有另外一個疑問，就是有的資料是研究生自己調查、觀察、記錄得來的一手資料，那又該怎麼處理呢？這時，閱讀你的論文或報告的人，如果有起碼的水準，他一看就應該看得出來，哪些是做研究的人自己蒐集來的資料，哪些是從某個**來源**所取得的二手資料。所以，這時你什麼都不需要寫，沒有注明來源的資料當然是研究人員自己調查、觀察、實驗、記錄得來的資料。最低限度，你還可以在文章的字裡行間用一、二句話表示出資料是你自己蒐集來的。例如：「根據本研究所蒐集的資料，有些什麼、什麼、等等。」

　　第三、研究生往往不太瞭解**表名**（table title）與**圖名**（figure title），應該放在什麼位置才算正確。依照學術界的習慣，通常一個**表**的**表名**是放在表的上方，而資料來源則是放在表的下方。但是，對於圖名而言，則會令人產生一些困擾。因為**圖名**是放在圖的下方的，同時，資料來源也是放在圖的下方的。在這種情形之下，又會有**資料來源**放在**圖名**之「**上**」，和**資料來源**放在**圖名**之「**下**」兩種情形，如下：

　　資料來源：臺中市政府，臺中市地重劃計畫年報，2005。
　　　　　　圖 Y　　臺中市地重劃區位置圖

　　　　　　圖 Y　　臺中市地重劃區位置圖
　　資料來源：臺中市政府，臺中市地重劃計畫年報，2005。

　　在這個時候，是把**圖名**放在**資料來源上方**？還是把**圖名**放在**資料來源的下方**？如果把**圖名**放在**資料來源**上方，表示**圖名**也是引用來的**原始資料**的一部分。如果把**圖名**放在**資料來源**的**下方**，則表示**圖名**是你為了論文的使用而給圖起的**名字**。在這種情形之下，**圖名**不是引用來的，所以應該把**圖名**放在**資料來源**的下方。所以**圖名**與資料來源的位置，哪一個放在**上方**？或哪一個放在**下方**，就要看它是引用外來的資料，還是做研究的人自己的命名了。下面這張圖的標示是正確的。

TABLE 7.

NUMBER OF VISITORS TO YOSEMITE IN RELATION TO TOTAL POPULATION AND EXPENDITURES PER VISIT, BY DISTANCE ZONES, 1953

Distance Zones[1]	Average one-way distance[2] (miles)	Population of group of counties or states, 1950 (1,000)	Visits to Yosemite in 1953[3]		Estimated time required to complete a visit[4] (days)	Estimated cost per visit	
			Total number	Per 1,000 of base population		Full cost basis[5]	Shared cost basis[6]
1. Groups of California counties[7]							
less than 100 miles	81	70	35,250	505	1.4	$16.65	$16.65
100-150 miles	120	641	114,500	178	1.6	20.40	20.40
150-200 miles	190	1,588	143,400	90	1.95	27.05	27.05
200-250 miles	211	1,624	119,400	73	2.06	29.05	29.05
300 and more miles	350	5,206	245,000	47	2.75	42.25	42.25
2. Groups of states[8]							
300-500 miles	500	3,120	25,520	8.2	3.5	66.50	66.50
500-1,000 miles	800	5,856	19,030	3.2	5.0	85.00	69.80
1,000-1,500 miles	1,300	14,448	34,610	2.4	7.5	132.50	83.10
1,500-2,000 miles	1,800	38,649	66,450	1.7	10.0	180.00	94.50
2,000-2,500 miles	2,300	32,330	39,750	1.2	12.5	227.50	96.40
2,500 and more miles	2,900	44,910	51,400	1.1	15.5	284.50	100.83

[1] For California counties, calculated from road. maps as distance from county seat to valley floor of Yosemite, via west entrance; for other states, airline distances.

[2] For California counties, weighted by total population in each county within group; for other states, estimated on basis of common routes of travel and population distribution within states.

[3] Calculated from data in *Yosemite National Park Travel Survey*, National Park Service, California Division of Highways and U.S. Bureau of Public Roads.

[4] Estimated on basis of 1 day per 400 miles of travel plus 1 day in park.

[5] Estimated at average cost of $9.00 per day (reported cost, minus transportation $8.47); plus 10 cents per mile for car for double one-way distance, divided by four on assumption of four passengers per car. These are the visit costs as shown in the original source.

[6] For trips of less than 500 miles the whole cost of the trip is charged to Yosemite; the shared cost is therefore the same as the full cost for these trips. On the assumption that trips of more than 500 miles were undertaken only in part to visit Yosemite, costs of trip were charged 80 per cent to Yosemite for 500-1,000 mile trips, 60 per cent for 1,000-1,500 miles, 50 per cent for 1,500-2,000 miles, 40 per cent for 2,000-2,500 miles, and 33 per cent for 2,500 and more miles. The shared cost figure includes full cost of side trip to Yosemite.

[7] Counties in each group are as follows: Merced; Madera, Stanislaus, Fresno, San Joaquin; Tulare, Monterey, Sacramento, Santa Clara, Alameda; San Francisco, San Mateo, Marin, Kern; San Bernardino, Los Angeles, Orange, San Diego. There are no counties, for which data were reported, that were 250 to 300 miles distant.

[8] States in each group are as follows: Oregon, Nevada, Utah, Arizona; Washington, Idaho, Montana, Wyoming, Colorado, New Mexico; North Dakota, South Dakota, Nebraska, Kansas, Oklahoma, Texas; Minnesota, Wisconsin, Iowa, Illinois, Missouri, Kentucky, Tennessee, Indiana, Arkansas, Mississippi, Louisiana; Michigan, Ohio, West Virginia, Virginia, North Carolina, South Carolina, Georgia, Alabama; Maine, New Hampshire, Vermont, Massachusetts, Connecticut, Rhode Island, New York, New Jersey, Pennsylvania, Delaware, Maryland, Florida.

SOURCE: Based upon Table 1, "Methods of Measuring the Demand for and Value of Outdoor Recreation," by Marion Clawson, RFF Reprint No. 10, February 1959.

資料來源：Marion Clawson and Jack L. Knetsch, *Economics of Outdoor Recreation*, The Johns Hopkins Press, 1966, p. 74.

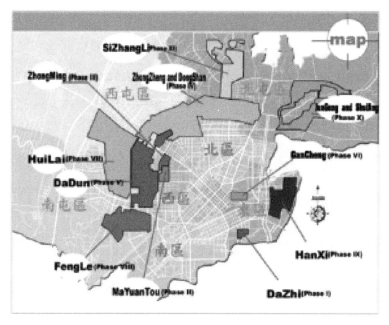

資料來源：臺中市政府，臺中市地重劃計畫年報，2005。

◎圖 **Y** 臺中市地重劃區位置圖

第四，另一個常見的問題，是很多研究生不知道如何在論文中加**註腳**（footnotes）與**注釋**。**註腳**的功能有四：(1) 完整、精確地引用專家學者的特殊論點或意見；(2) 使用附帶的文句去擴大或修飾原文的討論。也就是提供一個空間，放置作者覺得值得加入的內容；(3) 作者前後參照使用；(4) 表達感謝。所以**註腳**可以分兩種類型：如果是表示：參照、引用資料，則屬於 (1) 和 (3)；如果是表示：內容、說明意義，則屬於 (2) 和 (4)。不過一個完整的**註腳**可能會包含一個以上的含意。

依照《美國心理學會出版手冊》（*Publication Manual of the American Psychological Association*）的規定，文章中的**註腳**，要以連續的阿拉伯數字標示在文中需要的地方。標示的位置應該在引用文字的任何**標點符號之後的右上方**，而不是放在原作者的名字之後。但是破折號（——）例外，在遇到破折號時，**註腳**要放在破折號之前。如果在括號之內的文字需要加**註腳**，則加在括號之內的文字與標點符號之後的右上方。但是**註腳**不應該放在文章內的標題

上。[5]**註腳**的數碼如果在一行的最後打字打不下了，也絕對不可以放在下一行的開頭，你一定要想辦法（用排版技術或調整文字）把它放在行尾。

註腳的注釋，比較好的辦法是寫在與**註腳數碼**同一頁的**頁尾**（bottom），距離本頁最底下一行約四行（目前電腦 Microsoft Word 會自動設定距離）。字體要小一、兩號，使用最小行距。如果**注釋**需要延續到下一頁，則在下一頁的最後一行以下空兩行畫一黑實線，再在黑實線下兩行，繼續打出你的**注釋**。這種方法最為清楚、方便，因為讀者最容易找到引述資料的出處。[6]

其他的寫法也很多，比較常用的方法，是在引述文字之後以括號注明原作者及著作出版年代。例如：（林太乙，1999）。如果是用這種寫法，就一定要在這一章或全本論文最後列出**注釋**。這種寫法就不如寫在與**註腳數碼**同一頁的頁尾，來得清楚、明瞭、容易查考了。

還有，如果你所引用的文獻或資料的長度超過三、四行，甚至更長，就要將全文左右縮排最少兩個字的空格，用小一、二號的字體，以最小行高打字，然後在最後的標點符號之後的右上方打上**註腳**的數碼，再於本頁的頁尾（bottom）寫出**注釋**來源的出處。例如：本章前面所引**林語堂傳**裡的那一段話一樣。

附帶一提的是，在**註腳**的注釋或**資料來源**的出處第一次出現時，最好把作者的全名和資料名稱全部寫出來。如：本頁的注釋 6 一樣。不過在同一項來源，第二、第三次出現時，就可以只寫作者**姓名**（last name），而不需要把資料來源全部寫出來。例如：在本頁的**註腳 6**，只寫 Joseph Gibaldi 就夠了。

第五、研究生往往不知道如何寫**參考文獻**。中文論文的寫法，似乎沒有大家可以共同參酌的規範，但是英文論文的寫作規範是非常嚴謹的。英文論文的**參考文獻**，是依照作者的**姓氏**（last name）英文字母的先後次序（A, B, C, D, E,……順序排下來的）。如果兩位作者的 **last name** 的第一個字母是同樣的，就要接著按第二個字母的先後排序，以此類推。中文論文則可以模仿英文論文的寫法，按照姓氏筆劃多寡來排序。

5　*APA Publication Manual*, 5th edition, 2001, p. 300.

6　Joseph Gibaldi, *MLA Handbook for Writers of Research Papers,* Sixth Edition, The Modern Language Association of America, 2003, pp. 299-300.

　　還有，在英文論文的**參考文獻**裡，作者的**書名**或**學術期刊名**，要打斜體字。例如：*An Introduction to Logic and Scientific Method* 或打上**私名號**（under-line），如：<u>An Introduction to Logic and Scientific Method</u>。如果是發表在**學術期刊**裡的論文或文章，文章的**題目**（title）要打正體字，用雙引號（"　"）括起來，期刊名則打斜體字。例如："Location, Competition and Economic Development: Local Clusters in a Global Economy", *Economic Development Quarterly*。其實，中文論文的寫法，依樣畫葫蘆應該也是可行的辦法。

　　最後，其實研究生所犯的錯誤，或不知如何寫法的問題還很多。限於篇幅，本章只就在教書的過程中，所碰到研究生**常犯的錯誤**和不知如何寫法的問題，加以簡單的說明。至於更多應該注意的問題與寫法，本書建議研究生多去參考相關的書籍。在英文方面，希望學者與研究生參考最新版的：American Psychological Association 出版的 *Publication Manual of the American Psychological Association*，以及 Joseph Gibaldi 所著，The Modern Language Association of America 出版的 *MLA Handbook for Writers of Research Papers*。在中文方面，**張保隆**與**謝寶媛**教授已將 *Publication Manual of the American Psychological Association*，簡稱 *APA Publication Manual* 翻譯成中文出版《APA 規範》，華泰文化公司出版。另外，Kate L. Turabian 原著，*A Manual for Writers of Term Papers, Theses, and Dissertations*，蔡美華翻譯的《芝加哥大學寫作手冊》，五南圖書出版公司出版，都是非常值得參考的。

參考文獻

Ackoff, Russell L. et al., *Scientific Methods: Optimizing Applied Research Decisions*, Robert E. Krierger Publishing Company, Inc., 1984.

American Psychological Association, *Publication Manual of the American Psychological Association*, 7th. Edition, 2020.

Baker, Therese L., *Doing social Research*, McGraw-Hill International Editions, 1988.

Bardach, Eugeue, *A Practical Guide for Policy Analysis: The Eightfold Path to more Effective Problem Solving*, Chatham House Publishers, 2000.

Berg, Bruce L., *Qualitative Research Methods for the Social Sciences*, Fourth Edition, 2001.

Blalock, Hubert M., *Social Statistics*, Second Edition, McGraw-Hill Book Company, 1972.

Booth, Wayne C., Gregory G. Colomb, Joseph M. Williams, *The Craft of Research,* The University of Chicago Press, 2008.

Burns, Robert B., *Introduction to Research Methods*, SAGE Publications, 2000.

Burton, Dawn, editor, *Research Training for Social Scientists-A Handbook for Post-graduate Researchers*, SAGE Publications, 2000.

Campbell, Donald T. and Julian Stanley, *Experimental and Quasi-experimental Designs for Research*, Houghton Mifflin Co., 1963.

Chadwick, Bruce A., Howard M. Bahr and Stan L. Albrecht, *Social Science Research Methods*, Prentice-Hall, Inc., 1984.

Chappelle, Daniel, *The Research Process in Natural Resources*, Lecture Notes for RD/FOR 855, Michigan State University, 1987.

Cohen, Morris R. and Ernest Nagel, *An Introduction to Logic and Scientific Method*, Routledge & Kegan Paul, LTD., 1934, Reprinted 1972.

Cooper, Donald R. and Pamela S. Schindler, *Business Research Methods*, McGraw-Hill International, 華泰文化出版，2008。

Crano, William D. and Marilynn B. Brewer, *Principles and Methods of Social Research*, Allyn and Bacon, Inc., 1986.

Creswell, John W., *A Concise Introduction to Mixed Methods Research*, SAGE Publications, Inc., 2015.

Creswell, John W., *Research Design-Qualitative, Quantitative, and Mixed Methods Approaches*, Fourth Edition, SAGE Publications, Inc., 2014.

Dane, Francis C., *Research Methods*, Brooks/Cole Publishing Co., 1990.

Darwin, Charles, *Origin of Species*, 孫克勤譯註，《達爾文物種原始精義》，臺灣省立博物館印行，1988。

Dey, Ian, *Qualitative Data Analysis: A User-friendly Guide for Social Scientists*, Routledge, 1996.

Dewey, John Logic, *The Theory of Inquiry*, Holt, Rinehart and Winston, Inc., 1938, First Irvington Publishers, Inc., 1982.

Dixon, Wilfrid J. and Frank J. Massey, Jr., *Introduction to Statistical Analysis*, 2nd. Edition, 1963.

Durkheim, Emile, *Les Regles De La Methode Sociologique*, 許德珩譯，《社會學方法》，臺灣商務印書館，1999。

Filstead, William J., Editor, *Qualitative Methodology: Firsthand Involvement with the Social World*, Markham Publishing Company, 1970.

Flaherty, John, Ric Lombardo, Paul Morgan and Basil M. de Silva, *Quantitative Methods in Property*, Property Studies Education Unit, Department of Marketing Logistics and Property, Faculty of Business, RMIT, 1996.

Frankfort-Nachmias, Chava & David Nachmias, *Research Methods in the Social Science*, St. Martin's Press, Inc., 1992.

Garrard, Judith, *Health Sciences Literature Review Made Easy: The Matrix Method*, Jones and Bartlett Publishers, 2007.

Gay, L. R. and P. L. Diehl, *Research Methods for Business and Management*, Macmillan Publishing Co.,1992.

Gibaldi, Joseph, *MLA Handbook for Writers of Research Papers*, Sixth Edition, The Modern Language Association of America, 2003.

Guenther, William C., *Analysis of Variance*, Prentice-Hall Inc., 1964.

Hicks, Micael J., *Problems Solving in Business and Management*, Chapman and Hall, 1991.

Huth, Edward J., *How to Write and Publish Papers in the Medical Sciences*, ISI Press, 1983.

Jones, Gareth & Peter M. Ward, Editors, *Methodology for Land and Housing Market Analysis*, UCL Press, 1994.

Kaplan, Abraham, *The Conduct of Inquiry: Methodology for Behavior Science*, Transaction Publishers, 1998, Fourth Printing 2009. Originally Published by Chandler Publishing Company, 1964.

Kerlinger, Fred N., *Foundations of Behavioral Research*, Second Edition, Holt-Saunders International Editions, 1973.

Krathwohl, David R. and Nick L. Smith, *How to Prepare a Dissertation Proposal*, Syracuse University Press, 2005.

Lin, Nan, *Foundations of Social Research*, McGraw-Hill Book Company, 1976.

Mill, John S., *A System of Logic: Ratiocinative and Inductive*, University Press of the Pacific, 2002, Reprinted from the 1891 edition.

Miller, D. C. and Neil J. Salkind, *Handbook of Research Design & Social Measurement*, Sixth Edition, Sage Publications, 2002.

Modern Language Association of America, *MLA Handbook for Writers of Research Papers*, The Modern Language Association of America, Sixth Edition, 2021.

Morgan, David L., *Focus Groups as Qualitative Research*, SAGE Publications, 1997.

Nagel, Ernest, *The Structure of Science*, Harcourt, Brace & World, Inc., 1961.

Nebel, Bernard J. and Richard J. Wright, *Environmental Science*, 6th ed., Prentice-Hall, 1998.

Neuman, W. Lawrence, *Social Research Methods: Qualitative and Quantitative Approaches*, Allyn & Bacon, 1997.

Patton, Michael Quinn, *Qualitative Evaluation and Research Methods*, Second Edition, SAGE Publications, 1990.

Pearson, Karl, *The Grammar of Science*, 李醒民 譯，《科學的規範》，華夏出版社，1998。

Peterson, Robert A., *Constructing Effective Questionnaires*, Sage Publications, Inc., 2000.

Phillips, Bernard S., *Social Research: Strategy and Tactics*, Second Edition, The Macmillan Company, 1971.

Punch, Keith F., *Developing Effective Research Proposals*, Second Edition, SAGE Publications, 2006.

Randolph, John, *Environmental Land Use Planning and Management*, Second Edition, Island Press, 2012.

Robson, Colin, *Real World Research - A Resource for Social Scientists and Practitioner-Researchers*, Blackwell, 1993, Reprinted, 1999.

Salter, Leonard A. Jr., *A Critical Review of Research in Land Economics*, The University of Wisconsin Press, 1967.

Seale, Clive, Editor, *Researching Society and Culture*, SAGE Publications 1998.

Simon, Julian L., *Basic Research Methods in Social Science - The Art of Empiric al Investigation*, Random House, 1969.

Stangor, Charles, *Research Methods for the Behavioral Sciences*, Houghton Mifflin Company, 1998.

Stoltenberg, Carl H. et al., *Planning Research for Resource Decisions*, The Iowa State University Press, 1970.

Turabian, Kate L., *Student's Guide for Writing College Papers*, Third Edition, The University of Chicago Press, 1976.

Van Court Hare, Jr., *Systems Analysis: A Diagnostic Approach*, Harcourt, Brace & World, Inc. 1967.

Vicki L., Plano Clark, and Nataliya V. Ivankova, *Mixed Methods Research - A Guide to the Field*, SAGE Publications, Inc., 2016.

Wagenen, R. Keith Van, *Writing a Thesis: Substance and Style*, Prentice Hall, 1991.

Walliman, Nicholas, *Your Undergraduate Dissertation: The Essential guide for Success*, SAGE Publications, 2006.

Weber, Max, *Die Methodologie Der Sozialwissenshaft*, 楊富斌 譯，華夏出版社，1998。

中央研究院人文社會科學研究中心，《質化與量化研究方法之結合工作坊》，2005。

风笑天，《社會研究方法》，第四版，中国人民大學出版社，2013。

石之瑜，《社會科學方法新論》，五南圖書出版（股）公司，2003。

史玲玲譯，《愛上統計學》，第三版，重慶大學出版社，2011（2018 重印）。原著：Neil J. Salkind, *Statistics for People Who (Think They) Hate Statistics*, Third Edition, SAGE Publications, 2008.

李美華等譯，《社會科學研究方法》，Earl Babbie（原著），*The Practice of Social Research*，時英出版社，1998。

林太乙，《林語堂傳》，1989年初版，1999年初版15刷。

胡龍騰、黃瑋瑩、潘中道 合譯，Ranjit Kumar（原著），《研究方法：步驟化學習指南》，學富文化事業有限公司，2000。

陳向明，《社會科學質的研究》，五南圖書出版（股）公司，2003。

黃寶園，《心理與教育研究法》，華立圖書（股）公司，2006。

葉乃嘉，《研究方法的第一本書》，五南圖書出版（股）公司，2006。

榮泰生，《SPSS 與研究方法》，五南圖書出版（股）公司，2006。

蔡美華譯，《芝加哥大學寫作手冊》，Kate L. Turabian（原著），*A Manual for Writers of Term Papers, Theses, and Dissertations*, 6th. Edition, 1996，五南圖書出版（股）公司，2006。

蕭瑞麟，《不用數字的研究：質性研究的思辨脈絡》，五南圖書出版（股）公司，2017。

索　引

1HAK　財金時間序列分析：使用R語言（附光碟）

作　　者：林進益

定　　價：590元

I S B N：978-957-763-760-4

為實作派的你而寫——翻開本書，即刻上手！
◆ 情境式學習，提供完整程式語言，對照參考不出錯。
◆ 多種程式碼撰寫範例，臨陣套用、現學現賣
◆ 除了適合大學部或研究所的「時間序列分析」、「計量經濟學」
　 或「應用統計」等課程；搭配貼心解說的「附錄」使用，也適合
　 從零開始的讀者自修。

1H1N　衍生性金融商品：使用R語言（附光碟）

作　　者：林進益

定　　價：850元

I S B N：978-957-763-110-7

不認識衍生性金融商品，就不了解當代財務管理與金融市場的運作！
◆ 本書內容包含基礎導論、選擇權交易策略、遠期與期貨交易、二
　 項式定價模型、BSM模型、蒙地卡羅方法、美式選擇權、新奇選
　 擇權、利率與利率交換和利率模型。
◆ 以 R 語言介紹，由初學者角度編撰，避開繁雜數學式，是一本能
　 看懂能操作的實用工具書。

1H2B　Python程式設計入門與應用：運算思維的提昇與修練

作　　者：陳新豐

定　　價：450元

I S B N：978-957-763-298-2

◆ 以初學者學習層面撰寫，內容淺顯易懂，從「運算思維」說明程式
　 設計的策略。
◆ 「Python 程式設計」說明搭配實地操作，增進運算思維的能力，
　 並引領讀者運用 Python 開發專題。
◆ 內容包括視覺化、人機互動、YouTube 影片下載器、音樂 MP3
　 播放器與試題分析等，具備基礎的程式設計者，可獲得許多啟發

1H2C　EXCEL和基礎統計分析

作　　者：王春和、唐麗英

定　　價：450元

I S B N：978-957-763-355-2

◆ 人人都有的EXCEL＋超詳細步驟教學＝高CP值學會統計分析。
◆ 專業理論深入淺出，搭配實例整合說明，從報表製作到讀懂，
　 一次到位。
◆ 完整的步驟操作圖，解析報表眉角，讓你盯著螢幕不再霧煞煞。
◆ 本書專攻基礎統計技巧，讓你掌握資料分析力，在大數據時代
　 脫穎而出。

1H47　量化研究與統計分析：SPSS與R資料分析範例解析

作　　者：邱皓政

定　　價：690元

I S B N：978-957-763-340-8

◆ 以 SPSS 最新版本 SPSS 23~25 進行全面編修，增補新功能介紹，充分發揮 SPSS 優勢長項。

◆ 納入免費軟體R的操作介紹與實例分析，搭配統計原理與 SPSS 的操作對應，擴展學習視野與分析能力。

◆ 強化研究上的實務解決方案，充實變異數分析與多元迴歸範例，納入 PROCESS 模組，擴充調節與中介效果實作技術，符合博碩士生與研究人員需求。

1H61　論文統計分析實務：SPSS與AMOS的運用

作　　者：陳寬裕、王正華

定　　價：920元

I S B N：978-957-11-9401-1

鑒於 SPSS 與 AMOS 突出的優越性，作者本著讓更多的讀者熟悉和掌握該軟體的初衷，進而強化分析數據能力而編寫此書。

◆ 「進階統計學」、「應用統計學」、「統計分析」等課程之教材

◆ 每章節皆附範例、習題，方便授課教師驗收學生學習成果

1H1K　存活分析及ROC：應用SPSS（附光碟）

作　　者：張紹勳、林秀娟

定　　價：690元

I S B N：978-957-11-9932-0

存活分析的實驗目標是探討生存機率，不只要研究事件是否發生，更要求出是何時發生。在臨床醫學研究中，是不可或缺的分析工具之一。

◆ 透過統計軟體 SPSS，結合理論、方法與統計引導，從使用者角度編排，讓學習過程更得心應手。

◆ 電子設備的壽命、投資決策的時間、企業存活時間、顧客忠誠度都是研究範圍。

1H0S　SPSS問卷統計分析快速上手祕笈

作　　者：吳明隆、張毓仁

定　　價：680元

I S B N：978-957-11-9616-9

◆ 本書統計分析程序融入大量新版 SPSS 視窗圖示，有助於研究者快速理解及方便操作，節省許多自我探索而摸不著頭緒的時間。

◆ 內容深入淺出、層次分明，對於從事問卷分析或相關志趣的研究者，能迅速掌握統計分析使用的時機與方法，是最適合初學者的一本研究工具書。

國家圖書館出版品預行編目資料

研究方法原理：論文寫作的邏輯思維／韓乾
著. -- 四版. -- 臺北市：五南圖書出版股
份有限公司, 2022.09
　面；　公分
ISBN 978-626-343-305-2 (平裝)

1.CST: 社會科學　2.CST: 研究方法
3.CST: 論文寫作法

501.2　　　　　　　　　　111013777

1H40

研究方法原理：論文寫作的邏輯思維

作　　者 ─ 韓　乾

發 行 人 ─ 楊榮川

總 經 理 ─ 楊士清

總 編 輯 ─ 楊秀麗

主　　編 ─ 侯家嵐

責任編輯 ─ 吳瑀芳

文字校對 ─ 陳俐君、黃志誠

封面設計 ─ 王麗娟

出 版 者 ─ 五南圖書出版股份有限公司

地　　址：106臺北市大安區和平東路二段339號4樓

電　　話：(02)2705-5066　　傳　　真：(02)2706-6100

網　　址：https://www.wunan.com.tw

電子郵件：wunan@wunan.com.tw

劃撥帳號：01068953

戶　　名：五南圖書出版股份有限公司

法律顧問　林勝安律師事務所　林勝安律師

出版日期　2008年11月初版一刷
　　　　　2009年10月初版二刷
　　　　　2012年10月二版一刷
　　　　　2017年 9 月二版二刷
　　　　　2020年 9 月三版一刷
　　　　　2021年 9 月三版二刷
　　　　　2022年 9 月四版一刷

定　　價　新臺幣500元

經典永恆・名著常在

五十週年的獻禮 —— 經典名著文庫

五南，五十年了，半個世紀，人生旅程的一大半，走過來了。

思索著，邁向百年的未來歷程，能為知識界、文化學術界作些什麼？

在速食文化的生態下，有什麼值得讓人雋永品味的？

歷代經典・當今名著，經過時間的洗禮，千錘百鍊，流傳至今，光芒耀人；

不僅使我們能領悟前人的智慧，同時也增深加廣我們思考的深度與視野。

我們決心投入巨資，有計畫的系統梳選，成立「經典名著文庫」，

希望收入古今中外思想性的、充滿睿智與獨見的經典、名著。

這是一項理想性的、永續性的巨大出版工程。

不在意讀者的眾寡，只考慮它的學術價值，力求完整展現先哲思想的軌跡；

為知識界開啟一片智慧之窗，營造一座百花綻放的世界文明公園，

任君遨遊、取菁吸蜜、嘉惠學子！